STATISTIC ANALYSIS

调查统计

模型的开发与应用

主编　阮健弘　　副主编　闫先东　刘西

中国金融出版社

责任编辑：亓　霞
责任校对：潘　洁
责任印制：张也男

图书在版编目（CIP）数据

调查统计模型的开发与应用/阮健弘主编．—北京：中国金融出版社，2020.2
ISBN 978-7-5220-0469-3

Ⅰ.①调…　Ⅱ.①阮…　Ⅲ.①统计模型—研究　Ⅳ.①C815

中国版本图书馆CIP数据核字（2020）第021552号

调查统计模型的开发与应用
DIAOCHA TONGJI MOXING DE KAIFA YU YINGYONG

出版
发行　中国金融出版社

社址　北京市丰台区益泽路2号
市场开发部　(010)66024766，63805472，63439533（传真）
网上书店　http://www.chinafph.com
　　　　　(010)66024766，63372837（传真）
读者服务部　(010)66070833，62568380
邮编　100071
经销　新华书店
印刷　保利达印务有限公司
尺寸　185毫米×260毫米
印张　22.25
字数　417千
版次　2020年6月第1版
印次　2020年6月第1次印刷
定价　68.00元
ISBN 978-7-5220-0469-3

《调查统计模型的开发与应用》
编　委　会

序　言

习近平总书记在党的十九大和全国金融工作会议上强调服务实体经济、防控金融风险、全面深化改革，这对我国货币政策框架提出了新的要求，经济分析和预测也面临着新的挑战。中国人民银行调查统计司作为中国人民银行内设的职能部门，长期从事经济分析和预测工作，为中央银行宏观调控决策提供信息支持。在新时代背景下，我国中央银行的政策框架已转变为稳健货币政策和宏观审慎双支柱框架。双支柱框架下，货币政策及维护金融稳定，也对经济分析和预测工作提出了新的要求。

近年来，我国经济分析和预测领域呈现“百花齐放”局面，高校、经济学家、政府机构、商业研究机构等都开展了经济分析和预测研究，部分机构还定期公布本机构对当前及未来经济形势的分析报告。由于关注点和分析方法不同，不同机构对同一经济现象的解释及同一宏观政策效果的评估结果往往存在较大差异。这种多元化、各具特色的分析研究格局，虽然有助于大家充分了解我国经济运行的方方面面，但是给政府机构的经济分析和预测工作带来较大压力。

在此背景下，调查统计司组织系统力量，充分发挥系统队伍合力，完善、优化经济模型的开发和应用，强化调查统计司的计量分析传统优势，从技术上支持分析预测能力的提升。从国际经验看，美联储、欧洲中央银行等中央银行都很重视经济模型的开发和应用，经济模型日益成为中央银行进行经济分析、预测及货币政策决策的一个重要工具。调查统计司多年来一直致力于开发适用于我国国情的经济模型体系，并在实际工作中根据经济形势及最新理论的发展对现有模型进行更新、优化，使其能更好地反映经济现实情况。这项工作涉及范围广，时间跨度长，任务繁重，但调统人凭着求真务实、攻坚克难、严谨细致的工作态度，已初步开发出一套有自身特色的经济模型体系。作为货币政策框架服务部门，调查统计司开发的经济模型主要关注以下几个方面：一是对宏观经济形势的预研预判。调查统计司持续开展系列指标分析预测工作，准确把握经济发展中的新特点，并结合国际、国内的新现象、新特点，前瞻性预测主要经济指标发展走势，为货币政策针对当前经济运行状况进行操作提供参考依据，这是调查统计司经济模型最为突出的特点。二是评估宏观调控政策对经济产生的影响。比如，调查统计司在中美贸易摩擦背景下，构建了适用于我国国情的可计算的一般均衡模型（CGE），设情景分析贸易战对我国宏观经济的影响，为宏观调控提供有力信息支持。在此基础上，我们进一步扩展为我国金融 CGE 模型，应用于分析增值税下调、降准等政策对宏观经济的影响。三是货币政策变化对社会公众的预期影响，以及公众预期变化对货币政策决策的反馈机制。

全书共分八章，分别介绍了我国投入产出模型、联立方程模型、CGE 模型、潜在产出模型、VAR 模型及先行指标体系的开发和应用方面的详细情况。这些模型都是当前调查统计司进行经济分析预测时使用的主要模型工具。每类模型都有其自身的优势及不足之处，因此，调查统计司构建了一个较为完整的经济模型体系，在实际运用经济模型时，会根据实际问题的需要，充分发挥各类模型的优势，取长补短，提高模型结果的准确性。不过，由于任何模型都有其局限性，因而在进行经济预测时，还需要结合分析人员的主观判断结果综合考虑。

本书的特色之处在于，从中央银行的角度，全面系统地介绍了主要经济模型的开发和应用情况，此类工具书在国内较少。同时，本书从实务出发，坚持问题导向，注重模型的应用，总结了调查统计司多年来在经济模型开发和应用方面的实践经验，并着重介绍了一些解决建模问题的方法，因此本书具有很高的实用价值，可供相关学者和分析人员参考。

在本书的编写过程中，中国人民银行济南分行、武汉分行、广州分行、成都分行、呼和浩特中心支行、杭州中心支行、福州中心支行、南昌中心支行、长沙中心支行、南宁中心支行、厦门市中心支行调查统计条线的同事对本书的编撰贡献良多。最后，本人衷心感谢所有为本书的面世付出努力、提供帮助的人。尽管我们在编写过程中，始终保持严谨、审慎的工作态度，反复审核修改，力求内容全面、表达准确，但限于水平，错误在所难免，真诚希望广大读者提出批评意见，帮助我们不断完善现有经济模型。

阮健弘

2019 年 11 月

目　　录

第一章 投入产出模型的开发与应用

一、投入产出模型开发的背景和意义

（一）投入产出模型产生的背景

投入产出模型是通过纵横交错的棋盘式表格反映经济系统各部分之间（如各部门、行业、产品）投入与产出的数量依存关系，并用于经济分析、经济预测、政策评估等的数量分析方法，是经济学与数学相结合的产物，属于交叉学科（董承章，2000）。投入产出模型最初由俄裔美国著名经济学家瓦西里·里昂惕夫（Wassily Leontief）所创建。里昂惕夫于1931年前后开始研究投入产出技术；1936年，在《经济学与统计学评论》上发表了《美国经济制度中投入与产出的关系》，标志着投入产出技术的诞生；随后，1941年，在《美国经济结构：1919—1929年》一书中编制了美国第一张投入产出表，并系统论述了投入产出模型中的基本概念和原理，标志着投入产出技术理论走向成熟。因在投入产出方面的卓越贡献，里昂惕夫于1973年获得诺贝尔经济学奖。目前，投入产出模型已成为主流经济学界的重要研究工具。

投入产出模型的产生具有鲜明的时代和实践背景。20世纪20年代，苏联实行计划经济，要求政府用计划来指导国民经济发展，在此背景下，苏联中央统计局编制了1923—1924年度的国民经济平衡表，首次使用了“产品生产和分配平衡表”的棋盘式表格，平衡表反映了农业、工业、建筑业等14个部门的相互联系，期间还提出了“国民经济各部门间的连锁关系”，是投入产出技术的最初实践。

（二）投入产出模型产生的理论渊源

与其他科学方法一样，投入产出模型的产生也深受其他经济学思想的启发，主要包括重农学派、洛桑学派及马克思经济学思想（丁文科和周鹏博，2003）。

第一，重农学派关于产品和支出在农民、地主和生产商之间循环往复的流通关系是投入产出模型思想产生的基础。重农学派对里昂惕夫的影响主要源自魁奈著名的《经济表》。《经济表》中将社会划分为生产阶级、消费阶级和土地所有者阶级，并运用图表和算术公式的方式描述了产品和服务的生产支出在各个阶层的流通和分配情况，这是早期最为朴素的描述各个部门相互联系的投入产出思想。

第二，洛桑学派的一般均衡理论为投入产出模型提供了重要的方法依据。投入产出的基本思想形成后，建立完整的投入产出模型面临的首要问题是方法论问题，即如何表示投入产出关系。早在1874年，洛桑学派代表人物法国经济学家瓦尔拉斯就建立了“一般均衡理论”，瓦尔拉斯认为产品和供给是在一个均衡体系中被同时决定的，并且各部门之间商品服务的数量和价格相互联系，某个市场供需的变化会影响其他市场的供需与价格，只有当全部市场处于均衡状态时，个体市场才能出清。瓦尔拉斯的一般均衡理论经后来学者发展成为现代一般均衡理论的基础，也对CGE模型[①]和DSGE模型[②]的产生有重要影响。而投入产出的基本理论，如基本的行列平衡模型便是源于瓦尔拉斯的一般均衡理论。

第三，马克思的再生产理论是投入产出的另一个重要思想来源。投入产出的核心是描述部门间的相互联系，而马克思的再生产理论将整个经济划分为生产资料部门和消费资料部门两大部类，并用图表和公式描述了简单再生产和扩大再生产的实现条件，论证了各大国民经济的技术联系和基本比例关系。这是投入产出各种基本系数、完全系数和平衡模型的思想源泉。

（三）投入产出模型的特点与应用

1. 投入产出模型的特点

投入产出模型利用棋盘表格揭示了全社会经济生产、使用、分配的整个流程及国民经济各部门的经济技术联系，可以被广泛应用于各个领域的政策评估分析。从总体来看，投入产出模型有以下几个突出的特点：

第一，投入产出模型将整个经济系统视为相互联系的统一整体，外生的微小扰动

---

① CGE模型的全称为Computable General Equilibrium Model，也即可计算一般均衡模型。

② DSGE模型的全称为Dynamic Stochastic General Equilibirum Model，也即动态随机一般均衡模型。

有可能对整个系统产生广泛的影响，因而，投入产出模型实际上是从全局均衡的角度来刻画整个经济活动。

第二，投入产出模型在刻画结构方面具有突出的优势。投入产出模型一般将整个经济划分为若干个部门及不同的用途，适用于分析国民经济各种产业结构关系、需求关系，并在此基础上对各种外生冲击进行评估模拟。

第三，投入产出模型可以考察某一冲击的连锁反应。相比于其他模型，投入产出模型不仅可以考察某个外生冲击对国民经济的直接影响，还可以考察该冲击完整的连锁反应。基于上述投入产出模型的良好特性，投入产出模型自诞生以来便被广泛应用于各个领域的政策分析中，包括宏观经济分析与政策模拟评估、外贸研究、人口与教育研究、资源与环境保护、企业生产等方面。

2. 投入产出模型的应用

随着投入产出模型应用的不断深化，投入产出模型开发也得到相应发展。为考察外贸活动，投入产出表由竞争型投入产出模型向非竞争型投入产出模型拓展；为考察区域经济联系，投入产出表拓展为区域间或国际间的投入产出表；为考察资源环境污染问题，投入产出表中纳入资源及污染物象限，拓展为环境投入产出表；为考察人口—教育的关系，拓展为人口投入产出表。在微观层面上，企业的投入产出表为企业科学经营决策管理提供了政策依据。

（1）对外贸易研究。投入产出模型在对外贸易领域的应用最早可以追溯至20世纪40~50年代，里昂惕夫（1953）最早利用投入产出技术分析了美国的对外贸易，利用1947年美国的投入产出表分析了美国对外贸易特征并对比较优势贸易理论进行实证检验，得出了著名的“里昂惕夫悖论”。“里昂惕夫悖论”引发了人们对现代贸易理论的反思，投入产出也逐渐成为国际贸易分析的主流工具之一。

投入产出模型在现代国际贸易领域中也有非常突出的应用，特别是在分析全球价值链和国内价值链等方面。一般而言，根据贸易形式可以将出口划分为加工贸易和非加工贸易。其中，加工贸易通常是利用劳动力成本优势从事低附加值的加工组装的贸易活动，具有低技术含量、低增加值等特点。长期以来，加工贸易一直占据着我国对外贸易的半壁江山，由于加工贸易的原料、零件、设备来自进口，国内仅从事加工等低技术含量环节，国内增加值部分通常不足20%，因此，若以最终出口总值衡量对外出口规模将严重高估我国的贸易所得，由此计算的高额贸易顺差也将加大贸易摩擦。为了准确评估出口对我国经济就业的影响及国内真实贸易附加值含量，一些文献利用编制非竞争型投入产出模型，以评估对外贸易的国内增加值。与传统的投入产出模型相比，非竞争型投入产出模型有以下几个特点（陈锡康和王会娟，2010）：

一是区分国内中间品投入与国外进口中间品投入。在传统的投入产出模型中假设中间品投入为同质性，但在实际生产中，国内外的中间品投入有别，不可相互替代和完全竞争，用于国内生产环节的进口中间品也不宜作为国内增加值。二是拓展了占用部分，将能源消耗、污染排放等纳入占用部分，可以为分析对外贸易污染排放等问题提供有力的工具。

Lawrence 等（2007）利用非竞争型投入产出模型分析了中美贸易问题，研究发现中国单位商品出口额的完全增加值比美国少一半以上。按出口总额计算，2005 年中国出口贸易为美国的 4 倍，但按增加值计算，则为美国的 2 倍。中美两国的贸易顺差远小于按出口总规模计算的口径。

（2）宏观经济分析与预测（王勇，2012）。投入产出模型在宏观经济分析与预测中有着广泛的应用，主要包括：一是总量和结构分析。包括分析一国国民经济的产业结构、部门结构、部门间的联系及最终需求变动对国民经济的影响等。由于投入产出模型全面系统地反映了国民经济生产消耗与分配的过程，因此不仅可以用于分析生产消耗关系，而且可以用于分析各种结构关系，如进出口结构、三产结构、消费需求结构等。二是利用投入产出模型对某一产业进行详细的分析，如针对房地产业、金融行业、建筑业等估算行业的感应度系数和诱发系数，测算其最终需求变动将对国民经济产生何种影响。三是以投入产出模型为基础进行拓展研究，如以投入产出模型为基础构建 CGE 模型，对国民经济进行分析。四是用于宏观经济预测分析。投入产出模型在经济预测和计划论证方面具有重要的作用，利用数量经济与投入产出模型相结合，构建相应的宏观经济模型可以为国民经济提供中长期的预测。早期的预测如里昂惕夫应用投入产出表预测第二次世界大战结束后美国的就业情况，以及第二次世界大战结束后美国钢铁的需求量，并且成功预测了战争结束后，美国钢铁的需求量将不降反升。在中国，陈锡康等（2008）运用投入产出模型对全国粮食产量进行预测。五是政策评估。投入产出模型反映了国民经济各部门技术经济的内在联系，可以直接用于相关的政策评估。将政策相关的变量，如价格、税收、消费、投资、出口、工资等作为控制变量，根据政策实施的条件设置不同的场景，即可模拟经济政策实施的后果和潜在影响，从而为制定科学合理的政策提供依据。

（3）资源与环境保护（张越，2000）。社会生产与资源环境密切相关，国民经济生产活动除了需要一定的中间品投入和最初投入，也会消耗相应的环境资源。在经过一系列生产活动后，除了形成部分最终产品，另外一些未被充分利用的物质则成为废物被排放于环境之中，对自然环境形成污染。当废物排放量超过自然的净化能力时，自然生态系统将遭受破坏，为修复环境需要采取废物处理措施，但反过来，这些措施又会产生相应的废物排放，因而，经济系统与自然系统是有机的统一体，将两者结合研究才更有意义，投入产出模型则是能够揭示经济生产与环境内在联系的有力工具。早在20世纪70年代，西方学者便开始将投入产出分析技术应用于环境保护领域，并开发了包含环境内容的投入产出模型。近年来，随着环境资源问题日益突出，环境投入产出模型的应用有了进一步发展，各国学者开始广泛利用环境投入产出模型分析经济生产和贸易活动的碳排放及隐藏碳排放量，在此基础上，提出相应的控制方案。

根据研究对象的需要，环境投入产出模型一般可以分为以下几类：一是引入废物和治理部门的环境投入产出模型，二是引入资源消耗的环境投入产出模型，三是企业的环境投入产出模型。这些环境投入产出模型主要应用于环境政策的评估和选择方面，解释经济社会生产与资源环境的内在关系，其应用主要包括以下几个方面：

一是分析现有经济结构与环境资源保护。一国经济结构是否合理不仅取决于是否能够促进经济可持续发展，还取决于是否能够促进社会与环境协调发展。环境投入产出模型直观地反映了社会生产与环境的关系，从而为协调社会与经济发展提供了相应的决策依据。二是预测经济发展与资源环境的关系。当确定经济发展计划时，可以根据最终需求的变动分析该计划对资源环境的影响。同样，在确定环境发展计划时，可以计算出需将经济发展限制在何种水平之上，通过预测两者的关系，以此修正经济发展和环境保护目标。

（4）企业投入产出应用。投入产出模型最初是在国家层面上进行应用，后来从宏观上跨越国家层面，一些学者编制了跨国和跨区域的投入产出表，并开发了跨国投入产出模型。从微观上，一些企业也开始编制企业投入产出表，企业层面的投入产出表主要应用于分析企业经济管理效益，包括：优化产品结构，提高企业的经济效益水平；合理制定企业的生产计划；提高存货及物流管理水平，减少资源无效浪费；科学对企业进行核算；等等。

（四）中国人民银行调查统计司投入产出模型开发的背景和意义

投入产出模型最早开发的目的是用于指导国民经济发展和经济预测，随着投入产出模型的发展，其应用范围越来越广，并开始被广泛应用于政策评估。投入产出模型将国民经济视为统一的整体，并且将国民经济划分为多个部门，既可以考察经济全局又可以考察各个部门的相互影响，同时模型中还包含了丰富的宏观经济变量，十分适宜考察量价冲击的影响，经过合理设定，可直接用于政策评估。

投入产出模型开发对于提高中国人民银行宏观经济政策制定能力和提升经济预测

水平具有重要的意义。中国人民银行是中国宏观经济调控的重要部门，负责制定和执行货币政策，防范和化解金融风险，维护金融稳定。经济社会运行复杂，中国人民银行在制定货币政策和宏观审慎政策时需要评估政策对经济金融的影响。中国人民银行的政策工具通常为总量工具或结构工具，对宏观经济具有广泛的影响，因此亟须能够反映宏观经济全局及结构的模型工具对中央银行的政策进行评估。

投入产出模型的特点及优势契合了中国人民银行政策制定的需要，基于此，中国人民银行调查统计司着手开发投入产出模型，以期及时评估外生冲击及相关政策的影响，为科学制定货币政策和宏观审慎政策提供依据。2018 年，中国人民银行调查统计司开发了投入产出模型，并应用投入产出模型对中美贸易摩擦进行了量化评估。

二、投入产出模型的构建

（一）投入产出模型的构建思路

1. 投入产出模型概要

投入产出模型是通过编制投入产出表，根据经济理论，运用线性代数工具构建经济数理模型，从而揭示国民经济各部门中生产、再生产、需求和分配的内在联系，并在此基础上进行经济分析、预测和政策模拟。投入产出表是投入产出模型的基础，反映了经济系统中各部门之间投入与产出的数量依存关系。根据研究目的的差异，投入产出表有多种不同的形式，但无论何种形式，其框架结构基本一致。总体而言，投入产出表是根据经济中的投入与产出中存在的特定数量规律编制而成的纵横交叉的棋盘式表格。

其中，投入产出表中的投入是指在一个经济系统中从事某项活动所需要的消耗，既包括中间投入也包括最终投入，中间投入是指在生产过程中对各个部门产出的消耗，最终投入是指生产过程中对初始要素的消耗；投入产出表中的产出是指生产活动的最终成果，如产出的各种实务产品及服务等（陈锡康和杨翠红，2011）。

2. 投入产出模型的基本原理

投入产出表有多种形式，根据计量单位可以划分为实物型、价值型、混合型等投入产出表；根据编表对象可以划分为世界、全国或者地区乃至企业的投入产出表；根据中间品是否可替代，可分为竞争型和非竞争型投入产出表；根据性质划分可以分为静态和动态投入产出表。其中，静态价值型的投入产出表是最基本的模型，它是其他投入产出表的基础。静态价值型投入产出表反映了一个时期内一个国家和地区经济内部各部门间投入与产出的关系，其基本表式如表 1－1 所示。

表 1－1　　　　　　　　　静态价值型投入产出表的基本表式

	投入＼使用	中间需求				最终需求				总产出
		部门 1	部门 2	…	部门 n	消费	投资	净出口	合计	
中间投入	部门 1	x_{11}	x_{12}		x_{1n}	C_1	I_1	E_1	Y_1	X_1
	部门 2	x_{21}	x_{22}		x_{2n}	C_2	I_2	E_2	Y_2	X_2
	…	…	…		…	…	…	…	…	…
	部门 n	x_{n1}	x_{n2}		x_{nn}	C_n	I_n	E_n	Y_n	X_n
最终投入	固定资产折旧	d_1	d_2		d_n					
	劳动者报酬	r_1	r_2		r_n					
	生产税净额	t_1	t_2		t_n					
	营业盈余	m_1	m_2		m_n					
	总投入	X_1	X_2	…	X_n					

如表 1－1 所示，投入产出表的横向方向表示各部门生产产品的使用流向，可分为中间需求和最终需求两部分，中间需求是指需要进一步加工处理的产品，最终需求是指已加工完毕的产品形态需求。纵向方向表示各部门生产所需要的投入消耗，分为中间投入和最终投入两部分，中间投入是指各部门生产对原材料的消耗，最终投入是增加值，是部门生产中对固定资产折旧、从业人员报酬、生产税净额和营业盈余的投入。

表 1－1 从左往右从上到下可分为四部分，将四个部分依次命名为 I、II、III、IV 象限。

第 I 象限是中间消耗矩阵，是由中间需求与中间投入纵横交叉构成的表格，是一个标准的 $n \times n$ 方阵，从横向看，它表示某部门对其他各个部门的分配情况，即各个部门对该部门产出的需求情况；从纵向看，它表示某个部门对其他部门产出的消耗情况，中间消耗矩阵反映了各部门间的生产与分配的基本关系，是投入产出表的核心象限。

第 II 象限是最终需求矩阵，由中间投入与最终需求交叉构成，从横向看，它表示各部门产出作为最终产品的使用情况；从纵向看，它表示各部门最终需求的部门组成情况，最终需求矩阵反映了最终需求的结构关系。

第 III 象限是最终投入象限，或增加值象限，由中间需求与最终投入部门交叉构成；从横向来看，它反映了增加值各部分的数值及部门的构成；从纵向来看，它反映了某个部门增加值各个部分的构成。

第Ⅳ象限称为再分配象限，现有的投入产出表一般不考虑该象限。

3. 投入产出模型的基本方法

投入产出模型是反映国民经济系统中各部门投入与产出相互依存关系的数学模型，其基本模型反映了投入产出表中的基本平衡关系。

（1）行平衡模型。投入产出表的横向方向反映了各部门生产产品的分配流向，因此，各种使用用途之和应等于总产出。行模型的基本平衡关系如下：

$$中间需求 + 最终需求 = 总产出 \tag{1-1}$$

（2）列平衡模型。投入产出表的纵向方向反映了各部门生产所需要的各种投入，如固定资产折旧、从业人员报酬、生产税净额及营业盈余等，这些投入的总和即为总投入。列模型的基本平衡关系如下：

$$中间投入 + 最终投入 = 总投入 \tag{1-2}$$

（二）投入产出模型的基本工具

由上述投入产出模型可以引出投入产出模型的几个重要系数，如直接消耗、完全消耗及增加值系数等，这些系数是投入产出模型分析的基础分析工具，可以用来分析部门生产的基本联系。

1. 直接消耗系数

直接消耗系数的经济含义为某部门 j 生产单位产品对其他部门 i 产品的直接消耗，其计算公式如下：

$$a_{ij} = \frac{x_{ij}}{X_j} \tag{1-3}$$

其中，x_{ij} 表示 j 部门生产对 i 部门产品消耗的价值量，X_j 表示 j 部门的总产出。由各个部门直接消耗系数组成的 $n \times n$ 方阵称为直接消耗矩阵：

$$A = \begin{pmatrix} a_{11} & \cdots & a_{1n} \\ \vdots & \ddots & \vdots \\ a_{n1} & \cdots & a_{nn} \end{pmatrix} \tag{1-4}$$

2. 完全消耗系数

由于生产被消耗的产品同样需要消耗其他部门的产品，因而需要具有连锁传递的特征，b_{ij} 完全消耗系数是指生产某部门 j 的单位产品对部门 i 的完全消耗量，由完全消耗系数组成的方阵称为完全消耗矩阵，它与直接消耗矩阵 A 具有如下的对应关系：

$$B = A + A^2 + A^3 + \cdots \tag{1-5}$$

$$B = (I - A)^{-1} - I \tag{1-6}$$

3. 增加值系数

增加值系数是指某部门的生产增加值与总产出之比，其中增加值为固定资产折旧、劳动者报酬、生产税净额和营业盈余之和。

$$a_{vj} = \frac{x_{vj}}{X_j} = 1 - \sum_{i=1}^{n} a_{ij} = a_{dj} + a_{rj} + a_{tj} + a_{mj} \quad (1-7)$$

其中，a_{dj}、a_{rj}、a_{tj}、a_{mj} 分别表示固定折旧系数、劳动者报酬系数、生产税净额系数和营业盈余系数，它们分别是各自部分与总产出之比。

（三）投入产出模型的基本假定

经济模型是通过对现实世界进行观察进而描述社会经济运行基本规律的有效工具，但现实世界纷繁复杂，任何一个模型都无法穷尽现实社会的所有因素，因此，所有的模型都需要根据建模的需要，对现实世界进行抽象归纳以总结出主要的客观因素，同样，投入产出模型的建立需要一定的前提假定，这些假定主要包括两点，分别是同质性假定和比例性假定。

1. 同质性假定

同质性假定是指每个部门只生产唯一的产品，投入结构也是单一的，其中，投入同质性是指生产消耗品的结构是一致的，产出同质性是指产出使用与分配去向是一致的。同质性假定的核心在于将部门视为产品的集合，假定集合内的产品具有同质性，采用相同的生产技术和消耗结构。同质性假定可以大大简化模型建模的维度，使模型尽可能简化并覆盖更多的产品部门，集中反映各个部门的投入产出结构。

需要指出的是，这种假定在现实社会中并不存在，一个部门通常是具有相同性质产品的集合，但是部门内部的产品也千差万别，产品的生产技术、消耗结构与分配使用都不尽相同，但如果考虑各个产品的异质性，那么投入产出表将分得过细，造成维度灾难，给建模和计算带来困难。而与现实社会相比，投入产出的同质性是通过纯部门进行实现的，在日常的统计中，部门的设定一般是根据所处企业的行业分类归入某一部门，但实际上企业的产品可能有多种，因而由此得到的部门实际上是混合部门，投入产出表的部门则是详细根据企业产品的性质进行归类并划归至具有相似性质的部门，由此得到纯部门。

2. 比例性假定

比例性假定的内涵主要包括两点：一是假定某个部门对另外一个部门的消耗是产出的线性函数，各种投入品与产量之间是严格的线性函数并且不存在替代；二是假定产品生产中的各个投入要素具有固定的比例关系，即产品的生产实际上采用的是里昂惕夫技术。比例性假定实质是对模型的线性假定，投入产出模型建模的数学基础是线性方程组，如果没有投入比例性假定，那么会导致模型方程为非线性，非线性将使模型的求解难度大幅增加，虽然随着投入产出技术的发展，部分研究也开始考虑非线性的假定，但总体而言，比例性假定仍然是投入产出模型重要的前提假定。在投入产出模型中，比例性假定是通过引用直接消耗系数来实现的。

同样，比例性假定与实际生产活动并不完全符合，实际生产活动并非严格的线性关系，并且实际生产需要固定沉没成本，以直接消耗系数假定的比例性生产活动并不需要沉没成本。虽然这种假定不完全符合现实，但在一定情况下却是合理的：比例性假定实际上是针对技术的假定，在一定时期内，特别是中短期，生产技术与里昂惕夫技术相似，各种投入要素相互替代性较小，要实现要素间的相互替代，如资本与劳动的替代，一方面需要先进技术的支持，另一方面需要保证要素市场的稳定性，因而，要素彼此间大规模替代所需的时间较长。

（四）投入产出政策分析模型构建

1. 价格冲击评估模型构建

价格经常会受到各种外生冲击而对经济系统产生影响，而在一个经济系统中，一个部门的价格变动将通过产业关联对其他部门的价格产生影响，其他部门的价格变动最终又有可能进一步影响到该部门的价格，这种影响在很大程度上则是通过成本传导的。例如，当一个外生的冲击导致石油供给大幅下滑，石油价格由此上升，石油开采部门的生产成本提高，因此将直接影响以石油为原材料投入的生产成本的提高，如交通运输部门，而交通运输部门生产成本的提高又将影响其他部门的生产成本，反过来又进一步导致石油开采部门成本的上升。由此可见，由于经济系统中各部门紧密相连，外生冲击导致某个部门的价格变动将会通过产业关联对整个经济系统的价格产生连锁反应，这种影响既包括直接的影响，也包括间接的影响，由于投入产出模型很好地刻画了部门的关联，因而，投入产出模型是研究价格冲击连锁反应的最为合适的方法之一。

与其他经济模型一样，投入产出模型分析价格冲击的影响，需要一些相应的前提假定，这些假定包括：（1）不考虑企业对价格变动后采取的降成本等反应措施；（2）投入产出价格变动模型主要从成本变动的角度考察价格影响，不考虑供求关系对价格的影响；（3）不考虑政府的限价政策；（4）假定价格的传递是瞬时的。

价格冲击一般是由最初的几个部门开始，并通过产业关联传导至其他部门，将最初的价格变动的部门定义为主动部门，而将其他被动的价格变动部门定义为从动部门。假设投入产出表的第 p 个部门价格首先发生了变动，那么为了计算的方便，可以通过矩阵的初等变换，将第 p 行的位置调整至矩阵末尾第 n 行。同样，如果假设有 m 个部门的价格发生变动，那么通过初等变换可以将这 m 个主动部门的位置调整至第 $n-m+1$ 至 n 行的位置。故当考察价格变动影响时只需要考察后 m 个主动部门对前 $n-m$ 个从动部门的影响。为避免量纲问题，本章考察的价格变动为相对变动，以价格变化的百分比进行表示。

本章针对成本推动型的价格变动进行建模，假设后 m 个部门的价格发生变动，那么前 $n-m$ 个部门为从动部门，其价格变动情况将由后 m 个部门的价格变动情况决定，假设 k 部门是 $n-m$ 个从动部门中的一个部门，那么对于 k 部门而言，由基本的列平衡模型可以得出：

$$\sum_{i=1}^{n} x_{ij} + v_j = X_j \tag{1-8}$$

当主动部门的价格发生变动后，各个部门的价格随之调整，从而达到新的稳态均衡，假设第 i 个主动部门的价格发生 ΔP_i 的变化，那么新的稳态列平衡模型则变动如下：

$$\sum_{i=1}^{n} (1+\Delta P_i) x_{ij} + v_j = (1+\Delta P_j) X_j \tag{1-9}$$

通过式（1－9）－式（1－8）可得：

$$\Delta P_j = \sum_{i=1}^{n} \Delta P_i a_{ij} \tag{1-10}$$

式（1－10）反映了 i 部门价格变动对 j 部门价格变动的直接影响，表明从动部门 j 产品的价格变动是其投入部门价格变动的加权平均，其权重是 j 部门对 i 部门的直接消耗系数。

（1）一个部门的产品价格冲击对其他部门价格的影响。针对一个部门计算的对其他部门价格波动的影响，可以由式（1－10）移项，得：

$$\begin{aligned}
a_{n1}\Delta P_n &= (1-a_{11})\Delta P_1 - a_{21}\Delta P_2 - \cdots - a_{n-1,1}\Delta P_{n-1} \\
a_{n2}\Delta P_n &= -a_{12}\Delta P_1 - (1-a_{22})\Delta P_2 - \cdots - a_{n-1,2}\Delta P_{n-1} \\
&\cdots \\
a_{n,n-1}\Delta P_n &= -a_{1,n-1}\Delta P_1 - a_{2,n-1}\Delta P_2 - \cdots + (1-a_{n-1,n-1})\Delta P_{n-1}
\end{aligned} \tag{1-11}$$

用矩阵表示为：

$$\begin{bmatrix} a_{n1} \\ a_{n1} \\ \vdots \\ a_{n,n-1} \end{bmatrix} \times \Delta P_n = (I - A_{n-1}^{T}) \times \begin{bmatrix} \Delta P_1 \\ \Delta P_2 \\ \vdots \\ \Delta P_{n-1} \end{bmatrix} \tag{1-12}$$

由此可以得到第 n 个部门价格提高 ΔP_n 后，第1至第（$n-1$）个部门价格提高幅度的计算公式，即：

$$\begin{bmatrix} \Delta P_1 \\ \Delta P_2 \\ \vdots \\ \Delta P_{n-1} \end{bmatrix} = [(I - A_{n-1}^T)]^{-1} \times \begin{bmatrix} a_{n1} \\ a_{n1} \\ \vdots \\ a_{n,n-1} \end{bmatrix} \times \Delta P_n \tag{1-13}$$

（2）多个部门的产品价格冲击对其他部门价格的影响。参考陈锡康和杨翠红（2011）的方法，利用方块矩阵的解法对多个部门价格冲击的模型进行建模。假设有 m 个部门的价格发生变动，利用矩阵初等变换将 m 个主动部门调整至投入产出表最后 m 行，$\Delta P_m = (\Delta p_{n-m+1}, \cdots, \Delta p_n)^T$，前 $n-m$ 个部门为从动部门，$\Delta P_{n-m} = (\Delta p_1, \cdots, \Delta p_{n-m})^T$。那么将中间消耗系数矩阵根据从动与被动部门进行分割：

$$A = \begin{bmatrix} A_{n-m} & A_{n-m,m} \\ A_{m,n-m} & A_m \end{bmatrix} \tag{1-14}$$

则式（1-10）可用分块矩阵予以表示：

$$\begin{bmatrix} A_{n-m}^T & A_{m,n-m}^T \\ O & I_m \end{bmatrix} \begin{bmatrix} \Delta P_{n-m} \\ \Delta P_m \end{bmatrix} = \begin{bmatrix} \Delta P_{n-m} \\ \Delta P_m \end{bmatrix} \tag{1-15}$$

从式（1-15）可得：

$$\Delta P_{n-m} = [A_{m,n-m}(I_{n-k} - A_{n-m})^{-1}]^T \Delta P_m \tag{1-16}$$

由此得到全部部门的价格提高幅度，进而可以计算对GDP平减指数的影响：

$$\Delta P_{GDP} = \frac{\sum_{i=1}^{n} \Delta P_i \times Y_i}{\sum_{i=1}^{n} Y_i} \tag{1-17}$$

其中，Y_i 是第 i 个行业的最终使用。

2. 需求冲击评估模型构建

驱动经济波动的因素纷繁复杂，其中既包括来自价格的冲击，也包括来自量的冲击。在量的冲击中，经济系统可以从供需两方面进行分析，从供给端来看，经济波动有可能受到社会技术进步、人力资本提高等因素影响；而从需求端来看，经济则有可能受到消费、投资、进出口等方面的需求冲击，前者主要在中长期中决定了一国经济，而后者则更可能在短期中造成经济波动。本章将利用投入产出表重点考察需求冲击对经济系统的影响。

（1）需求结构冲击。在投入产出表中，最终需求一般分为三部分，分别是消费、投资和出口。通常，一个经济社会中的各个部分的比例在短期内较为稳定，但随着一国经济发展模式的转变或受外部经济冲击时，需求的内部结构将发生变化，从而对经济内部各部门产生影响。

用 Y 表示最终需求总量，C 表示消费总量，I 表示投资总量，E 表示出口总量，那么最终需求结构的向量将表示如下：

$$y = \left[\frac{C}{Y} \quad \frac{I}{Y} \quad \frac{E}{Y}\right]^T \tag{1-18}$$

根据每种需求划分部门结构，可以得出各部门的最终需求结构系数：

$$S = \begin{bmatrix} \frac{C_1}{C} & \frac{I_1}{I} & \frac{E_1}{E} \\ \vdots & \vdots & \vdots \\ \frac{C_n}{C} & \frac{I_n}{I} & \frac{E_n}{E} \end{bmatrix} \tag{1-19}$$

用 P 表示最终流量需求矩阵：

$$P = \begin{bmatrix} C_1 & I_1 & E_1 \\ \vdots & \vdots & \vdots \\ C_n & I_n & E_n \end{bmatrix} \tag{1-20}$$

那么最终需求流量、最终需求结构系数、最终需求结构向量和最终需求总量有如下基本关系：

$$P = S \times \overline{y} \times Y \tag{1-21}$$

其中，$\overline{y}$ 表示以最终结构向量 y 中的元素组成的对角矩阵。

对于最终需求组成结构变动冲击，假设在 $t+1$ 时刻，需求结构面临一个外部冲击使得需求结构变为 y_{t+1}，那么需求结构向量的变动可表示为 $\Delta y = y_{t+1} - y_t$，由此引致的最终需求列向量的变动为：

$$\Delta R = S \times \overline{\Delta y} \times Y \times \mu \tag{1-22}$$

其中，μ 表示元素为 1 的列向量，则根据里昂惕夫模型，需求结构变动对各部门总产出的影响为：

$$\Delta X = (I-A)^{-1}\Delta R = (I-A)^{-1}S \times \overline{\Delta y} \times Y \times \mu \tag{1-23}$$

对各个部门的增加值的影响为：

$$\Delta V = \overline{A_v}\Delta X = \overline{A_v}(I-A)^{-1}S \times \overline{\Delta y} \times Y \times \mu \tag{1-24}$$

$\overline{A_v}$ 表示由各个部门的增加值系数组成的对角矩阵，由此对各部门的增加值及总产出进行加总就可以得到对国民生产总值及总产出的影响。

（2）需求部门结构变动冲击。最终需求部门结构变动是指消费、投资或出口中的部门结构变动，由此改变了最终需求在部门间的分配模式，导致最终需求结构系数发生变动。假设在 $t+1$ 时刻，需求部门结构面临一个外部冲击，使得需求部门结构变为 S_{t+1}，那么需求部门结构矩阵的变动可表示为 $\Delta S = S_{t+1} - S_t$，那么最终需求结构的变化对总产出的影响为：

$$\Delta X = (I - A)^{-1}\Delta R = (I - A)^{-1}\Delta S \times \bar{y} \times Y \times \mu \quad (1-25)$$

对各个部门增加值的影响为：

$$\Delta V = \overline{A_v}\Delta X = \overline{A_v}(I - A)^{-1}\Delta S \times \bar{y} \times Y \times \mu \quad (1-26)$$

同样，对各部门的增加值及总产出进行加总，就可以得到对国民生产总值及总产出的影响。

三、投入产出模型的应用：中美贸易摩擦评估

（一）政策模拟条件的设定

2017 年 8 月，美国贸易代表办公室按照《1974 年贸易法案》第 301 条款，正式对中国发起贸易调查（以下简称“301 调查”）。2018 年 6 月，美国先后公布拟对中国约 500 亿美元和 2000 亿美元规模出口商品分别加征 25% 和 10% 的关税。2018 年 7 月 6 日，美国对中国 340 亿美元出口商品加征 25% 的关税，8 月 23 日对 160 亿美元产品加征 25% 的关税，至此，第一轮针对 500 亿美元出口规模加征措施全部生效。2018 年 9 月 24 日，美国针对中国 2000 亿美元出口商品加征 10% 的关税措施正式生效。

模型评估的外生设定如下：首先，根据美国贸易代表办公室公布的征税产品名录，依据各类所属产品的加征关税税率确定价格上涨幅度，并根据关税吸收的不同幅度进行模拟，例如，某一产品加征 25% 的关税，假设国内企业关税吸收幅度为 0，那么设定基础场景为出口含税价格上涨 25%，并结合出口产品价格弹性，可计算出该产品相应出口需求的减少幅度，若某产品的弹性较高，导致出口额下降幅度超过 100%，则认为该产品的出口额下降为零。其次，在分析价格变动的影响时，价格模拟场景的外生变动设定为该行业国内企业的关税吸收幅度，其中，关税吸收幅度来源于中国人民银行调查统计司针对涉税企业问卷调查的实际结果。

（二）政策模拟结果及分析

中美贸易摩擦对我国的经济各行各业产生广泛的影响，本章将利用投入产出模型，针对中美贸易摩擦进行建模，在政策模拟时，遵循产品—行业—国民经济层面循序渐进的分析思路，首先测算产品层面的影响，然后将产品层面合并至行业，最后根

据行业的结果输入至投入产出模型中，考察对国民宏观经济的影响。

具体来说：首先，根据中美贸易摩擦征税清单筛选出征税产品，测算各个产品对美出口弹性，分析涉税产品结构，从产品层面评估中美贸易摩擦的影响；其次，将涉税产品匹配至行业层面，进一步从行业层面评估其影响；最后，在上述基础上，将上一步计算得出的行业层面结果作为投入产出表的外生冲击来源，利用投入产出模型全面评估中美贸易摩擦对我国出口需求、增加值、总产出等方面的影响。

1. 产品层面的测算分析

从产品层面考察中美贸易摩擦的影响，首先需要梳理涉税商品，并测算涉税商品的价格弹性，根据各涉税产品涉税额可测算中美贸易摩擦导致的出口影响。

（1）征税清单与中国对美出口数据的匹配。我们需要根据 HS 编码匹配征税清单与中国对美出口数据。国际贸易中通行的海关编码即 HS 编码，其全称为《商品名称及编码协调制度的国际公约》，简称协调制度（Harmonized System，HS）。HS 采用 6 位数编码，把全部国际贸易商品分为 22 类，98 章。章以下再分为目和子目。商品编码第一、第二位数码代表“章”，第三、第四位数码代表“目”（Heading），第五、第六位数码代表“子目”（Subheading）。前 6 位数是 HS 国际标准编码。HS 有 1241 个四位数的税目，5113 个六位数子目。各国根据本国的实际情况可继续细化分类代码。

中国对美出口数据来源于联合国贸易数据库（UN Comtrade）。该数据库提供商品分类详细至 HS 6 位码的分国别进出口数据。由于中美贸易摩擦于 2018 年正式爆发，为避免中美贸易摩擦影响，合理测算商品的价格弹性，故本章采用 2018 年以前的数据，即 2002—2017 年的数据测算商品价格弹性。

表 1-2　　中国对美国出口商品

商品代码	出口金额（美元）	出口数量（件）	商品名称
840733	31467030	1832095	Engines, spark - ignition reciprocating, 250 - 1000 cc
840734	7438033	477583	Engines, spark - ignition reciprocating, over 1000 cc

注：HS 6 位码下，每年约有 3848 种产品出口至美国，2016 年共有 3979 种商品出口至美国，本处以 2016 年为例，列举 2 种。

数据来源：联合国贸易数据库。

美国的征税产品清单以 HTS 8 位码分类为标准，HTS 为统一税则分类表（Harmonized Tariff Schedule，HTS），HTS 是在 HS 的基础上建立的，HTS 的前 6 位分类标准与 HS 6 位码标准保持一致。

表 1－3　　美国 500 亿美元征税清单

征税商品代码	征税商品名称
8407. 34. 05	Spark－ignition reciprocating piston engines used in agricultural tractors, cylinder capacity over 1000 cc to 2000 cc
8407. 34. 35	Spark－ignition reciprocating piston engines used in agricultural tractors, cylinder capacity over 2000 cc

注：美国 500 亿美元征税清单 8 位码下共有 1102 种产品，本处列举部分征税清单。

数据来源：美国贸易代表办公室。

利用征税产品清单的 HTS 编码前 6 位和 HS 6 位码的一致性，可实现征税清单与中国对美细项商品出口数据的匹配，考察涉税产品的出口情况。由于 HTS 采取了更细的分类代码，意味着在 HS 6 位码分类体系下，有可能高估征税范围，但经比对，HS 6 位码分类下的产品基本涵盖了 HTS 分类的涉税产品，经匹配后显示，以征税规模衡量，两轮加税清单的匹配率均在 92% 以上，匹配效果较好。

表 1－4　　征税清单与贸易数据匹配结果示例

商品代码	出口金额（美元）	出口数量（件）	商品名称	征税清单	是否征税
840733	31467030	1832095	Engines, spark － ignition reciprocating, 250－1000 cc	0	0
840734	7438033	477583	Engines, spark － ignition reciprocating, over 1000 cc	8407. 34. 05 8407. 34. 35	1

（2）计算出口价格弹性。为计算关税对出口的影响，需要厘清出口商品的价格弹性，即一单位的价格变动会造成多少个单位的出口变动。我们使用弧弹性中点公式计算得到商品 i 的出口价格弹性：

$$\varepsilon_{i,t} = \frac{\Delta Export_{i,t}}{\Delta Price_{i,t}} \times \left(\frac{(Price_{i,t} + Price_{i,t-1})/2}{(Export_{i,t} + Export_{i,t-1})/2}\right) \tag{1－27}$$

其中，$\varepsilon_{i,t}$ 表示商品 i 的价格弹性，$\Delta Export_{i,t}$ 表示商品 i 在 t 期对美出口总金额，$Price_{i,t}$ 表示商品 i 在 t 期的出口价格，由出口商品的数量和金额计算得出。

利用商品出口数据时序，可计算出所有商品的出口弹性。为使结果稳健，以 5% 比例剔除极值，为避免个别年份的出口扰动影响，每种商品取所有年份出口价格弹性的中位数，最终得到涉税商品的弹性。

（3）从涉税商品的出口价格弹性看，加征关税影响较大。总体来看，500 亿美元征税产品出口价格弹性加权平均值为 －2. 59，意味着涉税商品价格整体上升 1 个百分点，平均出口额将下降 2. 59 个百分点。2000 亿美元征税产品出口价格弹性加权平均

值为 -2.6[①]。两份征税清单中，弹性绝对值 >1 的商品占比都高，分别为 85.9% 和 84.5%。由于涉税商品对出口价格较敏感，出口金额较高，加征关税会对出口产生较大影响。尤其是有些商品出口价格弹性大，同时出口对美依赖度高，值得特别关注。

2. 行业层面的测算分析

（1）计算各行业受关税影响导致的出口下降程度。从产品到行业的合并步骤是根据国家统计局《统计用产品分类名录》，将各涉税商品归入不同的行业，将某一行业各涉税商品出口额下降幅度加总，即得到该行业的出口额下降幅度。

各涉税商品的出口额下降幅度计算方法如下：

$$\Delta Export_i = \varepsilon_i \times \frac{\Delta Price_i}{Price_i} \times Export_i \qquad (1-28)$$

其中，$Export_i$ 是商品 i 的出口额，$Price_i$ 表示商品 i 的出口价格，ε_i 是商品 i 的出口价格弹性。

若某商品的弹性较高，导致出口额下降幅度超过 100%，则认为该商品的出口额下降为零。

（2）加征关税对我国出口行业的影响。

①美国关税清单主要针对我国中高端制造业。通过将美国公开的征税产品清单与中国的出口贸易分类数据一一匹配，我们能得到清单中各种商品的出口额，进而得到各行业的涉税出口额。

表 1-5　　500 亿美元征税清单中各涉税行业出口额占比　　单位：%

行业	占比
通信设备、计算机和其他电子设备	27.07
电气机械和器材	23.01
通用设备	19.93
仪器仪表	8.87
专用设备	8.68
交通运输设备	5.72
化学产品	2.93
金属制品	2.20
金属冶炼和压延加工品	1.58
石油、炼焦产品和核燃料加工品	0.01

注：表格中阴影部分表示强调，下同。

① 2000 亿美元征税产品的价格水平、出口结构与 500 亿美元不同，两者出口价格弹性相近（500 亿美元征税产品的出口价格弹性为 -2.59）属于计算巧合。

从出口额看，500 亿美元征税清单中，涉税产品全部是工业产品，主要包括通信设备、计算机和其他电子设备、电气机械和器材、通用设备、仪器仪表、专用设备及交通运输设备，这些合计占比高达 93.3%，征税清单主要涉及我国中高端制造业，针对性明显。纺织品约占我国对美出口的 10%，但 500 亿美元征税清单中完全没有涉及，说明美国加征关税的目的并不仅仅是减少贸易逆差，而是为了遏制我国技术发展。

美国甚至对出口为零的商品加征关税，战略遏制或国内保护意图明显，而非单纯地缩减贸易逆差。2016 年，微机控制铁道机车、铁道用非机动自卸货车、车辆底盘对美出口已经降至为 0，但本次仍被加征关税。据测算，这三类产品出口价格弹性均在 14 倍以上，美国对它们加税的目的很明确，不仅现在不从中国进口，还要断绝以后从中国进口的可能性，战略遏制意图凸显。

②关税清单针对的行业出口将受到一定影响。调查结果显示，为应对美国加征关税的影响，国内企业将调低涉税商品的对美出口价格，平均下调约 11%。由于美国进口中国商品还需 25% 的关税，因此美国的进口成本将上涨约 14%。根据各涉税商品的出口价格弹性，可以测算出各行业出口及总出口的下降程度。

表 1-6　加征关税对各行业出口及总出口的影响　单位：%

	500 亿美元商品清单		2000 亿美元商品清单		两轮加征关税后合计	
	涉税商品出口	全部出口	涉税商品出口	全部出口	涉税商品出口	全部出口
农林牧渔产品和服务			-30.28	-7.32	-30.28	-7.32
石油和天然气开采产品			-14.91	-0.63	-14.91	-0.63
金属矿采选产品			-19.53	-2.53	-19.53	-2.53
非金属矿和其他矿采选产品			-49.01	-3.93	-49.01	-3.93
食品和烟草			-34.13	-1.02	-34.13	-1.02
纺织品			-31.19	-1.29	-31.19	-1.29
纺织服装鞋帽皮革羽绒及其制品			-42.54	-2.03	-42.54	-2.03
木材加工品和家具			-15.38	-5.70	-15.38	-5.70
造纸印刷和文教体育用品			-35.21	-1.61	-35.21	-1.61
石油、炼焦产品和核燃料加工品	-30.02	-0.01	-21.11	-0.31	-21.29	-0.32
化学产品	-30.66	-0.23	-32.31	-4.02	-32.21	-4.25
非金属矿物制品			-33.63	-3.09	-33.63	-3.09
金属冶炼和压延加工品	-31.08	-0.27	-56.04	-0.77	-46.31	-1.04
金属制品	-100.00	-1.27	-29.56	-5.79	-33.92	-7.06
通用设备	-31.03	-2.39	-24.76	-4.69	-26.58	-7.08
专用设备	-28.69	-1.79	-24.40	-0.32	-27.95	-2.11

续表

	500 亿美元商品清单		2000 亿美元商品清单		两轮加征关税后合计	
	涉税商品出口	全部出口	涉税商品出口	全部出口	涉税商品出口	全部出口
交通运输设备	-40.47	-1.12	-57.45	-8.46	-54.77	-9.58
电气机械和器材	-27.04	-1.37	-25.69	-3.58	-26.05	-4.95
通信设备、计算机和其他电子设备	-15.65	-0.38	-20.50	-1.05	-18.94	-1.43
仪器仪表	-46.64	-5.93	-58.50	-7.12	-52.40	-13.05
其他制造产品			-11.08	-0.04	-11.08	-0.04
全部行业合计	-29.12	-0.55	-29.46	-2.21	-29.40	-2.76

根据测算结果，500 亿美元清单实施后，涉税商品对美出口将下降 29.12%，全部出口总量将下降 0.55%。2000 亿美元清单实施后，涉税商品对美出口将下降 29.46%，全部出口总量将下降 2.21%。合计两次加征关税的影响，全部出口总量将下降 2.76%。总体来看，我国涉税商品对美出口将明显下降，但对总出口量影响有限。

征税清单针对的行业出口将受到一定影响。合计两次加征关税的影响，总出口下降较为明显的行业包括仪器仪表制造业（-13.05%）、交通运输设备制造业（-9.58%）、农林牧渔业（-7.32%）、通用设备制造业（-7.08%）及金属制品制造业（-7.06%）。

3. 国民经济层面的测算分析

（1）出口价格下降对整体价格水平的影响。为计算加征关税对物价的影响，首先，确定调价部门和调价幅度：美国对我国出口产品加征关税，部分出口产品的生产商会选择降低产品价格来部分吸收甚至全部吸收关税提高的影响。为考察关税企业价格的影响，中国人民银行调查统计司针对全国外向型企业进行问卷调查，通过调查企业的关税吸收比重考察各类产品的价格变动幅度，并计算行业的价格变动幅度。调查结果发现，为应对美国加征关税的影响，国内企业将调低涉税商品的对美出口价格，平均下调约 11%。假定部门 i 的出口商会将涉税商品价格调整 $\Delta P_{涉税i}$，则该部门的价格调整幅度为：

$$\Delta P_i = \frac{EX_{涉税i}}{Y_i} \times \Delta P_{涉税i} \tag{1-29}$$

其中，$EX_{涉税i}$ 为征税清单中该行业的出口量。

其次，根据本章第二节价格冲击建模，式（1-13）~式（1-17）公式测算其他部门的价格变动幅度，并测算对 GDP 平减指数的影响。将调查的各行业的价格变动代入前文公式计算，将导致 GDP 平减指数下降 1.3 个百分点。

（2）加征关税对部分行业的总需求和增加值有一定影响。美国对我国出口商品加征关税，导致这些商品的出口量下降，直接影响对这些商品的最终需求。同时，这些商品的生产需要其他行业的投入，对这些商品最终需求的下降也会导致对其他行业产品中间需求的下降。由于需求下降导致各行业总产出下降，将导致各行业增加值也相应下降。增加值下降也将影响居民的劳动报酬和政府的税收收入，进而影响居民和政府的消费，又对总需求产生影响。

我们使用最新的2015年中国投入产出表测算出口下降对各行业的影响。投入产出表能展示各部门间投入与产出相互依存的关系及各行业产品用于投资、消费、进出口的情况，使用投入产出分析法能全面考察最终需求变动对各行业的影响。由于各行业相互关系的存在，加征关税不仅会影响涉税行业，还会影响其他行业，最终导致对经济的全面影响。

在第二节中可得出加征关税对行业出口的影响，本章在前文构建了需求冲击的影响评估模型，将各行业出口需求的变动幅度组成向量，代入式（1－22）～式（1－26）即可得到加征关税对需求及增加值的影响。

①加征关税对各行业需求和总产出的影响。根据测算结果，500亿美元清单实施后，最终需求下降0.16%，反映生产过程中中间消耗的中间需求下降0.23%。中间需求和最终需求合计，导致总产出下降0.21%。分行业看，最终需求变动较大的为仪器仪表制造业（－2.83%）、通用设备制造业（－0.78%）、金属制品制造业（－0.73%）、金属冶炼和压延业（－0.66%）及电气机械和器材制造业（－0.66%）。中间需求的变动在行业中的分配较为均衡，说明虽然最终需求的变动主要集中在几个部门，但由于经济各部门间投入和产出的依存关系，各部门产品的中间需求都发生了变化。在中间需求和最终需求的共同影响下，总产出变动较大的行业包括出口直接受影响的仪器仪表制造业（－1.98%），通用设备制造业（－0.59%），通信设备、计算机和其他电子设备制造业（－0.52%）及电气机械和器材制造业（－0.49%），以及为这些行业提供原材料和燃料的金属矿采选业（－0.49%）及石油和天然气开采业（－0.47%）。

在500亿美元清单基础上加上2000亿美元清单后，最终需求下降0.81%，中间需求下降1.12%。中间需求和最终需求合计，导致总产出下降1.07%。分行业看，最终需求变动较大的为非金属矿和其他矿采选业（－6.68%）、仪器仪表制造业（－6.29%）、金属制品制造业（－4.03%）及金属矿采选业（－3.64%）。总产出变动较大的行业包括仪器仪表制造业（－4.94%），通用设备制造业（－1.98%），通信设备、计算机和其他电子设备制造业（－1.95%）及电气机械和器材制造业

（-1.85%），以及为这些行业提供燃料和原材料的石油和天然气开采业（-2.52%）和金属矿采选业（-2.08%），还有与这些行业相关的废品废料处理业（-1.84%）。

②加征关税对各行业增加值的影响。投入产出分析假设各行业增加值占总产出的比是固定的，因为各行业增加值下降的幅度与该行业总产出下降的幅度相同。但各行业增加值占总产出的比不一样，因此总增加值 GDP 的增速和总产出的增速不一致。推算结果显示，500 亿美元清单实施后，GDP 将下降 0.19%。分三次产业看，直接受加征关税影响的第二产业增加值下降 0.24%，第一产业增加值下降 0.16%，第三产业增加值下降 0.16%。在 500 亿美元清单基础上加上 2000 亿美元清单后，GDP 将下降 0.97%，第一产业增加值下降 1.07%，第二产业增加值下降 1.18%，第三产业增加值下降 0.78%。

总的来说，美国两轮加征关税对我国经济影响总体有限，但征税清单涉及的部分行业受影响较大。加征关税会降低这些行业的增加值，进而降低这些行业的营业盈余和劳动报酬，使得这些行业的研发投资下降、从业人员减少，导致相关行业的技术发展放缓，对我国企业技术进步的不利影响不可低估。

4. 应对中美贸易摩擦的政策建议

（1）从微观数据入手，重新认识关税效果。目前，对加征关税的评估与分析主要基于总量情况，还须从微观数据入手，审视关税效果，使评估更细致化。利用底层数据对涉税商品的出口结构、价格弹性、依赖度进行估算，能够更精准地了解加征关税对产业的影响。还可以通过压力测试的方法，模拟不同关税税率及价格传导情景下，加征关税对美出口及对全球出口的影响。甚至可以对每项涉及中美贸易的商品进行相关估算和模拟，从而评估出潜在的靶向目标，为防止美国进一步的贸易保护动作做准备。从反制角度出发，也须利用微观数据深入了解美国细项商品对中国市场的进口弹性及依赖度，以作出有力反击。

（2）高度重视出口依赖度高的相关高技术产业。涉税商品中对价格敏感且对美出口依赖度高的主要集中在机电、音像设备及其零件、附件（HS 分类第 16 类）和车辆、航空器、船舶及运输设备（HS 分类第 17 类），同时也是主要涉税商品，目前分别占对美出口总额的 45% 和 5% 左右。这两类商品关乎我国战略性新兴产业发展，须充分了解加征关税对市场份额、企业利润和技术研发等方面带来的负面影响，量身定制有效的应对方案，进一步推动产业结构升级。

（3）采取积极措施，减小美国加征关税对出口的冲击。短期来看，需要积极增加对其他市场的出口，以此弥补美国出口下降的损失。以征税商品集中的 HS 第十六类商品“机电、音像设备及其零件、附件”为例，此类商品对美出口占比为 20.2%。

若美国市场之外的出口增长 1%，则能弥补对美出口 3.95% 的下降。应调整出口方向，积极发展多边贸易，提高涉税商品在其他国家的出口量，由此弥补对美出口的损失。一方面可继续加强对欧洲、日本等传统市场的出口，另一方面也可以大力开发"一带一路"沿线国家新市场。

长期来看，应加快产业升级转型，增加产品科技含量，提高产品竞争力，降低出口产品价格弹性，减小加征关税对出口的影响。由于我国对美出口产品的出口价格弹性较大，因此美国关税提高导致的出口下降较为明显，同时许多企业为维持对美出口份额选择降低出口产品价格，关税提高导致的损失有相当一部分由我国企业承担。若出口产品需求刚性较强，产品价格弹性较小，则价格变动对出口影响较小，国内企业承担的损失的份额也较小。

（4）加强对重点企业的科技投入，促进制造业科技发展。虽然加征关税对我国总出口和 GDP 的影响有限，但对征税清单集中针对的行业来说影响较大，特别是部分出口价格弹性大且对美出口依赖度高的高新技术产品，加征关税会对这些产品的生产企业造成严重的打击。对此，除了企业层面的主动应对之外，还需政府制定有针对性的支持措施，尤其要支持这些企业的研发活动。对这些企业中技术外溢程度较大、创新不确定性程度和市场风险较高，需要长期进行创新研发投入的，政府可适当发放研发补贴及实施结构性减税政策；对战略性新兴产业中的基础创新、前瞻性技术和产学研衔接等关键薄弱环节，政府更可直接对相关企业的相关研发活动进行财政资金支持。

本章参考文献

[1] 陈锡康，杨翠红，等. 投入产出技术 [M]. 北京：科学出版社，2011.

[2] 董承章，投入产出分析 [M]. 北京：中国财政经济出版社，2000.

[3] 丁文科，周鹏博，投入产出分析的产生及启示 [J]. 合肥教育学院学报（社会科学版），2003（4）.

[4] 陈锡康，王会娟. 投入占用产出技术的若干重要应用 [J]. 管理学报，2010（12）.

[5] J Lau Lawrence，陈锡康，杨翠红，等. 非竞争型投入占用产出模型及其应用——中美贸易顺差透视 [J]. 中国社会科学，2007（5）.

[6] 陈锡康，刘秀丽，付雪. 投入占用产出分析在理论与方法上的若干重要进展及其主要应用 [J]. 中国科学基金，2008（4）.

[7] 王勇．中国投入产出核算：回顾与展望［J］．统计研究，2012（8）．

[8] 张越．环境经济投入产出模型的应用发展［J］．环境保护，2000（11）．

[9] 中国投入产出学会课题组．最终需求对国民经济及其各部门的诱发分析［J］．统计研究，2007（2）．

[10] Leontief, Wassily W. Quantitative Input and Output Relations in the Economic Systems of the United States [J]. The Review of Economic Statistics (1936): 105 - 125.

[11] Leontief, W. W. The Structure of the American Economy: 1919—1929 [M]. Cambridge, Mass: Harvard University Press, 1941.

[12] Leontief W W. Studies in the Structure of the American Economy [R]. Harvard Economic Research Project, 1953.

第二章
联立方程模型开发与应用

一、联立方程模型的开发目的和意义

（一）联立方程模型背景

经济理论致力于挖掘经济要素内在的关系，这种关系在数学上可以表示为一个描述经济变量关系的方程，简单的例子如：

$$C = \alpha + \beta Y \tag{2-1}$$

式（2－1）意为消费（C）由相对固定的基本消费（α）与同收入（Y）成正比的“量入为出”的部分构成，且“量入为出”的行为存在一个较为稳定的比例（β），即消费率。

单个方程能够描述一组经济变量的关系，但不足以充分描述宏观经济的方方面面，因此，若要建立宏观经济模型，常见做法就是把描述经济不同方面的方程联系起来，构成一个联立方程模型。如式（2－2）所列方程组：

$$\begin{cases} C_t = \alpha_1 + \beta_1 Y_t + \mu_{1t} \text{ 消费方程} \\ I_t = \alpha_2 + \beta_2 Y_t + \beta_3 Y_{t-1} + \mu_{2t} \text{ 投资方程} \\ Y_t = C_t + I_t + G_t \text{ 国民收入等式} \end{cases} \tag{2-2}$$

式（2－2）是基于凯恩斯理论建立的联立方程模型，对宏观经济的消费、投资和国民收入等方面进行了描述。各个方程均体现了经济活动的某种行为规律，联立起来即可认为描述了经济系统的演变特性。

联立方程模型是较早开始应用于大型宏观经济预测的结构计量模型，随着经典计量技术的发展而渐趋完备，尤以启动于1968年、由诺贝尔经济学奖得主克莱因负责的世界经济预测模型“LINK项目”为代表，曾盛极一时。尽管之后因面临内生性问题的挑战而逐步淡出学术界，但仍以其实用性得到各国政策当局及各类政策研究机构的广泛应用，至今仍是美联储等主要经济体中央银行预测工具箱中的常备模型，国内则有中国人民大学的CMAFM（China's Macroeconomic Analysis and Forecasting Model）和厦门大学的CQMM（China Quarterly Macroeconomic Model）定期运行并发布预测报告。

（二）联立方程模型主要特点

在中央银行常备的宏观经济模型中，联立方程模型主要与VAR模型①和DSGE模型一起应用于宏观经济预测和政策效应评估，彼此参照，其优势在于充分刻画经济结构的同时维持了较高的模块灵活性。

与VAR模型相比，联立方程模型具有清晰的经济结构设定，能够更具体地揭示不同经济部门的行为特征及相互关系，从而明确政策效应的传导渠道和作用机制。与DSGE模型相比，联立方程模型对模型模块边界进行封闭或扩展的成本更低，研发周期较短，模型调整更加灵活，能够对政策评估意图进行快速响应。此外，模块灵活性也赋予联立方程模型更高的扩展性，在数据允许的情况下，联立方程模型能够扩展至VAR模型和DSGE模型难以企及的规模，囊括成百乃至上千条方程，覆盖宏观经济的各个方面及各项细节。

联立方程模型在理论上面临的挑战主要有联立内生性、时间序列非平稳性和卢卡斯批判（Lucas，1976），三者在现代计量背景下可得到不同程度的回应。

联立内生性来自方程联立引入的变量双向因果关系，可以通过系统工具变量估计方法加以克服，如采用系统两阶段最小二乘法（S2SLS）和系统三阶段最小二乘法（S3SLS，相当于有内生变量的SUR估计）进行估计。实践中，S3SLS和SOLS的估计结果往往较为接近，揭示联立内生性实质产生的偏误较为有限。此外，尽管系统估计方法理论上优于单方程估计，但这往往以较大样本为前提，样本较小的情况下，系统估计方法容易将局部设定偏误扩散到全局，产生劣化的估计结果，因此，联立方程模型实践中通常采用小样本相对稳健的单方程估计。

时间序列非平稳性的质疑对经典联立方程模型构成了首次较大的冲击，但是Engle和Granger（1987）引领的协整分析在一定程度上解决了这一问题——经过协整检

① VAR模型的全称是Vector Auto Regression Model，也即向量自回归模型。

验的经典联立方程模型刻画了经济变量的长期均衡关系，而误差修正形式建立的联立方程模型则在把握长期均衡关系的同时得以进一步捕捉经济变量的短期动态关系，拟合及预测表现大幅改善。

卢卡斯批判对经典联立方程模型构成了第二次较大的冲击，其本质上是关于经济系统内生性/反身性或者模型参数稳定性的质疑，联立方程模型应对这一质疑，尝试包括 LSE 方法①和混合式模型。前者以 Sargan、Hendry、Sims 等学者为代表，提倡自数据生成过程（Data Generation Process，DGP）出发，以“从一般至特殊”（General to Specific）的方式，将一般形式模型通过一系列统计检验及外生性检验简化至与数据及理论一致的模型，并认为如果简化模型通过了“超外生性”（Super Exogeneity）检验则避免了卢卡斯批判。后者则是将联立方程决策行为方程替换为类似 DSGE 模型的个体最优化行为模块，得到介于两者之间的混合式模型。事实上，由于难以避免在设定中引入参数，绝大多数经济模型均难以面对宽泛意义上的卢卡斯批判。而在实践中，当用于中短期预测时，假定经济决策行为/模型参数维持不变也具有一定的合理性，此时是否能够应对卢卡斯批判对联立方程模型的适用性并不构成根本性的动摇。

（三）中国人民银行调查统计司联立方程模型的开发历程和应用情况

2017 年起，中国人民银行调查统计司开始投入研究力量开发联立方程模型，形成了一些初步研究成果，包括分季度和年度频次、基于绝对数及同比和环比、名义和实际增速的多个供需平衡的联立方程模型及其初步的程序化实现。

2018 年，调查统计司为研究中美贸易摩擦问题，组织力量推进相关开发工作，各处室协作、总分行联动，进一步打磨已有研究成果、细化对外贸易模块并投入实际运用，最终建立起一个小型需求侧年度联立方程模型，应用于中美贸易摩擦背景下的宏观经济预测，评估了中美贸易摩擦对我国经济的总量及结构影响。当前，这一模型在数据频度、模型规模、方程设定、参数识别、估计检验、流程自动化等方面还具有改进空间，未来仍需进一步整合相关力量，细化数据频度、扩展模型规模、改进方程设定、优化参数识别，改善模型解释力，提高工作流程的自动化程度，加快政策评估响应速度，加强混频数据的应用，不断提升模型的实际预测表现，推动模型由 Forecasting 向 Nowcasting 升级；基于“从一般到特殊”的建模思路强化统计检验和外生性检验、优化模型选择，提高模型约化的理论及数据的一致性，进一步构建并整合最优化核心行为模块，更好地应对卢卡斯批判，加强研究的科学性。

① 因该模型的主要倡导者为伦敦政治经济学院（LSE）学派代表人物，故名 LSE 方法。

二、联立方程模型的构建

（一）联立方程模型的基本结构及建模思路

一个需求侧联立方程的核心在于国民收入恒等式。

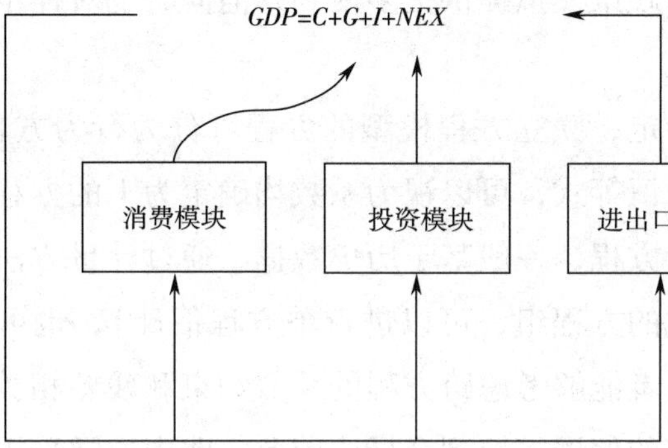

图 2-1 需求侧联立方程模型的基本结构

如图 2-1 所示，国民收入恒等式将 GDP 分解为消费、投资、净出口等部分，每部分由一组方程进一步刻画。各部分方程组生成的消费、投资、净出口根据恒等式汇总成为 GDP，而 GDP 又进入各部分方程组，对其产生影响，构成一个闭环。这种闭环关系在数学上体现为各个方程联立求解：给定某一 GDP 水平，若求得的消费、投资、净出口等项按恒等式加总恰为该 GDP，则模型进入均衡，该 GDP 与相应的消费、投资、净出口等构成模型的一组解。

对消费、投资、净出口进行进一步细致刻画的方程组常被称作相应“模块”，这一称呼也体现出一定的“模块化”（Modularity）性质：模块内部可以按需重构。在极简的情况下，一个模块可以仅包含单个方程，如消费模块仅包含单个消费决定方程；在复杂的情况下，一个模块可以包含进经济主体的最优化行为，如消费模块可以替换成一个最优化消费行为的决策模块。一般情况下，模块内部对模块主题进行细化分解，如消费模块按一般消费品、耐用品消费和住宅消费进行分解，投资模块把总投资按产业或行业进行分解。细化分解的意义包括可以引入更加细致的结构信息、可以更充分地利用已有数据信息、可以分散和约束估计偏误等，从而有利于强化模型对经济行为描述的细致程度，提供更多关于经济结构的见解，实现更高的预测和模拟精度。反之，如果模块边界条件良好，也可以化繁为简，缩减分解层级以保证模型简洁，从而降低数据收集和模型调整的难度、减少更多方程所带来的潜在设定误差。

根据模型结构特点，模型变量可分为内生变量和外生变量。在预测或模拟过程中，对于通过其他渠道能够有较高把握确定的变量，不妨直接采用外生设定。至于希望模型就其机制提供细化见解的变量，或者能够整合各方面信息提供更好预测的变量，宜作为内生变量。外生变量的比重可称为模型的外生性程度，由于内生变量对应联立方程结构式的一条方程，因此外生性程度往往也与模型规模密切相关。一般而言，较高的外生性程度有利于约束模型规模、减少引入方程设定误差和估计偏误、提高模型的可控性，从而为政策模拟提供更多便利，但同时也对样本容量、外生变量取值提出了更高的要求。

根据方程系数是否待定，联立方程模型的方程可分为行为方程和恒等式。例如，国民收入恒等式就是一个恒等式，可以视为系数均确定为 1 的方程。恒等式之外系数待定的方程通常称为行为方程，一般基于历史数据、通过计量方法确定其系数。对于待定系数的行为方程构成的方程组，可以进行单方程估计①，也可以将整个方程组作为一个系统进行估计，后者能够考虑跨方程的系数约束和残差相关性，在理论上具有优越性，但是可能将局部的偏误扩散到全局，因此实践中通常采用小样本更加稳健的单方程估计。此外，当未施加跨方程约束时，系统估计方法也就退化为对应的单方程估计方法。

行为方程具体设定时，可以直接在变量水平值上建模，也可以建立误差修正形式的模型。前者对宏观数据非平稳性问题的克服主要依赖于协整关系的确立，相当于采用经典的 Engle – Granger 两步法中第一步的结果，直接描述经济变量的长期均衡关系。而误差修正形式可以通过 Engle – Granger 两步法（Engle & Granger, 1987）或自回归分布滞后方法（Pesaran et al.，2001）等方法建立。由于本章后续展示的模型采用年度数据，样本数相对较少，用于差分后提供滞后动态项的余地有限，故主要展示基于水平值建模的估计和预测结果。

（二）模型模块设计

本章考虑的联立方程模型属于需求导向的小型开放宏观联立方程模型。模型分为消费、投资、政策、外贸、价格 5 个模块，其中国内模块（消费、投资、政策）按照

① 具体而言，单方程估计方法又被称为有限信息估计法，即只考虑待估计方程的参数约束，而不考虑方程组中其他方程的参数约束。常用于联立方程的单方程估计法包括最小二乘法（OLS）、加权最小二乘法（WLS）、似无关回归（SUR）、两阶段最小二乘法（2SLS）、有限信息的极大似然法（LIML）等。相应方法的估计结果在各自的假设前提下具有较优的统计性质，如 WLS 在 OLS 基础上允许跨方程的异方差，SUR 在此基础上又进一步允许跨方程的同期相关（指广义的、允许跨方程约束的 SUR，而非 Zellner（1962）的原始版本 SUR）；而在没有跨方程约束的前提下，若限定跨方程协方差矩阵为对角形式，两者的系数估计与单方程的 OLS 无异。

一般联立方程建模思路进行。为了更好地刻画贸易摩擦背景下进出口的变动，模型的进出口模块按主要国家（地区）的进出口进行了细化。连同恒等式、行为方程在内，模型包含39个方程，共有39个内生变量，22个外生变量（其中含2个外贸政策冲击变量，5个虚拟变量）。其中，外贸模块包含10个外生变量，多数用于刻画外国的经济和贸易状况。模型结构如图2－2所示。

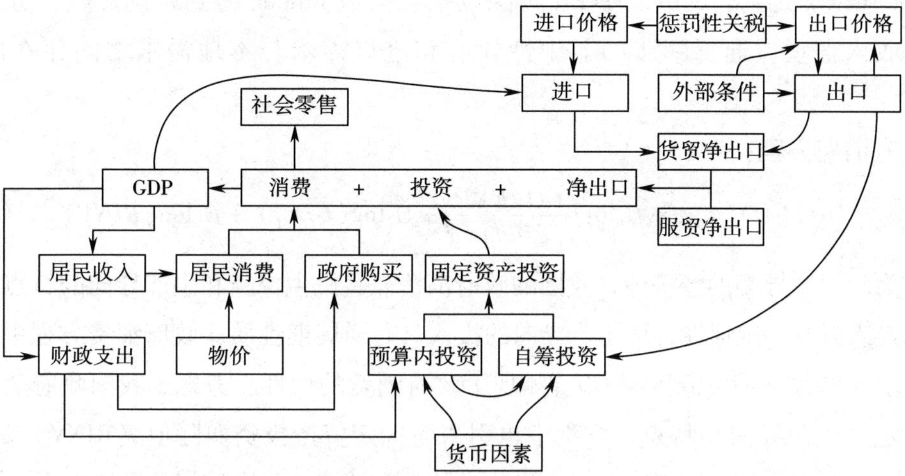

图2－2　模型基本结构

1. 消费模块设计

消费模块针对支出法GDP中的最终消费部分进行建模，分别构建居民最终消费和政府最终消费两个行为方程，并将居民和政府的最终消费合成得到最终消费预测值。

其中居民消费主要受到居民总收入（用人均收入×总人口表示）、消费价格（CPI）、货物进口额影响；政府消费受到财政支出、投资额的影响；居民人均收入受GDP影响。

除最终消费以外，社会消费品零售总额也是受到关注的指标，消费模块主要通过一个桥接方程建立最终消费和社会消费品零售总额之间的关系，将对最终消费的预测值转换为社会消费品零售总额的预测值。

消费模块包括8个方程，其中3个行为方程，1个桥接方程，其余为恒等式。具体包括下列方程。

居民消费方程：

$$\log(CD) = \alpha + \beta_1\log\left(\frac{Y_{PC} \cdot POP}{Pindex}\right) + \beta_2\log(CPI) + \beta_3\log\left(\frac{IM \cdot ER}{Pindex}\right) \quad (2-3)$$

居民消费的决定因素在经典经济文献中得到了充分讨论，凯恩斯的绝对收入假说、杜森贝利的相对收入假说、莫迪利安尼的生命周期假说、弗里德曼的持久收入假说、霍尔的随机游走假说“预防性储蓄”和“流动性约束”假说从不同角度对居民消费/储蓄行为的动因进行了论述。各类假说中，收入的影响尤其受到强调。本章的居民消费方程中，居民消费需求由基本消费需求 α 与随其他经济条件变动的部分构成，后者进一步受到居民收入实际值（由人均居民收入 Y_{PC} 乘以总人口 POP 再除以平减指数 Pindex 得到）、价格水平（用消费物价指数 CPI 表示）、进口实际值（用美元进口 IM 乘以美元兑人民币汇率 ER 再除以平减指数 Pindex 得到）的影响，分别体现了相对收入假说、通货膨胀的非中性效应和进口需求与本地需求之间存在的替代关系。

政府消费方程：

$$\log(GD) = \alpha + \beta_1 \log\left(\frac{GOVEXP}{Pindex}\right) + \beta_2 \log(GD_{-1}) + \beta_3 \log(RINV) \quad (2-4)$$

作为政府主导型的经济体，我国的政府消费兼具民生保障和生产导向的特点。其中民生性投入具有一定惯性，而生产导向的投入具有逆周期性质。政府消费方程中，基本开支需求 α 和政府消费滞后项 GD_{-1} 体现了政府消费的惯性。考虑到我国政府消费所具有的一定“生产导向”特点，方程中也引入了固定资产投资实际值（RINV）的影响。此外，财政开支（GOVEXP）对于支出法中的政府消费也具有较好的预测效果。

居民收入方程：

$$\log\left(\frac{Y_{PC}}{Pindex}\right) = \alpha + \beta_1 \log\left(\frac{RGDP}{POP}\right) \quad (2-5)$$

居民收入的决定相对简明，主要受到人均 GDP 的影响，此处 α 衡量了居民收入和人均 GDP 之间长期稳定存在的偏差，体现出收入分配的长期稳定特征。由于收入分配的情况未必是长期不变的，该式可能需要对残差引入自回归结构，以补充刻画这种长期的变动。

社会零售方程：

$$\log\left(\frac{CONS}{CPI}\right) = \alpha + \beta_1 \log\left(\frac{RGDP_{CONS}}{Pindex}\right) \quad (2-6)$$

该式为桥接方程，主要在社会消费品零售总额（CONS）和支出法 GDP 最终消费（$RGDP_{CONS}$）之间建立关联。模型在消费方面主要考虑的是支出法 GDP 下的最终消费，对于通常所关心的社会消费品零售总额并未深入刻画，因此需要基于对支出法最终消费来预测社会消费品零售总额。尽管两者内涵存在一定区别，但在两者差异部分未来未受到显著冲击的前提下，对最终消费的结构化预测仍有助于改善对社会零售总额的预测，此时桥接方程仍能取得较好效果。

消费模块恒等式：

$$RGDP_{GD} = \frac{GDP_{GD}}{Pindex} \tag{2-7}$$

$$RGDP_{CD} = \frac{GDP_{CD}}{Pindex} \tag{2-8}$$

$$RGDP_{CONS} = RGDP_{GD} + RGDP_{CD} \tag{2-9}$$

$$GDP_{CONS} = RGDP_{CONS} \cdot Pindex \tag{2-10}$$

上述恒等式主要实现支出法消费的分解，以及名义变量和实际变量的转换。

2. 投资模块设计

投资模块针对全社会固定资产投资完成额进行建模，按资金来源分为预算内投资、自筹投资（包括统计口径中的自筹和国内贷款两项）、利用外资三部分。投资资金来源统计和投资完成额统计数据略有不同，因此利用各类资金来源占全部资金来源的比例，将投资完成额拆解为上述三部分，再进行建模。

其中预算内投资受财政支出、利率、杠杆率影响，自筹投资受预算内投资、M2、利率和杠杆率影响，利用外资投资占比较小，本章直接使其外生。

在此基础上，进一步建立投资完成额与固定资本形成的桥接方程，将投资完成额转换为固定资本形成，成为支出法 GDP 的组成部分。

投资模块包括 7 个方程，其中 2 个行为方程，1 个桥接方程，其余为恒等式。

预算内投资方程：

$$\log(RINV_{BUD}) = \alpha + \beta_1 \log\left(\frac{GOVEXP}{Pindex}\right) + \beta_2 IR + \beta_3 LR \tag{2-11}$$

预算内投资主要受到政府行为调节与引导，因此政府支出具有比较重要的解释意义，此外，投资行为也受到利率（IR）和杠杆率（LR）的影响。众所周知，作为政府主导型的经济体，中国的投资变化显著依赖于政府行为的影响。现有进行财政政策效应研究的 DSGE 模型中，考虑政府支出的产出作用已几乎成为标配。与此同时，无论古典真实利率理论、凯恩斯流动性偏好理论还是可贷资金理论，均认同作为资金运用的投资行为受到作为资金价格的利率影响，据此预期利率对投资应具有负面影响。相比之下，由于不同类型投资加杠杆的行为模式存在差异，杠杆率的影响方向是不确定的。

自筹投资方程：

$$\log(RINV_{SELF}) = \alpha + \beta_1 \log(RINV_{BUD}) + \beta_2 \log\left(\frac{M2}{Pindex}\right) + \beta_3 \log(EX) + \beta_4 TARIFF + \beta_5 IR + \beta_6 LR \tag{2-12}$$

与预算内投资相比，自筹投资在一定程度上体现了民间投资行为。自筹投资方程需要考虑预算内投资的挤出效应、货币供应量 M2 的总量宽松效应，以及利率（IR）和杠杆率（LR）的影响。在贸易战背景下，还需要考虑出口需求和贸易环境预期的影响，此处用出口总量（EX）和贸易争端变量（TARIFF，下详）引入相关影响。可见，自筹投资与预算内投资决定因素的差异主要在于受到预算内投资、量化宽松及贸易影响。首先，政府投资可通过需求增加、物价上涨、实际货币供应量减少直至利率上涨这一系列经典传导过程或对投资机会和信贷资源的抢占等渠道对民间投资产生挤出效应，这一过程同时也涉及货币总量和利率相应变化的影响，因此方程中需要考虑相关因素。其次，非国有经济占据我国出口近半壁江山，贸易战可通过出口需求的减少和贸易环境预期的恶化对非国有投资产生影响。

固定资本形成方程：

$$\log(ID) = \alpha + \beta\log(RINV) \tag{2-13}$$

式（2－13）为桥接方程，主要在固定资产投资与支出法固定资本形成之间建立关联。如果两者的长期关系存在，但是差距以可循的规律持续演变，则需要针对残差进行时序结构上的建模。此时，相当于在固定资本形成的时序预测基础上引入固定资产投资的结构化信息，以改善预测。

投资模块恒等式：

$$INV = INV_{BUD} + INV_{SELF} + INV_{FOREIGN} \tag{2-14}$$

$$RINV = \frac{INV}{PI} \tag{2-15}$$

上述恒等式主要实现固定资产投资的分解，以及名义变量和实际变量的转换。

3. 进出口模块设计

由于支出法 GDP 统计中的净出口包括了货物和服务两部分，而海关统计的进出口仅包括了货物贸易，因此进出口模块需要对货物贸易和服务贸易两部分进行建模。其中货物贸易分别对进口和出口建立模型，并轧差得到货物净出口。服务贸易（本章假定 GDP 口径的净出口与海关口径净出口的差异即为服务贸易净出口，忽略其他统计口径上的差异）直接对净值进行建模。

自 2001 年加入世贸组织（WTO）以来，我国不断融入全球贸易体系，深入参与国际产业链条，与全球诸多国家与地区建立了密切的经贸联系，这一格局是评估中美贸易战影响时不能忽略的重要因素。作为深刻嵌入全球化进程的世界前两大经济体，美中与诸多贸易伙伴关联紧密，两者之间的贸易争端势必不会仅仅局限于中美贸易市场，而将波及诸多贸易伙伴、与全球贸易体系发生互动作用。因此，要准确评估贸易战对中国经济的影响，不能仅仅局限于讨论对美贸易，而要全面考虑其他外贸市场的关联效应。为此，模型货物贸易部分依国别进行了细分，将我国进出口总量划分为对美国（US）、欧盟（EU）、东盟（AS）及世界其他地区（Rest of World，ROW）4个分项，并对中美出口定价行为进行单独刻画。其中，不同去向出口受到中国出口相对价格及相应贸易伙伴经济增长状况、贸易条件等因素的影响，不同来源进口则受到进口相对价格及国内经济状况的影响。分项进出口分别通过恒等式加总为总进口及总出口，一方面分别作为进口需求及出口需求，影响进出口市场的定价行为，另一方面相减得到净出口，接入国内模块。

美国向中国对美出口加征从价税，体现为中国对美出口的相对价格上升，引起美国对中进口需求减少，进而通过净出口的减少有损于GDP，这似乎是一个直观的命题。据此观点，因价格上升引起的对美出口减少将直接反映在GDP上。然而，这仅仅关注了静态的、局部的变化，考虑到市场自发反应及不同市场的关联机制，实际影响将更为复杂。首先，面对下降的总进口需求，中国出口厂商有动机调降价格，然而降幅不会完全抵消税率[①]。如经典经济学理论指出，具有垄断势力的厂商能够将税负部分转嫁给消费者，税负分摊的比例反映了供需弹性。在美国市场上，情况正是如此，中国厂商的降价将部分抵扣税负上升的影响，使美国对中进口需求的下降低于预期。与此同时，考虑到中国出口部门面对全球市场，加总出口价格的下降将令其他国家对中国商品的进口需求有所上升[②]。美国和全球市场需求的变化引起出口价格的进一步调整，三者协动直至均衡，美国的最终进口需求应介于原需求与价格依税率浮动对应的需求之间，而全球其他市场的需求应较原始状态略有提升。因价格的动态调整，美国对中国加征关税产生的静态冲击将在美国市场和全球其他国家市场获得部分补偿。不仅如此，中国在国际分工链条中位处中游，对外贸易流量中有相当一部分原材料及初级制成品进口是为对美出口服务的，可以认为是对美出口的“引致进口”。对美出口的收缩将使关联市场的“引致进口”同步消灭，从而进一步抵消对美出口减少对净出口进而对GDP的负面冲击。

模型外贸模块的设计包含了上述考虑，细化机制如图2－3所示。考虑中美贸易摩擦主要体现为双方互相加征惩罚性关税，导致美国面对的中国出口价格和中国面对的自美进口价格产生一个增幅，并分别由外生变量TARIFF和COUNTER来控制，即图中空心箭头。美国对中进口加征从价关税，体现为对美出口方程中出口价格附加上关税的边际提升；中国出口厂商对加税作出反应后，美国市场面对的最终价格将是调降至均衡的中国出口价格附加关税的增量。与此相应，中国的反击体现为对美进口方

① 调查统计司行长参阅件2018年第189期对5000户工业企业中有对美出口业务的824家企业开展的相关调查表明，美国加征25%关税将导致相关出口商品价格下降约11%。

② 微观上，可体现为产生过剩供给的对美出口企业拓展其他国家市场业务等。

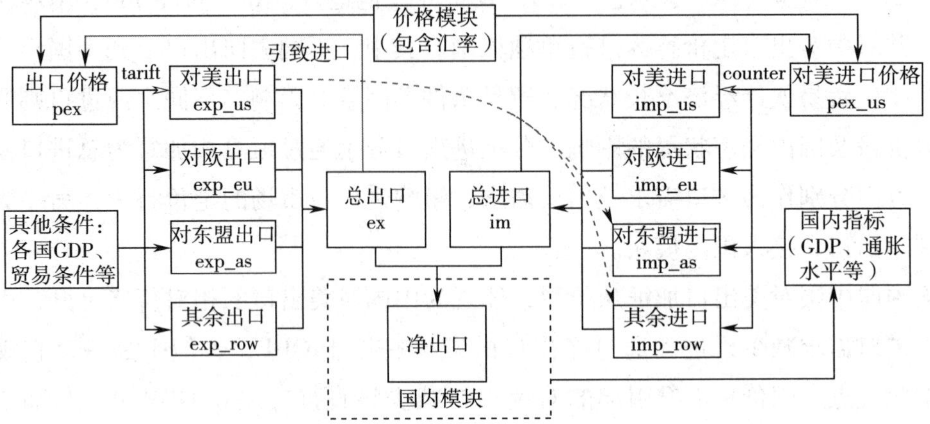

图 2－3　外贸模块结构示意

程中美国出口价格附带上报复性关税增量，模型也考虑了美国出口厂商面对中国反制的调价反应。美国对中进口需求下滑将导致中国面对的总出口需求下滑，供需结构变化驱使出口厂商降价应对（图 2－3 灰色实线箭头），最终美国市场面对的中国进口商品价格虽然有所提高，但将低于之前价格附带净增的关税税率，而美国以外市场面对的中国进口商品价格则有所下降。因此，加征关税产生的静态冲击，在降价后一部分经美国市场减缓，另一部分则通过其他市场吸收，最终实际冲击将低于预期。此外，对美出口减少引起一部分“引致进口”同步减少（图 2－3 灰色虚线箭头），减轻了出口下降对净出口产生的冲击。总体而言，一方面，加征关税引起的对美出口减少进而总出口需求减少将令出口厂商降价应对，使总出口需求略有回升，从而缓解加征关税对总出口需求的冲击；另一方面，对美出口需求最终减少将导致对美欧以外贸易伙伴的原材料和中间品进口需求同步减少，从而对冲加征关税引起总出口下降对净出口和 GDP 的负面冲击。此外，总出口需求也影响自筹投资。

进出口模块共 11 个方程，其中 9 个行为方程，2 个恒等式。

出口方程：

$$\log\left(\frac{EXP_{US}}{PWE_W}\right)=\alpha+\beta_1\log\left(\frac{(1+TARIFF)\cdot PWE_W}{PWSE}\right)+\beta_2\log(GDPC_{US})$$
$$+\beta_3\log(ER)+\beta_4\log(TOT_{US})+\beta_5\log(TOT_{CN}) \qquad (2-16)$$

式（2－16）以对美出口为例，说明出口方程的设计思路。被解释变量为以加权出口价格平减的对美出口，主要受到中国出口相对价格（用中国加权出口价格 PWE_W 除以全球出口价格 PWSE 得到，体现中国商品的竞争性）、美国经济情况（用国民收入实际值 $GDPC_{US}$ 表示）、美元兑人民币汇率（ER）及相关国家贸易条件（TOT）的影响。中国出口相对价格的系数预计为负，即相对价格越高，对美出口越少。美国对中国惩罚性关税力度 TARIFF 附加在中国出口相对价格之上，当美国对中国商品加征关税时，中国对美出口的相对价格上升，对美出口总量将会减少。对其他贸易伙伴的出口方程设计思路与此相仿，差别主要在于中国出口相对价格没有贸易争端加成项，此处不再一一详列。

进口方程：

$$\log\left(\frac{IMP_{US}}{PWM_{W}}\right) = \alpha + \beta_1 \log\left(\frac{(1 + COUNTER) \cdot PWE_{US}}{CPI}\right) + \beta_2 \log(RGDP) + \beta_3 \log(ER) \quad (2-17)$$

同样以自美进口方程说明自各贸易伙伴进口方程的设计思路。以加权进口价格平减的自美进口主要受到美国出口相对价格（用美国出口价格 PWE_{US} 除以本地消费物价指数 CPI 得到）、中国经济情况（用国民收入实际值 RGDP 表示）和汇率（ER）的影响。自美进口相对价格的系数预计为负，即自美进口商品相对本地物价的价格越高、自美进口越少。中国对美国的反制政策力度 COUNTER 附加在自美进口相对价格之上，反制力度越大，自美进口的相对价格相应升高，自美进口就受到抑制。自其他贸易伙伴的进口方程设计思路与此相仿，差别主要在于，由于不再对每个贸易伙伴的出口定价行为建模，其他贸易伙伴的进口相对价格统一用中国加权进口相对价格（PWM_W）除以本地消费物价指数（CPI）得到，且相对价格没有贸易争端加成项，此处不再一一详列。

外贸模块恒等式：

$$EXP = EXP_{AS} + EXP_{US} + EXP_{EU} + EXP_{ROW} \quad (2-18)$$

$$IMP = IMP_{AS} + IMP_{US} + IMP_{EU} + IMP_{ROW} \quad (2-19)$$

外贸模块恒等式主要实现对各贸易伙伴出口及进口的加总。

4. 价格模块设计

价格模块主要对进出口部分的价格指数（含相对价格，如贸易条件指数等）做时间序列外推预测，方程多数为 ARMA 形式。

价格模块共 8 个方程，其中 7 个行为方程，1 个恒等式。

中国出口定价方程：

$$\log(PWE_W) = \alpha + \beta_1 \log(EX) + \beta_2 \log(ER) + \beta_3 \log(CPI) + \beta_4 \log(PX) + \beta_5 \log(PWM_W) + \beta_6 \log(PWSE) + \beta_7 \log(PWSM) \quad (2-20)$$

式（2-20）考虑了中国出口商品价格的决定过程。可以看出，出口价格主要受到出口总需求（EX）的影响，此外还受到汇率（ER）和其他相关价格如消费物价指数 CPI、生产者价格指数 PX、加权进口价格 PWM_W 和世界进出口价格的传导影响。其中，出口总需求（EX）是关键解释因素，其系数预计为正，即出口总需求下降可引起出口价格下降，这在一定程度上刻画了出口商应对关税引起的出口需求下降时的行为。当美国对自中国进口商品加征关税时，根据式（2-16），中国对美出口将会减少，但模型不会只此一步达到均衡：对美出口的减少将引起总出口需求相应减少［式（2-18）］，进一步导致出口价格下降［式（2-20）］，从而对加征关税引起的对美出口相对价格上升及对美出口减少产生一定对冲效应［式（2-16）］。与此同时，中国出口价格的下降将会促进对其他贸易伙伴的出口，在一定程度上刻画了贸易转移效应。相应方程将同时调整最终达到均衡。

美国出口定价方程：

$$\log(PWE_{US}) = \alpha + \beta_1\log(IMP_{US}) + \beta_2\log(ER) + \beta_3\log(PWSE) + \beta_4\log(PWSM) \quad (2-21)$$

与中国出口定价行为相对应，美国也具有自己的出口定价行为，能够对中国对美反制关税作出反应。受限于数据可得性，美国的出口定价方程相对简单，美国出口价格主要受到美国出口需求（由于模型未刻画美国外贸模块，此处直接采用中国自美进口总量表示，虽然中国自美进口和美国总出口存在差距，但是可以预见在中美贸易冲突背景下对中国出口将是美国总出口主要的结构性变动来源）的影响和汇率（ER）、全球进出口价格的关联影响。当中国采取对美反制措施时，美国的出口定价也将出现与美国加征关税时中国出口定价相似的调整。

除上述两式外，价格模块其余方程主要基于时间序列结构建模，此处不再一一说明。

5. 政策模块设计

政策模块描述货币政策及财政政策。前者包括 M2 和利率，由于调查统计司当前运行的其他模型能够提供较为可靠的预测，此处直接利用相应预测结果，均设为外生变量。后者主要考虑财政支出的变动，为简便起见，本章认为财政支出与其滞后项（刻画财政支出惯性）及 GDP（刻画经济形势的影响）相关。

政策模块仅包括 1 个行为方程，此处不再详列。

6. 模型闭合

上述模块汇入国民收入恒等式，实现模型闭合。消费模块决定最终消费；投资模块决定固定资本形成，再与外生的存货共同合成为资本形成；外贸模块决定货物净出口与服务净出口，二者合成为净出口。上述三个部分加总得到支出法 GDP。

实践中，经济增速根据生产法 GDP 计算，是我们更加关注的指标，而且根据实际增速复原的实际 GDP 数据是生产法 GDP，因此，模型中使用的 GDP 数据与支出法

GDP 存在一定误差。为确保模型闭合，还需要引入两者之间的误差项，该误差项的值使用 ARMA 模型外推确定。

模型闭合部分共 3 个方程，其中 1 个行为方程，其他为恒等式。

闭合部分恒等式：

$$RGDP = RGDP_{CONS} + RGDP_{ID} + \frac{GDP_{STK}}{Pindex} + \frac{GDP_{EX}}{Pindex} + \frac{GDP_{ERROR}}{Pindex} \quad (2-22)$$

$$GDP = RGDP \cdot Pindex \quad (2-23)$$

（三）数据来源与预处理

1. 模型数据来源

本章联立方程模型采用数据频度为年度，区间为 1990—2017 年。其中，国际数据（主要用于进出口模块）来源于联合国贸易数据库、国际货币基金组织（IMF）的世界经济展望（World Economic Outlook，WEO）数据库和国际金融统计（International Finance Statistics，IFS）数据库、欧盟统计局、美联储、海关总署和外汇交易中心等；国内数据主要来源于 Wind 数据库，部分数据为衍生加工数据，来源整理见表 2-1、表 2-2。

表 2-1　国内相关变量及数据来源

模块	变量名	含义	数据来源	特殊处理
消费	GDP_CONS	支出法最终消费	国家统计局	
	GDP_GD	政府消费	国家统计局	
	GDP_CD	居民消费	国家统计局	
	CONS	社会消费品零售总额	国家统计局	
	Y_PC	人均可支配收入	国家统计局	增速匹配
投资	GDP_ID	固定资本形成	国家统计局	
	GDP_STK	存货	国家统计局	
	INV	固定资产投资	国家统计局	增速匹配
	INV_BUD	预算内投资	国家统计局	比例分配
	INV_SELF	自筹投资	国家统计局	比例分配
	INV_FOREIGN	外商投资	国家统计局	
外贸	NEX	货物贸易净出口	国家统计局	
	EXP_AS	出口：东盟	海关总署	
	EXP_APEC	出口：亚太经合组织	海关总署	
	EXP_EU	出口：欧盟	海关总署	
	EXP_US	出口：美国	海关总署	
	EXP	出口总额	海关总署	

续表

模块	变量名	含义	数据来源	特殊处理
外贸	EXP_ROW	出口：世界其他地区	加工数据	
	IMP_AS	进口：东盟	海关总署	
	IMP_EU	进口：欧盟	海关总署	
	IMP_US	进口：美国	海关总署	
	IMP	进口总额	海关总署	
	IMP_ROW	进口：世界其他地区	加工数据	
价格	CPI	消费物价指数	国家统计局	定基转换
	PI	投资价格指数	国家统计局	定基转换
	PX	生产者价格指数	国家统计局	定基转换
	PWE	出口价格指数	海关总署	定基转换
	PWM	进口价格指数	海关总署	定基转换
	PWE_W	加权出口价格指数	加工数据	按出口额加权平均
	PWM_W	加权进口价格指数	加工数据	按进口额加权平均
	ER	人民币兑美元汇率	CFETC	
	USDEURO	美元兑欧元汇率	FRB	
政策	IR	贷款基准利率	人民银行	
	M2	M2	人民银行	
	GOV_EXP	政府支出	国家统计局	
其他	GDP	名义 GDP	国家统计局	
	GDP_ERROR	GDP 中的误差项	加工数据	
	POP	人口数	国家统计局	

注：变量为名义值。

表 2－2　　　　国外相关变量及数据来源

国别	变量名	含义	数据来源	特殊处理
美国	GDP_US	名义 GDP	IMF－WEO	
	GDPC_US	实际 GDP	IMF－WEO	
	PWE_US	出口价格指数	IMF－IFS	未发布全年数据的，取已发布月份数据的平均值
	PWM_US	进口价格指数	IMF－IFS	未发布全年数据的，取已发布月份数据的平均值
	TOT_US	贸易条件	加工数据	＝PWE/PWM
欧盟	GDP_EU	名义 GDP	Eurostat	
	GDPC_EU	实际 GDP	Eurostat	
	TOT_EU	贸易条件	加工数据	
	PWM_EU	进口价格指数	Eurostat	全年数据未发布的，取已发布月份数据的平均值
	PWE_EU	出口价格指数	Eurostat	全年数据未发布的，取已发布月份数据的平均值

续表

国别	变量名	含义	数据来源	特殊处理
欧元区	GDP_EA	名义 GDP	IMF - WEO	
	GGDP_EA	GDP 实际增速	IMF - WEO	
	GDPC_EA	实际 GDP	加工数据	根据增速延展
	PINDEX_EA	GDP 平减指数	IMF - WEO	
	GTOT_EA	贸易条件增速：商品	IMF - WEO	
东盟	GDP_AS	名义 GDP	IMF - WEO	
	GGDP_AS	GDP 实际增速	IMF - WEO	
	GDPC_AS	实际 GDP	加工数据	根据增速延展
	CPI_AS	消费物价指数	IMF - WEO	
	GTOT_AS	贸易条件增速：商品	IMF - WEO	
其余	GDP_ROW	名义 GDP	IMF - WEO	用全球数据代替世界其他地区数据；以下均然
	GGDP_ROW	GDP 实际增速	IMF - WEO	
	GDPC_ROW	实际 GDP	加工数据	根据增速延展
	PWSE	出口价格指数	IMF - IFS	全年数据未发布的，取已发布月份数据的平均值
	PWSM	进口价格指数	IMF - IFS	全年数据未发布的，取已发布月份数据的平均值
	TOT_ROW	贸易条件	加工数据	= PWSE/PWSM

2. 数据与处理方式

部分原始数据需要经过预处理，处理方法包括以下四类：增速匹配、比例分配、频率转换、指标合成。

（1）增速匹配。主要用于修正和计算国内经济变量的名义值数据和生产法 GDP 的实际值数据。包括不变价 GDP 和社会消费品零售总额、固定资产投资的名义值数据。

受口径调整（如样本企业进入或者退出规模以上统计等）等因素影响，统计局公布的增速数据与根据历年绝对量不一定匹配。为使数据口径一致或可比，本章主要依据增速数据延展相应绝对量。例如，对于生产法 GDP，根据基年（1978 年）公布的绝对量数据和历年实际增速数据进行合成，得到其可比价序列；对于投资和社会消费品零售总额数据，根据最后一期（2017 年）的绝对量数据以及统计局公布的增速序列倒推历史绝对量数据，得到按增速调整的现价序列。

（2）比例分配。主要用于修正按资金来源分的固定资产投资数据。这类数据存在两类问题：一是统计口径不一致导致按资金来源分的投资数据和固定资产投资数据不匹配；二是按资金来源分的投资数据中，实际统计中自筹投资和贷款投资的界限不明晰，使统计中这两类数据分类可能不太准确。

本章解决的方法：首先，按照四类资金来源（预算内、自筹、国内贷款、利用外资）占比对固定资产投资数据进行拆解，这样可以确保四类资金来源的投资数据加总与投资总量数据相匹配。其次，将自筹和国内贷款两类数据合并，统称为自筹投资，避免因数据分类不准导致的问题。这样处理之后，将固定资产投资数据按资金来源进行分解，确保了各类资金来源占比与原始数据一致。

此外，在 Wind 提供的原始数据中，有部分指标在特定年份的数据不满足总分关系（如部分年份的支出法 GDP 与其三个分项相加不相等），仍按照上述比例分配方法调整至满足总分关系。

（3）频率转换。部分原始数据按月、季等频率发布，需要转换到年度。转换原则：情形 1，对于时点存量数，使用年末时点数代替；情形 2，对于时期流量数，使用各期数据相加值；情形 3，对于价格指数，使用各期数据平均值。

具体来看，对于进出口（海关口径）数据，若海关进出口的年度数据不可得时，用 1～12 月累计数代替（情形 1）。对于广义货币 M2 数据，使用历年 12 月末数据代替（情形 2）。对于价格指数数据（情形 3），其中 CPI、PXI、固定资产投资价格指数等直接使用简单平均法进行频率调整，进出口价格指数按照每月进出口金额做加权平均进行频率调整。

（4）指标合成。部分指标由其他指标计算而来。主要包括以下几种情况：

①居民总收入通过人均收入与总人口的乘积得到；

②杠杆率使用负债除以名义 GDP 得到（由于调查统计司数据时间跨度较短，这里直接使用国际清算银行提供的数据）；

③GDP 定基平减指数使用名义 GDP 和实际 GDP 相除得到；

④其他定基价格指数使用公布的同比指数连乘得到；

⑤贸易条件（Terms of Trade，TOT）使用出口目的地出口价格指数与进口价格指数相除得到。

（四）模型估计结果

基于上述模型基本设定与数据，根据上文讨论，对行为方程进行单方程估计以确定参数。估计中，为了获得更好的拟合精度和较为简约有效的模型，在必要时引入相关变量的若干滞后项、残差 ARMA 项、部分异常年份的虚拟变量（如危机年份、重大政策变化年份等）①，或者删除部分上文中理论上相关但实际建模时并不

① 关于时间序列项，实际上学界有观点认为，经济变量均存在广泛的横向关联，没有一个变量是由孤立的 DGP（数据生成过程）产生的。如果依据这一观点，则在模型中引入自回归等时间序列项实际上是为了弥补尚遗漏的重要变量。在特定前提下，这种有限度的替代是可行的。

显著的变量。除基本的计量统计检验外，方程形式的最终确定同时参考系数的经济意义①、方程的拟合效果及对模型输入输出性质的影响②。综合考虑实际数据情况、变量显著性、经济数据结构突变等情况，估计得到最终的行为方程见表2－3。行为方程估计结果进一步结合恒等式（表2－4），即得到完整的模型。

表2－3　　行为方程具体设定及估计结果

消费	LOG（GDP_CD/PINDEX）＝0.42×LOG（GDP_CD（－1）/PINDEX（－1））＋0.56×LOG（Y_PC×POP/PINDEX）＋0.34×LOG（CPI）－0.04×LOG（IM×ER/（PINDEX））－0.02×（CRIFIN＋CRIFIN（－1））
	LOG（GDP_GD/PINDEX）＝0.19×LOG（GOV_EXP/PINDEX）＋0.37＋0.69×LOG（GDP_GD（－1）/PINDEX（－1））＋0.01×LOG（INV_R）＋［AR（1）＝0.63，AR（3）＝－0.40］
	LOG（Y_PC/PINDEX）＝0.75×LOG（GDP/PINDEX）－1.34＋［AR（1）＝0.75］
	LOG（CONS/CPI）＝1.26×LOG（GDP_CONS/PINDEX）－1.86＋［AR（1）＝0.81］
投资	LOG（INV_BUD/PI）＝1.07×LOG（GOV_EXP/PINDEX）－0.04×IR＋0.66×LR－3.13
	LOG（INV_SELF/PI）＝0.51×LOG（INV_SELF（－1）/PI（－1））－0.24×LOG（INV_BUD（－1）/PI（－1））＋1.00×LOG（M2/PINDEX）－3.97－0.07×DELEVER＋0.07×CRIPOST＋0.05×IR＋0.17×LR＋［AR（1）＝－0.63］
	LOG（GDP_ID/PINDEX）＝0.48×LOG（INV/PI）＋0.80×LOG（@TREND＋1）＋［AR（1）＝1.44，AR（2）＝－0.81］
外贸	LOG（EXP_AS/PWE_W）＝－2.23×LOG（PWE_W/PWSE）＋3.26×LOG（GDPC_AS）－12.34－0.54×（CRIASIA＋CRIASIA（－1）＋CRIASIA（－2））＋0.01×CPI_AS＋0.21×@trend
	LOG（EXP_US/PWE_W）＝－1.27×LOG（PWE_W×（1＋TARIFF）/PWSE）＋4.86×LOG（GDPC_US）－34.95＋0.30×LOG（ER）－0.71×LOG（PWE_W/PWM_W）＋0.02×TOT_EA＋0.02×TOT_AS－0.24×CRIFIN＋0.23×CRIPOST
	LOG（EXP_EU/PWE_W）＝－0.77×LOG（PWE_W/PWSE）＋4.46×LOG（GDPC_EA）－30.24＋［AR（1）＝1.96，AR（2）＝－0.99，MA（1）＝－1.00］
	LOG（EXP_ROW/PWE_W）＝－1.94×LOG（PWE_W/PWSE）＋3.94×LOG（GDPC_ROW）＋4.98×LOG（TOT_ROW）－29.92－0.18×CRIFIN（－1）－0.28×（CRIASIA（－1）＋CRIASIA（－2））＋［MA（1）＝－1.00］

① 推敲估计系数是否合乎经济含义，实际上近似等价于通过给系数施加先验约束，判断模型是否正确识别。由于时间序列数据是单次历史实现的，估计中常会遇到识别问题。例如，价格对需求回归应该得到负的系数，对供给回归应该得到正的系数，但市场出清情况下供给等于需求，对于一个历史实现的价格序列和供给/需求序列，直接回归得到某一特定结果，可能识别出需求曲线，也可能识别出供给曲线，可能两者均未识别出来。此时，需要通过合理调整方程设定，得到设定与先验约束相容的估计结果，使系数得到准确识别。

② 联立模型实际是由多个计量方程联立而成的动态方程组，这一本质揭示了其预测的实质，即在“符合认知的变量关系下”给出“众多变量动态联动”的量化结果，并且可以确保给出的整组指标是内在协调一致的。给定这一本质，考虑模型的输入输出特性，稳健的模型应体现出良好的输出线性性和结构稳定性。前者是指在多数情况下，模型输入输出在小范围内应该体现近似线性的响应关系。后者是指当无关于传导通路的改变引入时，模型的整体水平可能有所浮动，但是传导通路所引起的分情景结构差异应该不受影响。不仅如此，观察模型中介变量，应该可以注意到无关模块的指标受到较小影响、变动的指标呈现出清晰的传导渠道。

续表

外贸	LOG（IMP_AS/PWM_W）=0.28×LOG（RGDP）-0.75-0.13×CRIFIN+0.76×LOG（EXP_US/PWE_W）+0.07×LOG（PWM_W/CPI）
	LOG（IMP_US/PWM_W）=0.63×LOG（RGDP）-1.82×LOG（ER）-0.70×LOG（PWE_US×（1+COUNTER）/CPI）+8.09-0.23×CRIPOST
	LOG（IMP_EU/PWM_W）=0.90×LOG（RGDP）-0.07×LOG（ER）+0.28×LOG（PWM_W/CPI）+2.01
	LOG（IMP_ROW/PWM_W）=0.88×LOG（RGDP）+0.89×LOG（PWM_W/CPI）+3.93
	（GDPEX-（EX-IM）×ER）/PINDEX=-0.01×INV_SELF（-1）+3746.35×PWM_W-855.50×ER-13639.73×（CPI-CPI（-1））+6636.82×（PX-PX（-1））+3181.49-737.41×CRIPOST+1666.32×PWE_W/PWM_W
政策	LOG（GOV_EXP/PINDEX）=0.37×LOG（GOV_EXP（-1）/PINDEX（-1））+0.77×LOG（GDP（-1）/PINDEX（-1））-1.82
价格	LOG（PWE_W）=0.39×LOG（ER）+0.16×LOG（EX）+1.18×LOG（PWSE）+0.63×LOG（PX）+1.74×LOG（CPI）+0.17×LOG（PWM_W）-0.22×LOG（M2）-1.42×LOG（PWSM）
	LOG（PWE_US）=-0.46-0.23×LOG（PWSE）+0.60×LOG（PWSM）+0.04×LOG（IMP_US）+[AR（1）=1.46，AR（2）=-0.70]
	PWSE=0+[AR（1）=1.79，AR（2）=-0.79，MA（1）=-0.38，MA（2）=-0.52]
	PWSM=0+[AR（1）=0.77，AR（2）=0.22，MA（1）=0.43，MA（2）=-0.18]
	PWM_W=0+[AR（1）=1.99，AR（2）=-0.99，MA（1）=-0.99，MA（2）=-0.01]
	TOT_AS=0+[AR（1）=-0.00，AR（2）=1.00，MA（1）=-0.00，MA（2）=-1.00]
	TOT_EA=0+[AR（1）=1.07，AR（2）=-0.89，MA（1）=-1.36，MA（2）=1.00]
闭合	GDP_ERROR/PINDEX=-0.06×RINV_SELF+0.81×RINV_BUD-587.55+1.66×PI+701.53×NEWNORMAL+[AR（1）=0.63，AR（2）=-0.81]

表 2-4　　恒等式

现价可比价转换	GDP=RGDP×PINDEX
	RGDP_GD=GDP_GD/PINDEX
	RGDP_CD=GDP_CD/PINDEX
	RGDP_CONS=RGDP_GD+RGDP_CD
	GDP_CONS=RGDP_CONS×PINDEX
	RINV=INV/PI
	RINV_SELF=INV_SELF/PI
	RINV_BUD=INV_BUD/PI
	RGDP_FCF=GDP_ID/PINDEX
其他恒等式	TOT_ROW=PWSE/PWSM
	INV=INV_BUD+INV_SELF+INV_FOREIGN
	EXP=EXP_AS+EXP_US+EXP_EU+EXP_ROW
	IMP=IMP_AS+IMP_US+IMP_EU+IMP_ROW
	RGDP=RGDP_CONS+RGDP_FCF+GDP_STK/PINDEX+GDPEX/PINDEX+GDP_ERROR/PINDEX

三、联立方程模型的应用：中美贸易摩擦评估

本节运用上述联立方程模型对2018—2019年中美贸易摩擦背景下的中国宏观经济指标进行预测，评估贸易摩擦潜在的总量和结构影响。

（一）模型模拟条件的设定

1. 外生变量赋值

运用模型进行预测前，需要先对外生变量进行假设赋值。变量外生化有助于将对其未来有明确展望、其他可靠来源预测或具体情景分析需要的变量分离出模型，使模型集中于关注的变量。本次联立方程模型包含22个外生变量，具体设定过程见表2－5。

表2－5　外生变量设定过程

类型	变量名	外生理由	赋值标准
关税变量	COUNTER、TARIFF	情景分析需要	根据情景赋值，详见下一小节
时期虚拟变量	CRIASIA、CRIFIN、CRIPOST、DELEVER、NEWNORMAL	描述重要冲击或结构转变	按相应事件的时期赋值
国外经济	GDP_US、GDP_EA、GDP_AS、GDP_ROW	IMF预测	根据IMF《世界经济展望》的最新预测赋值
价格与政策变量	CPI、PI、PX、PINDEX IR、M2	调查统计司现行模型已做预测	基准利率假设不变 其余根据外部模型预测赋值
汇率	ER	合理展望	假设贸易战背景下适度贬值，2018—2019年美元兑人民币汇率为6.9
杠杆率	LR	合理展望	假设稳杠杆背景下稳中略降，2018—2019年杠杆率为205%和203%
其他	POP、INV_FOREIGN、GDP_STK	有较好预测方法或影响较小	人口按LESLIE矩阵预测结果给出，其余外推

2. 预测情景设计

预测情景主要考虑中美贸易摩擦后续发展的不同情形，摩擦程度通过双方互相额外加征的惩罚性从价关税水平体现。由于模型中双方出口商品只有总量变量，因此对不同份额商品加征不同比例关税需要处理为对相应出口总量加征按商品份额占比和加征时期调整的加权平均关税。例如，假设美国对一半自中国进口商品加征20%关税，视为对全部自中国进口商品加征10%的“加权关税”，此时TARIFF变量设为0.1。又如，假设美国自2018年下半年才开始对全部自中国进口商品加征20%关税，则视

为对当年全部自中国进口商品加征10%的“加权关税”，当年TARIFF变量同样设为0.1。具体而言，考虑7种情景（见表2-6），每种情景均假设自2018年下半年开始发生，并在2019年全年延续，基于前述原则设定相应的TARIFF和COUNTER。

表2-6　　预测情景设计

情景	情景内容
基准	不发生贸易战，TARIFF和COUNTER始终为0
情景1	美国对500亿美元中国商品加征25%关税，中国不予反制
情景2	情景1的基础上中国对500亿美元美国商品加征25%关税作为反制
情景3	美国对2500亿美元中国商品加征25%关税，中国不予反制
情景4	情景3的基础上中国对1100亿美元美国商品加征25%关税作为反制
情景5	美国对全部中国商品加征25%关税，中国不予反制
情景6	情景5的基础上中国对全部美国商品加征25%关税作为反制

（二）政策模拟结果及分析

本节主要展示上文建立的联立方程模型对2018—2019年重要宏观经济指标的预测结果，并简要评述。

1. GDP增速预测

联立方程模型测算表明，无贸易战的基准情景下我国2018年和2019年的GDP增速分别为6.58%和6.34%，符合新常态下宏观经济保持中高速增长的预期目标。美国加征第一轮关税（情景1）对我国GDP的影响较小，2018年和2019年GDP增速仅较基准情景下降0.06个百分点。中国采取反击措施会在一定程度上缓解美国加征关税的影响。中国加征第一轮反制关税后（情景2），2018年和2019年GDP分别增长6.56%和6.32%，较不反击情景提高0.04个百分点。

随着贸易战规模升级，GDP增速受到的影响愈加明显。极端情况下，美国对我国所有出口美国商品加征25%的关税（情景5），2018年和2019年GDP增速分别为6.17%和5.98%，较基准情景分别下降0.41个和0.36个百分点。如果中国继续采取反制措施（情景6），贸易战对GDP增速的影响将有所减小，2018年和2019年GDP分别增长6.28%和6.09%，均较不反击情景分别提高0.11个百分点①。

① 后续数据表明，2018年我国GDP实际增长6.6%。采用前述办法计算2018年现实加权关税强度与情景2较为接近，据此评估，模型对2018年增速低估约0.04个百分点，偏差小于1%。2019年，我国GDP实际增长6.1%，当年贸易摩擦程度升级，现实加权关税强度介于情景4和情景6之间，但由于各情景的2018年增长基数不同，因此2019年的模型预测值和实现值难以直接比较。

表 2-7　　不同情景下我国 GDP 增速变化情况（不变价）　　单位：%

情景	2018 年	2019 年
基准情景（不发生贸易战）	6.58	6.34
情景 1：美国第一轮加税（500 亿美元商品）	6.52	6.28
情景 2：中国第一轮反制（500 亿美元商品）	6.56	6.32
情景 3：美国第二轮加税（2000 亿美元商品）	6.31	6.09
情景 4：中国第二轮反制（600 亿美元商品）	6.39	6.17
情景 5：美国第三轮加税（剩余全部中国商品）	6.17	5.98
情景 6：中国第三轮反制（剩余全部美国商品）	6.28	6.09

2. 国民收入结构预测

基准情景下，按照联立方程模型，我国消费、投资和净出口三者的比例关系为 52.63%∶45.17%∶2.20%。不同情景贸易摩擦对我国国民收入结构的影响如表 2-8 所示。

表 2-8　　中国需求结构变化情况　　单位：%

情景	居民消费	政府消费	投资	净出口
基准情景（不发生贸易战）	38.77	13.85	45.17	2.20
情景 1：美国第一轮加税	38.80	13.87	45.19	2.14
（500 亿美元商品）	(0.03)	(0.01)	(0.02)	(-0.06)
情景 2：中国第一轮反制	38.79	13.86	45.16	2.19
（500 亿美元商品）	(0.02)	(0.00)	(-0.02)	(-0.01)
情景 3：美国第二轮加税	38.90	13.92	45.24	1.94
（2000 亿美元商品）	(0.13)	(0.06)	(0.07)	(-0.26)
情景 4：中国第二轮反制	38.89	13.90	45.17	2.04
（600 亿美元商品）	(0.11)	(0.04)	(0.00)	(-0.15)
情景 5：美国第三轮加税	38.96	13.95	45.27	1.82
（剩余全部中国商品）	(0.19)	(0.09)	(0.10)	(-0.38)
情景 6：中国第三轮反制	38.94	13.92	45.18	1.96
（剩余全部美国商品）	(0.17)	(0.07)	(0.01)	(-0.24)

注：1. 根据联立方程模型对 2019 年的预测结果计算。
2. 括号内为各项支出占比相对于基准情景的变动幅度。

在发生贸易战的情况下，净出口受到的冲击最为直接。根据联立方程模型对 2019 年的预测结果计算，在美国加征第一轮关税而我国不反制的情况下（情景 1），净出口在 GDP 中的占比将下降近 0.1 个百分点。在我国开始征收反制关税的情况下，净出口的降幅有所收窄。极端情况下，中美互对对方全部出口商品加征 25% 的关税（情景 6），居民消费、政府消费、投资和净出口四者之比为 38.94%∶13.92%∶45.18%∶1.96%，同基准情景相比，净出口占比降低 0.24 个百分点，居民消费占比上升 0.17 个百分点。由此可见，从需求结构来看，净出口受到贸易战的冲击最大[①]。

3. 进出口预测分析

美国对我国商品加征关税提高了我国商品在美国的相对价格，抑制美国消费者需求，降低我国对美出口。同时，由于我国属于国际贸易分工体系上的一环，出口下降也会抑制进口增长。总的来看，贸易战导致我国进出口规模收缩，净出口下降。

联立方程模型测算结果显示，在美国对我国先后加征三轮关税的三种情景下（情景1、情景3 和情景5），将导致我国 2018 年货物出口金额比基准情景分别减少 0.33%、1.52%、2.32%；2019 年货物出口金额分别减少 0.65%、2.87%、4.21%。

出口下降导致厂商原材料需求减少，进而导致进口规模也有所下降。模型测算显示，上述三种情景下我国 2018 年货物进口金额分别比基准情景减少 0.21%、0.98%、1.50%；2019 年货物进口金额分别减少 0.42%、1.89%、2.79%。

由于出口降幅大于进口，因此美国加征关税后导致我国净出口减少。上述三种情景下我国 2018 年货物和服务净出口分别较基准情景缩减 1.98%、9.20% 和 13.96%，2019 年净出口分别较基准情景缩减 2.85%、12.33% 和 17.88%。但总体上净出口保持顺差的格局不会因贸易战而改变。

我国对美国商品加征关税的反制措施可以降低国内对美国商品需求，抑制进口，扩大贸易顺差，改善经济增长。联立方程显示，在我国先后加征三轮反制关税的情景下（情景2、情景4 和情景6），2018 年货物进口金额分别比不反制情景多减少 258 亿元、545 亿元、724 亿元；2019 年货物进口金额分别比不反制情景多减少 522 亿元、1064 亿元、1384 亿元。

表 2-9　联立方程模型各情景下的进出口变动情况　单位：亿元

		基准情景	美国第一轮加税	中国第一轮反制	美国第二轮加税	中国第二轮反制	美国第三轮加税	中国第三轮反制
2018 年	货物出口	173932	173366 (−0.33%)	173366 (−0.33%)	171282 (−1.52%)	171282 (−1.52%)	169889 (−2.32%)	169889 (−2.32%)
	货物进口	138077	137790 (−0.21%)	137532 (−0.39%)	136724 (−0.98%)	136179 (−1.37%)	136001 (−1.50%)	135277 (−2.03%)
	货物净出口	35855	35576 (−0.78%)	35834 (−0.06%)	34558 (−3.62%)	35103 (−2.1%)	33887 (−5.49%)	34611 (−3.47%)
	货物和服务净出口	14450	14164 (−1.98%)	14421 (−0.2%)	13121 (−9.20%)	13666 (−5.43%)	12433 (−13.96%)	13157 (−8.95%)

① 后续数据表明，2018 年我国 GDP 结构为 54.31%:44.85%:0.84%，与基准情景相差为 +1.68%: −0.32%: −1.36%；相比之下，情景 2 的预测结果为 52.65%:45.16%:2.19%，与基准情景相差为 +0.02%: −0.01%: −0.01%。可见，模型对国民收入结构变动方向预估准确，但对幅度估计有所不足。

续表

		基准情景	美国第一轮加税	中国第一轮反制	美国第二轮加税	中国第二轮反制	美国第三轮加税	中国第三轮反制
2019 年	货物出口	189619	188383 (-0.65%)	188383 (-0.65%)	184182 (-2.87%)	184182 (-2.87%)	181643 (-4.21%)	181643 (-4.21%)
	货物进口	143654	143046 (-0.42%)	142524 (-0.79%)	140943 (-1.89%)	139878 (-2.63%)	139639 (-2.79%)	138256 (-3.76%)
	货物净出口	45965	45337 (-1.37%)	45859 (-0.23%)	43240 (-5.93%)	44304 (-3.61%)	42003 (-8.62%)	43387 (-5.61%)
	货物和服务净出口	21340	20731 (-2.85%)	21254 (-0.41%)	18708 (-12.33%)	19772 (-7.35%)	17524 (-17.88%)	18908 (-11.4%)

注：括号内是相对于基准情景的变动幅度。

从增速看，按照联立方程模型的预测结果，基准情景下2018年、2019年我国出口增速分别为12.9%和9.02%。2018年下半年中美贸易战爆发，在美国对我国先后加征三轮关税的情景下（情景1、情景3和情景5），2018年出口增速将分别回落0.36个、1.72个和2.62个百分点；2019年出口增速将分别回落0.36个、1.49个、2.10个百分点。

基准情景下预计2018年、2019年我国进口增速分别为10.96%和4.04%，上述三种贸易战情景下（情景1、情景3和情景5）2018年进口增速将分别回落0.23个、1.09个、1.67个百分点；2019年进口增速将分别回落0.23个、0.95个、1.37个百分点。

我国对美国商品加征关税的反制措施可以降低进口增速，先后加征三轮反制关税的情景下（情景2、情景4和情景6），2018年进口增速分别较不反制（情景1、情景3和情景5）低0.21个、0.44个、0.58个百分点，2019年进口增速分别较不反制（情景1、情景3和情景5）低0.18个、0.37个、0.47个百分点①。

4. 外贸国别结构预测

本章模型对进出口模块进行了较为细致的设定（见图2-3），能够考虑市场自发反应及不同市场的关联机制。美国向中国对美出口加征从价税，体现为中国对美出口的相对价格上升，引起美国对中国进口需求减少，进而通过净出口的减少拉低GDP。然而，这仅仅关注了静态的、局部的变化；考虑到市场自发反应及不同市场的关联机制，实际影响将更为复杂。具体来看：一是国内厂商动态调整价格将缓冲美国加征关税的影响。面对下降的总进口需求，中国出口厂商有动机降价，这将部分抵扣关税上升带来的影响，使美国对中国进口需求的降幅收窄；同时，出口价格的下降将增加我国对其他国家的出口，产生“动态补偿”效应。二是出口减少将对我国进口产生抑制作用。中国对外贸易流量的“互补”特性意味着相当一部分原材料及初级制成品

① 后续数据表明，2018年，我国外贸出口2.48万亿美元，增长9.9%，进口2.14万亿美元，增长15.8%；相比之下，情景2预测2018年我国外贸出口2.53万亿美元，增长10.83%，进口2.00万亿美元，增长8.83%，进口预测的偏差较大。

进口是为对美出口服务的，可以认为是对美出口的“引致”进口。对美出口的收缩将使关联市场的“引致”进口同步消灭，从而进一步抵扣对美出口减少对净出口的负面冲击，这被称为“关联抵扣”效应。

表2－10展示了模型预测的2018—2019年不同情景下分国别进出口总额。可见，贸易战升级将对我国出口产生较大冲击，贸易战全面爆发的极端情景下2019年对我国外贸的冲击可逾千亿美元。因贸易战引起出口商降价应对，我国对东盟及全球其他贸易伙伴出口有微弱提升，但总的来说提升幅度不大。由出口下降导致进口减少的“关联抵扣”效应较强，能够抵扣将近一半贸易战对净出口的冲击。中国采取相应幅度的反制政策能够通过减少对美进口而取得类似效果，但仅能抵扣约1/6贸易战对净出口的冲击。

截取联立方程模型中间结果可以进一步观察这一过程。以情景3为例（见图2－4），2018年下半年起，美国对中国“500亿＋2000亿”美元商品加征25%关税，本将对中国对美出口形成近3000亿元规模的局部静态冲击。出口厂商动态调整价格将缓冲逾320亿元规模冲击，其中美国市场需求较静态情形回升72亿元、全球市场需求提升267亿元；“引致进口”也将减少近千亿元，包括对东盟进口减少817亿元，进一步抵消出口下降对净出口的冲击；最终叠加其他渠道影响，令净出口减少约1329亿元，不及原始静态冲击的一半①。

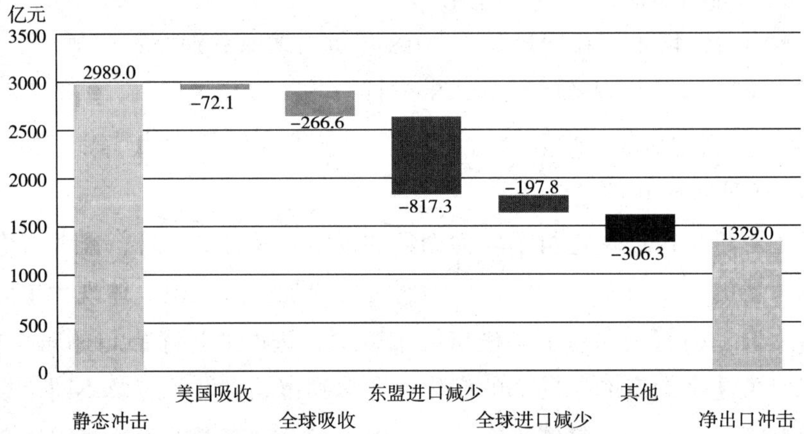

图2－4　情景3出口冲击各缓冲途径的量化展示

① 2018年后续数据与模型预测对比如下。可见误差主要来自对欧盟出口和自东盟进口，说明模型可能对动态补偿效应有所低估，而对关联抵扣效应有所高估。

	出口东盟	出口欧盟	出口美国	进口东盟	进口欧盟	进口美国
贸易量（亿美元）	3217.85	4115.34	4798.12	2693.55	2735.59	1553.66
情景2预测（亿美元）	3279.95	3813.28	4679.89	2317.04	2616.06	1539.81
增速（%）	13.79	9.91	10.77	14.06	11.55	0.12
情景2预测（%）	15.99	1.84	8.04	－1.89	6.68	－0.77

表 2－10 **不同情景下进出口分项预测值** 单位：亿元

年份	2018							2019						
情景	基准	情景 1	情景 2	情景 3	情景 4	情景 5	情景 6	基准	情景 1	情景 2	情景 3	情景 4	情景 5	情景 6
总出口	173932	173366 (－567)	173366 (－567)	171282 (－2650)	171282 (－2650)	169889 (－4044)	169889 (－4044)	189619	188383 (－1235)	188383 (－1235)	184182 (－5436)	184182 (－5436)	181643 (－7976)	181643 (－7976)
对美出口	32726	32102 (－623)	32102 (－623)	29809 (－2917)	29809 (－2917)	28273 (－4453)	28273 (－4453)	36372	35011 (－1361)	35011 (－1361)	30373 (－5999)	30373 (－5999)	27563 (－8809)	27563 (－8809)
对欧出口	26161	26158 (－3)	26158 (－3)	26146 (－15)	26146 (－15)	26138 (－23)	26138 (－23)	25936	25930 (－6)	25930 (－6)	25908 (－28)	25908 (－28)	25895 (－41)	25895 (－41)
对东盟出口	22485	22499 (＋14)	22499 (＋14)	22553 (＋68)	22553 (＋68)	22589 (＋104)	22589 (＋104)	25119	25151 (＋32)	25151 (＋32)	25263 (＋144)	25263 (＋144)	25332 (＋213)	25332 (＋213)
其余出口	92561	92606 (＋45)	92606 (＋45)	92775 (＋213)	92775 (＋213)	92888 (＋327)	92888 (＋327)	102192	102292 (＋100)	102292 (＋100)	102639 (＋447)	102639 (＋447)	102853 (＋661)	102853 (＋661)
总进口	138077	137790 (－287)	137532 (－545)	136724 (－1353)	136179 (－1898)	136001 (－2076)	135277 (－2800)	143654	143046 (－607)	142524 (－1130)	140943 (－2711)	139878 (－3775)	139639 (－4015)	138256 (－5398)
对美进口	10862	10858 (－4)	10563 (－299)	10845 (－17)	10220 (－642)	10836 (－26)	10006 (－856)	11425	11417 (－8)	10815 (－609)	11390 (－35)	10164 (－1260)	11374 (－50)	9781 (－1644)
对欧进口	17948	17939 (－9)	17945 (－3)	17907 (－41)	17920 (－28)	17886 (－62)	17903 (－45)	18823	18804 (－19)	18817 (－6)	18739 (－84)	18765 (－58)	18701 (－123)	18734 (－89)
对东盟进口	16123	15892 (－231)	15894 (－229)	15033 (－1090)	15037 (－1086)	14448 (－1675)	14453 (－1670)	17202	16717 (－485)	16721 (－481)	15027 (－2175)	15033 (－2169)	13970 (－3232)	13978 (－3224)
其余进口	93144	93100 (－44)	93130 (－14)	92938 (－206)	93002 (－142)	92831 (－314)	92916 (－229)	96204	96108 (－95)	96171 (－32)	95786 (－417)	95916 (－288)	95594 (－609)	95763 (－441)
净出口	14450	14164 (－286)	14421 (－28)	13121 (－1329)	13666 (－784)	12433 (－2017)	13157 (－1293)	21340	20731 (－609)	21254 (－86)	18708 (－2632)	19772 (－1568)	17524 (－3815)	18908 (－2432)
GDP	907095	906603 (－492)	906939 (－156)	904804 (－2291)	905513 (－1581)	903609 (－3486)	904552 (－2542)	984898	983784 (－1114)	984521 (－377)	980026 (－4873)	981534 (－3364)	977782 (－7117)	979749 (－5150)

注：括号内为各情景相对基准情景的偏离。

5. 投资增速预测

除对进出口构成直接冲击外，贸易冲突还通过出口需求和贸易环境预期等渠道对以民间投资为代表的自筹来源投资产生冲击。表 2 – 11 呈现了不同情景下我国投资增速的变化情况。可见，随着冲突等级不断提升，固定资产投资增速趋于下降，且反制措施对于投资减速并无帮助。

表 2 – 11　不同情景下我国投资增速变化情况（现价）　单位：%

情景	固定资产投资		自筹来源固定资产投资	
	2018 年	2019 年	2018 年	2019 年
基准情景（不发生贸易战）	8.72	9.29	8.88	9.19
情景 1：美国第一轮加税（500 亿美元商品）	8.64	9.19	8.78	9.10
情景 2：中国第一轮反制（500 亿美元商品）	8.64	9.20	8.78	9.10
情景 3：美国第二轮加税（2000 亿美元商品）	8.31	8.90	8.44	8.80
情景 4：中国第二轮反制（600 亿美元商品）	8.31	8.90	8.44	8.80
情景 5：美国第三轮加税（剩余全部中国商品）	8.09	8.74	8.20	8.63
情景 6：中国第三轮反制（剩余全部美国商品）	8.09	8.75	8.20	8.63

综上所述，贸易争端升级将对我国对美出口产生较大冲击，但部分出口额将转移至其他贸易伙伴，稍稍减少对美出口下滑；从其他贸易伙伴的进口或将有所下降，进一步缓解出口下滑对净出口及 GDP 的冲击；中国以报复性关税展开反击，也能减少自美进口而降低对净出口及 GDP 的冲击，但效应相对较弱。在贸易之外，贸易争端将通过生产需求和预期渠道影响投资，特别是以自筹来源为代表的民间投资。

四、本章小结与政策建议

本章在简要介绍联立方程历史、背景及其应用优势的基础上，以中国人民银行调查统计司 2018 年应用于中美贸易摩擦的联立方程模型为例，介绍一个需求侧小型联立方程模型的设定过程及其在宏观预测中的应用。利用联立方程模型较强的模块灵活性，本章对外贸模块进行了细化设定，这不仅赋予模型更强的结构分析能力，也有助于分散并约束局部偏误，从而确保模型整体预测维持相对稳健。与实际数据的对比表明，模型预测结果基本可靠。

模型分析指出，尽管在经历一段时期的转型和发展之后，现阶段中国经济的外在依存度已显著下降，经济增长也已具有相当程度的韧性，但中美间贸易摩擦依然会对中国经济增长产生一定负面影响。由于存在贸易转移效应、当前中国对外贸易的“加工贸易”特征及宏观政策对冲操作的空间，短期内，中美贸易摩擦通过贸易渠道对中国 GDP 增长的负面冲击有限。但出口需求的减少和贸易环境预期恶化将直接冲击以制造业出口为导向的民间投资增长，从而对我国经济产生贸易以外的冲击，影响我国经济的短期增长和长期结构调整与效益提升。在非国有经济出口占比近半的背景下，贸易冲突对民间投资及制造业投资的负面冲击应引起高度重视。

第一，货币政策在总量控制的同时，要保持流动性的合理充裕，为稳定投资增长提供条件。在保持广义货币 M2、信贷和社会融资规模合理增长的同时，应把重点放在调整信贷结构上，确保对非金融企业及机关团体贷款的比重稳定在 50% 以上。2016 年和 2017 年，对非金融企业及机关团体贷款占新增人民币贷款的比重分别仅为 48.2% 和 49.6%。2018 年上半年，这一比重提高到 57.3%。2019 年和 2020 年应确保这一比重保持在 50% 以上，才能够打破信贷资源“脱实向虚”的局面。

第二，应当充分考虑“去杠杆”所面临的金融风险因素和市场承受力，在把握好监管力度的同时，协调好各项政策的出台时机，并提高各级政府金融监管体制的联动性。明确防范化解金融风险和服务实体经济不能取舍，要通过机制创新，切实提高金融服务实体经济的能力和意愿。

第三，积极财政政策将通过减税降费等措施，配合货币政策，确保流动性能真正进入实体经济，并同时推动扶持中小企业发展，促进产业结构升级调整。

第四，切实推动共建“一带一路”向纵深发展，合纵连横，积极开拓出口新市场。美欧已达成零关税共识，在遏制“中国制造 2025”战略上，美欧日已形成隐性同盟。为减轻外贸产业链受到的冲击，应进一步搭建贸易促进平台，完善金融支持共建“一带一路”的政策体系和外贸退税政策，为企业融入“一带一路”、开拓新市场创造更好的条件。

第五，长期内应进一步深化市场化改革，更加注重投资环境的稳定。通过加大对外开放，放宽市场准入，加强保护在华外资企业合法权益等方式，为各国企业在华投资兴业提供更好的服务；进一步改善营商环境，促进公平竞争和完善规制政策等，明确和加大私有产权保护，为民营经济拓宽发展空间。

本章参考文献

［1］郑超愚．需求管理定向的小型中国宏观经济计量模型［J］．经济研究，2002（12）．

［2］中国季度宏观经济模型（CQMM）课题组：龚敏，王燕武，吴华坤．2019—2020 年中国宏观经济预测［J］．厦门大学学报（哲学社会科学版），2019（3）．

[3] Engle, R. F. and C. W. Granger, Co - integration and Error Correction: Representation, Estimation, and Testing [J]. Econometrica: Journal of the Econometric Society, 1987, Vol. 55, No. 2, 251 - 276.

[4] Lucas Jr, R. E. , Econometric Policy Evaluation: A Critique [J]. Carnegie - Rochester Conference Series on Public Policy, Elsevier, 1976, Vol. 1 (1), pp. 19 - 46.

[5] Pesaran, M. H. , Y. Shin and R. J. Smith , Bounds Testing Approaches to the Analysis of Level Relationships [J]. Journal of Applied Econometrics, 2001, 16 (3), 289 - 326.

第三章
中国宏观 CGE 模型的开发与应用

一、宏观 CGE 模型的开发目的和意义

2017 年 8 月以来，中美贸易摩擦问题成为影响我国经济运行的关键外部因素。作为国家宏观调控的重要部门之一，中央银行有必要了解和掌握中美贸易摩擦对我国经济金融的影响。中美贸易摩擦本质上是税收问题，在涉及税收问题的宏观经济影响评估模型中，CGE 模型基于一般均衡理论，以经济系统整体为研究对象，因而有助于全面评估政策冲击的影响和效果。目前该模型已经成为国际标准的贸易分析工具。鉴于此，本章结合中央银行工作需要，构建符合中国经济特点的宏观 CGE 模型，定量评估中美贸易摩擦对我国经济运行的影响。

（一）模型介绍

CGE 模型是一个描述国民经济各个部门、各个核算账户之间相互连锁关系，并且可以对政策变化和经济活动影响进行模拟和预测的定量分析工具。CGE 模型最早由约翰森（Johansen）在 1960 年提出。20 世纪 70 年代，石油危机暴露了结构经济计量模型在经济预测方面面临的诸多问题，CGE 模型由于其严格的理论基础、多部门联系、价格内生等方面的特点而迅速流行开来。经过近几十年来的发展完善，该模型已经成为国际主流的公共政策分析工具，在国际贸易、财政税收和环境保护等多个领域得到广泛而深入的应用。

CGE 模型的研究对象是经济系统的整体，不论所构建的模型有多大规模，它所涵

盖的范围都是经济系统的全部。一个完备的 CGE 模型需要两个方面的支持：建模方法和数据基础。与其他经济模型相比，CGE 模型在这两个方面均呈现出鲜明特征：

一是具有坚实的经济理论基础。CGE 模型的建模基础是新古典经济学的一般均衡理论。它把基于微观经济学的各种行为假定纳入一个系统框架内，通过价格信号将经济主体、商品市场和要素市场有机地联系在一起。在 CGE 模型所描述的经济网络链条上，无论哪个节点上发生了变化，它都会将其传导、波及整个经济系统，充分体现了 CGE 模型牵一发而动全身的“一般均衡”特点，这是其他经济模型，如计量模型所不能及的。

二是以社会核算矩阵（Social Accounting Matrix，以下简称 SAM 表）为数据基础。SAM 表既是 CGE 模型的数据输入，也是 CGE 模型的数据输出。CGE 模型中的绝大多数参数都由 SAM 表计算而成。当施加冲击后，CGE 模型可生成一张新的 SAM 表，通过比较新 SAM 表和基准 SAM 表，就能定量测算冲击的效果。SAM 表的编制主要基于某一年份的《投入产出表》和《资金流量表》，因此，CGE 模型对数据规模的要求并不高，也不需要像计量模型一样，对数据进行各种参数和非参数检验。

根据所依据的 SAM 表不同，CGE 模型可以分为宏观 CGE 模型和微观 CGE 模型。宏观 CGE 模型就是基于宏观 SAM 表而构建的 CGE 模型，微观 CGE 模型就是基于微观 SAM 表而构建的 CGE 模型。所谓宏观 SAM 表是指只有一个活动部门和一种商品的 SAM 表，微观 SAM 表是指包含多个活动部门和多种商品的 SAM 表。

（二）模型优势

正是基于上述两个特点，CGE 模型在宏观经济政策评估和模拟中具有突出优势。

一是能够全面评估政策效果。CGE 模型涵盖了经济系统的全部变量，可开展多角度政策分析，包括：（1）总量分析。CGE 模型可自由设置综合衡量和评价指标，如 GDP、CPI、杠杆率和财政赤字等。（2）结构性和原因分析。包括行业、部门、国别等多个层次的结构性变化，并且沿着政策变化路径，可以分析总量变化的原因。（3）实物量和价值量分析。CGE 模型区分价值量、价格和实物量三种指标，如果将价格标准化，就很容易计算出实物量指标。（4）福利分析。分清楚谁是受益者或受害者对于政策的制定至关重要，CGE 模型提供了福利分析的便利性，可以测算等价性变化量和补偿性变化量两个指标。

二是模拟结果更具稳健性。计量模型通常假定政策变量是外生的，目标变量是内生的，模拟结果往往是单向而直接的影响，由于还可能存在反馈效应，该结果并不稳健。而 CGE 模型的解属于一般均衡解，是经过不同经济主体之间相互影响和作用的结果，包含了反馈效应，从而可以有效避免卢卡斯批判，这也是政策分析多数采用 CGE 模型的根本原因。

三是可以轻松地开展政策比较。在 CGE 模型中，政策工具通常由参数表示，如关税税率、法定存款准备金率等。因而通过改变参数的上升或下降方向、大小和变动次数，就可以很方便地模拟政策的取向、力度和节奏。如果要同时模拟两个以上政策的组合效果，如货币政策和财政政策，只需调整对应环节的参数即可。相比之下，很多经济模型在政策比较时，需要对不同的政策设置对应的假设条件，这可能导致结果不可比。

（三）中国人民银行调查统计司 CGE 模型的开发历程和应用情况

为了评估中美贸易摩擦对我国经济的影响，2018 年 7 月，中国人民银行调查统计司组建了 CGE 模型开发小组。截至 2019 年底，开发小组开展了三个阶段的 CGE 模型开发应用：第一阶段，2018 年 7 ~ 8 月，考虑到评估任务的紧迫性，开发小组首先构建了宏观 CGE 模型，基于该模型开展了中美贸易摩擦的宏观影响评估；第二阶段，2018 年 9 ~ 10 月，为了掌握中美贸易摩擦对我国各行业的影响，开发小组进一步构建了微观 CGE 模型；第三阶段，2018 年 11 月至 2019 年底，开发小组着力构建金融 CGE 模型，以便更好地评估和反映中央银行货币政策的效果。

本书分三章来展示上述三个阶段的 CGE 模型开发成果：第三章首先构建了宏观 CGE 模型；第四章将构建微观 CGE 模型；第五章将构建金融 CGE 模型。

本章剩余部分的结构安排如下：第二部分主要介绍宏观 CGE 模型的构建过程，包括宏观 CGE 模型的构建思路、宏观 CGE 模型的主要特点、宏观 SAM 表的编制及宏观 CGE 模型的设定；第三部分基于第二部分构建的模型和数据，对中美贸易摩擦的影响进行模拟分析；附录部分包括本模型的宏观 SAM 表、变量和参数及基于 GAMS 软件的运行程序。

二、宏观 CGE 模型的构建

（一）宏观 CGE 模型的构建思路

本章所展示的宏观 CGE 模型基于宏观 SAM 表而构建。我们假定经济中只有一种商品和一个生产活动，生产要素包括两个：资本和劳动；经济部门有五个：住户部门、非金融企业、金融机构、政府部门及国外部门。图 3 - 1 是宏观 CGE 模型的结构框架图。为了清晰地反映本模型的构建思路，我们将模型分为五个模块，分别是生产模块、收入支出模块、对外贸易模块、投资模块及闭合模块。下面对每一个模块的相关假设进行说明。

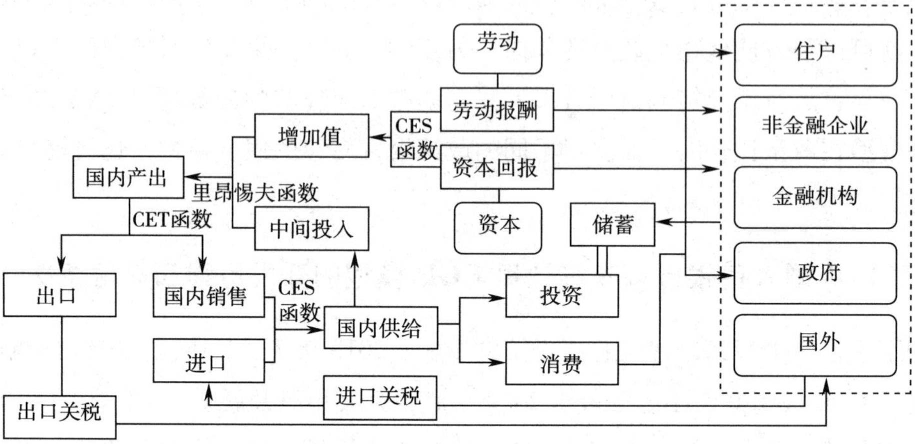

图3－1　中国宏观CGE模型结构框架图

1. 生产模块

生产模块用于刻画生产要素以何种方式组合起来，如何将资源与原料投入转化为商品和服务的过程。本模型中的生产模块包括两层嵌套，在第一层嵌套中，劳动与资本由常替代弹性（Constant Elasticity of Substitution，CES）函数合成为增加值（KL），在第二层嵌套中与中间投入一起，经由里昂惕夫函数合成为总产出。

2. 收入支出模块

收入支出模块刻画了多种收入分配方式，包括要素收入及住户、非金融企业、金融机构、政府和国外之间的转移收入与支出。在模型中，涉及两种生产要素收入：劳动收入与资本收入。其中，劳动收入即劳动者报酬等于劳动力数量乘以其工资率；资本收入即总营业盈余（营业盈余与折旧之和）为资本存量乘以其回报率。总营业盈余按比例匹配给住户、非金融企业、金融机构和政府部门。总体上，各部门收入主要由两部分组成：要素收入和其他部门的转移支付。各部门储蓄等于收入减去向其他部门转移支付。本模型假定各部门的支出与该部门总收入成比例，也即收入决定支出。

3. 对外贸易模块

在开放经济下，国内商品分为三个部分：国内自产自销产品、出口商品、进口商品。三者之间的关系体现在以下两个子模块中。（1）出口模块。给定总产出，如何分配国内销售和出口以实现收入最大化？求解最优化问题可以得出出口决定方程。这里假设出口品和国内销售的产品之间的关系由常弹性转换（Constant Elasticity of

Transformation，CET）函数刻画。（2）进口模块。给定国内市场总需求的情况下，如何确定国内生产的产品量和进口商品量以实现成本最小化？求解最优化问题可以得出进口决定方程。根据 Armington 假设，进口商品和国内生产的商品可以相互替代，但不能完全替代，它们之间的关系通常采用 CES 函数来表示。

4. 投资模块

本模型简单地假定总储蓄等于总投资。

5. 闭合模块

本模型采用路易斯闭合规则，具体闭合条件见后文。

（二）宏观 CGE 模型的主要特点

与国内其他机构所构建的 CGE 模型相比，本章所构建的宏观 CGE 模型具有三大特点。

一是简洁。本模型仅包括一种商品和一个生产活动，省略了与中美贸易摩擦主题相关性不高的模块刻画工作，把最重要经济变量及其相关关系保留下来，大大简化了模型构建过程，从而能够快速高效地获得评估结果。同时，简化模型还减少了参数确定的主观性。CGE 模型参数一般包括两类：第一类参数可以直接从 SAM 表中得到，如份额参数和比率参数；第二类参数不能由 SAM 表唯一确定，需要外部设定。由于假设只有一种商品和一个生产活动，外部设定的参数大幅缩减，降低了主观性成分。

二是数据基础更加扎实。本模型在参考以往文献基础上对宏观 SAM 表的编制方法作出改进。多数文献在编制宏观 SAM 表时，将投入产出表作为主要数据依据，而把资金流量表作为辅助数据。这一编制方式可能使宏观 SAM 表面临较严重的行列平衡问题，而采取相关方法（如 RAS 法）进行平衡后，不可避免地扭曲各部门、各变量之间的比例关系。本模型将资金流量表作为主要数据依据，对投入产出表的使用较少，仅涉及其中的中间投入、出口、进口等指标，由于数据来源集中，宏观 SAM 表行列平衡性较好，通过手动调整个别指标即可实现行列平衡，基本不会扭曲各类比例关系。

三是采用新的规则展示方程，确保方程不重不漏。CGE 模型包含的方程数量较多，稍微复杂一点的模型就可能达到上百个方程。如此多的方程需要有一定的规则来展示。以往 CGE 文献一般按模块化规则展示方程，如生产模块、收入支出模块、对外贸易模块等。这样做的优点是各模块的经济含义较为明晰，缺点是模块与模块之间容易遗漏方程或重复定义方程，造成模型不平稳，由此评估结果可能发生扭曲，这在政策模拟中是致命的。为了避免这一问题，本模型按照宏观 SAM 表的行列结构来展示方程：首先，宏观 SAM 表中每一行、每一列分别单列为平衡式方程；然后，仅针对列平衡式中的所有变量列出解释方程，不再对行平衡式中的变量列出解释方程。因为当所有列平衡式中的变量都定义了方程，各行平衡式的变量也就定义出来了，从而可以避免出现遗漏或重复定义的现象。

（三）宏观 SAM 表的编制

CGE 模型中 80% 以上的参数均根据 SAM 表校调而来，正确编制 SAM 表对于 CGE 建模至关重要。

SAM 表是国民经济核算体系的矩阵表述（高敏雪等，2013）。它作为一个正方形矩阵，其行和列的数量相等，每一行和每一列共同代表一个国民核算账户，如住户、政府、企业、国外等。相同的行和列代表同一个账户。矩阵中的元素数值代表各账户间的交易量，该数值是列部门对行部门的支付。因此，SAM 表中的行代表账户的收入，列代表账户的支出。

附表 3 - 1 列示的是 2015 年中国宏观 SAM 表，共包括 10 个基本账户：（1）活动账户，（2）商品账户，（3）要素—劳动账户，（4）要素—资本账户，（5）住户账户，（6）非金融企业账户，（7）金融机构账户，（8）政府部门账户，（9）储蓄—投资账户，（10）国外部门账户。

以住户账户为例，从行来看，代表住户部门的收入，住户总收入 = 住户获得的劳动报酬 + 住户获得的营业盈余 + 非金融企业对住户的转移支付 + 金融机构支付给住户的利息 + 政府对住户的转移支付。从列来看，代表住户部门的支出，住户总支出 = 住户消费 + 住户支付的利息 + 住户直接税费 + 住户储蓄 + 住户对国外的转移支付。其他账户的平衡关系类似。

本章基于 2015 年数据编制宏观 SAM 表。所使用到的原始资料主要有：（1）《2015 年资金流量表（实物交易）》。（2）《2015 年 42 部门投入产出表》。（3）《2015 年国家财政预算、决算收支》，来源于《中国财政年鉴 2016》。

宏观 SAM 表的编制结果见附表 3 - 1。下面针对附表 3 - 1，按账户对所有元素逐个说明编制资料来源和计算方法。

1. *活动账户*

活动是指产业部门的生产活动，在一般的投入产出表中，一个产业部门生产一种商品，没有“活动”和“商品”的区别。但在标准的 SAM 表中，区分“活动”和“商品”，原因主要有：一是有利于描述现代经济的一些特征，如一个活动部门生产多种商品，多个活动部门生产同一商品，如水电和火电；二是在开放经济情况下，国内生产活动和国内消费的商品不是一致的，国内消费商品中进口商品不是国内生产，而国内生产活动生产的出口商品又不在国内消费的商品中，因此，有必要将活动和商品区分开来。活动账户主要用来核算 2015 年中国经济的生产和分配情况（见表 3 –1）。

表 3 –1　　活动账户

宏观 SAM 表第 1 行			宏观 SAM 表第 1 列		
国内生产国内销售产品	Cell（1，2）	1926702	中间投入	Cell（2，1）	1401192
出口	Cell（1，10）	148448	劳动者报酬	Cell（3，1）	355373
			营业盈余	Cell（4，1）	254010
			间接税费	Cell（8，1）	64575
总产出	Cell（1，11）	2075150	总投入	Cell（11，1）	2075150

注：用 Cell（行号，列号）代表 SAM 表中的元素，下同。

Cell（1，2）—国内生产国内销售总产品：数值为总产出与出口的余项。

Cell（1，10）—出口：数据来自《2015 年 42 部门投入产出表》—出口合计 148448。

Cell（1，11）—总产出：等于总投入。

Cell（2，1）—中间投入：数据来自《2015 年 42 部门投入产出表》—中间投入合计 1401192。

Cell（3，1）—劳动者报酬：数据来自《2015 年资金流量表（实物交易）》—劳动者报酬—国内合计的运用方 355373。

Cell（4，1）—营业盈余：数据来自《2015 年资金流量表（实物交易）》—“增加值—国内合计 689052” –“劳动者报酬—国内合计的运用方 355373” –“生产税净额—国内合计的运用方 79669” =254010。

Cell（8，1）—间接税费：数据来自《2015 年资金流量表（实物交易）》—“生产税净额—国内合计的运用方 79669” –“关税 15094” =64575。

Cell（11，1）—总投入：等于第 1 列各项之和。

2. 商品账户

商品账户主要用来核算国内商品市场供给和需求情况。

表 3 –2　　商品账户

宏观 SAM 表第 2 行			宏观 SAM 表第 2 列		
中间投入	Cell（2，1）	1401192	国内生产国内销售总产品	Cell（1，2）	1926702
住户消费	Cell（2，5）	265980	关税	Cell（8，2）	15094
政府消费	Cell（2，8）	96286	进口	Cell（10，2）	126102
资本形成	Cell（2，9）	304439			
国内总需求	Cell（2，11）	2067898	国内总供给	Cell（11，2）	2067898

Cell（2，5）—住户消费：数据来自《2015 年资金流量表（实物交易）》—住户消费支出 265980。

Cell（2，8）—政府消费：数据来自《2015 年资金流量表（实物交易）》—政府消费支出 96286。

Cell（2，9）—资本形成：等于总储蓄。

Cell（2，11）—国内总需求：等于第 2 行各项之和。

Cell（8，2）—关税：数据来自《2016 年中国财政年鉴》—《2015 年全国一般公共预算、决算收支》—“关税—收入决算数 2560. 84” + “进口货物消费税、增值税—收入决算数 12533. 35” =15094. 19。

Cell（10，2）—进口：根据国家统计局《投入产出表》编制原则，进口商品采用到岸价格，进口中包含关税，但在宏观 SAM 表第 2 列中将关税单列出来，因此此处进口应剔除关税。数据为“《2015 年 42 部门投入产出表》—进口合计 125153” - “关税 15094” =110059。由于第 2 行的和与第 2 列的和不一致，按照账户平衡原则，将行和与列和的差值由进口项吸收，将进口修正为 126102。

Cell（11，2）—国内总需求：等于第 2 列各项之和。

3. 要素—劳动账户

要素—劳动账户主要用来核算劳动要素的供求和分配情况（见表 3 -3）。

表 3 -3　　要素—劳动账户

宏观 SAM 表第 3 行			宏观 SAM 表第 3 列		
国内劳动者报酬	Cell（3，1）	355373	住户获得的劳动报酬	Cell（5，3）	357076
国外支付的劳动报酬	Cell（3，10）	2059	给国外的劳动报酬	Cell（10，3）	356
劳动收入	Cell（3，11）	357432	劳动支出	Cell（11，3）	357432

Cell（3，10）—国外支付的劳动报酬：数据来自《2015 年资金流量表（实物交易）》—劳动者报酬—国外部门的运用方 2059。

Cell（3，11）—劳动总收入：数据来自《2015 年资金流量表（实物交易）》—劳动者报酬—合计栏的运用方 357432。

Cell（5，3）—住户获得的劳动报酬：数据来自《2015 年资金流量表（实物交易）》—劳动者报酬—住户部门的来源方 357076。

Cell（10，3）—支付给国外的劳动报酬：数据来自《2015 年资金流量表（实物交易）》—劳动者报酬—国外部门的来源方 356。

Cell（11，3）—劳动总支出：数据来自《2015 年资金流量表（实物交易）》—劳动者报酬—合计栏的来源方 357432。

4. 要素—资本账户

要素—资本账户主要用来核算资本要素的供求和分配收益情况（见表 3-4）。

表 3-4　　要素—资本账户

宏观 SAM 表第 4 行			宏观 SAM 表第 4 列		
营业盈余	Cell（4，1）	254010	住户部门营业盈余	Cell（5，4）	46224
			非金融企业营业盈余	Cell（6，4）	167514
			金融机构营业盈余	Cell（7，4）	33016
			政府部门营业盈余	Cell（8，4）	7257
资本收入	Cell（4，11）	254010	资本支出	Cell（11，4）	254010

Cell（5，4）—住户营业盈余：数据来自《2015 年资金流量表（实物交易）》—"增加值—住户部门 167735" - "劳动者报酬—住户部门的运用方 117323" - "生产税净额—住户部门的运用方 4188" = 46224。

Cell（6，4）—非金融企业营业盈余：数据来自《2015 年资金流量表（实物交易）》—"增加值—非金融企业部门 407654" - "劳动者报酬—非金融企业部门的运用方 172403" - "生产税净额—非金融企业部门的运用方 67737" = 167514。

Cell（7，4）—金融机构营业盈余：数据来自《2015 年资金流量表（实物交易）》—"增加值—金融机构部门 57873" - "劳动者报酬—金融机构部门的运用方 17431" - "生产税净额—金融机构部门的运用方 7425" = 33016。

Cell（8，4）—政府营业盈余：数据来自《2015 年资金流量表（实物交易）》—"增加值—政府部门 55791" - "劳动者报酬—政府部门的运用方 48216" - "生产税净额—政府部门的运用方 319" = 7257。

5. 住户账户

住户账户主要核算住户的收入和支出情况（见表 3-5）。

表 3-5　　住户账户

宏观 SAM 表第 5 行			宏观 SAM 表第 5 列		
住户劳动报酬	Cell（5，3）	357076	住户消费	Cell（2，5）	265980
住户营业盈余	Cell（5，4）	46224	住户支付的利息	Cell（7，5）	10171
非金融企业对住户的转移支付	Cell（5，6）	2025	住户直接税费	Cell（8，5）	45047
金融机构给住户的利息	Cell（5，7）	22802	住户储蓄	Cell（9，5）	156649
政府对住户转移支付	Cell（5，8）	50514	住户对国外的支出	Cell（10，5）	794
住户总收入	Cell（5，11）	478641	住户总支出	Cell（11，5）	478641

Cell（5，6）—非金融企业对住户的转移支付 2025，见专栏 3-1 的表 11。

Cell（5，7）—金融机构给住户的利息 22802，见专栏 3-1 的表 11。

Cell（5，8）—政府对住户的转移支付50514，见专栏3－1的表11。

Cell（5，11）—住户总收入，等于第5行各项之和。

Cell（8，5）—住户直接税费45047，见专栏3－1的表11。

Cell（9，5）—住户储蓄，数据来自《2015年资金流量表（实物交易）》—总储蓄—住户部门。

Cell（10，5）—住户对国外的支出794，见专栏3－1的表11。

Cell（11，5）—住户总支出，等于第5列各项之和。

专栏3-1

住户、非金融企业、金融机构、政府、国外等五部门之间的转移支付

对于五部门两两之间的转移支付，由于目前缺乏直接的统计资料，我们根据《2015年资金流量表（实物交易）》中的财产收入和经常转移进行估计。其中，财产收入包括4个子项，分别是“（一）利息”“（二）红利”“（三）地租”“（四）其他”；经常转移包括5个子项，分别是“（一）所得税、财产税等经常税”“（二）社会保险缴款”“（三）社会保险福利”“（四）社会补助”“（五）其他”。下面我们对上述9个子项逐一进行拆分。《2015年资金流量表（实物交易）》已经给出了上述9个子项在各部门的收入（来源）和支出（运用）总和，只需要辅以合理的假定即可拆分。

1. 对利息的拆分

已知：各部门利息的收入和支出总和。

假定：(1) 由于管制，国外部门的利息支出（合计为7698亿元）仅支付给非金融企业和金融机构，且95%以上给金融机构，此处假设为7500亿元（可以保证各部门之间的利息支出不出现负值）。

(2) 政府和住户部门的利息仅支付给金融机构，并且也全部来源于金融机构。

求各部门之间的利息往来。拆分结果见表1，其中，行表示收入，列表示支出。以金融机构部门为例，《2015年资金流量表（实物交易）》中金融机构的利息来源方合计为51059亿元，拆分后可知，来源于住户部门的为10171亿元，来源于非金融企业的为25639亿元，来源于政府部门的为7749亿元，来源于国外部门的为7500亿元；金融机构的利息运用方合计为49199亿元，拆分后可知，支付给住户部门的为19534亿元，支付给非金融企业的为20205亿元，支付给政府部门的为7987亿元，支付给国外部门的为1473亿元。

表 1　　各部门之间的利息往来情况　　单位：亿元

	住户	非金融企业	金融机构	政府	国外	合计
住户			19534			19534
非金融企业			20205		198	20403
金融机构	10171	25639		7749	7500	51059
政府			7987			7987
国外		192	1473			1665
合计	10171	25831	49199	7749	7698	

2. 对红利的拆分

已知：各部门红利的收入和支出总和。

假定：(1) 住户和政府的红利分别来源于非金融企业和金融机构，并按照非金融企业和金融机构的红利总支出规模比例进行拆分；

(2) 国外部门的红利仅支付给非金融企业；

(3) 金融机构的红利支付分别给住户、政府和国外部门。

求各部门之间的红利往来。拆分结果见表 2。

表 2　　各部门之间的红利往来情况　　单位：亿元

	住户	非金融企业	金融机构	政府	国外	合计
住户		2107	208			2315
非金融企业					4069	4069
金融机构		889				889
政府		7722	761			8483
国外		13072	1377			14449
合计		23789	2346		4069	

3. 对地租的拆分

已知：各部门地租的收入和支出总和。

假定：政府是地租的收入方。

求各部门之间的地租往来。拆分结果见表 3。

表 3　　各部门之间的地租往来情况　　单位：亿元

	住户	非金融企业	金融机构	政府	国外	合计
住户						
非金融企业						
金融机构						
政府	45	6698				6743
国外						
合计	45	6698				

4. 对其他财产收入的拆分

已知：各部门其他财产收入的收入和支出总和。

其他财产收入主要涵盖投资收入和外商直接投资的再投资收益，投资收入具体包括投保人的投资收入、养老金权益的应付投资收入及属于投资基金股东集体的投资收入。

假定：（1）国外部门的其他财产收入仅来源于政府，支付给政府和非金融企业，按照二者的其他财产收入规模比例进行拆分；

（2）非金融企业的其他财产支出仅支付给政府；

（3）金融机构的其他财产支出支付给住户、非金融企业和政府。

求各部门之间的其他财产收入往来。拆分结果见表4。

表4　　各部门之间的其他财产收入往来情况　　单位：亿元

	住户	非金融企业	金融机构	政府	国外	合计
住户			3060			3060
非金融企业			112		18	131
金融机构						
政府		186	18		33	237
国外				10		10
合计		186	3191	10	51	

5. 对所得税、财产税等经常税的拆分

已知：各部门所得税、财产税等经常税的收入和支出总和。政府是税收的收入部门。拆分结果见表5。

表5　　各部门之间的所得税、财产税等经常税往来情况　　单位：亿元

	住户	非金融企业	金融机构	政府	国外	合计
住户						
非金融企业						
金融机构						
政府	8891	18741	8393			36025
国外						
合计	8891	18741	8393			

6. 对社会保险缴款的拆分

已知：各部门社会保险缴款的收入和支出总和。政府承担社会保险缴款收入和支出。拆分结果见表6。

表 6　　各部门之间的社会保险缴款往来情况　　单位：亿元

	住户	非金融企业	金融机构	政府	国外	合计
住户						
非金融企业						
金融机构						
政府	36110			10244		46354
国外						
合计	36110			10244		

注：有 10244 亿元是政府给政府的社会保险缴款。

7. 对社会保险福利的拆分

已知：各部门社会保险福利的收入和支出总和。政府承担社会保险福利支出，住户部门为社会保险福利的收入方。拆分结果见表 7。

表 7　　各部门之间的社会保险福利往来情况　　单位：亿元

	住户	非金融企业	金融机构	政府	国外	合计
住户				39118		39118
非金融企业						
金融机构						
政府						
国外						
合计				39118		

8. 对社会补助的拆分

已知：各部门社会补助的收入和支出总和。假定住户部门为社会补助的收入方。拆分结果见表 8。

表 8　　各部门之间的社会补助往来情况　　单位：亿元

	住户	非金融企业	金融机构	政府	国外	合计
住户		291		11397		11688
非金融企业						
金融机构						
政府						
国外						
合计		291		11397		

9. 对其他经常转移的拆分

已知：各部门其他经常转移的收入和支出总和，由于数额较小，先进行部门内部轧差，获得各部门其他经常转移的净收入。

假定：(1) 其他经常转移的供给方仅为非金融企业和国外；

(2) 住户、金融机构、政府均仅作为其他经常转移的接收方；

(3) 国外的其他经常转移对象仅为住户。

拆分结果见表9。

表9　各部门之间的其他经常转移往来情况　单位：亿元

	住户	非金融企业	金融机构	政府	国外	合计
住户		-373			-794	-1167
非金融企业						
金融机构		828				828
政府		2947				2947
国外						
合计		3402			-794	

10. 合并和调整

(1) 对表1至表9加总合并，得到各部门之间总体往来情况，见表10。(2) 做两方面调整，一是国外部门对住户部门的转移支付为-794亿元，调整为住户部门对国外部门的转移支付为794亿元。

表10　各部门之间往来合计的初步结果　单位：亿元

	住户	非金融企业	金融机构	政府	国外	合计
住户		2025	22802	50514	-794	74547
非金融企业			20318		4285	24603
金融机构	10171	27355		7749	7500	52775
政府	45047	36294	17160	10244	33	108777
国外		13264	2849	10		16123
合计	55218	78938	63129	68517	11024	

二是政府对政府自身的转移为10244亿元，在政府部门收入和支出方同时减去10244亿元，这样操作主要是CGE模型一般不考察部门内部转移。最终结果见表11。

表11　各部门之间往来合计的最终结果　单位：亿元

	住户	非金融企业	金融机构	政府	国外	合计
住户		2025	22802	50514		75341
非金融企业			20318		4285	24603
金融机构	10171	27355		7749	7500	52775
政府	45047	36294	17160		33	98533
国外	794	13264	2849	10		16917
合计	56011	78938	63129	58273	11818	

6. 非金融企业部门账户

非金融企业部门账户主要核算非金融企业部门收入和支出情况（见表 3 – 6）。

表 3 – 6　　非金融机构部门账户

宏观 SAM 表第 6 行			宏观 SAM 表第 6 列		
非金融企业营业盈余	Cell（6，4）	167514	非金融企业对住户转移支付	Cell（5，6）	2025
金融机构给非金融企业的利息	Cell（6，7）	20318	非金融企业支付的利息	Cell（7，6）	27355
国外支付的红利	Cell（6，10）	4285	非金融企业直接税费	Cell（8，6）	36294
			非金融企业储蓄	Cell（9，6）	113178
			非金融企业支付国外红利	Cell（10，6）	13264
非金融企业总收入	Cell（6，11）	192116	非金融企业总支出	Cell（11，6）	192116

Cell（6，7）—金融机构给非金融企业的利息 20318，见专栏 3 – 1 的表 11。

Cell（6，10）—国外支付的红利 4285：见专栏 3 – 1 的表 11。

Cell（6，11）—非金融企业总收入：等于第 6 行之和。

Cell（7，6）—非金融企业支付的利息 27355：见专栏 3 – 1 的表 11。

Cell（8，6）—非金融企业直接税费 36294：见专栏 3 – 1 的表 11。

Cell（9，6）—非金融企业储蓄：数据来自《2015 年资金流量表（实物交易）》总储蓄—非金融企业部门。

Cell（10，6）—非金融企业支付国外红利 13264：见专栏 3 – 1 的表 11。

Cell（11，6）—非金融企业总支出：等于第 6 列之和。

7. 金融机构部门账户

金融机构部门账户主要用来核算金融机构部门收入和支出（见表 3 – 7）。

表 3 – 7　　金融机构部门账户

宏观 SAM 表第 7 行			宏观 SAM 表第 7 列		
金融机构营业盈余	Cell（7，4）	33016	金融机构给住户的利息	Cell（5，7）	22802
住户支付的利息	Cell（7，5）	10171	金融机构给非金融企业的利息	Cell（6，7）	20318
非金融企业支付的利息	Cell（7，6）	27355	金融机构直接税费	Cell（8，7）	17160
政府支付的利息	Cell（7，8）	7749	金融机构储蓄	Cell（9，7）	22662
国外支付的利息	Cell（7，10）	7500	金融机构支付国外利息	Cell（10，7）	2849
金融机构收入	Cell（7，11）	85791	金融机构支出	Cell（11，7）	85791

Cell（7，8）—政府支付的利息 7749：见专栏 3 – 1 的表 11。

Cell（7，10）—国外支付的利息 7500：见专栏 3 – 1 的表 11。

Cell（7，11）—金融机构总收入：等于第 7 行之和。

Cell（8，7）—金融机构直接税费 17160：见专栏 3 – 1 的表 11。

Cell（9，7）—金融机构储蓄：数据来自《2015 年资金流量表（实物交易）》总储蓄—金融机构部门。

Cell（10，7）—金融机构支付国外部门利息2849：见专栏3－1的表11。

Cell（11，7）—金融机构总支出：等于第7列之和。

8. 政府部门账户

政府部门账户主要核算政府收入和支出情况（见表3－8）。

表3－8　　政府部门账户

宏观SAM表第8行			宏观SAM表第8列		
间接税费	Cell（8，1）	64575	政府消费	Cell（2，8）	96286
关税	Cell（8，2）	15094	政府对住户转移支付	Cell（5，8）	50514
政府营业盈余	Cell（8，4）	7257	政府支付的利息	Cell（7，8）	7749
住户直接税费	Cell（8，5）	45047	政府储蓄	Cell（9，8）	30900
非金融企业直接税费	Cell（8，6）	36294	政府对国外转移支付	Cell（10，8）	10
金融机构直接税费	Cell（8，7）	17160			
国外对政府转移支付	Cell（8，10）	33			
政府部门收入	Cell（8，11）	185459	政府部门支出	Cell（11，8）	185459

Cell（8，10）—国外对政府转移支付33：见专栏3－1的表11。

Cell（8，11）—政府部门收入：等于第8行之和。

Cell（9，8）—政府储蓄：数据来自《2015年资金流量表（实物交易）》总储蓄—政府部门。

Cell（10，8）—政府向国外的转移支付10：见专栏3－1的表11。

Cell（11，8）—政府部门支出：等于第8列之和。

9. 资本形成账户

资本形成账户主要核算资本形成情况（见表3－9）。

表3－9　　资本形成账户

宏观SAM表第9行			宏观SAM表第9列		
住户储蓄	Cell（9，5）	156649	资本形成	Cell（2，9）	304439
非金融企业储蓄	Cell（9，6）	113178			
金融机构储蓄	Cell（9，7）	22662			
政府储蓄	Cell（9，8）	30900			
国外储蓄	Cell（9，10）	－18950			
总储蓄	Cell（9，11）	304439	总投资	Cell（11，9）	304439

Cell（9，10）—国外储蓄：数据来自《2015年资金流量表（实物交易）》总储蓄—国外部门。

Cell（9，11）—总储蓄：等于第 9 行之和。

Cell（11，9）—总投资：等于第 9 列之和。

10. 国外部门账户

国外部门账户主要核算与国外的经济关系。

表 3-10　国外部门账户

宏观 SAM 表第 10 行			宏观 SAM 表第 10 列		
进口	Cell（10，2）	126102	出口	Cell（1，10）	148448
给国外的劳动报酬	Cell（10，3）	356	国外支付的劳动报酬	Cell（3，10）	2059
住户对国外支出	Cell（10，5）	794	国外支付的红利	Cell（6，10）	4285
非金融企业支付国外红利	Cell（10，6）	13264	国外支付的利息	Cell（7，10）	7500
金融机构支付国外利息	Cell（10，7）	2849	国外对政府转移支付	Cell（8，10）	33
政府对国外转移支付	Cell（10，8）	10	国外储蓄	Cell（9，10）	-18950
国外部门收入	Cell（10，11）	143375	国外部门支出	Cell（11，10）	143375

11. 宏观 SAM 表的平衡

常见的 SAM 表平衡方法包括 RAS 法和交叉熵法，这些方法的优点是应用简单，而且不局限于方阵，其缺点是仅仅从数学的角度满足了 SAM 表平衡要求，往往会整体上破坏 SAM 表中各指标之间的比例结构。

根据张欣（2017）的建议，在行列总量相差不大的情况下，可以采用手动平衡法来进行平衡。因此，本章采用手动平衡法来平衡宏观 SAM 表，作为平衡项的指标包括三个，分别是进口、国内生产国内销售产品和资本形成。

本书后面章节的 SAM 表也采用手动平衡法进行平衡。

（四）宏观 CGE 模型的设定

本模型共包括 61 个方程、67 个变量（宏观闭合时固定其中的 6 个为外生变量）和 45 个参数。方程来源于两个渠道，一是宏观 SAM 表 10 个行和 10 个列的平衡式及其解释项，包括方程（1）至方程（55）；二是根据研究需要定义的方程，如 GDP、CPI 的等式等，包括方程（56）至方程（61）。参数中有 9 个参数需要结合其他资料校准，其余 36 个参数均通过 2015 年宏观 SAM 表计算而来。

1. 宏观 SAM 表第 1 行：总产出

国内生产国内销售产品 + 出口 = 总产出

（1926702）+（148448）=（2075150）

方程（1）：$PD \cdot D + PE \cdot E = PX \cdot X$

其中：PD 为国内生产国内销售产品的价格；D 为国内生产国内销售产品实物量；

PE 为国内出口价格；E 为出口实物量；PX 为生产者价格；X 为国内总产出实物量。

以下方程（2）至方程（6）用于解释方程（1）中的各变量。

方程（2）：$PX = (1 + itax) \cdot PP$

其中：PX 为生产者价格，PP 为基本价格，$itax$ 为间接税费税率，根据国民经济核算原理得出方程（2）。因此，$PP \cdot X$ 是以基本价格计价的总产出，$PX \cdot X$ 是以生产者价格计价的总产出。

方程（3）：$PE = PWE \cdot ER$，国内出口价格等于国外进口价格乘以汇率。

其中：PWE 为以外币计价的出口价格，即国外进口价格；ER 为汇率。

方程（4）：$E = acon\_ex \cdot (PWSE/PWE)^{\eta_{ex}}$，外国对我国出口的需求方程。

其中：$PWSE$ 为出口的国际市场平均价格；$acon\_ex$ 为系数，其值为出口实物量的初始值 E_0；η_{ex} 为出口量对国外进口价格的弹性，取值为2。

方程（5）：$D = B_{de}{}^{-\sigma_{de}-1} \cdot \alpha_{de}{}^{-\sigma_{de}} \cdot (PD/PX)^{\sigma_{de}} \cdot X = a\_dx \cdot (PD/PX)^{\sigma_{de}} \cdot X$

方程（6）：$E = B_{de}{}^{-\sigma_{de}-1} \cdot (1 - \alpha_{de})^{-\sigma_{de}} \cdot (PE/PX)^{\sigma_{de}} \cdot X = a\_ex \cdot (PE/PX)^{\sigma_{de}} \cdot X$

其中：$a\_dx = B_{de}{}^{-\sigma_{de}-1} \cdot \alpha_{de}{}^{-\sigma_{de}}$，根据 SAM 表测算为 1.222；$a\_ex = B_{de}{}^{-\sigma_{de}-1} \cdot (1 - \alpha_{de})^{-\sigma_{de}}$，根据 SAM 表测算为 0.086；$\sigma_{de}$ 为 D 和 E 之间的转换弹性，取值为 5。

方程（5）和方程（6）为优化结果，优化过程见专栏 3－2。

专栏3-2

对外贸易出口模块的优化

在开放经济下，商品分为三个部分，一是国内生产的用于国内销售部分（D）；二是国内生产的用于出口部分（E）；三是市场上销售的进口商品（M），三者的关系见下图。

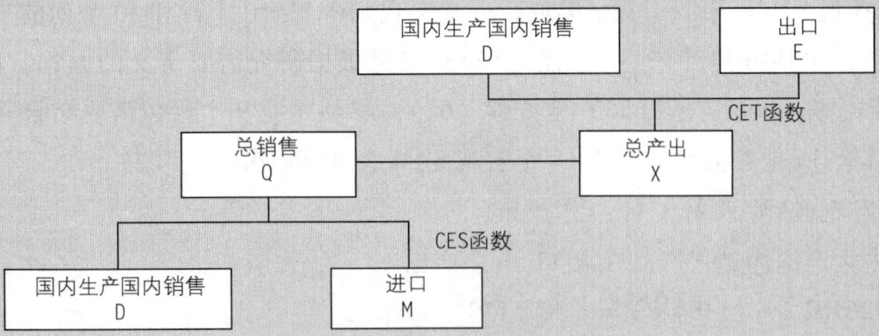

图　对外贸易嵌套

给定总产出（X），企业如何分配国内销售（D）和出口（E）以实现收入最大化？假设出口品和国内销售的产品之间的关系由 CET 函数刻画，最优化问题表示如下：

$$\max : D \cdot PD + E \cdot PE$$

$$\text{s.t. } X = B_{de} \cdot [\beta_{de} \cdot D^{\tau} + (1 - \beta_{de}) \cdot E^{\tau}]^{1/\tau}$$

应指出的是，由于为实物量指标，国内销售的产品（D）和出口（E）一般不能直接相加，等式 X = D + E 不成立。三者之间的关系在本模型中采用 CET 函数描述。这样设置的另一层含义是，认为国内生产国内销售产品（D）和出口产品（E）之间是替代关系，但不是完全替代关系，即一个国家生产的产品不可能全部用于出口，也不能全部用于国内销售。上述最优化问题的一阶条件为：

$$PD/PE = \alpha_{de}/(1 - \alpha_{de}) \cdot (E/D)^{1-\tau}$$

结合正文中的方程（1）：$PD \cdot D + PE \cdot E = PX \cdot X$，就可以求解出正文所列方程（5）和方程（6），其中，$\sigma_{de} = 1/(\tau - 1)$。

2. 宏观 SAM 表第 1 列：总投入

总投入 = 中间投入 + 劳动者报酬 + 营业盈余 + 间接税费

（2075150）=（1401192）+（355373）+（254010）+（64575）

方程（7）：$PX \cdot X = PQ \cdot INT + W \cdot LAB + RK \cdot CAP + Indtax$

此处运用总投入 = 总产出。由于 $PX = (1 + itax) \cdot PP$，则 $PX \cdot X = PP \cdot (1 + itax) \cdot X = PP \cdot X + itax \cdot PP \cdot X$。因此，方程（7）可修改为：$PP \cdot X = PQ \cdot INT + W \cdot LAB + RK \cdot CAP$。

其中：PQ 为消费端价格，INT 为中间投入实物量；W 为劳动工资，LAB 为劳动存量；RK 为资本价格，CAP 为资本存量；$Indtax$ 为间接税费，$itax$ 为间接税率。

方程（8）：$Indtax = itax \cdot PP \cdot X$，间接税费的征税基数为以基本价格计价的总产出。

方程（9）：$CAP = tcap \cdot a\_cap^{\sigma_x} \cdot (PP/RK)^{\sigma_x} \cdot X$

方程（10）：$LAB = tcap \cdot (1 - a\_cap)^{\sigma_x} \cdot (PP/W)^{\sigma_x} \cdot X$

方程（11）：$INT = \alpha_{\text{int}} \cdot X$

其中：$tcap = \alpha_{kl} \cdot A_{kl}{}^{\sigma_x - 1}$，根据 SAM 表测算为 0.236；$a\_cap$ 为资本存量的份额系数，SAM 测算为 0.370；σ_x 为资本和劳动之间的替代弹性，取值为 0.630；α_{int} 为中间投入的系数，根据 SAM 表测算为 0.697。

方程（9）~方程（11）为优化结果，优化过程见专栏 3-3。

专栏3-3

生产模块的优化

假定企业的生产要素投入由三部分组成：中间投入、劳动和资本。在给定产出的情况下，如何确定中间投入（INT）、劳动（LAB）和资本（CAP），使总生产成本最小？

为了避免所有要素投入之间的替代弹性完全一样，我们用嵌套函数的方法组织各要素投入。在第一层嵌套中，劳动（LAB）与资本（CAP）由CES函数合成为资本劳动合成品（KL）。在第二层嵌套中，资本劳动合成品（KL）与中间投入（INT）一起，由Leontief函数合成为总产出（X），见下图。

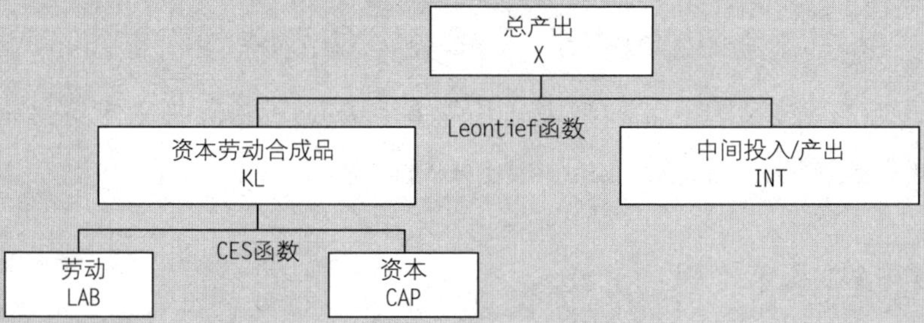

图　生产模块嵌套

1. 第一层嵌套

在本模型中，第一层嵌套为资本（CAP）与劳动（LAB）的加成，最优化问题即生产中的成本最小化问题，如下所示：

$$\min: RK \cdot CAP + W \cdot LAB$$

$$\text{s.t. } KL = A_{kl} \cdot [a\_cap \cdot CAP^{\rho_x} + (1 - a\_cap) \cdot LAB^{\rho_x}]^{1/\rho_x}$$

结合 $PP \cdot KL = RK \cdot CAP + W \cdot LAB$，求解CAP和LAB的最优解形式为：

$$CAP = A_{kl}^{\sigma_x - 1} \cdot a\_cap^{\sigma_x} \cdot (PP/RK)^{\sigma_x} \cdot KL \qquad \text{式(1)}$$

$$LAB = A_{kl}^{\sigma_x - 1} \cdot (1 - a\_cap)^{\sigma_x} \cdot (PP/W)^{\sigma_x} \cdot KL \qquad \text{式(2)}$$

其中，$\sigma_x = 1/(1 - \rho_x)$。

2. 第二层嵌套

在生产模块的第二层嵌套中，由资本劳动合成品（KL）与中间投入（INT）一起生产总产出（X），使用Leontief函数，在最优的条件下满足：

$$KL = \alpha_{kl} \cdot X \qquad \text{式(3)}$$

$$INT = \alpha_{int} \cdot X \qquad \text{式(4)}$$

将式（3）代入式（1）、式（2），可得正文所列方程（9）~方程（11）。

3. 宏观 SAM 表第 2 行：国内总需求

中间投入 + 住户消费 + 政府消费 + 资本形成 = 国内总需求

（1401192） + （265980） + （96286） + （304439） = （2067898）

方程（12）：$PQ \cdot INT + PQ \cdot CD + PQ \cdot GD + PQ \cdot ID = PQ \cdot Q$

其中：CD 为住户消费数量；GD 为政府消费数量；ID 为资本形成数量；Q 为国内总需求数量。

4. 宏观 SAM 表第 2 列：国内总供给

国内总供给 = 国内生产国内销售产品 + 关税 + 进口

（2067898） = （1926702） + （15094） + （126102）

方程（13）：$PQ \cdot Q = PD \cdot D + Tariff + PWM \cdot ER \cdot M$

此处利用国内总供给 = 国内总需求。等价式为 $PQ \cdot Q = PD \cdot D + PM \cdot M$ 。

其中：PWM 为以外币计价的进口价格，即国外出口价格；PM 为国内进口价格；M 为进口数量；$Tariff$ 为关税。

方程（14）：$PM = (1 + mtax) \cdot PWM \cdot ER$

方程（15）：$Tariff = mtax \cdot PWM \cdot ER \cdot M$

方程（16）：$D = A_{dm}^{\sigma_{dm}-1} \cdot \alpha_{dm}^{\sigma_{dm}} \cdot (PQ/PD)^{\sigma_{dm}} \cdot Q = a\_d \cdot (PQ/PD)^{\sigma_{dm}} \cdot Q$

方程（17）：$M = A_{dm}^{\sigma_{dm}-1} \cdot (1 - \alpha_{dm})^{\sigma_{dm}} \cdot (PQ/PM)^{\sigma_{dm}} \cdot Q = a\_m \cdot (PQ/PM)^{\sigma_{dm}} \cdot Q$

方程（18）：$M = acon\_im \cdot (PWM/PWSM)^{\eta_{dm}}$，进口的供给方程。

其中：$a\_d = A_{dm}^{\sigma_{dm}-1} \cdot \alpha_{dm}^{\sigma_{dm}}$，根据 SAM 表测算为 0.932；$a\_m = A_{dm}^{\sigma_{dm}-1} \cdot (1 - \alpha_{dm})^{\sigma_{dm}}$，根据 SAM 表测算为 0.091；$\sigma_{dm}$ 为 D 和 M 之间的替代弹性，取值为 3.5；η_{dm} 为进口量 M 对 PWM 的弹性，取值为 2；$PWSM$ 为进口的国际市场平均价格。

方程（16）、方程（17）为优化结果，优化过程见专栏 3－4。

专栏3-4

对外贸易进口模块的优化

国内市场销售的商品（Q）由进口商品（M）和国内生产的商品（D）组成。根据 Armington 假设，进口商品和国内生产的商品可以相互替代，但不能完全替代，它们之间的关系通常采用 CES 函数来表示。

给定国内市场总需求（Q）的情况下，如何确定国内生产的产品量（D）和进口商品量（M）以实现成本最小化？最优化问题表示如下：

$$\min : PD \cdot D + PM \cdot M$$

$$\text{s.t. } Q = A_{dm} \cdot [\alpha_{dm} \cdot D^{\rho_{dm}} + (1 - \alpha_{dm}) \cdot M^{\rho_{dm}}]^{1/\rho_{dm}}$$

上述最优化问题的一阶条件为：

$$PD/PM = \alpha_{dm}/(1 - \alpha_{dm}) \cdot (M/D)^{1-\rho_{dm}}$$

结合方程（13）：$PQ \cdot Q = PD \cdot D + PM \cdot M$，可以求解出正文所列方程（16）和方程（17），其中，$\sigma_{dm} = 1/(1 - \rho_{dm})$。

5. 宏观 SAM 表第 3 行：劳动收入

来自国内的劳动报酬 + 来自国外的劳动报酬 = 劳动总收入

（355373） + （2059） = （357432）

方程（19）：$W \cdot LAB + WtoLAB = YL$

其中：$WtoLAB$ 为来自国外的劳动报酬；YL 为劳动总收入。

6. 宏观 SAM 表第 3 列：劳动支出

劳动总支出 = 支付给住户的劳动报酬 + 支付给国外的劳动报酬

（357432） = （357076） + （356）

方程（20）：$YL = LABtoH + LABtoW$，此处利用劳动总收入 = 劳动总支出。

其中：$LABtoH$ 为支付给住户的劳动报酬；$LABtoW$ 为支付给国外的劳动报酬。

假定支付给住户的劳动报酬与劳动总支出成比例，得到方程（21）。

方程（21）：$LABtoH = l\_h \cdot YL$。

其中：l_h 为住户劳动报酬占比，根据 SAM 表测算为 0.999。

变量 $LABtoW$ 不需要再定义，可由方程（20）自动得到，否则会出现一个重复方程。

7. 宏观 SAM 表第 4 行：资本收入

资本回报率 × 资本存量 = 资本收入（总营业盈余）

（254010） = （254010）

方程（22）：$RK \cdot CAP = YK$

其中：RK 为资本回报率；YK 为资本收入（总营业盈余）。

8. 宏观 SAM 表第 4 列：资本支出

总营业盈余 = 分配给住户的营业盈余 + 分配给非金融企业的营业盈余 + 分配给金融机构的营业盈余 + 分配给政府的营业盈余

（254010） = （46224） + （167514） + （33016） + （7257）

假定各部门获得的营业盈余与总营业盈余成比例，即

$$YK = k\_h \cdot YK + k\_e \cdot YK + k\_f \cdot YK + k\_g \cdot YK$$

$$1 = k\_h + k\_e + k\_f + k\_g$$

其中：住户部门营业盈余份额 $k\_h = 46224/254010 = 0.182$；非金融企业营业盈余份额 $k\_e = 167514/254010 = 0.659$；金融机构营业盈余份额 $k\_f = 33016/254010 = 0.130$；政府部门营业盈余份额 $k\_g = 7257/254010 = 0.029$。

此处不设方程。

9. 宏观 SAM 表第 5 行：住户收入

住户劳动报酬 + 住户营业盈余 + 非金融企业对住户的转移支付 + 金融机构支付给住户的利息 + 政府对住户的转移支付 = 住户总收入

（357076）+（46224）+（2025）+（22802）+（50514）=（478641）

方程（23）：$LABtoH + k\_h \cdot YK + EntoH + FntoH + GtoH = YH$

其中：$EntoH$ 为非金融企业对住户的转移支付；$FntoH$ 为金融机构支付给住户的利息；$GtoH$ 为政府对住户的转移支付；YH 为住户总收入。

10. 宏观 SAM 表第 5 列：住户支出

住户总支出 = 住户消费 + 住户支付的利息 + 住户直接税费 + 住户储蓄 + 住户对国外的转移支付

（478641）=（265980）+（10171）+（45047）+（156649）+（794）

方程（24）：$YH = PQ \cdot CD + HtoFn + TOTHtax + SAV_h + HtoW$，此处利用住户总支出 = 住户总收入。

其中：$HtoFn$ 为住户对金融机构支付的利息；$TOTHtax$ 为住户直接税费；SAV_h 为住户储蓄；$HtoW$ 为住户对国外的转移支付。

假定住户各项支出与住户总支出成比例，得到方程（25）~方程（28）。

方程（25）：$PQ \cdot CD = mpc \cdot YH$

方程（26）：$HtoFn = h\_f \cdot YH$

方程（27）：$TOTHtax = htax \cdot YH$

方程（28）：$HtoW = h\_w \cdot YH$

变量 SAV_h 不需要再定义，可由方程（24）自动得到，否则会出现一个重复方程。其中：住户消费比例 $mpc = 265980/478641 = 0.556$；住户支付的利息比例 $h\_f = 10171/478641 = 0.021$；住户直接税费比例 $htax = 45047/478641 = 0.094$；住户对国外转移支付比例 $h\_w = 794/478641 = 0.002$。

11. 宏观 SAM 表第 6 行：非金融企业收入

非金融企业营业盈余 + 金融机构支付给非金融企业的利息 + 国外支付的红利 = 非

金融企业总收入

（167514）+（20318）+（4285）=（192116）

方程（29）：$k\_e \cdot YK + FntoEn + WtoEn = YE$

其中：$FntoEn$ 为金融机构支付给非金融企业的利息；$WtoEn$ 为国外支付的红利；YE 为非金融企业收入。

12. 宏观 SAM 表第 6 列：非金融企业支出

非金融企业总支出 = 非金融企业对住户转移 + 非金融企业支付的利息 + 非金融企业直接税费 + 非金融企业储蓄 + 非金融企业支付国外红利

（192116）=（2025）+（27355）+（36294）+（113178）+（13264）

方程（30）：$YE = EntoH + EntoFn + Entax + SAV_e + EntoW$，此处利用非金融企业支出 = 非金融企业收入。

其中：$EntoFn$ 为非金融企业支付的利息；$Entax$ 为非金融企业直接税费；SAV_e 为非金融企业储蓄；$EntoW$ 为非金融企业支付国外红利。

假定非金融企业的各项支出与非金融企业总支出成比例，得到方程（31）~方程（34）。

方程（31）：$EntoH = e\_h \cdot YE$

方程（32）：$EntoFn = e\_f \cdot YE$

方程（33）：$Entax = etax \cdot YE$

方程（34）：$EntoW = e\_w \cdot YE$

变量 SAV_e 不需要再定义，可由方程（30）自动得到，否则会出现一个重复方程。其中：非金融企业对住户的转移比例 $e\_h = 2025/192116 = 0.011$；非金融企业的利息支付比例 $e\_f = 27355/192116 = 0.142$；非金融企业的直接税费比例 $etax = 36294/192116 = 0.189$；非金融企业支付国外红利比例 $e\_w = 13264/192116 = 0.069$。

13. 宏观 SAM 表第 7 行：金融机构收入

金融机构营业盈余 + 住户支付的利息 + 非金融企业支付的利息 + 政府部门支付的利息 + 国外支付的利息 = 金融机构总收入

（33016）+（10171）+（27355）+（7749）+（7500）=（85791）

方程（35）：$k\_f \cdot YK + HtoFn + EntoFn + GtoFn + WtoFn = YF$

其中：$GtoFn$ 为政府支付的利息；$WtoFn$ 为国外支付的利息；YF 为金融机构总收入。

14. 宏观 SAM 表第 7 列：金融机构支出

金融机构总支出 = 金融机构给住户的利息 + 金融机构给非金融企业的利息 + 金融

机构直接税费率 + 金融机构储蓄 + 金融机构给国外的利息

（85791） = （22802） + （20318） + （17160） + （22662） + （2849）

方程（36）：$YF = FntoH + FntoEn + Fntax + SAV_f + FntoW$，此处利用金融机构总支出 = 金融机构总收入。

其中：$Fntax$ 为金融机构直接税费；SAV_f 为金融机构储蓄；$FntoW$ 为金融机构给国外的利息。

假定金融机构的各项支出与金融机构总支出成比例，得到方程（37） ~ 方程（40）。

方程（37）：$FntoH = f\_h \cdot YF$

方程（38）：$FntoEn = f\_e \cdot YF$

方程（39）：$FnTax = ftax \cdot YF$

方程（40）：$FntoW = f\_w \cdot YF$

变量 SAV_f 不需要再定义，可由方程（36）自动得到，否则会出现一个重复方程。其中：金融机构给住户的利息比例 $f\_h = 22802/85791 = 0.266$；金融机构给非金融企业的利息比例 $f\_e = 20318/85791 = 0.237$；金融机构的直接税费比例 $ftax = 17160/85791 = 0.200$；金融机构给国外的利息比例 $f\_w = 2849/85791 = 0.033$。

15. 宏观 SAM 表第 8 行：政府部门收入

间接税费 + 关税 + 政府营业盈余 + 住户直接税费 + 非金融企业直接税费 + 金融机构直接税费 + 国外对政府的转移支付 = 政府总收入

（64575） + （15094） + （7257） + （45047） + （36294） + （17160） + （33） = （185459）

方程（41）：$Indtax + Tariff + k\_g \cdot YK + TOTHtax + Entax + Fntax + WtoG = YG$

其中：$WtoG$ 为国外对政府的转移支付；YG 为政府总收入。

16. 宏观 SAM 表第 8 列：政府部门支出

政府总支出 = 政府消费 + 政府对住户的转移支付 + 政府支付的利息 + 政府储蓄 + 政府对国外的转移支付

（185459） = （96286） + （50514） + （7749） + （30900） + （10）

方程（42）：$YG = PQ \cdot GD + GtoH + GtoFn + SAV_g + GtoW$，此处利用政府总支出 = 政府总收入。

其中：SAV_g 为政府部门储蓄；$GtoW$ 为政府对国外的转移支付。

假定政府的各项支出与政府总支出成比例，得到方程（43） ~ 方程（46）。

方程（43）：$PQ \cdot GD = gdt \cdot YG$

方程（44）：$GtoH = g\_h \cdot YG$

方程（45）：$GtoFn = g\_f \cdot YG$

方程（46）：$GtoW = g\_w \cdot YG$

变量 SAV_g 不需要再定义，可由方程（42）自动得到，否则会出现一个重复方程。

其中：政府消费比例 $gdt = 96286/185459 = 0.519$；政府对住户转移支付比例 $g\_h = 50514/185459 = 0.272$；政府支付的利息比例 $g\_f = 7749/185459 = 0.042$；政府对国外转移支付比例 $g\_w = 10/185459 = 0.000053$。

17. 宏观 SAM 表第 9 行：总储蓄

住户储蓄 + 非金融企业储蓄 + 金融机构储蓄 + 政府储蓄 + 国外部门储蓄 = 总储蓄

（156649） + （113178） + （22662） + （30900） + （－18950） = （304439）

方程（47）：$SAV_h + SAV_e + SAV_f + SAV_g + SAV_w = SAV$

其中：SAV_w 为国外部门储蓄；SAV 为总储蓄。

18. 宏观 SAM 表第 9 列：总投资

商品价格 × 资本形成实物量 = 总投资

1 × （304439） = （304439）

方程（48）：$PQ \cdot ID = Invest$

其中：$Invest$ 为总投资。此处假定 $PQ = 1$，即以初始状态价格为价格基准。

方程（49）：$Invest = SAV + WALRAS$

此处利用总投资 = 总储蓄，加入变量 WALRAS 主要用于判断 CGE 模型是否实现均衡。如果实现均衡，WALRAS 的值接近 0。

19. 宏观 SAM 表第 10 行：国外部门收入

进口 + 给国外劳动报酬 + 住户对国外转移 + 非金融企业支付国外红利 + 金融机构给国外利息 + 政府对国外转移支付 = 国外总收入

（126102） + （356） + （794） + （13264） + （2849） + （10） = （143375）

方程（50）：$PWM \cdot ER \cdot M + LABtoW + HtoW + EntoW + FntoW + GtoW = YW$

其中：YW 为国外总收入。

20. 宏观 SAM 表第 10 列：国外部门支出

国外总支出 = 出口 + 国外支付的劳动报酬 + 国外支付的红利 + 国外支付的利息 + 国外对政府的转移支付 + 国外储蓄

（143375） = （148448） + （2059） + （4285） + （7500） + （33） + （－18950）

方程（51）：$YW = PE \cdot E + WtoLAB + WtoEn + WtoFn + WtoG + SAV_w$，此处利用国外总支出 = 国外总收入。

假定国外的各项支出与国外总支出成比例，得到方程（52）～方程（55）。

方程（52）：$WtoLAB = w\_l \cdot YW$

方程（53）：$WtoEn = w\_e \cdot YW$

方程（54）：$WtoFn = w\_f \cdot YW$

方程（55）：$WtoG = w\_g \cdot YW$

变量 SAV_w 不需要再定义，可由方程（51）自动得到，否则会出现一个重复方程。

其中：国外支付的劳动报酬比例 $w\_l = 2059/143375 = 0.014$；国外支付的红利比例 $w\_e = 4285/143375 = 0.030$；国外支付的利息比例 $w\_f = 7500/143375 = 0.052$；国外对政府转移支付的比例 $w\_g = 33/143375 = 0.00023$。

21. 名义国内生产总值：GDP

方程（56）：$GDP = \underbrace{W \cdot LAB}_{\text{劳动者报酬}} + \underbrace{RK \cdot CAP}_{\text{总营业盈余}} + \underbrace{Indtax + Tariff}_{\text{生产税净额}}$

此式按收入法定义 GDP，SAM 表中的间接税费（Indtax）中未包括关税（Tariff），而根据 GDP 定义应该包括关税，因此，此处生产税净额为间接税费与关税之和。

进一步还可按生产法和支出法计算 GDP。按收入法、生产法、支出法计算的 GDP 是否相等也可以作为验证 CGE 模型是否准确的另一个重要指标。

生产法：$GDP = \underbrace{PX \cdot X + Tariff}_{\text{包括关税的总产出}} - \underbrace{PQ \cdot INT}_{\text{中间投入}}$

支出法：$GDP = \underbrace{PQ \cdot CD + PQ \cdot GD}_{\text{消费}} + \underbrace{PQ \cdot ID}_{\text{投资}} + \underbrace{PE \cdot E - PWM \cdot ER \cdot M}_{\text{净出口}}$

22. 实际国内生产总值：RGDP，即保持基期价格不变的 GDP

方程（57）：$RGDP = PQ0 \cdot CD + PQ0 \cdot GD + PQ0 \cdot ID + PE0 \cdot E - PWM0 \cdot ER0 \cdot M$

23. GDP 平减指数：Pindex

方程（58）：$Pindex = GDP/RGDP$

24. 消费价格指数：CPI

方程（59）：$CPI = PQ/PQ_0$，宏观 SAM 表相当于只有一种商品。

另外还有两个方程——方程（60）和方程（61）属于政策模拟方程，在下文“政策模拟条件的设定”部分呈现。

25. 闭合条件设置

本模型方程有 61 个，变量有 67 个，为了保证方程数和变量数相等，需要在 67 个变量中固定 6 个变量作为外生变量，这一过程称为设置闭合条件。所谓的闭合条件就是指定哪些变量为内生变量，哪些变量为外生变量的设置。闭合条件有很多组，如本模型中最多有 C_{67}^{6} 种设置可能。但闭合条件也不能随意设定，须依据经济特点进行设定。本模型采用路易斯闭合规则，具体闭合条件如下：

（1）假定资本存量的调整相对较慢，现有实际资本供应量都能实现充分利用，而资本收益率的调整相对容易，因此将资本要素 CAP 外生固定。

（2）从劳动市场看，短期内，劳动就业量容易波动变化，但劳动力价格接近刚性，因此，将工资率 W 固定为外生变量。

（3）我国仍实行有管理的浮动汇率制度，故将汇率 ER 外生固定。

（4）我国外汇管制相对严格，将国外部门储蓄 SAV_w 外生固定。

（5）假定出口的国际市场平均价格短期不变，将 PWSE 外生固定。

（6）假定进口的国际市场平均价格短期不变，将 PWSM 外生固定。

26. 稳健性检验

本模型采用 GAMS 软件运算。确定模型设置是否恰当、是否稳健，可以从以下几个方面来检验：

（1）CGE 模型是一个方阵系统，有 n 个独立条件方程对应 n 个内生变量，内生变量数等于定义的全部变量数减去在闭合条件中固定的变量数。

（2）储蓄与投资方程的平衡项（WALRAS）的值等于 0（或非常接近 0），说明 CGE 模型实现均衡。如果该值偏离 0 很大，说明很可能是初始值定义不正确。

（3）当没有加入政策冲击时，模型所运行出来的结果与初始值一致。

（4）在没有变量限制（如限定某变量只能大于 0）条件下，采用 GAMS 软件的 NLP（非线性规划）算法和 MCP（混合松弛互补规划）算法所得结果相同。

本书后面章节的 CGE 模型均采用上述方法进行稳健性检验。

三、宏观 CGE 模型的应用：中美贸易摩擦评估

（一）政策模拟条件的设定

为了模拟中美贸易摩擦问题，需要在原有模型的基础上新增两个变量，分别是美国对我国加征的关税总额（*Addtariff*）和我国对美国加征的关税总额（*Addmtax*），相应地，就需要新增两个方程。基于此，本章模拟以下贸易摩擦情景：

美国对进口中国 2500 亿美元商品加征 25% 的关税，同时中国对进口美国 1100 亿美元商品加征 25% 的关税。

具体方程设定如下。

1. 模拟美国对中国商品加征关税的冲击

方程（60）：美国对中国商品加征的关税总额 *Addtariff*

$$Addtariff = PE \cdot E \cdot (addtariffrate \cdot addshare)$$

其中：$addtariffrate = 25\%$，表示美国对进口中国商品加征的关税税率；$addshare = 2500/22635.22 = 11.045\%$，表示出口美国的 2500 亿美元商品占 2017 年中国全部出口的比例。

相应地，修改方程（3）$PE = PWE \cdot ER$ 为

$$PE \cdot (1 + Addtariffrate \cdot addshare) = \cdot PWE \cdot ER$$

2. 模拟中国对美国加征关税的反制

方程（61）：中国对进口美国商品加征的关税总额 $Addmtax$

$$Addmtax = PWM \cdot ER \cdot M \cdot (addmtaxrate \cdot maddshare)$$

其中：$addmtaxrate = 25\%$，表示中国对进口美国商品加征的关税税率；$maddshare = 1100/18409.82 = 5.975\%$，表示进口美国的 1100 亿美元商品占 2017 年中国全部进口比例。

相应地，修改方程（14）$PM = (1 + mtax) \cdot PWM \cdot ER$ 为

$$PM = (1 + mtax + Addmtaxrate \cdot maddshare) \cdot PWM \cdot ER$$

（二）政策模拟结果及分析

1. 贸易战可能使我国损失一个山西省的 GDP

美国对我国商品加征关税的直接影响是抬高我国出口商品在美销售价格，恶化我国贸易条件，从而降低美国消费者对我国商品的需求。根据我们测算，我国出口美国涉税商品的平均价格弹性在 -2.6 左右，即商品价格每上涨 1 个百分点，将导致对美出口下降 2.6 个百分点。除对商品出口产生直接影响外，出口下降还导致相关行业的劳动报酬和生产税下降，住户消费和政府消费减少，进一步降低经济总需求水平。

CGE 模型侧重于反映冲击发生后通过价格调整引起的各部门之间资源分配的变化。CGE 模型测算结果表明，美国进一步对我国 2500 亿美元出口商品加征关税，均衡产出受到的影响将进一步增大，较无贸易战情景减少 11227 亿元，相当于 2015 年山西省的 GDP 规模，降幅为 1.63%。针对美国的关税政策，我国采取加征关税的反制措施可以在一定程度上缓解贸易战对国内经济的影响。一方面，对美国商品加征关税将减少国内自美进口，从而扩大贸易顺差，这将直接增加 GDP；另一方面，关税收入增加可以提高政府支出能力，通过政府支出乘数的放大作用带动经济增长。

2017 年我国对美出口近 4300 亿美元，进口约 1540 亿美元①，当中美贸易战规模超过 1500 亿美元后，我国将面临无筹码可加的困局，这也是我们在面对美国第二轮加税（2500 亿美元商品）时，仅对美国 1100 亿美元商品进行反制，并提出综合运用质量型和数量型工具的主要原因。若仅在关税领域考虑贸易战，根据 CGE 模型测算，我国加征反制关税后，均衡产出较不反击情景少减 1087 亿元，降幅从 1.63% 收窄到 1.47%（见表 3－11）。

表 3－11　不同情景下我国产出变化情况（不变价）　单位：亿元

情景	可计算一般均衡（CGE）模型	
	GDP 规模	比基准
基准情景（不发生贸易战）	689052	—
贸易战情景（美国对中国 2500 亿美元商品加征关税，中国对美国 1100 亿美元商品加征关税）	678913	－10139 （－1.47%）

注：括号内是相对于基准情景的变化幅度。

2. 贸易战将引起我国收入结构发生变化

从收入结构来看，GDP 可以分解为劳动报酬、营业盈余和生产税净额之和（CGE 模型中将固定资产折旧归并入营业盈余）。基准情景下，我国劳动报酬、营业盈余和生产税净额三者之比为 51.57%∶36.86%∶11.56%。

CGE 模型的测算结果显示，在贸易战情景下，劳动报酬的降幅相对最小（0.77%），营业盈余的降幅最大（0.98%），占比略有下降，因增收的关税计入生产税净额，故而生产税净额的小幅增加（0.69%），意味着生产要素中的资本将承担最大损失。

新的均衡状态下劳动报酬、营业盈余和生产税净额三者之比为 51.72%∶36.52%∶11.76%，同基准情景相比，三者的占比变化情况分别为上升 0.14 个百分点、下降 0.34 个百分点和上升 0.20 个百分点（见表 3－12）。因此，从收入结构来看，营业盈余受到贸易战的冲击最大。

表 3－12　中国收入结构及变化情况　单位：%

情景	劳动报酬	营业盈余	生产税净额
基准情景（不发生贸易战）	51.57	36.86	11.56
贸易战情景（美国对中国 2500 亿美元商品加征关税，中国对美国 1100 亿美元商品加征关税）	51.72 （0.14）	36.52 （－0.34）	11.76 （0.20）

注：括号内为各项收入占比相对于基准情景的变动幅度。

① 按照美方统计，2017 年我国对美出口 5056 亿美元，自美进口 1304 亿美元。

3. 贸易战将导致进出口规模收缩

美国对我国商品加征关税提高了我国商品在美国的相对价格，抑制美国消费者需求，降低我国对美出口。同时，由于我国属于国际贸易分工体系上的一环，出口下降也会抑制进口增长。总的来看，贸易战导致我国进出口规模收缩，净出口下降。

宏观 CGE 模型测算结果显示，在贸易战情景下，我国出口金额比基准情景减少 2.89%。出口下降导致非金融企业原材料需求减少，进而导致进口规模也有所下降，比基准情景减少 3.31%。由于出口减少规模大于进口规模，因此贸易战后导致我国净出口反而有所下降，降幅为 0.52%（见表 3－13）。

表 3－13　　中国进出口变动情况　　单位：亿元

情景	出口	进口	净出口
基准情景（不发生贸易战）	148448	126102	22346
贸易战情景（美国对中国 2500 亿美元商品加征关税，中国对美国 1100 亿美元商品加征关税）	144162 （－2.89%）	121932 （－3.31%）	22230 （－0.52%）

注：括号内是相对于基准情景的变动幅度。

4. 贸易战将全面拉低物价水平

CGE 模型的测算结果显示，因出口价格下降、国内总需求减少，我国主要物价指标的均衡水平都将小幅下降，降幅在 0.36～1.25 个百分点。其中 GDP 平减指数、CPI 和 PPI 降幅分别为 0.83 个、0.89 个和 0.96 个百分点；出口价格降幅较大，为 1.25%；进口价格降幅最小，为 0.36%（见表 3－14）。

表 3－14　　不同情景下中国物价水平变化情况　　单位：%

情景	GDP 平减指数	出口价格（不含税）	进口价格（含关税）	CPI	PPI
贸易战情景（美国对中国 2500 亿美元商品加征关税，中国对美国 1100 亿美元商品加征关税）	－0.83	－1.25	－0.36	－0.89	－0.96

注：相对于基准情景的变动幅度。

5. 贸易战对就业及资本回报率的影响程度较大

CGE 模型的测算结果显示，在贸易战情景下，因出口减少、国内总需求收缩，国内就业人数将减少 2.02%，失业率上升，资本回报将减少 3.19%（见表 3－15）。就业和资本回报率的变动趋势与 GDP 收入结构分析中劳动报酬和营业盈余的变化规律一致。失业率上升将对国内经济和社会稳定造成一定威胁，而资本回报率的下降将进一步导致投资萎缩，加剧经济下行压力。

表 3-15　不同情景下中国就业变化情况　单位：%

情景	就业	资本回报率
贸易战情景	-2.02	-3.19

6. 贸易战对国民经济各部门的影响存在差异

（1）非金融企业部门收入受贸易战的负向影响最大。贸易战会导致非金融企业总收入下降 3.22%，该降幅居四部门之首。

（2）住户部门收入面临劳动报酬和营业盈余的双重下滑。住户部门收入主要来源于住户劳动报酬和营业盈余，此外还有金融机构给住户支付的利息和非金融企业、政府对住户的转移支付。贸易战会导致住户部门总收入减少 12907 亿元，降幅为 2.70%，其中住户劳动报酬减少 8772 亿元，降幅为 2.46%，住户营业盈余减少 1476 亿元，降幅为 3.19%。

（3）金融机构收入下滑主要受各部门利息支付减少影响。金融机构的主要收入来自营业盈余及住户、非金融企业和政府部门支付的利息。贸易战会使金融机构收入减少 3150 亿元，降幅为 3.67%。其中，营业盈余下降 3.85%，非金融企业支付的利息下降 3.85%，住户支付的利息下降 2.70%。

（4）政府部门由于关税收入，受贸易战负向影响相对较小。政府部门收入包括间接税费、关税、政府营业盈余、住户缴纳的直接税费、非金融企业缴纳的直接税费、金融机构缴纳的直接税费、国外对政府部门的转移支付等。贸易战会使政府部门收入减少 1404 亿元，降幅为 0.76%。分项看，间接税费减少 451 亿元，降幅为 0.70%；来自住户部门、非金融企业、金融机构的税收与各部门收入同比例下降，分别减少 287 亿元、325 亿元、146 亿元。此外，由于我国进口贸易中来料加工贸易占比较高，美国加征关税也使得我国进口下滑，关税税收减少 128 亿元，降幅为 0.85%。

本章附录 1

宏观 SAM 表数据

附表 3－1　　**2015 年中国宏观 SAM 表**　　（单位：亿元人民币）

		1	2	3	4	5	6	7	8	9	10	11
		活动	商品	要素—劳动	要素—资本	住户部门	非金融企业	金融机构	政府部门	储蓄投资	国外部门	总计
1	活动		国内生产国内销售（PD×D）1926702								出口（PE×E）148448	总产出（PX×X）2075150
2	商品	中间投入（PQ×INT）1401192				住户消费（PQ×CD）265980			政府消费（PQ×GD）96286	资本形成（PQ×ID）304439		国内总需求（PQ×Q）2067898
3	要素—劳动	劳动报酬（W×LAB）355373									国外支付劳动报酬（WtoLAB）2059	劳动总收入（YL）357432
4	要素—资本	营业盈余（RK×CAP）254010										资本总收入（YK）254010
5	住户部门			住户劳动报酬（LABtoH）357076	住户营业盈余（k_h×YK）46224		非金融企业对住户的转移支付（EntoH）2025	金融机构给住户的利息（FntoH）22802	政府对住户转移支付（GtoH）50514			住户总收入（YH）478641

续表

		1	2	3	4	5	6	7	8	9	10	11
		活动	商品	要素—劳动	要素—资本	住户部门	非金融企业	金融机构	政府部门	储蓄投资	国外部门	总计
6	非金融企业				非金融企业营业盈余（k_e × YK）167514			金融机构给非金融企业的利息（FntoEn）20318			国外支付的红利（WtoEn）4285	非金融企业总收入（YE）192116
7	金融机构				金融机构营业盈余（k_f × YK）33016	住户支付的利息（HtoFn）10171	非金融企业支付的利息（EntoFn）27355		政府支付的利息（GtoFn）7749		国外支付的利息（WtoFn）7500	金融机构总收入（YF）85791
8	政府部门	间接税费（Indtax）64575	关税（Tariff）15094		政府营业盈余（k_g × YK）7257	住户直接税费（TOTHtax）45047	非金融企业直接税费（Entax）36294	金融机构直接税费（Fntax）17160			国外对政府转移支付（WtoG）33	政府总收入（YG）185459
9	储蓄投资					住户储蓄（SAV_h）156649	非金融企业储蓄（SAV_e）113178	金融机构储蓄（SAV_f）22662	政府储蓄（SAV_g）30900		国外储蓄（SAV_w）−18950	总储蓄（SAV）304439
10	国外部门		进口（PWM × ER × M）126102	给国外的劳动报酬（LABtoW）356		住户对国外支出（HtoW）794	非金融企业支付国外红利（EntoW）13264	金融机构支付国外部门（FntoW）2849	政府对国外转移支付（GtoW）10			国外部门总收入（YW）143375
11	总计	总投入 2075150	国内总供给 2067898	劳动总支出 357432	资本总支出 254010	住户总支出 478641	非金融企业总支出 192116	金融机构总支出 85791	政府总支出 185459	总投资（Invest）304439	国外总支出 143375	

本章附录 2

宏观 CGE 模型的变量和参数

附表 3-2　　宏观 CGE 模型的变量列表

序号	变量	含义	序号	变量	含义
1	WALRAS	模型平衡测试变量	35	EntoH	非金融企业对住户的转移支付
2	GDP	名义国内生产总值	36	FntoH	金融机构支付给住户的利息
3	RGDP	实际国内生产总值	37	GtoH	政府对住户的转移支付
4	Pindex	GDP 平减指数	38	HtoFn	住户部门向金融机构支付的利息
5	CPI	消费价格指数	39	TOTHtax	住户直接税费
6	W	劳动工资	40	HtoW	住户部门对国外的转移支付
7	LAB	劳动存量	41	FntoEn	金融机构支付给非金融企业利息
8	RK	资本价格	42	WtoEn	国外支付的红利
9	CAP	资本存量	43	EntoFn	非金融企业对金融机构利息支付
10	E	出口实物量	44	Entax	非金融企业直接税费
11	M	进口实物量	45	EntoW	非金融企业对国外的红利支付
12	PE	国内出口价格	46	GtoFn	政府对金融机构支付的利息
13	PWE	以外币计价的出口价格	47	WtoFn	国外对金融机构的利息支付
14	PM	国内进口价格	48	Fntax	金融机构直接税费
15	PWM	以外币计价的进口价格	49	FntoW	金融机构对外国的转移支付
16	PWSE	出口的国际市场平均价格	50	WtoG	国外对政府的转移支付
17	PWSM	进口的国际市场平均价格	51	GtoW	政府部门对国外的转移支付
18	ER	汇率	52	YL	劳动总收入
19	PX	生产者价格	53	YK	资本收入
20	PD	国内生产国内销售产品的价格	54	YH	住户部门总收入
21	PP	基本价格	55	YE	非金融企业收入
22	PQ	消费端价格	56	YF	金融机构总收入
23	X	国内总产出实物量	57	YG	政府部门总收入
24	D	国内生产国内销售产品实物量	58	YW	国外部门总收入
25	INT	中间投入实物量	59	SAV_h	住户部门储蓄
26	Indtax	间接税费	60	SAV_e	非金融企业储蓄
27	Q	国内总需求数量	61	SAV_f	金融机构储蓄
28	CD	住户消费数量	62	SAV_g	政府部门储蓄
29	GD	政府消费数量	63	SAV_w	国外部门储蓄
30	ID	资本形成数量	64	SAV	总储蓄
31	Tariff	关税	65	Invest	总投资
32	WtoLAB	来自国外的劳动报酬	66	Addtariff	美国加征关税额
33	LABtoH	住户部门劳动报酬	67	Addmtax	中国加征关税额
34	LABtoW	支付给国外的劳动报酬			

附表 3－3　　　　宏观 CGE 模型的变量列表

序号	参数	含义	参数值	序号	参数	含义	参数值
1	σ_{de}	出口方程的转换弹性	5	24	k_f	金融机构营业盈余份额	0.130
2	σ_{x}	生产方程的替代弹性	0.63	25	k_g	政府部门营业盈余份额	0.029
3	σ_{dm}	进口方程的替代弹性	3.5	26	mpc	住户消费与住户总支出之比	0.556
4	η_{ex}	出口价格弹性	2	27	h_f	住户支付的利息占比	0.021
5	η_{dm}	进口价格弹性	2	28	htax	住户部门直接税率	0.094
6	addtariffrate	美国对中国出口加征关税税率	0.25	29	h_w	住户对国外转移占比	0.002
7	addshare	加税出口占中国总出口比重	0.022	30	e_h	非金融企业对住户转移占比	0.011
8	addmtaxrate	我国加征关税税率	0.25	31	e_f	非金融企业利息支出与非金融企业总支出之比	0.142
9	maddshare	加税进口占中国总进口比重	0.027	32	etax	非金融企业部门直接税率	0.189
10	itax	间接税率	0.032	33	e_w	非金融企业对国外转移占比	0.069
11	acon_ex	出口价格弹性方程参数	148448	34	f_h	金融机构对住户转移的占比	0.266
12	acon_im	进口价格弹性方程参数	126102	35	f_e	金融机构对非金融企业转移的占比	0.237
13	a_dx	国内生产国内销售产品方程参数	1.122	36	ftax	金融机构直接税率	0.2
14	a_ex	出口方程参数	0.086	37	f_w	金融机构对国外转移的占比	0.033
15	tcap	资本/劳动方程的比例参数	0.236	38	gdt	政府消费支出占比	0.519
16	a_cap	资本的份额	0.37	39	g_h	政府对住户的转移占比	0.272
17	α_{int}	中间投入的份额	0.697	40	g_f	政府对金融机构转移占比	0.042
18	mtax	关税税率	0.12	41	g_w	政府对国外的转移占比	5.28E－05
19	a_d	国内生产国内销售产品方程参数	0.932	42	w_l	国外支付的劳动报酬占比	0.014
20	a_m	进口方程参数	0.091	43	w_e	国外对非金融企业转移占比	0.03
21	l_h	住户劳动报酬与劳动总支出之比	0.999	44	w_f	国外对金融机构转移占比	0.052
22	k_h	住户部门营业盈余份额	0.182	45	w_g	国外对政府的转移占比	2.31E－04
23	k_e	非金融企业营业盈余份额	0.659				

第四章
中国微观 CGE 模型的开发与应用

一、微观 CGE 模型的开发目的和意义

前一章我们构建宏观 CGE 模型，并以此评估中美贸易摩擦的宏观影响。由于宏观 CGE 模型假定仅有一种活动和一类商品，因此采用宏观 CGE 模型无法了解中美贸易摩擦对我国行业结构的影响。为掌握中美贸易摩擦对我国各行业的影响，本章在宏观 CGE 模型的基础上，进一步构建了微观 CGE 模型。

（一）模型介绍

所谓的微观 CGE 模型就是基于微观 SAM 表而构建的 CGE 模型。微观 SAM 表是指包括多种商品和多个生产活动的 SAM 表。在微观 SAM 表的编制中，一般以宏观 SAM 表为基础，对其商品和活动进行行业拆分。拆分的依据主要是投入产出表所列示的行业结构。

相比于宏观 CGE 模型，微观 CGE 模型的方程数量明显增加，增加的幅度与所拆分的行业数量有关。模型需要增加方程的部分主要涉及生产模块和对外贸易模块。此外，收入支出模块中的消费、投资、生产税等变量也需要相应增加方程。由于方程数量的大幅增加，需要外部指定的参数也明显增加。总体看，构建微观 CGE 模型的难度和工作量均高于宏观 CGE 模型。

（二）模型优势

微观 CGE 模型的分析优势主要体现在以下两个方面：

一是可以更加详细地考察外生冲击对我国不同细分行业的影响。行业区分得越细，所能获取有关行业结构影响的信息就越丰富。掌握行业结构的影响对于完善宏观经济政策、提供精准应对措施具有重要意义，同时也为制定产业政策提供较强的决策依据。

二是可以在消费部分引入线性支出系统假设，提高模型设置的科学性。线性支出系统（Linear Expenditure System，LES）指商品的消费支出额、消费者收入、商品自身价格及其他相关商品价格之间呈线性关系的一种函数。线性支出系统的优势在于，它描述了这样一种状态：当收入增长后，住户在服务和奢侈品上的花费占总收入的比例也会增长，而在食品和必需品上的支出份额会减少。如果不划分行业，就不能区分不同商品，这一假定也就不能引入。

本章剩余部分的结构安排如下：第二部分主要介绍微观 CGE 模型的构建过程，包括微观 CGE 模型的构建思路、微观 CGE 模型的主要特点、微观 SAM 表的编制及微观 CGE 模型的设定；第三部分基于前文构建的模型和数据，对中美贸易摩擦的行业结构影响进行模拟分析；附录部分包括本模型的微观 SAM 表，变量和参数，以及基于 GAMS 软件的运行程序。

二、微观 CGE 模型的构建

（一）微观 CGE 模型的构建思路

为了便于前后结果比较，在获取宏观影响的基础上掌握行业结构信息，本章以宏观 CGE 模型为基础，并参考鲍勤等（2010）的做法，构建微观 CGE 模型。在本模型中，模型的部门分类、主要参数的设置均与宏观 CGE 模型保持一致。此外，模块设置中的生产模块、收入支出模块、投资模块及宏观闭合模块构建思路也与宏观 CGE 模型保持一致，本章不再赘述。本模型与宏观 CGE 模型存在较大差异的模块主要集中在对外贸易模块，这里重点阐述对外贸易模块的构建思路。

在对外贸易模块中，本模型不仅对进出口按不同行业划分，在此基础上，还对每一个行业按国别划分。本模型将行业划分为 29 个，具体内容见本书的微观 SAM 表编制部分，将贸易国别划分为 4 类，分别是美国、日本、欧盟及世界其他地区。对此，本模型在对外贸易模块中采用两层嵌套的函数形式，如图 4－1 所示。国内销售产品由国内生产并在国内销售的产品与进口产品共同组成，其中进口产品来自美国、日本、欧盟及世界其他地区。类似地，国内产出的产品一方面销售给国内，另一方面出口至美国、日本、欧盟及世界其他地区。

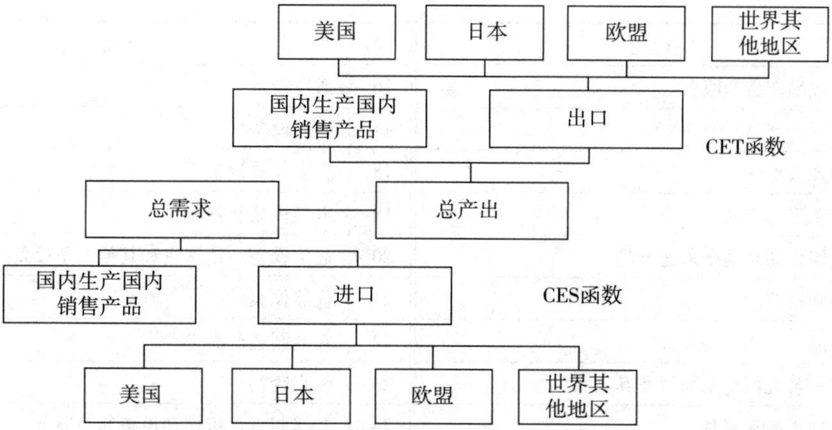

图 4-1　对外贸易模块示意

（二）微观 CGE 模型的主要特点

与国内其他机构所构建的模型相比，本章所构建的微观 CGE 模型具有两大特点：

一是在进口和出口部分既区分了行业也区分了国别。一方面，可以观察到中美贸易摩擦冲击对我国进出口的行业影响和国别影响，即在确认中美贸易摩擦对我国某行业的影响情况下，还可以比较进出口的国别影响大小；另一方面，中美贸易摩擦主要涉及中美两国之间，因此在区分国别的基础上，可以更加精准地设定外生冲击，从而更准确地评估中美贸易摩擦的影响。

二是前一章结果为本章提供了一个基准。本章所构建的微观 CGE 模型与前一章结果可以相互印证，确保所得结果的稳健性。

（三）微观 SAM 表的编制

编制微观 SAM 表的一般做法是在宏观 SAM 表的基础上，对相关项目进行拆分。下面首先介绍拆分思路，然后介绍拆分依据及过程。

1. 对宏观 SAM 表的拆分思路

本章主要从两个维度对原有宏观 SAM 表进行扩展拆分：一是行业维度。将活动账户和商品账户均细分为 29 个行业，即将全国 42 部门投入产出表中 42 个行业归并为 29 个行业，归并思路为投入产出表的前 28 个行业保持不变，后 14 个服务业行业合并为 1 个行业——服务业，行业名称见表 4-1。之所以将 14 个服务业行业合并为一个行业，原因在于将 14 个服务业行业的进出口按国别拆分存在困难，而通过合并为一个行业就可以采用倒减方式得出该合并行业的分国别数据。

表 4 - 1　　29 个行业类别

序号	行业	序号	行业
1	农林牧渔产品和服务	16	通用设备
2	煤炭采选产品	17	专用设备
3	石油和天然气开采产品	18	交通运输设备
4	金属矿采选产品	19	电气机械和器材
5	非金属矿和其他矿采选产品	20	通信设备、计算机和其他电子设备
6	食品和烟草	21	仪器仪表
7	纺织品	22	其他制造产品
8	纺织服装鞋帽皮革羽绒及其制品	23	废品废料
9	木材加工品和家具	24	金属制品、机械和设备修理服务
10	造纸印刷和文教体育用品	25	电力、热力的生产和供应
11	石油、炼焦产品和核燃料加工品	26	燃气生产和供应
12	化学产品	27	水的生产和供应
13	非金属矿物制品	28	建筑
14	金属冶炼和压延加工品	29	服务业
15	金属制品		

二是国家维度。将国外部门细分为四类，分别是美国、日本、欧盟、世界其他地区。表 4 - 2 列示了宏观 SAM 表中需要拆分的项目，采用不同颜色进行了标注，其中标注浅灰色部分项目涉及“行业”拆分，标注深灰色部分项目涉及“国别”拆分，而既标注浅灰色又标注深灰色的项目需要同时进行行业拆分和国别拆分，没有标注颜色的不需要拆分。

表 4 - 2　　宏观 SAM 表的拆分项目（阴影部分）

		活动	商品	要素—劳动	要素—资本	住户部门	非金融企业	金融机构	政府部门	储蓄投资	国外部门	总计
1	活动		国内生产国内销售								出口	总产出
2	商品	中间投入				住户消费			政府消费	资本形成		国内总需求
3	要素—劳动	劳动报酬									国外支付劳动报酬	劳动总收入
4	要素—资本	营业盈余										资本总收入

续表

		活动	商品	要素—劳动	要素—资本	住户部门	非金融企业	金融机构	政府部门	储蓄投资	国外部门	总计
5	住户部门			住户劳动报酬	住户营业盈余		非金融企业对住户的转移支付	金融机构给住户的利息	政府对住户转移支付			住户总收入
6	非金融企业				非金融企业营业盈余			金融机构给非金融企业利息			国外支付的红利	非金融企业总收入
7	金融机构				金融机构营业盈余	住户支付的利息	非金融企业支付的利息		政府支付的利息		国外支付的利息	金融机构总收入
8	政府部门	间接税费	关税		政府营业盈余	住户直接税费	非金融企业直接税费	金融机构直接税费			国外对政府转移支付	政府总收入
9	储蓄投资					住户储蓄	非金融企业储蓄	金融机构储蓄	政府储蓄		国外储蓄	总储蓄
10	国外部门		进口	给国外的劳动报酬		住户对国外支出	非金融企业支付国外红利	金融机构支付国外部门	政府对国外转移支付			国外部门总收入
11	总计	总投入	国内总供给	劳动总支出	资本总支出	住户总支出	非金融企业总支出	金融机构总支出	政府总支出	总投资	国外总支出	

2. 对宏观 SAM 表的拆分依据及过程

表 4-3 列示了每个需要拆分项目的拆分类型，合计为 21 个项目。下面对表 4-3 中所列示的 21 个项目逐项介绍拆分过程。

表 4-3　　需要进行拆分的项目　　单位：亿元

序号	项目含义	宏观 SAM 值	拆分类型	矩阵类型
1	国内生产国内销售产品	1926702	按行业拆分	29×29 矩阵
2	中间投入	1401192	按行业拆分	29×29 矩阵
3	住户消费	265980	按行业拆分	29×1 矩阵
4	政府消费	96286	按行业拆分	29×1 矩阵
5	资本形成总额	304439	按行业拆分	29×1 矩阵
6	劳动者报酬	355373	按行业拆分	1×29 矩阵

续表

序号	项目含义	宏观 SAM 值	拆分类型	矩阵类型
7	营业盈余	254010	按行业拆分	1×29 矩阵
8	生产税净额（剔除关税）	64575	按行业拆分	1×29 矩阵
9	关税	15094	按行业拆分	1×29 矩阵
10	支付给国外的劳动报酬	356	按国别拆分	4×1 矩阵
11	住户对国外的转移支付	794	按国别拆分	4×1 矩阵
12	非金融企业对国外的红利支付	13264	按国别拆分	4×1 矩阵
13	金融机构对国外的利息支付	2849	按国别拆分	4×1 矩阵
14	政府对国外的转移支付	10	按国别拆分	4×1 矩阵
15	国外支付的劳动报酬	2059	按国别拆分	1×4 矩阵
16	国外支付给非金融企业的红利	4285	按国别拆分	1×4 矩阵
17	国外支付给金融机构的利息	7500	按国别拆分	1×4 矩阵
18	国外对政府的转移支付	33	按国别拆分	1×4 矩阵
19	国外部门储蓄	-18950	按国别拆分	1×4 矩阵
20	出口	148448	按行业和国别拆分	29×4 矩阵
21	进口	126102	按行业和国别拆分	29×4 矩阵

（1）国内生产国内销售产品。国内生产国内销售产品在宏观 SAM 表中值为 1926702 亿元，需要将其拆分成 29×29 矩阵。

假定：一个产业活动只生产一种商品，同时，一种商品仅由一个产业活动生产，因此，国内生产国内销售产品是一个 29×29 的对角矩阵，即矩阵的对角线上 29 个元素有数，其余为 0。

计算公式：对角线的国内生产国内销售产品 = 各行业的国内总产出 - 各行业的出口。各行业的国内总产出和出口拆分结果见附表 4-3。

（2）中间投入。中间投入在宏观 SAM 表中值为 1401192 亿元，需要将其拆分成 29×29 矩阵。《2015 年 42 部门投入产出表》提供了现成的中间投入矩阵，仅需将 14 个服务业行业合并为一个行业——服务业。

（3）住户消费。住户消费在宏观 SAM 表中值为 265980 亿元，需要将其拆分成 29×1 矩阵。《2015 年 42 部门投入产出表》提供了现成的住户消费矩阵，仅需将 14 个服务业行业合并为一个行业——服务业。

（4）政府消费。政府消费在宏观 SAM 表中值为 96286 亿元，需要将其拆分成 29×1 矩阵。由于《2015 年 42 部门投入产出表》提供的政府消费总和为 97053 亿元，对该政府消费矩阵按 96286/97053 比例进行折算，折算后将 14 个服务业行业合并为一个行业——服务业。

（5）资本形成总额。资本形成总额在宏观 SAM 表中值为 304439 亿元，需要将其拆分成 29×1 矩阵。由于《2015 年 42 部门投入产出表》提供的资本形成总额矩阵总和为 303272 亿元，对该资本形成总额矩阵按 304439/303272 比例进行折算，折算后将 14 个服务业行业合并为一个行业——服务业。

（6）劳动者报酬。劳动者报酬在宏观 SAM 表中值为 355373 亿元，需要将其拆分成 1×29 矩阵。由于《2015 年 42 部门投入产出表》提供的劳动者报酬矩阵总和为 354110 亿元，对该劳动者报酬矩阵按 355373/354110 比例进行折算，折算后将 14 个服务业行业合并为一个行业——服务业。

（7）营业盈余。营业盈余在宏观 SAM 表中值为 254010 亿元，需要将其拆分成 1×29 矩阵。由于《2015 年 42 部门投入产出表》提供的"营业盈余（该矩阵未包括折旧）"和"固定资产折旧"两个矩阵总和为 243869 亿元，先对该两个矩阵进行加总，然后按 254010/243869 比例进行折算，折算后将 14 个服务业行业合并为一个行业——服务业。

（8）间接税费。间接税费在宏观 SAM 表中值为 64575 亿元，需要将其拆分成 1×29 矩阵。间接税费 = 生产税净额 - 关税，获得间接税费的 1×29 矩阵，要先获得生产税净额的 1×29 矩阵和关税的 1×29 矩阵。首先，在宏观 SAM 表中计算的生产税净额值为 79669 亿元（间接税费 64575 亿元 + 关税 15094 亿元），而在《2015 年 42 部门投入产出表》提供的"生产税净额"（包括了关税）为 82275 亿元，因此对《2015 年 42 部门投入产出表》提供的"生产税净额"矩阵，按 79669/82275 的比例进行折算。其次，将含关税的生产税净额矩阵 - 关税矩阵 = 间接税费矩阵。

（9）关税。关税在宏观 SAM 表中值为 15094 亿元，需要将其拆分成 1×29 矩阵。由于目前缺少关税分行业的统计资料，需要采用相关方法进行拆分，关税拆分是整个微观 SAM 表编制工作中的难点。我们采取的估算思路是各行业关税税额 = 各行业关税税率 × 各行业进口额。

估算资料：各行业关税税率，来源于"海关进出口税则"网公布的 HS 编码 10 位码的产品进口税税率，采用简单算术平均转换为 HS 编码 6 位码关税税率；各行业进口额，来源于联合国"UN Comtrade"数据库公布的中国 2015 年 HS 编码 6 位码的产品全部进口量。

估算过程，共分为五个步骤：

第一步，将 HS 编码 6 位码关税税率乘以进口量得到 HS 编码 6 位码的关税税额。

第二步，根据国家统计局公布的"HS 编码与投入产出表行业对照表"，将 HS 编码6位码的关税税额转换为42部门的投入产出表行业，并将14个服务业行业合并为一个行业——服务业，变成29个行业的关税税额。

第三步，计算29个行业的平均关税税率，各行业关税税率 = 第二步计算的关税额/HS编码计算的进口额（该进口额与SAM表中的进口并不相同）。不直接运用第二步中的29个行业关税税额的原因：一是第二步计算的29个行业关税加总额与宏观SAM表中值（15094亿元）差异很大；二是第二步的29个行业关税税额是依据HS编码计算的进口额而计算，该进口额与SAM表中的进口也有很大差异，如果直接将第二步的29个行业关税税额与SAM表的进口进行匹配，很可能会导致部分行业的关税税率出现较大异常。

第四步，计算29个行业的关税税额，各行业关税税额 = 第三步税率 × SAM中的29个分行业最终进口。

第五步，注意，第四步计算的关税税额加总额仍然不等于15094亿元。为了确保一致，按“15094/第四步中计算的关税加总额”进行折算，得到最终的分行业关税总额。

（10）支付给国外的劳动报酬。支付给国外的劳动报酬在宏观SAM表中值为356亿元，需要将其拆分成分国别的4 × 1矩阵。统计资料没有公布分国别的支付国外劳动报酬，需进行估算。

估算资料：“2015年入境游人数:服务员工:累计值”，该指标来源于Wind。

估算过程：假定支付给某国的劳动报酬，与该国来华务工人数成正比，因此可以根据各国来华务工人数比例对支付给国外的劳动报酬（356亿元）进行按国别拆分，见表4－4。

表4－4　　支付给国外的劳动报酬

	2015年入境游人数:服务员工:累计值（万人）	比例（%）	支付给国外的劳动报酬（亿元）
合计	350	100.0	356
美国	14	4.1	14
日本	12	3.3	12
欧盟	63	18.0	64
世界其他地区	261	74.6	266

（11）住户对国外的转移支付。住户对国外的转移支付在宏观SAM表中值为794亿元，需要将其拆分成分国别的4 × 1矩阵。统计资料没有公布分国别的住户对国外的转移支付，需进行估算。

估算资料：《中国贸易外经统计年鉴 2016》公布的分国别进出口总额。

估算过程：由于没有合适的相关资料同时考虑到该值较小，我们采用各国与中国的进出口贸易总额比例来拆分住户对国外的转移支付，见表 4－5。

表 4－5　　住户对国外的转移支付

	2015 年出口（亿元）	2015 年进口（亿元）	2015 年进出口总额（亿元）	比例（%）	住户对国外的转移支付（亿元）
合计	141255	104485	245740	100.0	794
美国	25425	9238	34663	14.1	112
日本	8424	8881	17306	7.0	56
欧盟	22096	12985	35081	14.3	113
世界其他地区	85309	73381	158690	64.6	513

（12）非金融企业对国外的红利支付。非金融企业对国外的红利支付在宏观 SAM 表中值为 13264 亿元，需要将其拆分成分国别的 4×1 矩阵。

估算资料：《中国贸易外经统计年鉴 2016》公布的分国别实际利用的外商直接投资。

估算过程：假定非金融企业对国外的红利支付与外商直接投资成比例，见表 4－6。

表 4－6　　非金融企业对国外的红利支付

	外商直接投资（亿美元）	比例（%）	非金融企业对国外的红利（亿元）
合计	1263	100.0	13264
美国	21	1.7	219
日本	32	2.5	336
欧盟	205	16.2	2153
世界其他地区	1005	79.6	10556

（13）金融机构对国外的利息支付。金融机构对国外的利息支付在宏观 SAM 表中值为 2849 亿元，需要将其拆分成分国别的 4×1 矩阵。

估算资料：国家外汇管理局公布的 2015 年末中国对外证券投资资产余额。

估算过程：由于缺乏国外对我国的证券投资资产余额等统计资料，因此假定“金融机构对国外的利息支付”和“国外对金融机构的利息支付”具有对等性，比例相似，见表 4－7。

表 4 - 7　　金融机构对国外的利息支付

	2015 年末中国对外证券投资资产（亿元）	比例（%）	金融机构对国外的利息支付（亿元）
合计	2808	100.0	2849
美国	1111	39.6	1128
日本	107	3.8	108
欧盟	504	18.0	512
世界其他地区	1086	38.7	1101

（14）政府对国外的转移支付。政府对国外的转移支付在宏观 SAM 表中值为 10 亿元，需要将其拆分成分国别的 4 × 1 矩阵。统计资料没有公布分国别的政府对国外的转移支付，需进行估算。

估算资料：《中国贸易外经统计年鉴 2016》公布的分国别进出口总额。

估算过程：由于没有合适的相关资料，同时考虑到该值较小，我们采用各国与中国的进出口贸易总额比例来拆分政府对国外的转移支付，见表 4 - 8。

表 4 - 8　　政府对国外的转移支付

	2015 年出口（亿元）	2015 年进口（亿元）	2015 年进出口总额（亿元）	比例（%）	政府对国外的转移支付（亿元）
合计	141255	104485	245740	100.0	10
美国	25425	9238	34663	14.1	1
日本	8424	8881	17306	7.0	1
欧盟	22096	12985	35081	14.3	1
世界其他地区	85309	73381	158690	64.6	6

（15）国外支付的劳动报酬。国外支付的劳动报酬在宏观 SAM 表中值为 2059 亿元，需要将其拆分成分国别的 4 × 1 矩阵。统计资料没有公布分国别的国外支付的劳动报酬，需进行估算。

估算资料：《中国贸易外经统计年鉴 2016》公布的“分国别（地区）年末在境外从事劳务合作人员”。

估算过程：假定国外支付的劳动报酬与我国在该国的务工人数成正比，见表 4 - 9。

表 4－9　　国外支付的劳动报酬

	2015 年末在境外从事劳务合作人员（人）	比例（%）	国外支付的劳动报酬（亿元）
合计	618295	100.0	2059
美国	1215	0.2	4
日本	154353	25.0	514
欧盟	20970	3.4	70
世界其他地区	441757	71.4	1471

（16）国外支付给非金融企业的红利。国外支付给非金融企业的红利在宏观 SAM 表中值为 4285 亿元，需要将其拆分成分国别的 4×1 矩阵。

估算资料：《2015 年度中国对外直接投资统计公报》公布的“分国别（地区）对外直接投资存量”。

估算过程：假定国外支付给非金融企业的红利与对外直接投资存量成比例，见表 4－10。

表 4－10　　国外支付给非金融企业的红利

	2015 年对外直接投资存量（万美元）	比例（%）	非金融企业对国外的红利支付（亿元）
合计	109786000	100.0	4285
美国	4080195	3.7	159
日本	303820	0.3	12
欧盟	6446000	5.9	252
世界其他地区	98955985	90.1	3862

（17）国外支付给金融机构的利息。国外支付给金融机构的利息在宏观 SAM 表中值为 7500 亿元，需要将其拆分成分国别的 4×1 矩阵。

估算资料：国家外汇管理局公布的 2015 年末中国对外证券投资资产余额。

估算过程：假定“国外支付给金融机构的利息”与“中国对外证券投资资产余额”成比例，见表 4－11。

表 4－11　　国外支付给金融机构的利息

	2015 年末中国对外证券投资资产（亿元）	比例（%）	国外支付给金融机构的利息（亿元）
合计	2808	100.0	7500
美国	1111	39.6	2968
日本	107	3.8	286
欧盟	504	18.0	1347
世界其他地区	1086	38.7	2899

（18）国外对政府的转移支付。国外对政府的转移支付在宏观 SAM 表中值为 33 亿元，需要将其拆分成分国别的 4×1 矩阵。统计资料没有公布分国别的国外对政府的转移支付，需进行估算。

估算资料：《中国贸易外经统计年鉴 2016》公布的，分国别进出口总额。

估算过程：由于没有合适的相关资料，同时考虑到该值较小，我们采用各国与中国的进出口贸易总额比例来拆分国外对政府的转移支付，见表 4－12。

表 4－12　国外对政府的转移支付

	2015 年出口（亿元）	2015 年进口（亿元）	2015 年进出口总额（亿元）	比例（%）	国外对政府的转移支付（亿元）
合计	141255	104485	245740	100.0	33
美国	25425	9238	34663	14.1	5
日本	8424	8881	17306	7.0	2
欧盟	22096	12985	35081	14.3	5
世界其他地区	85309	73381	158690	64.6	21

（19）国外部门储蓄。国外部门储蓄为列余项，见表 4－13。

表 4－13　国外部门储蓄　单位：亿元

	合计	美国	日本	欧盟	世界其他地区
国外部门储蓄	－18950	－17232	1564	－6380	3097

（20）出口。出口在宏观 SAM 表中值为 148448 亿元，需要将其拆分成 29×4 矩阵，即 29 个行业×4 个国别。《2015 年 42 部门投入产出表》公布了分行业的出口，但目前统计资料没有公布分行业分国别的出口，因此需要对每一个行业的出口拆分国别，也即要估算每一个行业出口的对各国分配比例，见表 4－14。

表 4－14　中国 2015 年分行业分国别出口　单位：亿元

		美国（USA）	日本（JAP）	欧盟（EUR）	世界其他地区（OTW）	合计
农林牧渔产品和服务	ACT01	34	86	111	684	915
煤炭采选产品	ACT02	0	9	2	16	27
石油和天然气开采产品	ACT03	2	31	0	103	137
金属矿采选产品	ACT04	5	8	14	13	40
非金属矿和其他矿采选产品	ACT05	12	19	17	77	126
食品和烟草	ACT06	351	458	288	1744	2841
纺织品	ACT07	608	217	507	4281	5613
纺织服装鞋帽皮革羽绒及其制品	ACT08	2487	948	2282	5495	11211

续表

		美国（USA）	日本（JAP）	欧盟（EUR）	世界其他地区（OTW）	合计
木材加工品和家具	ACT09	1130	240	680	1714	3764
造纸印刷和文教体育用品	ACT10	1332	198	1069	2329	4927
石油、炼焦产品和核燃料加工品	ACT11	31	22	13	680	746
化学产品	ACT12	1658	642	1669	6730	10698
非金属矿物制品	ACT13	505	133	337	2359	3334
金属冶炼和压延加工品	ACT14	260	141	509	4152	5061
金属制品	ACT15	886	259	797	2850	4792
通用设备	ACT16	1403	443	1381	3975	7202
专用设备	ACT17	585	265	673	2345	3868
交通运输设备	ACT18	882	263	501	4104	5749
电气机械和器材	ACT19	2616	843	2459	6723	12641
通信设备、计算机和其他电子设备	ACT20	5932	1591	6260	17385	31168
仪器仪表	ACT21	223	117	246	1363	1949
其他制造产品	ACT22	96	29	149	263	537
废品废料	ACT23	5	8	18	48	79
金属制品、机械和设备修理服务	ACT24	0	0	0	0	0
电力、热力的生产和供应	ACT25	0	0	0	88	88
燃气生产和供应	ACT26	0	0	0	0	0
水的生产和供应	ACT27	0	0	0	0	0
建筑	ACT28	18	3	59	957	1037
服务业	ACT29	5659	1883	3181	19175	29897
合计		26720	8853	23222	89653	148448

估算资料：一是联合国“UN Comtrade”数据库公布的中国2015年HS编码6位码的出口全球、出口美国、出口日本、出口欧盟四部分数据；二是HS编码与投入产出表行业对照表。

估算过程，主要分为三个步骤：

第一步，根据“HS编码与投入产出表行业对照表”，将HS编码6位码的出口全球、出口美国、出口日本、出口欧盟四部分数据转换为投入产出表行业的出口全球、出口美国、出口日本、出口欧盟的数据。

第二步，计算各行业的出口美国、出口日本、出口欧盟、出口世界其他地区（利用出口全球-出口美国日本欧盟）之间的占比。将该比例来拆分《2015年42部门投入产出表》公布了分行业的出口，即得到分国别分行业的出口。

第三步，估算建筑业和服务业分国别的出口。上述 HS 编码的出口资料中没有涉及建筑业出口和服务业出口，这两个行业分国别的出口需要进一步估计。对于建筑业分国别的出口，我们通过拆分“分国别中国 2015 年对外承包工程完成营业额”获得；对于服务业分国别的出口，我们采取倒减方式获得，即“服务业出口 = 总出口 - 除服务业以外的各行业出口之和”。

（21）进口。中国 2015 年分行业分国别进口，见表 4 - 15。

表 4 - 15　　中国 2015 年分行业分国别进口　　单位：亿元

		美国（USA）	日本（JAP）	欧盟（EUR）	世界其他地区（OTW）	合计
农林牧渔产品和服务	COM01	1269	12	179	3800	5261
煤炭采选产品	COM02	1	0	1	774	776
石油和天然气开采产品	COM03	1	0	60	8641	8703
金属矿采选产品	COM04	105	2	64	5821	5993
非金属矿和其他矿采选产品	COM05	13	13	30	278	334
食品和烟草	COM06	531	51	806	3111	4499
纺织品	COM07	32	189	90	820	1130
纺织服装鞋帽皮革羽绒及其制品	COM08	166	16	325	1293	1800
木材加工品和家具	COM09	108	11	128	626	873
造纸印刷和文教体育用品	COM10	185	84	183	1591	2043
石油、炼焦产品和核燃料加工品	COM11	152	39	30	1836	2057
化学产品	COM12	1326	1624	1621	7618	12189
非金属矿物制品	COM13	80	161	78	569	888
金属冶炼和压延加工品	COM14	449	601	941	6786	8777
金属制品	COM15	92	141	202	414	850
通用设备	COM16	487	871	1400	1649	4406
专用设备	COM17	621	822	966	1308	3717
交通运输设备	COM18	2058	971	2910	1023	6962
电气机械和器材	COM19	304	770	878	2295	4247
通信设备、计算机和其他电子设备	COM20	1022	1837	475	22800	26134
仪器仪表	COM21	249	469	265	2154	3137
其他制造产品	COM22	0	1	17	19	38
废品废料	COM23	344	175	298	599	1416
金属制品、机械和设备修理服务	COM24	0	0	0	0	0
电力、热力的生产和供应	COM25	0	0	0	22	22
燃气生产和供应	COM26	0	0	0	0	0
水的生产和供应	COM27	0	0	0	0	0
建筑	COM28	11	2	36	590	640
服务业	COM29	1542	1858	3687	12127	19213
合计		11150	10719	15671	88562	126102

进口在宏观 SAM 表中值为 126102 亿元，需要将其拆分成 4 × 29 矩阵。由于《2015 年 42 部门投入产出表》公布了分行业的进口总额为 125153 亿元，与宏观 SAM 表中的值不一致，首先按 126102/125153 折算该分行业进口数值，得到新的分行业进口数据。

但目前统计资料没有公布分行业的分国别的进口，因此需要对每一个行业的进口拆分国别，也即要估算每一个行业进口的对各国分配比例。估算思路和过程与出口部分类似，不再赘述。

3. 微观 SAM 表的平衡

由于来源于不同资料，造成微观 SAM 表的行列不平衡，为此，我们采用手动平衡法进行平衡，主要有三个步骤：首先，令国内总供给 = 国内总需求，将国内销售国内生产产品作为平衡项；其次，上一步骤可以得到总产出，令总投入 = 总产出，将生产税净额作为平衡项；最后，将国外部门储蓄作为平衡项。

至此，微观 SAM 表编制工作完成，结果见附表 4 - 3。

（四）微观 CGE 模型的设定

本模型共包括 73 类（每一类方程包括多个方程，共 2331 个）方程、77 类（共 2396 个）变量，宏观闭合时固定其中的 6 类（共 65 个）为外生变量。其中 29 个产业活动用 a 表示；29 种商品用 c 表示；4 个国别用 co 表示，即 country。利用附表 4 - 3的行列来列方程，行列顺序与微观 SAM 表相对应。

1. 微观 SAM 表第 1 ~ 29 行：总产出

方程（1）：$PDX(a) \cdot DX(a) + PE(a) \cdot E(a) = PX(a) \cdot X(a)$

其中：$PDX(a)$ 为第 a 个产业活动的国内生产国内销售产品的价格。在基于宏观 SAM 表 CGE 模型中，该记号为 PD，现在将其定义为 $PDX(a)$，是因为与后文的 $PD(c)$ 相区别。$DX(a)$ 为第 a 个产业活动的国内生产国内销售产品实物量。在基于宏观 SAM 表 CGE 模型中，该记号为 D，现在将其定义为 $DX(a)$，是因为需要与后面的 $D(c)$ 相区别。$PE(a)$ 为第 a 个产业活动的国内出口价格。$E(a)$ 为第 a 个产业活动的出口实物量。$PX(a)$ 为第 a 个产业活动的生产者价格。$X(a)$ 为第 a 个产业活动的国内总产出实物量。

方程（2）：$PX(a) = PP(a) \cdot (1 + itax(a))$

方程（3）：$PEE(a,nusa) \cdot EE(a,nusa) = PWE(a,nusa) \cdot ER \cdot EE(a,nusa)$

$nusa$ 是指非美国，即包括日本、欧盟、世界其他地区，此处将美国单列出来，主要是为了后面模拟中美贸易摩擦。

其中：$PEE(a,nusa)$ 为出口价格，即第 a 个产业活动生产的向第 $nusa$ 个国家的出口产品的价格；$PWE(a,nusa)$ 为以外币计价的出口价格。

方程（4）：$PEE(a,usa) \cdot EE(a,usa) = PWE(a,usa) \cdot ER \cdot EE(a,usa) - Addtariff(a,usa)$

其中：$EE(a,usa)$ 为第 a 个产业活动生产的向美国出口的实物量。

方程（5）：美国对中国出口加征的关税总额 $Addtariff$

$$Addtariff(a,usa) = PEE(a,usa) \cdot EE(a,usa) \cdot \begin{pmatrix} addtariffrate1 \cdot addshare1(a,usa) \\ + addtariffrate2 \cdot addshare2(a,usa) \\ + addtariffrate3 \cdot addshare3(a,usa) \end{pmatrix}$$

其中：$addtariffrate1 = 25\%$，表示美国对中国出口500亿美元商品加征的关税税率。$addshare1(a,usa)$，表示出口美国的500亿美元商品占2017年中国全部出口的比例。此处用2017年的数据主要是2018年中美贸易摩擦中的征税基础为2017年的贸易情况，下同。$addtariffrate2 = 25\%$，表示美国对中国出口2000亿美元商品加征的关税税率。$addshare2(a,usa)$，表示出口美国的2000亿美元商品占2017年中国全部出口的比例。$addtariffrate3 = 25\%$，表示美国对中国剩余出口1798亿美元商品加征的关税税率（2017年中国对美国的出口总额为4298亿美元）。$addshare3(a,usa)$，表示出口美国的1798亿美元商品占2017年中国全部出口的比例。

方程（6）：$EE(a,co) = acon\_ex(a,co) \cdot [PWSE/PWE(a,co)]^{\eta_{ex}(a,co)}$，外国对我国出口的需求方程。

其中：$PWSE$ 为出口的国际市场平均价格；$acon\_ex(a,co)$ 为系数，其值为出口实物量 EE_0；$\eta_{ex}(a,co)$ 为出口量对国外进口价格的弹性，取值2。

方程（7）：$DX(a) = a\_dx(a) \cdot [PDX(a)/PX(a)]^{\sigma_{ex}(a)} \cdot X(a)$

方程（8）：$E(a) = a\_ex(a) \cdot [PE(a)/PX(a)]^{\sigma_{ex}(a)} \cdot X(a)$

出口国别之间问题，假设基于CET函数。

方程（7）和方程（8）为优化结果，优化过程见专栏4－1。

专栏4-1

基于CET函数的国内生产国内销售与出口产品之间的优化

给定总产出（X），企业如何分配国内销售（DX）和出口（E）以实现收入最大化？假设出口品和国内销售的产品之间的关系由CET函数刻画，最优化问题表示如下：

$$\max: DX \cdot PDX + E \cdot PE$$

$$\text{s.t. } X = B_{ex} \cdot [\beta_{ex} \cdot DX^{\tau} + (1 - \beta_{ex}) \cdot E^{\tau}]^{1/\tau}$$

上述最优化问题的一阶条件为：

$$PDX/PE = \alpha_{ex}/(1 - \alpha_{ex}) \cdot (E/DX)^{1-\tau}$$

结合方程：$PDX \cdot DX + PE \cdot E = PX \cdot X$，就可以求解出正文所列方程（7）和方程（8），其中，$\sigma_{ex} = 1/(\tau - 1)$。

方程（9）：$PE(a) \cdot E(a) = \sum PEE(a,co) \cdot EE(a,co)$

方程（10）：$EE(a,co) = a\_ee(a,co) \cdot [PEE(a,co)/PE(a)]^{\sigma_{co}(a)} \cdot E(a)$

方程（10）为优化结果，优化过程见专栏 4－2。

专栏4-2

基于 CET 函数的出口国别之间优化问题

给定总出口量 $E(a)$，企业如何在各国之间分配出口量 $EE(a,co)$ 以实现收入最大化？假设各国出口产品之间关系由 CET 函数刻画，最优化问题表示如下：

$$\max: \sum_{co} PEE(a,co) \cdot EE(a,co)$$

$$\text{s.t. } E(a) = AB_{ex} \cdot [\sum_{co} \beta(a,co) \cdot EE(a,co)^{\tau_{co}}]^{1/\tau_{co}}$$

结合方程：$PE(a) \cdot E(a) = \sum_{co} PEE(a,co) \cdot EE(a,co)$，就可以求解出正文所列方程（10），其中，$\sigma_{co} = 1/(\tau_{co} - 1)$。

2. 微观 SAM 表第 1～29 列：总投入

方程（11）：

$$PX(a) \cdot X(a) = \sum_{c} PQ(c) \cdot INT(c,a) + W(a) \cdot LAB(a) + RK(a) \cdot CAP(a) + Indtax(a)$$

也可以改写为

$$PP(a) \cdot X(a) = \sum_{c} PQ(c) \cdot INT(c,a) + W(a) \cdot LAB(a) + RK(a) \cdot CAP(a)$$

方程（12）：$Indtax(a) = itax(a) \cdot PP(a) \cdot X(a)$

方程（13）: $CAP(a) = a\_cap(a) \cdot [PP(a)/RK(a)]^{\sigma_s(a)} \cdot X(a)$

方程（14）: $LAB(a) = a\_lab(a) \cdot [PP(a)/W(a)]^{\sigma_s(a)} \cdot X(a)$

方程（15）: $INT(c,a) = \alpha_{int}(c,a) \cdot X(a)$

方程（13）~方程（15）为优化结果，优化思路参见专栏3－3。

3. 微观SAM表第30～58行：国内总需求

方程（16）: $\sum PQ(c) \cdot INT(c,a) + PQ(c) \cdot [CD(c) + GD(c) + ID(c)] = PQ(c) \cdot Q(c)$

4. 微观SAM表第30～58列：国内总供给

（1）第一层嵌套：进口商品和国内生产的商品

方程（17）: $PQ(c) \cdot Q(c) = PD(c) \cdot D(c) + PM(c) \cdot M(c)$

方程（18）: $D(c) = a\_d(c) \cdot [PQ(c)/PD(c)]^{\sigma_{im}(c)} \cdot Q(c)$

方程（19）: $M(c) = a\_m(c) \cdot [PQ(c)/PM(c)]^{\sigma_{im}(c)} \cdot Q(c)$

方程（18）、方程（19）为优化结果，优化思路参见专栏3－4。

方程（20）将$D(c)$与$DX(a)$联系起来，方程（21）将$PD(c)$与$PDX(a)$联系起来。

方程（20）: $D(c) = \sum ident(a,c) \cdot DX(a)$

方程（21）: $PD(c) = \sum ident(a,c) \cdot PDX(a)$

（2）第二层嵌套：各国别之间

方程（22）: $PM(c) \cdot M(c) = \sum MM(co,c) \cdot PMM(co,c)$

方程（23）: $MM(co,c) = a\_mm(co,c) \cdot [PM(c)/PMM(co,c)]^{\sigma_{co\_im}(c)} \cdot M(c)$

专栏4-3

基于CES函数的进口国别之间优化问题

给定总出口量$M(c)$，企业如何在各国之间分配出口量$MM(co,c)$以实现成本最小化？假设各国进口产品之间关系由CES函数刻画，最优化问题表示如下：

$$\max: \sum_{co} MM(co,c) \cdot PMM(co,c)$$

$$\text{s. t. } M(c) = AM_{im} \cdot [\sum_{co} \varphi(co,c) \cdot MM(co,c)^{\rho_{co}}]^{1/\rho_{co}}$$

结合方程: $PM(c) \cdot M(c) = \sum_{co} MM(co,c) \cdot PMM(co,c)$，就可以求解出方程（23），其中，$\sigma_{co\_im} = 1/(\rho_{co} - 1)$。

方程（24）：$PMM(nusa,c) = PWM(nusa,c) \cdot (1 + mtax(c)) \cdot ER$

方程（25）：$PMM(usa,c) \cdot MM(usa,c) = PWM(usa,c) \cdot (1 + mtax(c)) \cdot ER \cdot MM(usa,c) + Addmtax(usa,c)$

方程（26）：中国对进口美国产品加征的关税总额 $Addmtax$

$$Addmtax(usa,c) = PWM(usa,c) \cdot ER \cdot MM(usa,c) \cdot \begin{pmatrix} addmtaxrate1 \cdot maddshare1(usa,c) \\ + addmtaxrate2 \cdot maddshare2(usa,c) \\ + addmtaxrate3 \cdot maddshare3(usa,c) \end{pmatrix}$$

方程（27）：$Tariff(c) = \sum mtax(c) \cdot PWM(co,c) \cdot ER \cdot MM(co,c) + Addmtax(usa,c)$

方程（28）：$MM(co,c) = acon\_im(co,c) \cdot [PWM(co,c)/PWSM]^{\eta_{dm}(co,c)}$

5. 微观 SAM 表第 59 行：劳动收入

方程（29）：$\sum W(a) \cdot LAB(a) + \sum WtoLAB(co) = YL$

6. 微观 SAM 表第 59 列：劳动支出

方程（30）：$YL = LABtoH + \sum LABtoW(co)$

方程（31）：$LABtoW(co) = l\_w(co) \cdot YL$

7. 微观 SAM 表第 60 行：资本收入

方程（32）：$\sum RK(a) \cdot CAP(a) = YK$

8. 微观 SAM 表第 60 列：资本支出

无。

9. 微观 SAM 表第 61 行：住户收入

方程（33）：$LABtoH + k\_h \cdot YK + EntoH + FntoH + GtoH = YH$

10. 微观 SAM 表第 61 列：住户支出

方程（34）：$YH = \sum PQ(c) \cdot CD(c) + HtoFn + TOTHtax + SAV_h + \sum HtoW(co)$

方程（35）：$PQ(c) \cdot CD(c) = mpc(c) \cdot YH$

方程（36）：$HtoFn = h\_f \cdot YH$

方程（37）：$TOTHtax = htax \cdot YH$

方程（38）：$HtoW(co) = h\_w(co) \cdot YH$

11. 微观 SAM 表第 62 行：非金融企业收入

方程（39）：$k\_e \cdot YK + FntoEn + \sum WtoEn(co) = YE$

12. 微观 SAM 表第 62 列：非金融企业支出

方程（40）：$YE = EntoH + EntoFn + Entax + SAV_e + \sum EntoW(co)$

方程（41）：$EntoH = e\_h \cdot YE$

方程（42）：$EntoFn = e\_f \cdot YE$

方程（43）：$Entax = etax \cdot YE$

方程（44）：$EntoW(co) = e\_w(co) \cdot YE$

13. 微观 SAM 表第 63 行：金融机构收入

方程（45）：$k\_f \cdot YK + HtoFn + EntoFn + GtoFn + \sum WtoFn(co) = YF$

14. 微观 SAM 表第 63 列：金融机构支出

方程（46）：$YF = FntoH + FntoEn + Fntax + SAV_f + \sum FntoW(co)$

方程（47）：$FntoH = f\_h \cdot YF$

方程（48）：$FntoEn = f\_e \cdot YF$

方程（49）：$Fntax = ftax \cdot YF$

方程（50）：$FntoW(co) = f\_w(co) \cdot YF$

15. 微观 SAM 表第 64 行：政府部门收入

方程（51）：

$$\sum (Indtax(a) + Tariff(a)) + k\_g \cdot YK + TOTHtax + Entax + Fntax + \sum WtoG(co) = YG$$

16. 微观 SAM 表第 64 列：政府部门支出

方程（52）：$YG = \sum PQ(c) \cdot GD(c) + GtoH + GtoFn + SAV_g + \sum GtoW(co)$

方程（53）：$PQ(c) \cdot GD(c) = gdt(c) \cdot YG$

方程（54）：$GtoH = g\_h \cdot YG$

方程（55）：$GtoFn = g\_f \cdot YG$

方程（56）：$\sum GtoW(co) = g\_w \cdot YG$

特别指出，方程（56）不能写成 $GtoW(co) = g\_w(co) \cdot YG$，否则会导致 GAMS 程序运行运算出错，原因是这样写会导致总体方程数比变量数多 3 个。

17. 微观 SAM 表第 65 行：总储蓄

方程（57）：$SAV_h + SAV_e + SAV_f + SAV_g + \sum SAV_w(co) = SAV$

18. 微观 SAM 表第 65 列：总投资

方程（58）：$PQ(c) \cdot ID(c) = inv(c) \cdot Invest$

方程（59）：$Invest = SAV + WALRAS$

19. 微观 SAM 表第 66 ~69 行：国外部门收入

方程（60）：$\sum PWM(co,a) \cdot ER \cdot MM(co,a) + LABtoW(co) + HtoW(co) + EntoW(co) + FntoW(co) + GtoW(co) = YW(co)$

20. 微观 SAM 表第 66 ~69 列：国外部门支出

方程（61）：$YW(co) = \sum PEE(a,co) \cdot EE(a,co) + WtoLAB(co) + WtoEn(co) + WtoFn(co) + WtoG(co) + SAV_w(co)$

方程（62）：$WtoLAB(co) = w\_l(co) \cdot YW(co)$

方程（63）：$WtoEn(co) = w\_e(co) \cdot YW(co)$

方程（64）：$WtoFn(co) = w\_f(co) \cdot YW(co)$

方程（65）：$WtoG(co) = w\_g(co) \cdot YW(co)$

21. 名义国内生产总值：GDP

方程（66）：$GDP(a) = \underbrace{W(a) \cdot LAB(a)}_{\text{劳动者报酬}} + \underbrace{RK(a) \cdot CAP(a)}_{\text{总营业盈余}} + \underbrace{Indtax(a) + Trans\_Tariff(a)}_{\text{生产税净额}}$

方程（67）：$Trans\_Tariff(a) = \sum ident(c,a) \cdot Tariff(c)$

方程（68）：$GDP = \sum GDP(a)$

22. 实际国内生产总值：RGDP

方程（69）：$RGDP(c) = PQ0(c) \cdot CD(c) + PQ0(c) \cdot GD(c) + PQ0(c) \cdot ID(c) + \sum (PE0(a) \cdot E(a)) \cdot IDENT(a,c) - \sum PWM0(co,c) \cdot ER0 \cdot MM(co,c)$

方程（70）：$RGDP = \sum RGDP(c)$

23. GDP 平减指数：Pindex

方程（71）：$Pindex = GDP/RGDP$

24. 消费价格指数：CPI

方程（72）：$CPI = [\sum PQ(c) \cdot CD0(c)]/[\sum PQ0(c) \cdot CD0(c)]$

方程（73）：$Omega = 1$

这是虚设的方程，没有实际含义，主要用于 GAMS 软件中的 NLP 算法使用。

方程（66）~（73）为定义方程。

25. 微观 CGE 模型的闭合条件设置

由于方程数（73 类，共 2331 个）少于变量数（77 类，共 2396 个），为了保证模型获得唯一解，需要固定其中的 65 个变量作为外生变量。本模型采用 Lewis 闭合规则，具体如下：

（1）假定资本存量的调整相对较慢，现有实际资本供应量都能实现充分利用，而资本收益率的调整相对容易，因此将29个资本要素变量 $CAP(a)$ 外生固定，即设定为 $CAP.fx(a) = CAP0(a)$。

（2）从劳动市场看，短期内，劳动就业量容易波动变化，但劳动力价格接近刚性，因此，将29个工资率指标 $W(a)$ 固定为外生变量，即设定为 $W.fx(a) = W0(a)$。

（3）我国仍实行有管理的浮动汇率制度，故将汇率 ER 外生固定。

（4）我国外汇管制相对严格，将4个国外部门储蓄 $SAVw(co)$ 外生固定，即设定为 $SAVw.fx(co) = SAVw0(co)$。

（5）假定出口的国际市场平均价格短期不变，将 $PWSE$ 外生固定，即设定为 $PWSE.fx = PWSE0$。

（6）假定进口的国际市场平均价格短期不变，将 $PWSM$ 外生固定，即设定为 $PWSM.fx = PWSM0$。

三、微观CGE模型的应用：中美贸易摩擦对我国各行业的影响

（一）政策模拟条件的设定

为了模拟中美贸易摩擦对我国经济金融的影响，本章基于微观CGE模型设置了贸易战情景，情景设置见第三章。贸易战情景分别由“方程（5）”和“方程（26）”呈现。模拟贸易战情景的关键在于设定关税税率和对应的征税份额。与第三章宏观CGE模型相同的是，出口和进口的加征关税税率（addtariffrate和addmtaxrate）均设定为25%。与第三章宏观CGE模型不同的是，本情景下加征关税的出口和进口份额由原来的一个数变成了1×29矩阵。下面主要来计算各情景下加征关税的出口和进口份额。

1. 美国对我国出口加征关税所涉及的出口份额

要求估算出addshare（a，usa）。addshare（a，usa）表示在美国对中国2500亿美元商品加征关税，第a个行业涉税出口占该行业全部出口美国的比例。

估算资料：（1）美国对我国出口的HS编码征税清单。包括500亿美元征税清单、2000亿美元征税清单，数据来源于美国政府官方网站。（2）各行业出口额。数据来源于联合国“UN Comtrade”数据库公布的中国2017年出口美国的产品目录，该目录的HS编码一般为6位码。（3）国家统计局公布的“HS编码与投入产出表行业对照表”。

美国对我国出口加征关税所涉及的出口份额，见表4－16。

表 4－16　　美国对我国出口加征关税所涉及的出口份额

		addshare
农林牧渔产品和服务	ACT01	68.10%
煤炭采选产品	ACT02	0.00%
石油和天然气开采产品	ACT03	100.00%
金属矿采选产品	ACT04	0.00%
非金属矿和其他矿采选产品	ACT05	28.90%
食品和烟草	ACT06	87.10%
纺织品	ACT07	27.70%
纺织服装鞋帽皮革羽绒及其制品	ACT08	15.90%
木材加工品和家具	ACT09	100.00%
造纸印刷和文教体育用品	ACT10	12.20%
石油、炼焦产品和核燃料加工品	ACT11	100.00%
化学产品	ACT12	71.50%
非金属矿物制品	ACT13	59.40%
金属冶炼和压延加工品	ACT14	31.10%
金属制品	ACT15	77.00%
通用设备	ACT16	80.50%
专用设备	ACT17	72.90%
交通运输设备	ACT18	97.00%
电气机械和器材	ACT19	97.90%
通信设备、计算机和其他电子设备	ACT20	48.00%
仪器仪表	ACT21	80.10%
其他制造产品	ACT22	0.60%
废品废料	ACT23	60.60%
金属制品、机械和设备修理服务	ACT24	0.00%
电力、热力的生产和供应	ACT25	0.00%
燃气生产和供应	ACT26	0.00%
水的生产和供应	ACT27	0.00%
建筑	ACT28	0.00%
服务业	ACT29	13.60%

估算过程，分为三个步骤：（1）根据美国对我国出口征税清单中的 HS 编码，在我国 2017 年出口美国的产品目录中匹配出征税清单所涉及的出口额。（2）根据“HS 编码与投入产出表行业对照表”，将第一步所测算的征税清单所涉及出口额与全部出口额分别归并为 29 个行业出口额。（3）将各行业征税清单出口额/该行业全部出口额，就可以得出 addshare（a，usa）。

2. 我国对进口美国加征关税所涉及的进口份额

我国对进口美国加征关税所涉及的进口份额，见表4-17。

表4-17　　我国对进口美国加征关税所涉及的进口份额

		maddshare
农林牧渔产品和服务	COM01	95.70%
煤炭采选产品	COM02	100.00%
石油和天然气开采产品	COM03	0.00%
金属矿采选产品	COM04	95.20%
非金属矿和其他矿采选产品	COM05	95.20%
食品和烟草	COM06	100.00%
纺织品	COM07	94.10%
纺织服装鞋帽皮革羽绒及其制品	COM08	95.20%
木材加工品和家具	COM09	88.90%
造纸印刷和文教体育用品	COM10	95.20%
石油、炼焦产品和核燃料加工品	COM11	96.50%
化学产品	COM12	67.30%
非金属矿物制品	COM13	99.70%
金属冶炼和压延加工品	COM14	95.20%
金属制品	COM15	100.00%
通用设备	COM16	83.20%
专用设备	COM17	76.40%
交通运输设备	COM18	48.20%
电气机械和器材	COM19	100.00%
通信设备、计算机和其他电子设备	COM20	22.70%
仪器仪表	COM21	87.60%
其他制造产品	COM22	7.10%
废品废料	COM23	100.00%
金属制品、机械和设备修理服务	COM24	0.00%
电力、热力的生产和供应	COM25	0.00%
燃气生产和供应	COM26	0.00%
水的生产和供应	COM27	0.00%
建筑	COM28	0.00%
服务业	COM29	94.00%

要求估算出maddshare（a，usa）。maddshare（a，usa）表示在我国对进口美国1100亿美元商品中，第a个行业涉税进口占该行业全部进口美国的比例。

估算资料：（1）我国对进口美国的HS编码征税清单，包括第一批500亿美元征税清单和第二批600亿美元征税清单，数据来源于国务院关税税则委员会网站[①]。

① http：//www.mof.gov.cn/mofhome/guanshuisi/zhengwuxinxi/zuixingengxin/。

（2）各行业进口额。来源于联合国“UN Comtrade”数据库公布的中国2017年进口美国的产品目录，该目录的HS编码一般为6位码。（3）国家统计局公布的“HS编码与投入产出表行业对照表”。

（二）政策模拟结果及分析

1. 贸易战对各行业增加值的影响

（1）基于微观SAM表和宏观SAM表测算的GDP结果基本一致。在贸易战情景下，我国GDP较基准情景下降1.41%，而此前基于宏观SAM表测算结果为下降1.47%（见表4－18）。可见，基于微观SAM表和宏观SAM表测算的GDP降幅差异在0.1个百分点以内，说明基于微观SAM表的测算结果具有稳健性。

表4－18　　不同情景下我国增加值变化情况（不变价）　　单位：亿元

情景	基于宏观SAM表		基于微观SAM表	
	GDP规模	比基准	GDP规模	比基准
基准情景（不发生贸易战）	689052	—	689052	—
贸易战情景（美国对中国2500亿美元商品加征关税，中国对美国1100亿美元商品加征关税）	678913	－10139 （－1.47%）	679303	－9749 （－1.41%）

注：括号内是相对于基准情景的变化幅度。

（2）贸易战将引起我国产业结构发生变化。基准情景下我国第一、第二、第三产业增加值之比为9.00%:40.86%:50.14%。贸易战情景下，第一、第二、第三产业不变价增加值的占比关系变为9.09%、40.76%、50.15%，第一产业占比较基准情景上升0.09个百分点，第二产业占比下降0.10个百分点，第三产业占比上升0.01个百分点。

一是第二产业受贸易战的冲击最为明显。第一、第二、第三产业不变价增加值将比基准情景分别下降0.39%、1.66%、1.40%。第二产业增加值降幅较大，主要是在美国2500亿美元的加征关税清单中，99.8%的征税产品属于第二产业。第二产业包括四个大类行业，分别是采矿业、制造业、电力热力燃气及水生产和供应业、建筑业，这些行业增加值降幅均超过全部GDP的平均降幅值（1.41%），降幅分别为1.76%、1.54%、2.08%和2.03%。

二是贸易战对我国制造业打击既广且深。我们将制造业细分为19个行业，受美国对我国2500亿美元出口商品加征关税影响，其中的18个行业的不变价增加值将出现下降，见表4－19，有11个行业的不变价增加值降幅超过全部GDP的平均降幅值，原因是这11个行业的征税面较高，其中的多数产品被纳入加征关税清单。例如，木材加工品和家具业中的所有产品均被纳入2500亿美元征税清单中，征税面达到

100%，导致该行业增加值降幅为3.54%，在所有行业中降幅最高。同时，贸易战对我国高端制造业的打击也相当精准。受美国加征关税影响，我国中高端制造业中的通用设备业、专用设备业、电气机械和器材业、通信设备计算机和其他电子设备业、仪器仪表业5个行业的增加值降幅居于各行业前列。值得注意的是，我国废品废料业成为贸易战中的唯一一个受益行业。美国对我国废品废料业的征税面高达60.6%，但该行业不变价增加值却增长5.81%。其原因在于我国废品废料业对美贸易逆差程度较高，2017年，该行业对美出口值仅为1.17亿元，而对美进口额达53.88亿元。我国在第一轮500亿美元反制清单中，将该行业列为重点征税行业，对该行业所有对美进口产品加征25%的关税，从而对冲了美国加征关税的影响。

表4-19 中国各行业增加值相对于基准情景的增长率 单位：%

行业	贸易战情景	行业	贸易战情景
合计	-1.41	金属冶炼和压延加工品	-1.58
第一产业	-0.39	金属制品	-2.36
第二产业	-1.66	通用设备	-2.00
（一）采矿业	-1.76	专用设备	-1.07
煤炭采选产品	-1.85	交通运输设备	-1.18
石油和天然气开采产品	-1.16	电气机械和器材	-2.68
金属矿采选产品	-1.78	通信设备计算机和其他电子	-1.92
非金属矿和其他矿采选产品	-2.53	仪器仪表	-0.03
（二）制造业	-1.54	其他制造产品	-1.07
食品和烟草	-1.29	废品废料	5.81
纺织品	-0.9	金属制品机械和设备修理服务	-1.61
纺织服装鞋帽皮革羽绒及制品	-0.84	（三）电力、热力、燃气及水生产和供应业	-2.08
木材加工品和家具	-3.54	电力、热力的生产和供应	-2.13
造纸印刷和文教体育用品	-0.93	燃气生产和供应	-1.64
石油炼焦产品和核燃料加工品	-1.40	水的生产和供应	-1.77
化学产品	-1.25	（四）建筑业	-2.03
非金属矿物制品	-2.32	第三产业	-1.40

2. 贸易战对我国进出口结构的影响

（1）我国对美出口额将大幅下降，对其他国家出口的增加额仅能弥补对美减少额的三成左右。美国对我国出口商品加征关税，将首先降低我国对美国的出口。测算显示，贸易战情景下，我国对美国出口金额将比基准情景减少4306亿元，降幅为16.11%。受贸易全球化影响，不同国家间的市场具有一定替代性，我国对美国出口的减少，可通过增加对其他国家的出口来弥补。但测算显示，对其他国家出口增加额难以有效弥补对美出口减少额，对日本、欧盟、其他国家的出口额分别比基准情景增加 84 亿元、219 亿元和 851 亿元，三类国家出口增加额合计仅占对美出口减少额的 26.8%。

表 4－20　　我国对各国出口相对于基准情景的增长　　单位：亿元，%

国别	美国		日本		欧盟		其他国家		总计	
	增减额	增长率	增减额	增长率	增减额	增长率	增减额	增长率	增减额	增长率
贸易战情景	-4306	-16.11	84	0.95	219	0.94	851	0.95	-3152	-2.12

（2）贸易战主要降低我国中高端制造业出口。通用设备业、交通运输设备业、电气机械和器材业等行业出口降幅均在 3% 以上，分别为 4.27%、3.74%、5.56%，专用设备业出口下降 2.71%，通信设备计算机和其他电子设备业出口下降 2.48%，仪器仪表业出口下降 1.98%。

中高端制造业行业出口下降主要是受美国市场减少影响。在贸易战情景下，通用设备业、专用设备业、交通运输设备业、电气机械和器材业、通信设备计算机和其他电子设备业、仪器仪表业六大行业对美出口额分别较基准情景出现大幅下降，降幅均在 16% 以上，分别为 26.06%、23.93%、30.17%、30.46%、16.78%、25.86%，减少额合计为 2621 亿元，占对美出口减少总额的 60.88%。而这些行业的出口下滑更加难以从其他国家市场中弥补，从对日本、欧盟、世界其他地区出口市场进行弥补的比例仅为 11.11%。事实上，中高端行业是各国产业竞争的焦点所在。

（3）贸易战使我国对世界主要经济体的进口全面下降。前面分析发现，贸易战对出口的影响表现为对美国出口下降，对日本、欧盟及世界其他地区的出口则有所上升。但对进口的影响有所不同，贸易战使我国对世界各国的进口均有所下降。在贸易战情景下，我国对美国进口将比基准情景下降 17.03%，对日本、欧盟、世界其他地区的进口分别比基准情景下降 1.72%、1.70%、1.74%。

造成上述现象的原因可能是，我国属于国际贸易分工体系上的一环，出口环节的贸易冲突也会抑制进口增长。特别是我国进口的大多为原材料，来源于不同国家，各国原材料多数是互补的，当减少对美国进口时就会引发相应国家进口的减少。

（4）进口的行业下降面更大。进口行业变化异于出口行业变化的另一个显著特征是，第一产业降幅明显超过第二、第三产业的降幅。贸易战的情景下，我国第一产业进口比基准情景下降 5.48%，而第二、第三产业进口分别下降 2.94% 和 3.18%。第一产业进口下降较多主要受对美进口下降影响。在基准情景下，来源于美国的进口农业产品占我国全部农业进口产品的 24.13%，在贸易战情景下，该比重下降至 20.60%，下降了 3.53 个百分点。我国在第一轮对美 500 亿美元反制清单中，农业成为重点反制领域，导致我国对美国的农业进口大幅下降。

3. 贸易战对各行业就业和资本回报率的影响

虽然中美贸易战对净出口影响不大，从核算角度看对 GDP 直接伤害较小，但是中美贸易战通过减少我国总需求，降低我国就业和资本回报率，间接地拉低我国 GDP。

（1）贸易战对第二产业就业影响最大。总体看，由于贸易战影响我国总需求，对各行业就业需求都有明显拉低效果。CGE 模型的测算结果显示，在贸易战情景下，我国就业人数将比基准情景下降 1.89%，第一、第二、第三产业的就业人数分别下降 1.30%、2.24%、1.88%，其中制造业就业人数下降 2.17%。值得注意的是，属于劳动密集型行业的木材加工品和家具业下降 3.76%，居于各行业首位。

（2）各行业资本回报率普遍下滑。在贸易战情景下，29 个行业的资本回报率全面下降。降幅位居前五的行业分别是农林牧渔产品和服务业（-6.32%）、非金属矿和其他矿采选产品业（-5.95%）、木材加工品和家具业（-5.90%）、煤炭采选产品业（-5.66%）、金属矿采选产品业（-4.78%）。

本章附录 1

微观 SAM 表数据

附表 4-1　　2015 年中国微观 SAM 表索引

<table>
<tr><td></td><td>列号</td><td>1</td><td>……</td><td>18</td><td>19</td><td>……</td><td>36</td><td>37</td><td>……</td><td>52</td><td>53</td><td>……</td><td>70</td></tr>
<tr><td>行号</td><td></td><td>ACT01</td><td>……</td><td>ACT18</td><td>ACT19</td><td>……</td><td>COM07</td><td>COM08</td><td>……</td><td>COM23</td><td>COM24</td><td>……</td><td>TOTAL</td></tr>
<tr><td>1</td><td>ACT01</td><td colspan="3" rowspan="7">附表 4-3　2015 年中国微观 SAM 表（一）</td><td colspan="3" rowspan="7">附表 4-3　2015 年中国微观 SAM 表续表（二）</td><td colspan="3" rowspan="7">附表 4-3　2015 年中国微观 SAM 表续表（三）</td><td colspan="3" rowspan="7">附表 4-3　2015 年中国微观 SAM 表续表（四）</td></tr>
<tr><td>2</td><td>ACT02</td></tr>
<tr><td>3</td><td>ACT03</td></tr>
<tr><td>…</td><td>…</td></tr>
<tr><td>33</td><td>COM04</td></tr>
<tr><td>34</td><td>COM05</td></tr>
<tr><td>35</td><td>COM06</td></tr>
<tr><td>36</td><td>COM07</td><td colspan="3" rowspan="7">附表 4-3　2015 年中国微观 SAM 表续表（五）</td><td colspan="3" rowspan="7">附表 4-3　2015 年中国微观 SAM 表续表（六）</td><td colspan="3" rowspan="7">附表 4-3　2015 年中国微观 SAM 表续表（七）</td><td colspan="3" rowspan="7">附表 4-3　2015 年中国微观 SAM 表续表（八）</td></tr>
<tr><td>37</td><td>COM08</td></tr>
<tr><td>38</td><td>COM09</td></tr>
<tr><td>…</td><td>…</td></tr>
<tr><td>68</td><td>EUR</td></tr>
<tr><td>69</td><td>OTW</td></tr>
<tr><td>70</td><td>TOTAL</td></tr>
</table>

注：由于微观 SAM 表行列数较多，难以在一页内呈现，为此将微观 SAM 表分成 8 个部分。

附表 4-2　　2015 年中国微观 SAM 表各英文符号含义

行号	符号	含义	行号	符号	含义
1	ACT01	农林牧渔产品和服务	36	COM07	纺织品
2	ACT02	煤炭采选产品	37	COM08	纺织服装鞋帽皮革羽绒及制品
3	ACT03	石油和天然气开采产品	38	COM09	木材加工品和家具
4	ACT04	金属矿采选产品	39	COM10	造纸印刷和文教体育用品
5	ACT05	非金属矿和其他矿采选产品	40	COM11	石油、炼焦产品和核燃料加工品
6	ACT06	食品和烟草	41	COM12	化学产品
7	ACT07	纺织品	42	COM13	非金属矿物制品
8	ACT08	纺织服装鞋帽皮革羽绒及其制品	43	COM14	金属冶炼和压延加工品
9	ACT09	木材加工品和家具	44	COM15	金属制品
10	ACT10	造纸印刷和文教体育用品	45	COM16	通用设备
11	ACT11	石油、炼焦产品和核燃料加工品	46	COM17	专用设备
12	ACT12	化学产品	47	COM18	交通运输设备
13	ACT13	非金属矿物制品	48	COM19	电气机械和器材
14	ACT14	金属冶炼和压延加工品	49	COM20	通信设备计算机和其他电子设备
15	ACT15	金属制品	50	COM21	仪器仪表
16	ACT16	通用设备	51	COM22	其他制造产品
17	ACT17	专用设备	52	COM23	废品废料
18	ACT18	交通运输设备	53	COM24	金属制品、机械和设备修理服务
19	ACT19	电气机械和器材	54	COM25	电力、热力的生产和供应
20	ACT20	通信设备计算机和其他电子设备	55	COM26	燃气生产和供应
21	ACT21	仪器仪表	56	COM27	水的生产和供应
22	ACT22	其他制造产品	57	COM28	建筑
23	ACT23	废品废料	58	COM29	服务业
24	ACT24	金属制品、机械和设备修理服务	59	LAB	劳动
25	ACT25	电力、热力的生产和供应	60	CAP	资本
26	ACT26	燃气生产和供应	61	HSH	住户
27	ACT27	水的生产和供应	62	ENT	非金融企业
28	ACT28	建筑	63	FNT	金融机构
29	ACT29	服务业	64	GOV	政府
30	COM01	农林牧渔产品和服务	65	FIC	投资—储蓄
31	COM02	煤炭采选产品	66	USA	美国
32	COM03	石油和天然气开采产品	67	JAP	日本
33	COM04	金属矿采选产品	68	EUR	欧盟
34	COM05	非金属矿和其他矿采选产品	69	OTW	世界其他地区
35	COM06	食品和烟草	70	TOTAL	合计

附表 4－3

2015 年中国微观 SAM 表（一）

单位：亿元

		1	2	3	4	5	6	7	8	9	10	11	12	13	14	15	16	17	18
		ACT01	ACT02	ACT03	ACT04	ACT05	ACT06	ACT07	ACT08	ACT09	ACT10	ACT11	ACT12	ACT13	ACT14	ACT15	ACT16	ACT17	ACT18
1	ACT01																		
2	ACT02																		
3	ACT03																		
4	ACT04																		
5	ACT05																		
6	ACT06																		
7	ACT07																		
8	ACT08																		
9	ACT09																		
10	ACT10																		
11	ACT11																		
12	ACT12																		
13	ACT13																		
14	ACT14																		
15	ACT15																		
16	ACT16																		
17	ACT17																		
18	ACT18																		
19	ACT19																		
20	ACT20																		
21	ACT21																		
22	ACT22																		
23	ACT23																		
24	ACT24																		
25	ACT25																		
26	ACT26																		
27	ACT27																		
28	ACT28																		
29	ACT29																		
30	COM01	13900	18	0	6	6	42530	9295	1397	2709	1951	3	7333	35	18	23	8	13	4
31	COM02	4	4052	14	61	51	98	52	18	30	164	2161	2254	1803	2803	99	45	36	15
32	COM03		3	27	5	4						14957	661	29	24	11	6	5	6
33	COM04		14	0	1867	28						13	576	308	17046	250	22	8	3
34	COM05	0	176	1383	93	198	62	0	1	5	64	0	1123	4836	103	16	4	16	9
35	COM06	13167	132	33	145	96	28733	180	1586	165	291	533	5500	487	672	292	349	177	222

附表 4-3 **2015 年中国微观 SAM 表续表（二）** 单位：亿元

		19	20	21	22	23	24	25	26	27	28	29	30	31	32	33	34	35	36
		ACT19	ACT20	ACT21	ACT22	ACT23	ACT24	ACT25	ACT26	ACT27	ACT28	ACT29	COM01	COM02	COM03	COM04	COM05	COM06	COM07
1	ACT01												104339						
2	ACT02													21855					
3	ACT03														8648				
4	ACT04															14241			
5	ACT05																8986		
6	ACT06																	110905	
7	ACT07																		38588
8	ACT08																		
9	ACT09																		
10	ACT10																		
11	ACT11																		
12	ACT12																		
13	ACT13																		
14	ACT14																		
15	ACT15																		
16	ACT16																		
17	ACT17																		
18	ACT18																		
19	ACT19																		
20	ACT20																		
21	ACT21																		
22	ACT22																		
23	ACT23																		
24	ACT24																		
25	ACT25																		
26	ACT26																		
27	ACT27																		
28	ACT28																		
29	ACT29																		
30	COM01	2			266	6		9	0	1	1844	6214							
31	COM02	12			58	27	2	7382	393	1	44	167							
32	COM03							268	1697										
33	COM04	66			1	17	1	0	20			5							
34	COM05	59	0		0	1	0	42	0	0	1221	3							
35	COM06	333	358	48	86	101	3	269	42	50	782	17233							

附表 4-3

2015 年中国微观 SAM 表续表（三）

单位：亿元

		37	38	39	40	41	42	43	44	45	46	47	48	49	50	51	52	53
		COM08	COM09	COM10	COM11	COM12	COM13	COM14	COM15	COM16	COM17	COM18	COM19	COM20	COM21	COM22	COM23	COM24
1	ACT01																	
2	ACT02																	
3	ACT03																	
4	ACT04																	
5	ACT05																	
6	ACT06																	
7	ACT07																	
8	ACT08	28202																
9	ACT09		21755															
10	ACT10			34961														
11	ACT11				38098													
12	ACT12					145529												
13	ACT13						62457											
14	ACT14							107608										
15	ACT15								38288									
16	ACT16									44588								
17	ACT17										29346							
18	ACT18											75320						
19	ACT19												51816					
20	ACT20													50885				
21	ACT21														4879			
22	ACT22															3194		
23	ACT23																4414	
24	ACT24																	1451
25	ACT25																	
26	ACT26																	
27	ACT27																	
28	ACT28																	
29	ACT29																	
30	COM01																	
31	COM02																	
32	COM03																	
33	COM04																	
34	COM05																	
35	COM06																	

附表 4－3　　**2015 年中国微观 SAM 表续表（四）**　　单位：亿元

		54	55	56	57	58	59	60	61	62	63	64	65	66	67	68	69	70
		COM25	COM26	COM27	COM28	COM29	LAB	CAP	HSH	ENT	FNT	GOV	FIC	USA	JAP	EUR	OTW	TOTAL
1	ACT01													34	86	111	684	105254
2	ACT02													0	9	2	16	21881
3	ACT03													2	31	0	103	8785
4	ACT04													5	8	14	13	14281
5	ACT05													12	19	17	77	9112
6	ACT06													351	458	288	1744	113746
7	ACT07													608	217	507	4281	44200
8	ACT08													2487	948	2282	5495	39413
9	ACT09													1130	240	680	1714	25519
10	ACT10													1332	198	1069	2329	39888
11	ACT11													31	22	13	680	38843
12	ACT12													1658	642	1669	6730	156227
13	ACT13													505	133	337	2359	65791
14	ACT14													260	141	509	4152	112669
15	ACT15													886	259	797	2850	43081
16	ACT16													1403	443	1381	3975	51789
17	ACT17													585	265	673	2345	33214
18	ACT18													882	263	501	4104	81069
19	ACT19													2616	843	2459	6723	64457
20	ACT20													5932	1591	6260	17385	82054
21	ACT21													223	117	246	1363	6828
22	ACT22													96	29	149	263	3731
23	ACT23													5	8	18	48	4493
24	ACT24																	1451
25	ACT25	61627															88	61715
26	ACT26		5747															5747
27	ACT27			2532														2532
28	ACT28				191739									18	3	59	957	192776
29	ACT29					614704								5659	1883	3181	19175	644601
30	COM01								18102			1075	3727					110496
31	COM02								265				612					22725
32	COM03												－351					17351
33	COM04												－12					20234
34	COM05												－52					9364
35	COM06								43171				2067					117306

附表 4-3 **2015 年中国微观 SAM 表续表（五）**

单位：亿元

		1	2	3	4	5	6	7	8	9	10	11	12	13	14	15	16	17	18
		ACT01	ACT02	ACT03	ACT04	ACT05	ACT06	ACT07	ACT08	ACT09	ACT10	ACT11	ACT12	ACT13	ACT14	ACT15	ACT16	ACT17	ACT18
36	COM07	14	27	1	26	10	84	17523	12939	376	1685	17	2213	352	95	130	43	104	404
37	COM08	34	112	17	69	34	112	200	5452	477	265	47	520	478	176	147	183	153	758
38	COM09	23	569	1	32	14	40	57	35	8892	680	19	182	303	98	363	236	112	582
39	COM10	14	39	4	75	18	1262	143	288	255	10467	27	1073	1095	110	277	376	130	187
40	COM11	936	128	750	476	364	68	30	22	69	66	3884	7990	1681	4923	186	153	94	110
41	COM12	9741	687	151	925	696	1794	3762	2209	2040	4861	1676	65163	5962	2012	2549	1682	1677	4018
42	COM13	25	119	5	88	219	464	36	18	178	114	310	1014	13196	2305	533	398	168	962
43	COM14	1	890	155	216	109	14	13	13	195	2340	8	1044	1493	39646	12544	7872	3993	7232
44	COM15	41	668	35	445	335	265	23	69	908	304	36	1082	2078	781	5882	2348	1424	1605
45	COM16	10	685	86	524	305	145	100	61	238	139	399	1085	1727	2508	1539	11432	3840	4479
46	COM17	737	732	225	616	657	153	177	205	130	288	193	580	616	439	680	332	4605	199
47	COM18	111	29	7	93	132	12	2	4	3	10	27	33	463	47	75	682	1062	27047
48	COM19	15	179	24	138	137	46	22	27	33	96	101	293	188	164	226	3454	1449	2543
49	COM20	3	146	10	33	22	12	6	13	17	197	121	213	53	51	72	2889	1379	1651
50	COM21	11	9	86	13	25	11	2	0	8	10	128	76	58	63	82	359	231	694
51	COM22	13	71	1	4	9	7	5	151	3	67	21	21	19	25	28	28	31	42
52	COM23	0	4	0	0	3	8	1	1	1	640	1	144	232	3909	391	58	6	25
53	COM24	21	24	11	29	31	29	25	16	21	25	41	124	148	127	53	59	38	56
54	COM25	720	1067	410	1239	520	529	652	175	380	630	1385	6213	2833	6864	1859	738	415	534
55	COM26	1	1	1	0	1	4	1	1	0	4	92	242	22	52	47	87	4	1
56	COM27	4	18	2	27	15	71	20	11	18	30	8	122	84	53	29	35	12	19
57	COM28	9	87	11	42	45	116	31	46	46	76	99	201	162	139	111	102	45	106
58	COM29	4597	4803	426	2829	2034	11744	3502	5013	2939	5608	3912	21475	10481	11686	6097	7981	5005	11849
59	LAB	63737	3936	1235	1207	1159	7370	3551	5768	2552	3592	1098	9558	4754	5788	3334	4339	3305	6312
60	CAP	3462	1405	2356	1618	997	11002	3191	3049	2240	3441	2613	13075	6333	6876	3687	4664	3280	8154
61	HSH																		
62	ENT																		
63	FNT																		
64	GOV	-6097	1049	1318	1338	836	6960	1601	823	590	1783	4913	5044	3480	3064	1469	825	396	1240
65	FIC																		
66	USA																		
67	JAP																		
68	EUR																		
69	OTW																		
70	TOTAL	105254	21881	8785	14281	9112	113746	44200	39413	25519	39888	38843	156227	65791	112669	43081	51789	33214	81069

附表 4 – 3 **2015 年中国微观 SAM 表续表（六）** 单位：亿元

		19	20	21	22	23	24	25	26	27	28	29	30	31	32	33	34	35	36
		ACT19	ACT20	ACT21	ACT22	ACT23	ACT24	ACT25	ACT26	ACT27	ACT28	ACT29	COM01	COM02	COM03	COM04	COM05	COM06	COM07
36	COM07	129	27	8	333	97	3	1	0	0	116	1321							
37	COM08	136	58	19	25	23	6	55	23	21	1209	4017							
38	COM09	105	40	10	92	8	4	2	2	0	5079	581							
39	COM10	692	565	71	50	39	8	102	10	9	683	12871							
40	COM11	97	77	11	23	67	6	1818	127	5	2077	11556							
41	COM12	5533	4180	286	580	555	40	74	45	200	9453	19794							
42	COM13	1867	928	223	55	47	7	45	3	2	39263	619							
43	COM14	14965	2211	354	221	347	142	22	16	3	23676	232							
44	COM15	2439	1073	254	89	43	97	21	7	73	9769	3522							
45	COM16	2519	398	228	80	47	77	254	22	18	1167	1063							
46	COM17	306	358	151	16	40	25	38	14	7	1203	1330							
47	COM18	20	39	16	3	19	151	5	2	1	249	12447							
48	COM19	10108	3722	428	59	403	118	2811	9	3	8192	6933							
49	COM20	3655	41345	1418	58	4	50	43	9	2	640	10979							
50	COM21	353	253	1026	12	0	17	1514	19	14	133	1507							
51	COM22	26	112	2	109	0	0	4	0	0	176	1665							
52	COM23	1	5	3	0	484													
53	COM24	41	34	4	3	7	6	212	12	6	50	197							
54	COM25	590	538	41	26	189	34	23122	169	383	2371	3492							
55	COM26	5	7	0	11	3	0	124	949	1	2	1797							
56	COM27	26	29	4	17	28	1	117	4	122	191	345							
57	COM28	81	153	12	9	30	3	283	16	21	6478	4055							
58	COM29	8173	11113	1206	507	1001	179	7083	1103	664	39299	176563							
59	LAB	4846	8346	823	431	213	298	3514	411	427	29180	174290							
60	CAP	5558	5940	843	367	436	141	8605	568	536	11316	138256							
61	HSH																		
62	ENT																		
63	FNT																		
64	GOV	1716	145	-661	145	211	31	3878	55	-40	-3087	31548	896	95	0	1	45	1901	321
65	FIC																		
66	USA												1269	1	1	105	13	531	32
67	JAP												12	0	0	2	13	51	189
68	EUR												179	1	60	64	30	806	90
69	OTW												3800	774	8641	5821	278	3111	820
70	TOTAL	64457	82054	6828	3731	4493	1451	61715	5747	2532	192776	644601	110496	22725	17351	20234	9364	117306	40038

附表 4 – 3　　2015 年中国微观 SAM 表续表（七）　　单位：亿元

		37	38	39	40	41	42	43	44	45	46	47	48	49	50	51	52	53
		COM08	COM09	COM10	COM11	COM12	COM13	COM14	COM15	COM16	COM17	COM18	COM19	COM20	COM21	COM22	COM23	COM24
36	COM07																	
37	COM08																	
38	COM09																	
39	COM10																	
40	COM11																	
41	COM12																	
42	COM13																	
43	COM14																	
44	COM15																	
45	COM16																	
46	COM17																	
47	COM18																	
48	COM19																	
49	COM20																	
50	COM21																	
51	COM22																	
52	COM23																	
53	COM24																	
54	COM25																	
55	COM26																	
56	COM27																	
57	COM28																	
58	COM29																	
59	LAB																	
60	CAP																	
61	HSH																	
62	ENT																	
63	FNT																	
64	GOV	527	38	340	435	2390	378	570	275	1201	596	2388	868	833	878	1	105	
65	FIC																	
66	USA	166	108	185	152	1326	80	449	92	487	621	2058	304	1022	249	0	344	
67	JAP	16	11	84	39	1624	161	601	141	871	822	971	770	1837	469	1	175	
68	EUR	325	128	183	30	1621	78	941	202	1400	966	2910	878	475	265	17	298	
69	OTW	1293	626	1591	1836	7618	569	6786	414	1649	1308	1023	2295	22800	2154	19	599	
70	TOTAL	30529	22666	37344	40589	160108	63723	116955	39413	50195	33659	84670	56930	77853	8894	3233	5934	1451

附表 4－3　　2015 年中国微观 SAM 表续表（八）　　单位：亿元

		54	55	56	57	58	59	60	61	62	63	64	65	66	67	68	69	70
		COM25	COM26	COM27	COM28	COM29	LAB	CAP	HSH	ENT	FNT	GOV	FIC	USA	JAP	EUR	OTW	TOTAL
36	COM07								1433				525					40038
37	COM08								14262				1445					30529
38	COM09								2372				2134					22666
39	COM10								5413				987					37344
40	COM11								3028				－231					40589
41	COM12								8581				－817					160108
42	COM13								716				－205					63723
43	COM14												－3013					116955
44	COM15								382				3314					39413
45	COM16								117				14903					50195
46	COM17								219				18388					33659
47	COM18								12968				28911					84670
48	COM19								5634				9377					56930
49	COM20								5965				6796					77853
50	COM21								655				1524					8894
51	COM22								453				140					3233
52	COM23												16					5934
53	COM24																	1451
54	COM25								3533									61649
55	COM26								2265				23					5747
56	COM27								1070									2532
57	COM28												179762					192379
58	COM29								135377			95212	34468					633929
59	LAB													4	514	70	1471	357432
60	CAP																	254010
61	HSH						357076	46224		2025	22802	50514						478641
62	ENT							167514			20318			159	12	252	3862	192116
63	FNT							33016	10171	27355		7749		2968	286	1347	2899	85791
64	GOV					12		7257	45047	36294	17160			5	2	5	21	185459
65	FIC								156649	113178	22662	30900		－17232	1564	－6380	3097	304439
66	USA				11	1542	14		112	219	1128	1						12624
67	JAP				2	1858	12		56	336	108	1						11232
68	EUR				36	3687	64		113	2153	512	1						18515
69	OTW	22			590	12127	266		513	10556	1101	6						101004
70	TOTAL	61649	5747	2532	192379	633929	357432	254010	478641	192116	85791	185459	304439	12624	11232	18515	101004	

本章附录2

微观 CGE 模型中的变量和参数

附表 4 - 4　　变量符号与变量名称

序号	变量符号	含义	序号	变量符号	含义
1	Addmtax(usa, c)	美国加征关税额	18	FntoW(co)	金融机构对外国的转移支付
2	Addtariff(a, usa)	中国加征关税额	19	GD(c)	政府消费数量
3	CAP(a)	资本存量	20	GDP(a)	分行业名义国内生产总值
4	CD(c)	住户消费数量	21	GtoFn	政府对金融机构支付的利息
5	CPI	消费价格指数	22	GtoH	政府对住户的转移支付
6	D(c)	国内生产国内销售产品(列向)	23	GtoW(co)	政府部门对国外的转移支付
7	DX(a)	国内生产国内销售产品(行向)	24	HtoFn	住户部门向金融机构支付的利息
8	E(a)	分行业出口实物量	25	HtoW(co)	住户部门对国外的转移支付
9	EE(a, co)	分国别分行业出口实物量	26	ID(c)	资本形成数量
10	Entax	非金融企业直接税费	27	Indtax(a)	间接税费
11	EntoFn	非金融企业对金融机构利息支付	28	INT(c, a)	中间投入实物量
12	EntoH	非金融企业对住户的转移支付	29	Invest	总投资
13	EntoW(co)	非金融企业对国外的红利支付	30	LAB(a)	劳动存量
14	ER	汇率	31	LABtoH	住户部门劳动报酬
15	Fntax	金融机构直接税费	32	LABtoW(co)	支付给国外的劳动报酬
16	FntoEn	金融机构支付给非金融企业利息	33	M(c)	分行业进口实物量
17	FntoH	金融机构支付给住户的利息	34	MM(co, c)	分国别分行业进口实物量

续表

序号	变量符号	含义	序号	变量符号	含义
35	Omega	定义的虚拟变量	57	SAV_h	住户部门储蓄
36	PD(c)	国内生产国内销售产品价格（列向）	58	SAV_w(co)	国外部门储蓄
37	PDX(a)	国内生产国内销售产品价格（行向）	59	Tariff(c)	关税
38	PE(a)	分行业国内出口价格	60	TOTGDP	名义国内生产总值
39	PEE(a, co)	分国别分行业国内出口价格	61	TOTHtax	住户直接税费
40	Pindex	GDP 平减指数	62	TOTRGDP	实际国内生产总值
41	PM(c)	分行业国内进口价格	63	Trans_Tariff(a)	关税（由列转为行）
42	PMM(co, c)	分国别分行业国内进口价格	64	W(a)	劳动工资
43	PP(a)	基本价格	65	WALRAS	模型平衡测试变量
44	PQ(c)	消费端价格	66	WtoEn(co)	国外支付的红利
45	PWE(a, co)	以外币计价的出口价格	67	WtoFn(co)	国外对金融机构的利息支付
46	PWM(co, c)	以外币计价的进口价格	68	WtoG(co)	国外对政府的转移支付
47	PWSE	出口的国际市场平均价格	69	WtoLAB(co)	来自国外的劳动报酬
48	PWSM	进口的国际市场平均价格	70	X(a)	国内总产出实物量
49	PX(a)	生产者价格	71	YE	非金融企业收入
50	Q(c)	国内总需求数量	72	YF	金融机构总收入
51	RGDP(c)	分行业实际国内生产总值	73	YG	政府部门总收入
52	RK(a)	资本价格	74	YH	住户部门总收入
53	SAV	总储蓄	75	YK	资本收入
54	SAV_e	非金融企业储蓄	76	YL	劳动总收入
55	SAV_f	金融机构储蓄	77	YW(co)	国外部门总收入
56	SAV_g	政府部门储蓄			

附表 4-5 参数符号与参数名称

序号	参数符号	含义	序号	参数符号	含义
1	a_cap(a)	资本的份额	17	addtariffrate1	美国第一轮加征关税税率
2	a_d(c)	国内生产国内销售产品方程参数	18	addtariffrate2	美国第二轮加征关税税率
3	a_dx(a)	国内生产国内销售产品方程参数	19	addtariffrate3	美国第三轮加征关税税率
4	a_ee(a, co)	底层出口方程参数	20	α_{int}(c, a)	中间投入的份额
5	a_ex(a)	出口方程参数	21	e_f	非金融企业利息支出与非金融企业总支出之比
6	a_lab(a)	劳动方程参数	22	e_h	非金融企业对住户的转移支出与非金融企业总支出之比
7	a_m(c)	进口方程参数	23	e_w(co)	非金融企业对国外转移支付与非金融企业总支出之比
8	a_mm(co, c)	底层进口方程参数	24	etax	非金融企业部门直接税率
9	acon_ex(a, co)	出口价格弹性方程参数	25	f_e	金融机构对非金融企业转移与金融机构总支出之比
10	acon_im(co, c)	进口价格弹性方程参数	26	f_h	金融机构对住户转移与金融机构总支出之比
11	addmtaxrate1	我国第一轮加征关税税率	27	f_w(co)	金融机构对国外转移与金融机构总支出之比
12	addmtaxrate2	我国第二轮加征关税税率	28	ftax	金融机构直接税率
13	addmtaxrate3	我国第三轮加征关税税率	29	g_f	政府对金融机构转移与政府总支出之比
14	addshare_1(a)	美国第一轮征税份额	30	g_h	政府对住户的转移支付与政府总支出之比
15	addshare_2(a)	美国第二轮征税份额	31	g_w(co)	政府对国外的转移支付与政府总支出之比
16	addshare_3(a)	美国第三轮征税份额	32	gdt(c)	政府消费支出与政府总支出之比

续表

序号	参数符号	含义	序号	参数符号	含义
33	h_f	住户支付的利息与住户总支出之比	47	mpc(c)	住户消费与住户总支出之比
34	h_w(co)	住户对国外转移支付与住户总支出之比	48	mtax(c)	关税税率
35	htax	住户部门直接税率	49	$\sigma_{ex}(a)$	出口方程替代弹性
36	ident(a, c)	对角矩阵	50	$\sigma_{ex\_co}(a)$	底层出口方程替代弹性
37	inv(c)	投资份额	51	$\sigma_{im}(c)$	进口方程替代弹性
38	itax(a)	间接税率	52	$\sigma_{im\_co}(c)$	底层进口方程替代弹性
39	k_e	非金融企业营业盈余份额	53	$\sigma_{x}(a)$	生产方程的替代弹性
40	k_f	金融机构营业盈余份额	54	w_e(co)	国外对非金融企业转移与国外总支出之比
41	k_g	政府部门营业盈余份额	55	w_f(co)	国外对金融机构转移支付与国外总支出之比
42	k_h	住户部门营业盈余份额	56	w_g(co)	国外对政府的转移支付与国外总支出之比
43	l_w	对外支付劳动报酬比例	57	w_gg	合计国外对政府的转移支付与国外总支出之比
44	maddshare_1(c)	我国第一轮征税份额	58	w_l(co)	国外支付的劳动报酬与国外总支出之比
45	maddshare_2(c)	我国第二轮征税份额	59	$\eta_{ex}(a, co)$	出口价格弹性
46	maddshare_3(c)	我国第三轮征税份额	60	$\eta_{im}(co, c)$	进口价格弹性

附表 4－6　　部分参数的取值

序号	行业	σ_x	σ_{ex}	σ_{ex_co}	σ_{im}	σ_{im_co}
1	农林牧渔产品和服务	0.2	5	5	2.418939	2.418939
2	煤炭采选产品	0.3	4	4	3	3
3	石油和天然气开采产品	0.3	4	4	3	3
4	金属矿采选产品	0.3	4	4	3	3
5	非金属矿和其他矿采选产品	0.3	4	4	3	3
6	食品和烟草	0.56	5	5	1.75	1.75
7	纺织品	0.63	5	5	3.78	3.78
8	纺织服装鞋帽皮革羽绒及其制品	0.63	5	5	3.78	3.78
9	木材加工品和家具	0.63	5	5	3.4	3.4
10	造纸印刷和文教体育用品	0.63	5	5	3	3
11	石油、炼焦产品和核燃料加工品	0.63	4	4	2.1	2.1
12	化学产品	0.63	5	5	3.1	3.1
13	非金属矿物制品	0.63	5	5	3	3
14	金属冶炼和压延加工品	0.63	5	5	3	3
15	金属制品	0.63	5	5	3.75	3.75
16	通用设备	0.63	5	5	3.99	3.99
17	专用设备	0.63	5	5	3.99	3.99
18	交通运输设备	0.63	5	5	3.1476	3.1476
19	电气机械和器材	0.63	5	5	4.4	4.4
20	通信设备、计算机和其他电子设备	0.63	5	5	4.4	4.4
21	仪器仪表	0.63	5	5	4.4	4.4
22	其他制造产品	0.63	5	5	2.95	2.95
23	废品废料	0.63	5	5	2.95	2.95
24	金属制品、机械和设备修理服务	0.63	5	5	2.95	2.95
25	电力、热力的生产和供应	0.63	5	5	2.8	2.8
26	燃气生产和供应	0.63	5	5	2.8	2.8
27	水的生产和供应	0.63	5	5	2.8	2.8
28	建筑	0.7	0.5	0.5	1.9	1.9
29	服务业	0.63	4	4	1.9	1.9

第五章
中国金融 CGE 模型的开发与应用

一、金融 CGE 模型的开发目的和意义

在实体 CGE 模型中，通常假定总储蓄等于总投资，对于储蓄如何转化为投资的机制并未深入阐述，这使得经济运行中的一个重要组成部分——金融运行未能进入 CGE 模型，从而在运用 CGE 模型模拟相关政策时，缺乏对金融运行方面影响的掌握，难以全面评估宏观政策效果。特别是作为国家宏观调控经济的一项重要政策——货币政策，很难进入实体 CGE 模型（由于未加入金融模块），运用实体 CGE 模型不能定量测算货币政策对经济的影响。

为了弥补上述不足，实现运用 CGE 模型分析金融问题，本章对实体 CGE 模型进行了扩展，构建了一个金融可计算一般均衡模型（Financial Computable General Equilibrium Model，以下简称金融 CGE 模型），对储蓄—投资的转化机制作出细致和系统的设定，同时将金融机构拆分为传统金融机构、中央银行和特殊目的载体等机构部门，从而使模拟中央银行的货币政策效果成为可能。本章将运用金融 CGE 模型同时模拟货币政策和财政政策效应。

（一）模型介绍

金融 CGE 模型是指带有金融变量或金融部门的 CGE 模型。金融 CGE 模型的构建思路与结构和实体 CGE 模型相似，它将经济系统看作一个整体，研究各要素之间复杂的相互作用和相互依存关系。其关键差异在于，金融 CGE 模型在经济一般均衡模

型的基础上引入了金融模块，通过该模块一方面刻画了金融体系与实体经济之间的关联，研究各实体部门的资金如何通过金融市场进行流转，使资金从资金盈余部门传导至资金短缺部门，也即描述“储蓄—投资”的转化机制；另一方面刻画了经济主体对于不同类别金融资产的最优配置，每一个经济主体基于利润最大化原则优化自身的资产和负债结构，优化的结果不仅会影响整个经济体系的金融资产和负债结构，同时还会通过利息和股息渠道影响各部门的收入支出结构。

关于金融 CGE 模型的研究，最早始于 Robinson（1991）的工作，他将金融 CGE 模型区分为实体 CGE 子模型和宏观资产组合子模型两部分，并借助宏观资产组合子模型和实体—金融相互作用机制，实现一般均衡理论有效性和实证应用性的有机结合。之后陆续有很多学者开发了金融 CGE 模型，并基于此对资本流动、汇率政策、货币政策等进行模拟。

国内金融 CGE 模型的研究起步较晚，研究成果也较少。最早在这方面进行研究的是周赤非（1998）建立的中国金融可计算一般均衡模型，但该模型只有一个金融部门，且仅包含储蓄一种金融资产，这是我国运用可计算一般均衡模型研究金融问题的首次尝试。之后，部分学者陆续尝试构建金融 CGE 模型来研究货币政策的效应，但多数集中在数量型货币政策工具，同时由于数据来源不足，模型设置也相对简单。总体而言，国内金融 CGE 模型的研究并不充分。随着金融工具越来越丰富，金融部门的细化程度越来越高，金融市场对实体经济影响越来越大，构建符合中国经济特点的金融 CGE 模型工作迫在眉睫。

（二）模型优势

相对于实体 CGE 模型，金融 CGE 模型的优势在于：

一是通过增加金融模块，将金融市场、金融部门及金融工具等引入一般均衡模型中，从而使运用 CGE 模型分析各类金融冲击（如杠杆率、汇率波动及金融危机爆发等）成为可能。通过一般均衡模型研究金融冲击效应，不仅可以获取金融冲击的影响方向，还能获得这一冲击影响的具体规模，而影响规模恰恰是评估金融冲击中最需要关注的。

二是通过在模型中增加中央银行部门及货币政策工具等内容，可以模拟中央银行的各类货币政策效果。

三是有助于研究宏观调控政策的组合效应。由于实体 CGE 模型中本身带有财政政策的变量（如税收），因此，构建金融 CGE 模型就可以研究财政政策与货币政策的协调效应，从而遴选出最优政策组合，提出更具参考性的政策建议。

本章剩余部分的结构安排如下：第二部分涉及金融 CGE 模型的构建过程，包括金融 CGE 模型的构建思路、金融 CGE 模型的主要特点、金融 SAM 表编制及金融 CGE 模型的设定；第三部分基于前文构建的模型和数据，对财政和货币政策进行模拟，具体包括增值税减税、降低法定存款准备金率、下调存贷款基准利率三个政策工具；附录部分包括本模型的金融 SAM 表，变量和参数，以及基于 GAMS 软件的运行程序。

二、金融 CGE 模型的构建

（一）金融 CGE 模型的构建思路

本章基于王会芳等（2013）提出的基础模型，构建了一个包括财税模块的金融 CGE 模型（见图 5－1）。该模型为多部门模型，共包含住户部门、非金融企业、传统金融机构、中央银行、特殊目的载体、政府部门和国外部门 7 个部门。其中，设置中央银行部门是为了模拟货币政策，设置特殊目的载体部门是为了反映金融机构表外业务情况。根据经济理论，我们将模型划分为六个模块，分别是生产模块、收入支出模块、对外贸易模块、金融模块、财税模块和闭合规则模块，每一个模块都根据相关理论和一定的假设设定函数形式。

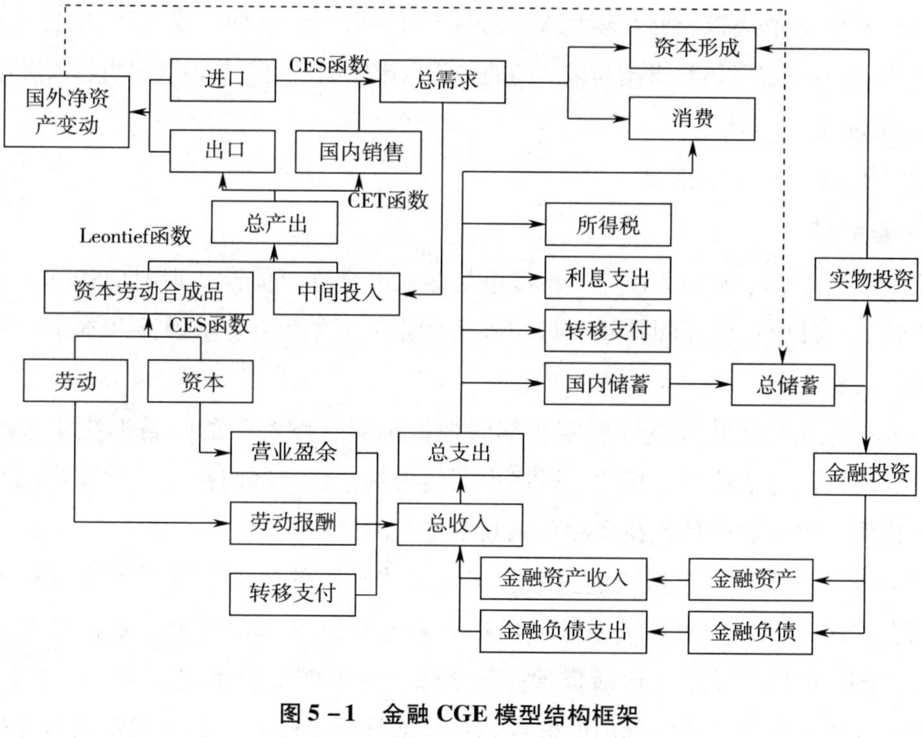

图 5－1　金融 CGE 模型结构框架

1. 生产模块

生产模块刻画了经济体中的生产过程，这一过程由两层嵌套的不同生产函数描述，以表示各种生产要素投入品之间存在的不同的替代关系。第一层生产函数，增加值与中间投入以 Leontief 生产函数来形成经济中的总产出。第二层生产函数，资本与劳动通过 CES 生产函数形成增加值。

2. 收入支出模块

收入支出模块通过一系列恒等式刻画各部门之间的收入支出关系。为了研究需求，本章将各部门之间收入支出关系划分为利息收支、所得税支付及其他经常转移三种形态。

（1）利息收支。反映各部门之间由于资金的使用与让渡所产生的利息往来情况。A 部门对 B 部门的利息支付 = ∑（第 i 种金融产品平均利率 × A 部门对 B 部门的第 i 种生息金融负债平均余额），而第 i 种生息金融负债平均余额 = （期初生息金融负债余额 + 期末生息金融负债余额）/2。以住户部门向传统金融机构贷款为例，住户部门支付的贷款利息 = 贷款平均利率 × （住户贷款期初余额 + 住户贷款期末余额）/2。

（2）所得税支付。主要涉及住户部门、非金融企业和传统金融机构向政府部门的所得税支付。假定：各部门所得税 = 各部门的应税收入 × 所得税税率。

（3）其他经常转移。利用金融 SAM 表中“行（收入） = 列（支出）”的恒等式，假定某部门的某一项经常转移支出与该部门的总收入成比例，也就是说支出由收入决定。

3. 对外贸易模块

与实体 CGE 模型中相似。

4. 金融模块

模型将金融资产分为 7 种类型：货币与存款、贷款、债券、理财信托基金、货币政策工具、国外债权债务和其他（假定外生固定）。这里主要呈现涉及本章研究主题的四部分内容：

（1）金融资产优化配置。假定各部门根据不同金融资产的收益率决定金融资产配置，资产规模与收益率正相关。以住户部门为例，住户部门持有的理财产品与存款之间的比例，由理财产品收益率和存款利率之间的比例决定。

（2）实体部门投资与融资的关系。假定实体部门的投资主要受可用投资资金影响，两者之间具有对数线性关系。可用投资资金包括本部门的储蓄和融资总量。其中，住户部门的融资总量仅包括贷款；非金融企业的融资总量包括贷款、企业债券、外商直接投资三部分；政府部门的融资总量包括贷款和政府债券。假定政府部门主要通过增发债券的方式弥补由贷款和储蓄减少造成的资金缺口。由于政府举债融资行为逐渐得到规范，历史贷款陆续被置换为政府债券，本章假定政府贷款只减不增。

（3）利率体系。利率是资金的价格，在资金供求关系中起着中枢调节作用。几乎每一种金融产品涉及一种利率，这里重点介绍存款利率、贷款利率和债券利率（包括企业债券利率和政府债券利率）的决定方程。假定存款利率与存款基准利率、理财产品利率正相关；贷款利率与贷款市场报价利率、理财产品利率正相关，贷款市场报价利率与公开市场操作利率正相关；企业债券利率（R_{be}）与贷款利率、理财产品利率及非金融企业融资缺口（FG_e）正相关；政府债券利率（R_{bg}）与存款利率、理财产品利率及政府部门融资缺口（FG_g）正相关。

（4）中央银行存款准备金政策。假定存款准备金是传统金融机构存款与平均存款准备金率的乘积。

5. 财税模块

为了模拟财政政策，本模型还增加了增值税部分内容的设置，借鉴张欣（2017）的处理方法，将间接税拆分为增值税和消费税及其他生产税。

6. 闭合规则模块

根据我国经济发展特点，本模型采用路易斯闭合规则，具体设置见本章后面部分的论述。

（二）金融 CGE 模型的主要特点

与国内其他机构相比，本章所构建的金融 CGE 模型具有以下四个方面特点：

一是数据基础更为扎实。我们从官方渠道获得了 2015—2016 年的资金存量表。而国内多数金融 CGE 模型研究由于缺乏资金存量表，不能将资金流量表与资金存量表进行对照，导致模型数据基础薄弱，很大可能会影响模拟评估效果。

二是有效解决了存量指标与流量指标相衔接的问题。金融领域的多数指标为存量指标，而 CGE 模型的数据基础——SAM 表实际为流量数据。为了将金融交易的流量与存量相衔接，我们假定：金融 SAM 表中的金融资产（负债）增量 = 期末金融资产（负债）余额 - 期初金融资产（负债）余额，同时将期初余额视为常数，那么金融资产（负债）增量的变化就反映了期末金融资产（负债）余额的变化。

三是可以同时模拟数量型和价格型货币政策。国内金融 CGE 模型研究在评估货币政策效应时一般侧重于一种货币政策，而本模型通过详细刻画利率体系，引入了多达 11 种利率，同时还阐述了中央银行法定存款准备金率调节机制，使同时模拟基准利率和准备金率调整成为可能。

四是可以研究货币政策与财政政策的组合叠加效应。在重点构建货币政策模拟体系的基础上，本模型还增加了增值税模块，可以同时模拟2019年实施的增值税减税与降准政策。

（三）金融SAM表的编制

1. 宏观SAM表的账户结构和平衡关系

为了清晰描述“储蓄—投资”的转化机制，金融SAM表对实体SAM表账户结构进行了拓展，主要是增加了资本账户和金融账户，具体结构见附表5-1。

资本账户反映各机构部门的金融资金来源与运用情况。它以储蓄为起点，记录资本转移和非金融投资情况，如果非金融投资规模与资金来源（储蓄和资本转移净收入）规模不匹配，就会出现资金盈余或资金短缺，称为净贷出（资金盈余，为正值），或净借入（资金短缺，为负值）。从结果看，资金盈余（净贷出）部门将形成金融资产，从而把资金的使用权让渡给其他部门；资金短缺（净借入）部门则需要举借金融负债，从而从其他部门获得资金的使用权。当然，各部门进行金融交易可能有多重目的，在交易过程中，资金盈余方也可能发生金融负债，资金短缺方也可能购买金融资产。因此，要全面反映各机构部门资金流转的结果，还需要结合金融账户。

与资本账户从机构部门出发不同，金融账户从金融产品出发，记录每一种金融产品在各机构部门之间的流转结果，表现为各机构部门的金融资产和金融负债。由于任何一笔金融交易都存在一个资产方和一个负债方，因此从整体上看，一种金融产品的所有部门资产之和，必然等于所有部门负债之和。

（1）金融SAM表的内部平衡关系。综合资本账户和金融账户的特点，金融SAM表内部存在两种重要的平衡关系：

从各机构部门看，储蓄+资本转移收入+金融负债增量=资本形成总额+资本转移支出+金融资产增量。该等式等价于：储蓄+（资本转移收入-资本转移支出）-资本形成总额=金融资产增量-金融负债增量，即资金流量表（实物交易）中的净金融投资=资金流量表（金融交易）中的净金融投资。从此处可以看出资金流量表的实物交易数据和金融交易数据之间的衔接关系。

从各金融产品看，所有部门的金融负债增量之和=所有部门的金融资产增量之和。

（2）金融SAM表与资金存量表之间的关系。SAM表本质上属于流量表。为了将金融SAM表与存量指标联系起来，我们假定：金融SAM表中的金融资产增量=本年末金融资产余额-上年末金融资产余额。金融SAM表中的金融负债增量=本年末金融负债余额-上年末金融负债余额。同时假定，上年末金融资产负债余额为常数，那么金融资产增量的变化就反映了本年末金融资产负债余额的变化。

2. 编制金融 SAM 表所需的资料

本章基于 2016 年数据编制金融 SAM 表。此处之所以使用 2016 年数据而非 2015 年数据，主要因为：一是除了中间投入为 2015 年数据外，金融 SAM 表中的其余指标均能获得 2016 年数据，而且中间投入占总产出的比重通常较为稳定，可以采取推算形式获得 2016 年的中间投入指标；二是金融 SAM 表的编制同时需要使用资金流量表的实物交易和金融交易数据，金融 SAM 表的准确性依赖于实物交易中净金融投资与金融交易中净金融投资的匹配度，通过比对发现，两者在 2016 年的数据匹配度更好。

编制 2016 年中国宏观 SAM 表所使用到的原始资料主要有：（1）《2016 年资金流量表（实物交易）》，来源于《中国统计年鉴 2018》。（2）《2016 年资金流量表（金融交易）》，来源于中国人民银行调查统计司。（3）《2015 年资金存量表》《2016 年资金存量表》，来源于中国人民银行调查统计司。（4）《2015 年 42 部门投入产出表》，来源于《中国统计年鉴 2018》。（5）《2016 年国家财政预算、决算收支》，来源于《2017 中国财政年鉴》。

3. 机构部门与金融产品的归并

资金存量表（及资金流量表）对于编制金融 SAM 表、构建金融 CGE 模型至关重要。一般情况下，金融 SAM 表结构根据资金存量表结构设定，但是完整的资金存量表包括 12 个机构部门和 38 项金融产品（以《2016 年资金存量表》为例），为了突出各部门的主要金融交易过程，抓住金融问题的主要矛盾，本章对资金存量表进行了归并和简化。

（1）机构部门的归并。将资金存量表的 12 个机构部门归并为 7 个部门，分别是：住户部门、非金融企业、传统金融机构、中央银行、特殊目的载体、政府部门和国外部门。其中，设置中央银行部门主要是为了模拟货币政策，设置特殊目的载体部门主要是为了反映金融机构表外业务情况。金融 SAM 表 7 个部门与《2016 年资金存量表》12 个部门之间的归并关系见表 5－1。

表 5－1　　机构部门的归并关系

<table>
<tr><th>金融 SAM 表</th><th>资金存量表</th><th>金融 SAM 表</th><th>资金存量表</th></tr>
<tr><td>1. 住户</td><td>1. 住户</td><td rowspan="3">5. 特殊目的载体</td><td>7. 证券投资基金</td></tr>
<tr><td>2. 非金融企业</td><td>2. 非金融企业</td><td>8. 资金信托</td></tr>
<tr><td rowspan="3">3. 传统金融机构</td><td>3. 存款货币机构</td><td>9. 代客理财</td></tr>
<tr><td>4. 保险公司</td><td rowspan="2">6. 政府部门</td><td>10. 政府</td></tr>
<tr><td>5. 其他金融机构</td><td>11. 社会保险基金</td></tr>
<tr><td>4. 中央银行</td><td>6. 中央银行</td><td>7. 国外</td><td>12. 国外</td></tr>
</table>

（2）金融产品的归并。将资金存量表的 38 项金融产品归并为 7 类，分别是：货币与存款、贷款、债券、理财信托基金、货币政策工具、国外债权债务和其他，归并关系见表 5 - 2。金融产品的归并主要是基于研究需要：一是将通货、存款合并为一项主要为了拟合广义货币 M2；二是债券没有包括金融债券和中央银行债券，原因在于金融债券中 80% 以上均由金融机构自行购买，属于部门内部循环的金融产品，在 CGE 模型中一般不研究部门内部交易，此外中央银行债券余额较小，可以忽略；三是将理财贷款、理财资金和基金归并为一项，可以综合反映特殊目的载体的表外资产和负债情况，同时由于金融产品可以记录在机构部门的来源方或使用方，把这些项目归并为一项，并不会出现理财资金 + 理财贷款的无意义项目现象；四是将存款准备金、中央银行贷款、国际储备资产归并为货币政策工具可以模拟货币政策；五是将直接投资和其他对外债权债务归并为一项可以反映各机构部门对外的金融资产和负债情况。

表 5 - 2　　　　　　　　　　　金融产品的归并关系

金融 SAM 表	资金存量表	金融 SAM 表	资金存量表
1. 通货与存款	4. 通货	3. 债券	30. 企业债券
	6. 活期存款	4. 理财信托基金	22. 资金信托计划贷款
	7. 定期存款		23. 代客理财贷款
	9. 外汇存款		21. 代客理财资金
	11. 其他存款		22. 资金信托计划权益
	12. 证券公司客户保证金		32. 证券投资基金
2. 贷款	14. 短期贷款	5. 货币政策工具	25. 存款准备金
	15. 票据融资		34. 中央银行贷款
	16. 中长期贷款		38. 国际储备资产
	17. 外汇贷款	6. 对外债权债务	36. 直接投资
	24. 其他贷款		37. 其他对外债权债务
3. 债券	27. 政府债券	7. 其他	来源或运用合计 - 上述 6 项合计

（3）进一步内部合并。经过上述机构部门和金融产品归并后，会出现部分金融产品在来源方和运用方都有数据的现象，这不利于清晰展示资金在各机构部门中的走向，因此有必要进一步内部轧差合并。合并的原则：一是对于每一种金融产品在来源方和运用方都有数的，仅在其中的一方显示。例如，非金融企业的债券来源方为 178135 亿元，运用方为 4057 亿元，此时我们将其进行内部轧差为来源方 174078 亿元（178135 亿元 - 4057 亿元）。二是由于数额较低，国外部门不保留债券、理财信托基金和货币政策工具三项指标，相应地在相关机构部门中加上对应项目的来源与运用缺口。例如，国外部门的债券轧差项为来源方 560 亿元，假定中央银行债券运用方也减少 560 亿元。最终合并结果见表 5 - 3。

表5-3　　归并后的各部门2016年末金融资产和负债余额　　单位：亿元

		1. 通货与存款	2. 贷款	3. 债券	4. 理财信托基金	5. 货币政策工具	6. 国外债权债务	7. 其他	合计
住户	运用	684743		11737	157844			314393	1168717
	来源		342264						342264
非金融企业	运用	556012			161235		134156		851404
	来源		685665	174078	62336		220251	275257	1417587
政府	运用	229435			15442			71850	316727
	来源		72682	225645			5690		304017
中央银行	运用			15006		284453	3262		302721
	来源	68304				239945		38547	346796
传统金融机构	运用		1118453	267665	122757	239945			1748819
	来源	1431659			26757	69555	3367	321334	1852673
特殊目的载体	运用	25550		105315	89093			238638	458595
	来源				457278				457278
国外	运用	4223					229308	10257	243788
	来源		17842			214897	137418		370158
合计	运用	1499963	1118453	399723	546371	524398	366726	635138	5108411
	来源	1499963	1118453	399723	546371	524398	366726	635138	5108411

表5-3中各指标的含义：①从通货与存款来看：住户的运用方值为684743亿元，其中包括现金60395亿元、存款624348亿元；非金融企业的运用方值为556012亿元，其中包括现金6147亿元、存款549865亿元；政府的运用方值为229435亿元，其中包括现金1366亿元、存款228069亿元；国外的运用方值为4223亿元，其中包括现金395亿元、存款3828亿元；特殊目的载体运用方值25550亿元，全部为存款。上述各部门的存款形成传统金融机构的来源方1431659亿元，同时各部门的现金形成中央银行的来源方68304亿元。②从贷款来看，传统金融机构是贷款资金提供方，共计1118453亿元，形成传统金融机构的金融资产余额，住户、非金融企业、政府、国外等部门向传统金融机构举借贷款，余额分别为342264亿元、685665亿元、72682亿元、17842亿元。③从债券来看，债券发行方包括非金融企业和政府部门，各自分别发行债券174078亿元和225645亿元。住户、中央银行、传统金融机构、特殊目的载体是债券购买方，但不同部门购买的债券类型不同，假定住户和中央银行仅购买政府债券，余额分别为11737亿元和15006亿元，特殊目的载体仅购买企业债券，余额为105315亿元，传统金融机构既购买企业债券也购买政府债券，余额分别为68764亿元、198901亿元。④从理财信托基金来看，各部门主要与特殊目的载体发生资金往来。住户、非金融企业、政府、传统金融机构分别购买特殊目的载体发行的理财产

品和基金，余额分别为157844亿元、161235亿元、15442亿元、122757亿元。非金融企业和传统金融机构分别向特殊目的载体举借理财信托贷款，余额分别为62336亿元、26757亿元。⑤从货币政策工具来看，各部门主要与中央银行发生资金往来。传统金融机构存入中央银行的法定存款准备金余额为239945亿元，同时获得中央银行的再贷款69555亿元。中央银行的国际储备资产为214897亿元，形成了国外部门的负债。⑥从国外债权债务来看，非金融企业获得的外商直接投资余额为220251亿元，而对外直接投资余额为134156亿元。中央银行对国外净债权3262亿元，政府部门和传统金融机构对国外净债务分别为5690亿元、3367亿元。⑦其他项作为平衡项，在模型中假定为常数。

4. 金融SAM表的具体编制过程说明

下面，根据附表5－1所列的2016年金融SAM表，逐项说明其编制资料来源和计算方法。

（1）金融SAM表第1行和第1列：活动账户（见表5－4）。

表5－4　　活动账户

金融SAM表第1行			金融SAM表第1列		
国内生产国内销售产品	Cell（1，2）	2101864	中间投入	Cell（2，1）	1512086
出口退税	Cell（1，10）	12154	国内劳动者报酬	Cell（3，1）	385192
出口	Cell（1，11）	138419	营业盈余	Cell（4，1）	271848
			间接税费	Cell（10，1）	83311
总产出	Cell（1，26）	2252438	总投入	Cell（26，1）	2252438

注：用Cell（行号，列号）代表金融SAM表中的元素，下同。

Cell（1，2）—国内生产国内销售总产品：数值为总产出与出口的余项。

Cell（1，10）—出口退税：数据来自《2017年中国财政年鉴》—《2016年全国一般公共预算、决算收支》—“出口货物退增值税、消费税”—收入决算数12154。

Cell（1，11）—出口：数据来自《中国统计年鉴2017》“11－1对外经济贸易基本情况”—出口总额138419。

Cell（1，26）—总产出：等于总投入。

Cell（2，1）—中间投入：估算数。假定：2016年的增加值率与2015年相同。增加值率＝增加值/总产出＝增加值/（中间投入＋增加值），增加值率不变，可以推导出“增加值/中间投入”不变。已知：（1）2015年增加值689052亿元，（2）2016年增加值743585亿元，（3）2015年中间投入1401192亿元。求：2016年中间投入，根据上述公式计算为1512086亿元。

Cell（3，1）—国内劳动者报酬：数据来自《2016 年资金流量表（实物交易）》—劳动者报酬—国内合计的运用方 385192。

Cell（4，1）—营业盈余：数据来自《2016 年资金流量表（实物交易）》—“增加值—国内合计 743585” - “劳动者报酬—国内合计的运用方 385192” - “生产税净额—国内合计的运用方 86545” =271848。

Cell（10，1）—间接税费：数据来自《2016 年资金流量表（实物交易）》—“生产税净额—国内合计的运用方 86545” - “关税 15388” + “出口退税 12154” =83311。

Cell（26，1）—总投入：等于第 1 列各项之和。

（2）金融 SAM 表第 2 行和第 2 列：商品账户。

商品账户主要用来核算国内商品市场供给和需求情况（见表 5 -5）。

表 5 -5　　商品账户

金融 SAM 表第 2 行			金融 SAM 表第 2 列		
中间投入	Cell（2，1）	1512086	国内生产国内销售总产品	Cell（1，2）	2101864
住户消费	Cell（2，5）	293443	关税	Cell（10，2）	15388
政府消费	Cell（2，10）	106467	进口	Cell（11，2）	121444
住户部门资本形成	Cell（2，12）	52281			
非金融企业资本形成	Cell（2，13）	226627			
传统金融机构资本形成	Cell（2，14）	631			
政府部门资本形成	Cell（2，17）	47161			
国内总需求	Cell（2，26）	2238696	国内总供给	Cell（26，2）	2238696

Cell（2，5）—住户消费：数据来自《2016 年资金流量表（实物交易）》—住户消费支出 293443。

Cell（2，10）—政府消费：数据来自《2016 年资金流量表（实物交易）》—政府消费支出 106467。

Cell（2，12）—住户部门资本形成、Cell（2，13）—非金融企业资本形成、传统金融机构资本形成—Cell（2，14）、政府部门资本形成—Cell（2，17）：首先，令总资本形成等于总储蓄，总储蓄在《2016 年资金流量表（实物交易）》的值为 326700；然后，根据《2016 年资金流量表（实物交易）》的四个部门资本形成总额比例匹配总资本形成。

Cell（2，26）—国内总需求：等于第 2 行各项之和。

Cell（10，2）—关税：数据来自《2017 年中国财政年鉴》—《2016 年全国一般公共预算、决算收支》—“关税—收入决算数2604” +“进口货物消费税、增值税—收入决算数12784” =15388。

Cell（11，2）—进口：出口-净出口，净出口来自《2016年资金流量表（实物交易）》的净出口16976。

Cell（26，2）—国内总需求：等于第2列各项之和。

（3）金融SAM表第3行和第3列：要素—劳动账户（见表5-6）。

表5-6　要素—劳动账户

金融SAM表第3行			金融SAM表第3列		
国内劳动者报酬	Cell（3，1）	385192	住户获得的劳动报酬	Cell（5，3）	386564
国外支付的劳动报酬	Cell（3，11）	1785	给国外的劳动报酬	Cell（11，3）	413
劳动收入	Cell（3，26）	386976	劳动支出	Cell（26，3）	386976

Cell（3，11）—国外支付的劳动报酬：数据来自《2016年资金流量表（实物交易）》—劳动者报酬—国外部门的运用方1785。

Cell（3，26）—劳动总收入：数据来自《2016年资金流量表（实物交易）》—劳动者报酬—合计栏的运用方386976。

Cell（5，3）—住户获得的劳动报酬：数据来自《2016年资金流量表（实物交易）》—劳动者报酬—住户部门的来源方386564。

Cell（11，3）—支付给国外的劳动报酬：数据来自《2016年资金流量表（实物交易）》—劳动者报酬—国外部门的来源方413。

Cell（26，3）—劳动总支出：数据来自《2016年资金流量表（实物交易）》—劳动者报酬—合计栏的来源方386976。

（4）金融SAM表第4行和第4列：要素—资本账户（见表5-7）。

表5-7　要素—资本账户

金融SAM表第4行			金融SAM表第4列		
营业盈余	Cell（4，1）	271848	住户营业盈余	Cell（5，4）	49987
			非金融企业营业盈余	Cell（6，4）	179161
			传统金融机构营业盈余	Cell（7，4）	34860
			政府营业盈余	Cell（10，4）	7841
资本收入	Cell（4，26）	271848	资本支出	Cell（26，4）	271848

Cell（5，4）—住户营业盈余：数据来自《2016年资金流量表（实物交易）》—“增加值—住户部门180929” -“劳动者报酬—住户部门的运用方126552” -“生产税净额—住户部门的运用方4390” =49987。

Cell（6，4）—非金融企业营业盈余：数据来自《2016年资金流量表（实物交易)》—“增加值—非金融企业部门 439385” - “劳动者报酬—非金融企业部门的运用方 185225” - “生产税净额—非金融企业部门的运用方 74999” =179161。

Cell（7，4）—传统金融机构营业盈余：数据来自《2016 年资金流量表（实物交易)》—“增加值—金融机构部门 61122” - “劳动者报酬—金融机构部门的运用方 19449” - “生产税净额—金融机构部门的运用方 6813” =34860。

Cell（10，4）—政府营业盈余：数据来自《2016 年资金流量表（实物交易)》—“增加值—政府部门 62151” - “劳动者报酬—政府部门的运用方53967” - “生产税净额—政府部门的运用方 342” =7841。

（5）金融 SAM 表第 5 行和第 5 列：住户账户（见表 5 - 8)。

表 5 - 8　住户账户

金融 SAM 表第 5 行			金融 SAM 表第 5 列		
住户劳动报酬	Cell（5，3）	386564	住户消费	Cell（2，5）	293443
住户营业盈余	Cell（5，4）	49987	住户给非金融企业的转移支付	Cell（6，5）	1587
非金融企业对住户的转移支付	Cell（5，6）	6804	住户给传统金融机构的利息	Cell（7，5）	14798
传统金融机构给住户的利息	Cell（5，7）	18296	住户直接税费	Cell（10，5）	49209
特殊目的载体给住户的利息	Cell（5，9）	5640	住户储蓄	Cell（12，5）	166092
政府给住户的转移支付	Cell（5，10）	57838			
住户总收入	Cell（5，26）	525128	住户总支出	Cell（26，5）	525128

Cell（5，6）—非金融企业对住户的转移支付，见专栏 5 - 1 的表 13。

Cell（5，7）—传统金融机构给住户的利息，见专栏 5 - 1 的表 13。

Cell（5，9）—特殊目的载体给住户的利息，见专栏 5 - 1 的表 13。

Cell（5，10）—政府给住户的转移支付，见专栏 5 - 1 的表 13。

Cell（5，26）—住户总收入，等于第 5 行各项之和。

Cell（6，5）—住户给非金融企业的转移支付，见专栏 5 - 1 的表 13。

Cell（7，5）—住户给传统金融机构的利息，见专栏 5 - 1 的表 13。

Cell（10，5）—住户直接税费，见专栏 5 - 1 的表 13。

Cell（12，5）—住户储蓄，数据来自《2016 年资金流量表（实物交易)》—总储蓄—住户部门。

Cell（26，5）—住户总支出，等于第 5 列各项之和。

专栏5-1

住户等七部门之间的转移支付

对于七部门两两之间的转移支付，由于目前缺乏直接的统计资料，我们根据《2016年资金流量表（实物交易）》中的财产收入和经常转移进行估计。其中，财产收入包括4个子项，分别是“（一）利息，（二）红利，（三）地租，（四）其他”；经常转移包括5个子项，分别是“（一）所得税、财产税等经常税，（二）社会保险缴款，（三）社会保险福利，（四）社会补助，（五）其他”。下面我们对上述9个子项逐一进行拆分。《2016年资金流量表（实物交易）》已经给出了上述9个子项在各部门的收入（来源）和支出（运用）总和，只需要辅以合理的假定即可拆分。

1. 对利息的拆分

在金融SAM表中，各机构部门的金融资产与负债情况不仅影响到非金融投资，也直接影响到利息收支，因此，估算各部门之间的利息往来时还应考虑到各部门的金融资产余额和金融负债余额。

已知：《2016年资金流量表（实物交易）》提供了五部门的利息收入和支出总和，但没有单列出中央银行和特殊目的载体两个部门的利息收入和支出。

假定：(1)《2016年资金流量表（实物交易）》提供的金融机构利息仅包括传统金融机构和中央银行的利息，而没有包括特殊目的载体的利息，特殊目的载体的利息收入=利息支出，因此特殊目的载体的储蓄为0。

(2) 各部门的利息收入支出与持有的生息金融资产和负债余额有关，具体计算公式为：A部门对B部门的利息支出=A部门对B部门的生息金融负债平均余额×利率。其中，A部门对B部门的生息金融负债平均余额=（2015年末金融负债余额+2016年末金融负债余额）/2－非生息金融负债平均余额。非生息金融负债平均余额=现金+外商直接投资+对外直接投资+其他项。

求七部门之间的利息收支往来情况。

第一，根据表5－3的归并结果，获得各部门的生息金融资产和负债余额，结果见表1；第二，根据相关资料，明确各金融产品2016年的平均利率，结果见表2；第三，根据假定(2)，计算出中央银行持有各金融产品的利息收入和支出，得到总利息收入为8690亿元，总利息支出为1631亿元，从而根据假定(1)得到传统金融机构总利息收入为44045亿元，总利息支出为43864亿元，按同样的方法计算出特殊目的载体的总利息收入和支出均为16620亿元。最终根据上述假定可以计算出各部门的利息收支往来矩阵，结果见表 3。

表 1　　2015—2016 年各部门生息金融资产和负债平均余额　　单位：亿元

	住户	非金融企业	传统金融机构	中央银行	特殊目的载体	政府	国外	合计
住户			310402					310402
非金融企业			708263		150452			858714
传统金融机构	598954	511884		50212	50097	214480	9726	1435353
中央银行			226556					226556
特殊目的载体	140999	146795	113264			14451		415508
政府	11594		251492	15281			5423	283790
国外			15007	231514				246521
合计	751547	658679	1624983	297008	200549	228930	15149	

表 2　　2016 年各金融产品的年利率　　单位：%

序号	利率名称	参考标准	2016 年平均水平
1	国债	国债到期收益率	2.8
2	企业债	企业债到期收益率	4.02
3	一般存款	1 年期存款利率	1.725
4	国内贷款	1 年期贷款利率	5.3
5	理财信托基金	理财收益率：6 个月	4.2
6	准备金	法定准备金利率	0.72
7	再贷款		3.1
8	国际储备资产	美国国债到期收益率：1 年	1.8
9	外汇存款	大额美元存款利率	1.7
10	外汇贷款	美元贷款利率 1 年	2.4
11	理财信托贷款		9.28

表 3　　各部门之间的利息往来情况　　单位：亿元

	住户	非金融企业	传统金融机构	中央银行	特殊目的载体	政府	国外	合计
住户			13778		5640	322		19740
非金融企业			14148		5872			20020
传统金融机构	9928	20174		1631	4531	6927	855	44045
中央银行			653			424	7614	8690
特殊目的载体		9115	7505					16620
政府			6681		578			7259
国外			1099			130		1229
合计	9928	29289	43864	1631	16620	7803	8469	

2. 对红利的拆分

已知：各部门红利的收入和支出总和。

假定：(1) 住户和政府的红利分别来源于非金融企业和传统金融机构，并按照非金融企业和传统金融机构的红利总支出规模比例进行拆分；

(2) 国外部门的红利仅支付给非金融企业；

(3) 传统金融机构的红利支付分别给住户、政府和国外部门。

求各部门之间的红利往来。拆分结果见表4。

表4　　各部门之间的红利往来情况　　单位：亿元

	住户	非金融企业	传统金融机构	中央银行	特殊目的载体	政府	国外	合计
住户		2353	173					2526
非金融企业							4696	4696
传统金融机构		863						863
中央银行								
特殊目的载体								
政府		7503	552					8054
国外		15141	1177					16318
合计		25860	1901				4696	

3. 对地租的拆分

已知：各部门地租的收入和支出总和。

假定：政府是地租的收入方。

求各部门之间的地租往来。拆分结果见表5。

表5　　各部门之间的地租往来情况　　单位：亿元

	住户	非金融企业	传统金融机构	中央银行	特殊目的载体	政府	国外	合计
住户								
非金融企业								
传统金融机构								
中央银行								
特殊目的载体								
政府	32	6846						6877
国外								
合计	32	6846						

4. 对其他财产收入的拆分

已知：各部门其他财产收入和支出总和。

其他财产收入主要涵盖投资收入和外商直接投资的再投资收益，投资收入具体包括投保人的投资收入、养老金权益的应付投资收入及属于投资基金股东集体的投资收入。

假定：(1) 国外部门的其他财产收入仅来源于政府，支付给政府和非金融企业，按照二者的其他财产收入规模比例进行拆分；

(2) 非金融企业的其他财产支出仅支付给政府；

(3) 传统金融机构的其他财产支出支付给住户、非金融企业和政府。

求各部门之间的其他财产收入往来。拆分结果见表6。

表6　　各部门之间的其他财产收入往来情况　　单位：亿元

	住户	非金融企业	传统金融机构	中央银行	特殊目的载体	政府	国外	合计
住户			3305			1681		4986
非金融企业			105				28	133
传统金融机构								
中央银行								
特殊目的载体								
政府		8	28				9	45
国外						14		14
合计		8	3438			1696	37	

5. 对所得税、财产税等经常税的拆分

已知：各部门所得税、财产税等经常税的收入和支出总和。政府是税收的收入部门。拆分结果见表7。

表7　　各部门之间的所得税、财产税等经常税往来情况　　单位：亿元

	住户	非金融企业	传统金融机构	中央银行	特殊目的载体	政府	国外	合计
住户								
非金融企业								
传统金融机构								
中央银行								
特殊目的载体								
政府	10153	20132	8720					39005
国外								
合计	10153	20132	8720					

6. 对社会保险缴款的拆分

已知：各部门社会保险缴款的收入和支出总和。政府承担社会保险缴款收入和支出。拆分结果见表8。

表8　　各部门之间的社会保险缴款往来情况　　单位：亿元

	住户	非金融企业	传统金融机构	中央银行	特殊目的载体	政府	国外	合计
住户								
非金融企业								
传统金融机构								
中央银行								
特殊目的载体								
政府	39024					11089		50112
国外								
合计	39024					11089		

注：有11089亿元是政府给政府的社会保险缴款。

7. 对社会保险福利的拆分

已知：各部门社会保险福利的收入和支出总和。政府承担社会保险福利支出，住户部门为社会保险福利的收入方。拆分结果见表9。

表9　　各部门之间的社会保险福利往来情况　　单位：亿元

	住户	非金融企业	传统金融机构	中央银行	特殊目的载体	政府	国外	合计
住户						43605		43605
非金融企业								
传统金融机构								
中央银行								
特殊目的载体								
政府								
国外								
合计						43605		

8. 对社会补助的拆分

已知：各部门社会补助的收入和支出总和。假定住户部门为社会补助的收入方。拆分结果见表10。

表 10 各部门之间的社会补助往来情况 单位：亿元

	住户	非金融企业	传统金融机构	中央银行	特殊目的载体	政府	国外	合计
住户		335				12230		12565
非金融企业								
传统金融机构								
中央银行								
特殊目的载体								
政府								
国外								
合计		335				12230		

9. 对其他经常转移的拆分

已知：各部门其他经常转移的收入和支出总和。

假定：（1）国外的其他经常转移全部支付给政府，政府的其他经常转移也全部支付给国外；

（2）非金融企业的其他经常转移收入全部来自住户；

（3）住户和非金融企业均与政府不发生其他经常转移。

拆分结果见表 11。

表 11 各部门之间的其他经常转移往来情况 单位：亿元

	住户	非金融企业	传统金融机构	中央银行	特殊目的载体	政府	国外	合计
住户		4117	1040					5157
非金融企业	1587							1587
传统金融机构	4870	570						5440
中央银行								
特殊目的载体								
政府			1233				2050	3283
国外			2454			233		2687
合计	6457	4687	4727			233	2050	

10. 合并和调整

（1）对表 3 至表 11 加总合并，得到各部门之间总体往来情况，见表 12。（2）剔除政府对政府自身的转移，即在政府部门收入和支出方同时减去 11089 亿元，这样操作主要是因为 CGE 模型一般不考察部门内部转移。最终结果见表 13。

表 12　　各部门之间往来合计的初步结果　　单位：亿元

	住户	非金融企业	传统金融机构	中央银行	特殊目的载体	政府	国外	合计
住户		6804	18296		5640	57838		88578
非金融企业	1587		14254		5872		4724	26437
传统金融机构	14798	21607		1631	4531	6927	855	50348
中央银行			653			424	7614	8690
特殊目的载体		9115	7505					16620
政府	49209	34488	17214		578	11089	2059	114636
国外		15141	4729			377		20248
合计	65594	87156	62650	1631	16620	76654	15252	

表 13　　各部门之间往来合计的最终结果　　单位：亿元

	住户	非金融企业	传统金融机构	中央银行	特殊目的载体	政府	国外	合计
住户		6804	18296		5640	57838		88578
非金融企业	1587		14254		5872		4724	26437
传统金融机构	14798	21607		1631	4531	6927	855	50348
中央银行			653			424	7614	8690
特殊目的载体		9115	7505					16620
政府	49209	34488	17214		578		2059	103548
国外		15141	4729			377		20248
合计	65594	87156	62650	1631	16620	65566	15252	

（6）金融 SAM 表第 6 行和第 6 列：非金融企业部门账户。非金融企业部门账户主要核算非金融企业部门收入和支出情况（见表 5－9）。

表 5－9　　非金融企业部门账户

金融 SAM 表第 6 行			金融 SAM 表第 6 列		
非金融企业营业盈余	Cell（6，4）	179161	非金融企业对住户转移支付	Cell（5，6）	6804
住户给非金融企业的转移支付	Cell（6，5）	1587	非金融企业给传统金融机构的利息	Cell（7，6）	21607
传统金融机构给非金融企业的利息	Cell（6，7）	14254	非金融企业给特殊目的载体的利息	Cell（9，6）	9115
特殊目的载体给非金融企业的利息	Cell（6，10）	5872	非金融企业的直接税费	Cell（10，6）	34488
国外给非金融企业的红利	Cell（6，11）	4724	非金融企业对国外的红利	Cell（11，6）	15141
			非金融企业的储蓄	Cell（13，6）	118442
非金融企业总收入	Cell（6，26）	205597	非金融企业总支出	Cell（26，6）	205597

Cell（6，7）—传统金融机构给非金融企业的利息 145254：见专栏 5－1 的表 13。

Cell（6，10）—特殊目的载体给非金融企业的利息 5872：见专栏 5－1 的表 13。

Cell（6，11）—国外给非金融企业的红利 4724：见专栏 5－1 的表 13。

Cell（6，26）—非金融企业总收入：等于第 6 行之和。

Cell（7，6）—非金融企业给传统金融机构的利息 21607：见专栏 5－1 的表 13。

Cell（9，6）—非金融企业给特殊目的载体的利息 9115：见专栏 5－1 的表 13。

Cell（10，6）—非金融企业直接税费 34488：见专栏 5－1 的表 13。

Cell（11，6）—非金融企业对国外的红利 15141：见专栏 5－1 的表 13。

Cell（13，6）—非金融企业储蓄：数据来自《2016 年资金流量表（实物交易）》总储蓄—非金融企业部门。

Cell（26，6）—非金融企业总支出：等于第 6 列之和。

（7）金融 SAM 表第 7 行和第 7 列：传统金融机构部门账户（见表 5－10）。

表 5－10　　传统金融机构部门账户

金融 SAM 表第 7 行			金融 SAM 表第 7 列		
传统金融机构营业盈余	Cell（7，4）	34860	传统金融机构给住户的利息	Cell（5，7）	18296
住户给传统金融机构的贷款利息	Cell（7，5）	14798	传统金融机构给非金融企业的利息	Cell（6，7）	14254
非金融企业给传统金融机构的利息	Cell（7，6）	21607	传统金融机构给中央银行的利息	Cell（8，7）	653
中央银行给传统金融机构的利息	Cell（7，8）	1631	传统金融机构给特殊目的载体的利息	Cell（9，7）	7505
特殊目的载体给传统金融机构的利息	Cell（7，9）	4531	传统金融机构直接税费	Cell（10，7）	17214
政府给传统金融机构的利息	Cell（7，10）	6927	传统金融机构给国外的利息	Cell（11，7）	4729
国外给传统金融机构的利息	Cell（7，11）	855	传统金融机构的储蓄	Cell（14，7）	22558
传统金融机构收入	Cell（7，26）	85208	传统金融机构支出	Cell（26，7）	85208

Cell（7，8）—中央银行给传统金融机构的利息 1631：见专栏 5－1 的表 13。

Cell（7，9）—特殊目的载体给传统金融机构的利息 4531：见专栏 5－1 的表 13。

Cell（7，10）—政府给传统金融机构的利息 6927：见专栏 5－1 的表 13。

Cell（7，11）—国外给传统金融机构的利息 855：见专栏 5－1 的表 13。

Cell（7，26）—传统金融机构收入 85208：见专栏 5－1 的表 13。

Cell（8，7）—传统金融机构给中央银行的利息653：见专栏5－1的表13。

Cell（9，7）—传统金融机构给特殊目的载体的利息7505：见专栏5－1的表13。

Cell（10，7）—传统金融机构的直接税费17214：见专栏5－1的表13。

Cell（11，7）—传统金融机构给国外的利息4729：见专栏5－1的表13。

Cell（14，7）—传统金融机构储蓄：数据来自《2016年资金流量表（实物交易)》“总储蓄—金融机构部门储蓄” － “中央银行储蓄”，中央银行储蓄见后文。

Cell（26，7）—传统金融机构总支出：等于第7列之和。

（8）金融SAM表第8行和第8列：中央银行账户（见表5－11）。

表5－11　中央银行账户

金融SAM表第8行			金融SAM表第8列		
传统金融机构给中央银行的利息	Cell（8，7）	653	中央银行给传统金融机构的利息	Cell（7，8）	1631
政府给中央银行的利息	Cell（8，10）	424	中央银行的储蓄	Cell（15，8）	7059
国外给中央银行的利息	Cell（8，11）	7614			
中央银行收入	Cell（8，26）	8690	中央银行支出	Cell（26，8）	8690

Cell（8，10）—政府给中央银行的利息424：见专栏5－1的表13。

Cell（8，11）—国外给中央银行的利息7614：见专栏5－1的表13。

Cell（8，26）—中央银行收入：等于第8行之和。

Cell（15，8）—中央银行储蓄＝中央银行收入－中央银行给传统金融机构的利息。

Cell（26，8）—中央银行支出：等于第8列之和。

（9）金融SAM表第9行和第9列：特殊目的载体账户。特殊目的载体账户主要核算特殊目的载体收入和支出情况（见表5－12）。

表5－12　特殊目的载体账户

金融SAM表第9行			金融SAM表第9列		
非金融企业给特殊目的载体的利息	Cell（9，6）	9115	特殊目的载体给住户的利息	Cell（5，9）	5640
传统金融机构给特殊目的载体的利息	Cell（9，7）	7505	特殊目的载体给非金融企业的利息	Cell（6，9）	5872
			特殊目的载体给传统金融机构的利息	Cell（7，9）	4531
			特殊目的载体给政府的利息	Cell（10，9）	578
			特殊目的载体的储蓄	Cell（16，9）	0
特殊目的载体收入	Cell（9，26）	16620	特殊目的载体支出	Cell（26，9）	16620

Cell（9，26）—特殊目的载体收入：等于第 9 行之和。

Cell（10，9）—特殊目的载体给政府的利息 578：见专栏 5－1 的表 13。

Cell（16，9）—特殊目的载体的储蓄为 0，前面假定特殊目的载体的利息收入和利息支出。

Cell（26，9）—特殊目的载体支出：等于第 9 列之和。

（10）金融 SAM 表第 10 行和第 10 列：政府部门账户。政府部门账户主要核算政府收入和支出情况（见表 5－13）。

表 5－13　　　　政府部门账户

金融 SAM 表第 10 行			金融 SAM 表第 10 列		
间接税费	Cell（10，1）	83311	出口退税	Cell（1，10）	12154
关税	Cell（10，2）	15388	政府消费	Cell（2，10）	106467
政府营业盈余	Cell（10，4）	7841	政府对住户转移支付	Cell（5，10）	57838
住户直接税费	Cell（10，5）	49209	政府给传统金融机构的利息	Cell（7，10）	6927
非金融企业直接税费	Cell（10，6）	34488	政府给中央银行的利息	Cell（8，10）	424
传统金融机构直接税费	Cell（10，7）	17214	政府对国外转移支付	Cell（11，10）	377
特殊目的载体给政府的利息	Cell（10，9）	578	政府储蓄	Cell（17，10）	25902
国外对政府转移支付	Cell（10，11）	2059			
政府部门收入	Cell（10，26）	210088	政府部门支出	Cell（26，10）	210088

Cell（10，11）—国外对政府转移支付 2059：见专栏 5－1 的表 13。

Cell（10，26）—政府部门收入：等于第 10 行之和。

Cell（11，10）—政府对国外转移支付 377：见专栏 5－1 的表 13。

Cell（17，10）—政府储蓄：数据来自《2016 年资金流量表（实物交易）》总储蓄—政府部门。

Cell（26，10）—政府部门支出：等于第 10 列之和。

（11）金融 SAM 表第 11 行和第 11 列：国外部门账户。国外部门账户主要核算与国外的经济关系（见表 5－14）。

表 5－14　　　　国外部门账户

金融 SAM 表第 11 行			金融 SAM 表第 11 列		
进口	Cell（11，2）	121444	出口	Cell（1，11）	138419
给国外的劳动报酬	Cell（11，3）	413	国外支付的劳动报酬	Cell（3，11）	1785
非金融企业支付国外红利	Cell（11，6）	15141	国外给非金融企业的红利	Cell（6，11）	4724

续表

金融 SAM 表第 11 行			金融 SAM 表第 11 列		
传统金融机构给国外的利息	Cell（11，7）	4729	国外给传统金融机构的利息	Cell（7，11）	855
政府给国外的转移支付	Cell（11，10）	377	国外给中央银行的利息	Cell（8，11）	7614
			国外给政府的转移支付	Cell（10，11）	2059
			国外部门储蓄	Cell（18，11）	-13352
国外部门收入	Cell（11，26）	142104	国外部门支出	Cell（26，11）	142104

Cell（18，11）—国外部门储蓄：数据来自《2016 年资金流量表（实物交易）》总储蓄—国外部门。

在上述 11 个机构部门经常账户的编制基础上，仅剩余资本账户和金融账户中的三个部分数据，分别是资本转移矩阵、金融资产增量矩阵、金融负债增量矩阵。下面分别逐一介绍这三个部分的数据来源和计算方法。

（12）资本转移矩阵。资本转移矩阵主要反映各部门资本转移，仅涉及三个数据（见表 5-15）。

表 5-15　　各机构部门的资本转移矩阵　　单位：亿元

				资本账户						
				住户	非金融企业	传统金融机构	中央银行	特殊目的载体	政府	国外
				F_HSH	F_ENT	F_FNT	F_CBK	F_SPV	F_GOV	F_ROW
				12	13	14	15	16	17	18
资本账户	住户	F_HSH	12							
	非金融企业	F_ENT	13						9002	
	传统金融机构	F_FNT	14							
	中央银行	F_CBK	15							
	特殊目的载体	F_SPV	16							
	政府	F_GOV	17							21
	国外	F_ROW	18						44	

Cell（13，17）—政府对非金融企业的资本转移 9002：数据来自《2016 年资金流量表（实物交易）》十一、资本转移（一）投资性补助—政府部门运用方 9002。

Cell（18，17）—政府对国外的资本转移 44：数据来自《2016 年资金流量表（实物交易）》十一、资本转移（二）其他—政府部门运用方 44。

Cell（17，18）—国外对政府的资本转移 21：数据来自《2016 年资金流量表（实物交易）》十一、资本转移（二）其他—国外部门运用方 21。

（13）金融资产增量矩阵和金融负债增量矩阵。首先根据形成表 5 - 3 的归并方法，对《2016 年资金流量表》进行归并形成机构部门 × 金融产品的表，然后借鉴表 5 - 3 中的含义，形成机构部门 × 机构部门表，结果见表 5 - 16 和表 5 - 17。

表 5 - 16　　金融资产增量矩阵　　单位：亿元

				资本账户						
				住户	非金融企业	传统金融机构	中央银行	特殊目的载体	政府	国外
				F_HSH	F_ENT	F_FNT	F_CBK	F_SPV	F_GOV	F_ROW
				12	13	14	15	16	17	18
金融账户	货币与存款	Dep	19	55303	76420			-1074	27280	-4131
	贷款	Loan	20			121741				
	债券	Bond	21	286		80168	-549	26355		
	理财信托基金	Fin	22	33691	28880	18987		13536	1982	
	货币政策工具	Mpt	23			26778	9216			
	国外债权债务	FD	24		21634		2759			12593
	其他	Oth	25	88254				44722	-19093	-21196

表 5 - 17　　金融负债增量矩阵　　单位：亿元

				金融账户						
				货币与存款	贷款	债券	理财信托基金	货币政策工具	国外债权债务	其他
				Dep	Loan	Bond	Fin	Mpt	FD	Oth
				19	20	21	22	23	24	25
资本账户	住户	F_HSH	12		63724					
	非金融企业	F_ENT	13		83407	35280	8043		12978	86409
	传统金融机构	F_FNT	14	148710			5493	38686	-919	33777
	中央银行	F_CBK	15	5087				26778		-27498
	特殊目的载体	F_SPV	16				83539			
	政府	F_GOV	17		-31061	70980			534	
	国外	F_ROW	18		5671			-29469	24394	

5. 金融 SAM 表的平衡

本章采用手动平衡方法调平金融 SAM 表。平衡项的指标主要包括四个方面的指标：间接税费、国内生产国内销售产品、金融资产其他项及金融负债其他项。

6. 金融 SAM 表的附属数据矩阵

到目前为止，金融 SAM 表已经完成。然而，金融 SAM 表的两个特点，决定了构建金融 CGE 模型不仅仅依赖于金融 SAM 表，还需要增加附属数据矩阵：一是金融 SAM 表是流量矩阵，金融领域相关问题研究经常涉及存量指标，因此应将金融 SAM 表与存量指标联系起来，这就要构建金融资产和负债余额矩阵。二是金融 SAM 表是高度综合的矩阵，需要进行一定的拆分，这主要涉及各部门之间经常转移矩阵的拆分。附属数据矩阵与金融 SAM 表都是金融 CGE 模型的数据基础，是不可或缺的整体。

（1）金融资产和负债余额矩阵。为了将金融 SAM 表与存量指标联系起来，做两点假设：一是金融增量指标是本年末与上年末余额之差。金融资产增量矩阵 = 2016 年末金融资产余额矩阵 - 2015 年末金融资产余额矩阵。金融负债增量矩阵 = 2016 年末金融负债余额矩阵 - 2015 年末金融负债余额矩阵。二是假定 2015 年末的金融资产和负债矩阵为常量，因此，金融增量的变动将直接导致金融余额的变动。2015 年末和 2016 年末的金融资产和负债余额矩阵见附表 5 - 2。

（2）经常转移矩阵的拆分。为了将经常转移矩阵中的利息与金融资产和负债余额指标联系起来，需要将经常转移矩阵拆分，本模型将经常转移拆分为三个部分，分别是利息矩阵、收入税矩阵和其他经常转移矩阵。其中，其他经常转移矩阵 = 经常转移矩阵 - 利息矩阵 - 收入税矩阵。这三个矩阵见附表 5 - 3。

（四）金融 CGE 模型的设定

本模型共包括 140 个方程，149 个变量，变量及参数命名规则如下：一是 7 个机构部门和 14 种（7 类）主要金融产品的简化符号表示见表 5 - 18。二是一般情况下，大写字母表示变量，如 PX 表示生产者价格；小写字母和希腊字母表示参数，如 $itax$ 表示间接税费率。如有指明除外。三是大写字母加上一横线（如 $\overline{ART_h}$ ）表示外生变量，没加表示内生变量。四是变量后面加一个 0 表示 2015 年末余额，加两个 0 表示 2016 年末余额，如 L_h0 为 2015 年末住户贷款余额，L_h00 表示 2016 年末住户贷款余额。五是变量前面加 Δ 表示变量的增量，如 ΔL_h 表示住户贷款增量，等于期末余额减去期初余额，$\Delta L_h = L_h - L_h0$。

表 5 - 18　　机构部门和主要金融产品的简化符号

机构部门			金融产品					
	名称	符号		名称	符号		名称	符号
1	住户部门	h	1	利息	I	8	国外债权债务	FD
2	非金融企业	e	2	通货	CASH	9	准备金	RES
3	传统金融机构	f	3	存款	DEP	10	再贷款	REL
4	中央银行	c	4	贷款	L	11	国际储备资产	FRES
5	特殊目的载体	s	5	债券	B	12	外商直接投资	FDI
6	政府部门	g	6	理财信托基金	F	13	对外直接投资	OFDI
7	国外部门	w	7	理财信托贷款	FL	14	其他金融资产/负债	ART/LRT

以下经常账户方程的含义参见本书第三章。

1. 金融 SAM 表第 1 行：总产出

方程（1）：$PD \cdot D + PE \cdot E = PX \cdot X$

方程（2）：$PE \cdot (1 - esub) = PWE \cdot ER$

方程（3）：$E = acon\_ex \cdot (PWSE/PWE)^{\eta_{ex}}$

方程（4）：$D = a\_dx \cdot (PD/PX)^{\sigma\_ex} \cdot X$

方程（5）：$E = a\_ex \cdot (PE/PX)^{\sigma\_ex} \cdot X$

2. 金融 SAM 表第 1 列：总投入

方程（6）：$PP \cdot X = PQ \cdot INT + W \cdot LAB + RK \cdot CAP$

方程（7）：$PX \cdot X = PQ \cdot INT + (W \cdot LAB + RK \cdot CAP) + Indtax$

方程（8）：$CAP = a\_cap \cdot (PP/RK)^{\sigma_x} \cdot X$

方程（9）：$LAB = a\_lab \cdot (PP/W)^{\sigma_x} \cdot X$

方程（10）：$INT = \alpha_{\mathrm{int}} \cdot X$

方程（11）：$Indtax = VAT + CONT$

间接税包括增值税（VAT）和消费税及其他生产税（$CONT$）。

方程（12）：$VAT = CA_{vat} \cdot ((0.42 \cdot itax1 + 0.20 \cdot itax2) \cdot (W \cdot LAB + RK \cdot CAP) + 0.31 \cdot itax3 \cdot (W \cdot LAB + RK \cdot CAP + PQ \cdot INT))$

其中，CA_{vat} 为调整因子。$itax1$、$itax2$、$itax3$ 分别表示增值税的三档税率（2018 年 5 月至 2019 年 3 月为 16%、10% 和 6%），对应行业增加值在 GDP 中的占比分别为 42%、20% 和 31%（约占 GDP 7% 的农业为零税率）。假设前两档税率对应行业进项税抵扣充分，只对增加值征税；按 6% 税率征税的行业（“营改增”行业）进项税抵扣少，近似对总产值征税。

方程（13）：$CONT = CA_{cont} \cdot (W \cdot LAB + RK \cdot CAP + PQ \cdot INT)$

其中，CA_{cont} 表示综合平均税率。

3. 金融 SAM 表第 2 行：国内总需求

方程（14）：$PQ \cdot INT + PQ \cdot CD + PQ \cdot GD + PQ \cdot (ID_h + ID_e + ID_f + ID_g) = PQ \cdot Q$

4. 金融 SAM 表第 2 列：国内总供给

方程（15）：$PQ \cdot Q = PD \cdot D + PM \cdot M$

方程（16）：$PM = (1 + mtax) \cdot PWM \cdot ER$

方程（17）：$Tariff = mtax \cdot PWM \cdot ER \cdot M$

方程（18）：$D = a\_d \cdot (PQ/PD)^{\sigma\_im} \cdot Q$

方程（19）：$M = a\_m \cdot (PQ/PM)^{\sigma\_im} \cdot Q$

方程（20）: $M = acon\_im \cdot (PWM/PWSM)^{\eta_{im}}$

5. 金融 SAM 表第 3 行：劳动收入

方程（21）: $W \cdot LAB + WtoLAB = YL$

6. 金融 SAM 表第 3 列：劳动支出

方程（22）: $YL = LABtoH + LABtoW$

方程（23）: $LABtoH = l\_h \cdot YL$

7. 金融 SAM 表第 4 行：资本收入

方程（24）: $RK \cdot CAP = YK$

8. 金融 SAM 表第 4 列：资本支出

无。

9. 金融 SAM 表第 5 行：住户部门收入

方程（25）: $LABtoH + k\_h \cdot YK + EntoH + I_{f\_h} + FntoH + I_{s\_h} + I_{g\_h} + GtoH = YCH$

其中，I_{f_h} 为传统金融机构支付给住户部门的利息；I_{s_h} 为特殊目的载体支付给住户部门的利息；I_{g_h} 为政府部门支付给住户部门的（国债）利息。

10. 金融 SAM 表第 5 列：住户部门支出

方程（26）: $YCH = PQ \cdot CD + HtoEn + I_{h\_f} + HtoFn + TOTHtax + HtoG + SAV_h$

其中，I_{h_f} 为住户部门向传统金融机构支付的利息。

方程（27）: $PQ \cdot CD = mpc \cdot (YCH - HtoEn - I_{h\_f} - HtoFn - HtoG - TOTHtax)$

其中，$(YCH - HtoEn - I_{h\_f} - HtoFn - HtoG - TOTHtax)$ 表示住户部门的可支配收入。

方程（28）: $HtoEn = t_{h\_e} \cdot YCH$

方程（29）: $I_{h\_f} = CA_{h\_f} \cdot R_l \cdot (L_h + \overline{L_h0})/2$

假定利息为利率与期初期末余额平均值的乘积，下同。

其中，CA_{h_f} 为调整因子，R_l 为贷款利率，L_h 为住户贷款的期末余额，L_h0 为期初（也即 2015 年末）余额。本模型中金融产品变量不加 0 表示期末余额，加 0 表示期初余额，假定所有金融产品的期初余额为外生变量，以加横杠表示，即 $\overline{L_h0}$ ，下同。

方程（30）: $HtoFn = t_{h\_f} \cdot YCH$

方程（31）: $TOTHtax = htax \cdot (YCH - HtoEn - HtoFn - HtoG)$

其中:$(YCH - HtoEn - HtoFn - HtoG)$ 表示住户部门的应税收入。

方程（32）: $HtoG = t_{h\_g} \cdot YCH$

11. 金融 SAM 表第 6 行：非金融企业收入

方程（33）: $k\_e \cdot YK + HtoEn + I_{f\_e} + FntoEn + I_{s\_e} + WtoEn = YCE$

其中，I_{f_e} 为传统金融机构支付给非金融企业的利息；I_{s_e} 为特殊目的载体支付给非金融企业的利息。

12. 金融 SAM 表第 6 列：非金融企业支出

方程（34）：$YCE = EntoH + I_{e\_f} + EntoFn + I_{e\_s} + Entax + EntoG + EntoW + SAV_e$

其中，I_{e_f} 为非金融企业支付给传统金融机构的利息；I_{e_s} 为非金融企业支付给特殊目的载体的利息。

方程（35）：$EntoH = t_{e\_h} \cdot YCE$

方程（36）：$I_{e\_f} = CA_{e\_f} \cdot [R_l \cdot (L_e + \overline{L_e 0})/2 + R_{be} \cdot (B_e - B_s + \overline{B_e 0} - \overline{B_s 0})/2]$

其中，L_e 为非金融企业贷款；R_{be} 为企业债券利率；B_e 为非金融企业发行的债券；B_s 为特殊目的载体持有的企业债券。$B_e - B_s$ 表示传统金融机构持有的企业债券，此处假定企业债券的购买主体只包括两个机构：传统金融机构和特殊目的载体，且特殊目的载体仅购买企业债券，不购买政府债券。

方程（37）：$EntoFn = t_{e\_f} \cdot YCE$

方程（38）：$I_{e\_s} = CA_{e\_s} \cdot [R_{be} \cdot (B_s + \overline{B_s 0})/2 + R_{fl} \cdot (FL_e + \overline{FL_e 0})/2]$

其中，R_{fl} 为理财信托贷款利率；FL_e 为非金融企业获得的理财信托贷款。

方程（39）：$Entax = etax \cdot (YCE - I_{e\_f} - I_{e\_s} - EntoH)$

其中，$(YCE - I_{e\_f} - I_{e\_s} - EntoH)$ 表示非金融企业的应税收入。

方程（40）：$EntoG = t_{e\_g} \cdot YCE$

方程（41）：$EntoW = t_{e\_w} \cdot YCE$

13. 金融 SAM 表第 7 行：传统金融机构收入

方程（42）：$k\_f \cdot YK + I_{h\_f} + HtoFn + I_{e\_f} + EntoFn + I_{c\_f} + I_{s\_f} + I_{g\_f} + I_{w\_f} = YCF$

其中，I_{c_f} 为中央银行支付给传统金融机构的利息；I_{s_f} 为特殊目的载体支付给传统金融机构的利息；I_{g_f} 为政府支付给传统金融机构的利息；I_{w_f} 为国外部门支付给传统金融机构的利息。

14. 金融 SAM 表第 7 列：传统金融机构支出

方程（43）：$YCF = I_{f\_h} + FntoH + I_{f\_e} + FntoEn + I_{f\_c} + I_{f\_s} + I_{f\_g} + Fntax + FntoG + I_{f\_w} + FntoW + SAV_f$

其中，I_{f_c} 为传统金融机构支付给中央银行的利息；I_{f_s} 为传统金融机构支付给特殊目的载体的利息；I_{f_g} 为传统金融机构支付给政府的利息；I_{f_w} 为传统金融机构支付给国外部门的利息。

方程（44）：$I_{f\_h} = CA_{f\_h} \cdot R_d \cdot (DEP_h - c_h \cdot CASH + \overline{DEP_h 0} - c_h \cdot \overline{CASH0})/2$

其中，R_d 为存款利率；DEP_h 为住户存款和现金，其中现金量为 $c_h \cdot CASH$；$CASH$

为通货（以下称为现金）。

方程（45）：$FntoH = t_{f\_h} \cdot YCF$

方程（46）：$I_{f\_e} = CA_{f\_e} \cdot R_d \cdot (DEP_e - c_e \cdot CASH + \overline{DEP_e0} - c_e \cdot \overline{CASH0})/2$

其中，DEP_e 为非金融企业存款和现金，其中现金量为 $c_e \cdot CASH$ 。

方程（47）：$FntoEn = t_{f\_e} \cdot YCF$

方程（48）：$I_{f\_c} = CA_{f\_c} \cdot R_{rel} \cdot (REL + \overline{REL0})/2$

其中，R_{rel} 为再贷款利率；REL 为再贷款。

方程（49）：$I_{f\_s} = CA_{f\_s} \cdot [R_{fl} \cdot (FL_f + \overline{FL_f0}) + R_d \cdot (DEP_s + \overline{DEP_s0})]/2 + 4703$

其中，FL_f 为传统金融机构获得的理财信托贷款。DEP_s 为特殊目的载体存款。4703 是传统金融机构因其他项负债需要支付给特殊目的载体的利息。

方程（50）：$I_{f\_g} = CA_{f\_g} \cdot R_d \cdot (DEP_g - c_g \cdot CASH + \overline{DEP_g0} - c_g \cdot \overline{CASH0})/2$

其中，DEP_g 为政府存款和现金，其中现金量为 $c_g \cdot CASH$ 。

方程（51）：$Fntax = ftax \cdot (YCF - I_{f\_h} - FntoH - I_{f\_e} - I_{f\_c} - I_{f\_s} - I_{f\_g} - I_{f\_w})$

其中，$(YCF - I_{f\_h} - FntoH - I_{f\_e} - I_{f\_c} - I_{f\_s} - I_{f\_g} - I_{f\_w})$ 表示金融企业的应税收入。

方程（52）：$FntoG = t_{f\_g} \cdot YCF$

方程（53）：$I_{f\_w} = CA_{f\_w} \cdot R_d \cdot (DEP_w - c_w \cdot CASH + \overline{DEP_w0} - c_w \cdot \overline{CASH0} + FD_f + \overline{FD_f0})/2$

其中，DEP_w 为国外部门存款和现金，其中现金量为 $c_w \cdot CASH$ ；FD_f 为传统金融机构的国外债务。

方程（54）：$FntoW = t_{f\_w} \cdot YCF$

15. 金融 SAM 表第 8 行：中央银行收入

方程（55）：$I_{f\_c} + I_{g\_c} + I_{w\_c} = YCC$

16. 金融 SAM 表第 8 列：中央银行支出

方程（56）：$YCC = I_{c\_f} + SAV_c$

方程（57）：$I_{c\_f} = CA_{c\_f} \cdot R_{res} \cdot (RES + \overline{RES0})/2$

其中，R_{res} 为存款准备金的利率；RES 为存款准备金。

17. 金融 SAM 表第 9 行：特殊目的载体收入

方程（58）：$I_{e\_s} + I_{f\_s} = YCS$

18. 金融 SAM 表第 9 列：特殊目的载体支出

方程（59）：$YCS = I_{s\_h} + I_{s\_e} + I_{s\_f} + I_{s\_g} + SAV_s$

其中，I_{s_g} 为特殊目的载体支付给政府部门的利息。

方程（60）：$I_{s\_h} = CA_{s\_h} \cdot R_f \cdot (F_h + \overline{F_h0})/2$

其中，R_f 为理财产品利率；F_h 为住户部门持有的理财信托基金产品，以下简称为理财产品。

方程（61）：$I_{s\_e} = CA_{s\_e} \cdot R_f \cdot (F_e + \overline{F_e0})/2$

其中，F_e 为非金融企业持有的理财产品。

方程（62）：$I_{s\_f} = CA_{s\_f} \cdot R_f \cdot (F_f + \overline{F_f0})/2$

其中，F_f 为传统金融机构持有的理财产品。

方程（63）：$I_{s\_g} = CA_{s\_g} \cdot R_f \cdot (F_g + \overline{F_g0})/2$

其中，F_g 为政府部门持有的理财产品。

19. 金融 SAM 表第 10 行：政府部门收入

方程（64）：$Indtax + Tariff + k\_g \cdot YK + TOTHtax + HtoG + Entax + EntoG + I_{f\_g} + Fntax + FntoG + I_{s\_g} + WtoG = YCG$

20. 金融 SAM 表第 10 列：政府部门支出

方程（65）：$YCG = PQ \cdot GD + I_{g\_h} + GtoH + I_{g\_f} + I_{g\_c} + I_{g\_w} + GtoW + SAV_g + Exsub$

其中，I_{g_w} 为政府部门支付给国外的利息。

方程（66）：$PQ \cdot GD = gdt \cdot (YCG - I_{g\_h} - GtoH - I_{g\_f} - I_{g\_c} - I_{g\_w} - GtoW - Exsub)$

政府消费与政府部门可支配收入成正比（本次减税降费模拟采用）。

方程（67）：$I_{g\_h} = CA_{g\_h} \cdot R_{bg} \cdot (B_h + \overline{B_h0})/2$

其中，B_h 为住户部门持有的政府债券。

方程（68）：$GtoH = t_{g\_h}1 \cdot YCG \$ (YCG.m \geqslant YCG0) + a_{g\_h}2 \cdot YCG^{t_{g\_h}2} \$ (YCG.m < YCG0)$

表示在新状态下如果政府收入高于初始状态，则政府对住户部门的转移支付与政府收入成正比，否则转移支付水平与政府收入呈指数形式缓慢递减（反映民生支出具有一定刚性）。指定 $t_{g\_h}2 = 0.1$，其余系数由模型内生校准得到。

方程（69）：$I_{g\_f} = CA_{g\_f} \cdot [R_l \cdot (L_g + \overline{L_g0}) + R_{bg} \cdot (B_f - (B_e - B_s) + \overline{B_f0} - (\overline{B_e0} - \overline{B_s0}))]/2$

其中，L_g 为政府部门贷款。R_{bg} 是政府债券利率。$B_f - (B_e - B_s)$ 是传统金融机构持有的政府债券。此处假定传统金融机构既持有政府债券也持有企业债券，B_f 为传统金融机构持有的全部债券量，$(B_e - B_s)$ 为传统金融机构持有的企业债券。

方程（70）：$I_{g\_c} = CA_{g\_c} \cdot R_{bg} \cdot (B_c + \overline{B_c0})/2$，$B_c$ 为中央银行持有的国债。

方程（71）：$I_{g\_w} = CA_{g\_w} \cdot R_l \cdot (FD_g + \overline{FD_g0})/2$，$FD_g$ 为政府的国外债务。

方程（72）：$GtoW = t_{g\_w} \cdot YCG$

方程（73）：$Exsub = esub \cdot PE \cdot E$，$Exsub$ 为出口退税。

21. 金融 SAM 表第 11 行：国外部门收入

方程（74）：$PWM \cdot ER \cdot M + LABtoW + EntoW + I_{f\_w} + FntoW + I_{g\_w} + GtoW = YCW$

22. 金融 SAM 表第 11 列：国外部门支出

方程（75）：$YCW = PWE \cdot ER \cdot E + WtoLAB + WtoEn + I_{w\_f} + I_{w\_c} + WtoG + SAV_w$

方程（76）：$WtoLAB = t_{w\_l} \cdot YCW$

方程（77）：$WtoEn = t_{w\_e} \cdot YCW$

方程（78）：$I_{w\_f} = CA_{w\_f} \cdot R_l \cdot (L_w + \overline{L_w0})/2$，$L_w$ 为国外贷款。

方程（79）：$I_{w\_c} = CA_{w\_c} \cdot [R_{fres} \cdot (FRES + \overline{FRES0})/2 + R_l \cdot (FD_c + \overline{FD_c0})/2]$

其中，R_{fres} 为国际储备资产的收益率；$FRES$ 为国际储备资产；FD_c 为中央银行的国外债权。

方程（80）：$WtoG = t_{w\_g} \cdot YCW$

23. 金融 SAM 表第 12 行：住户部门的资本账户来源

方程（81）：$SAV_h + \Delta L_h + \overline{\Delta LRT_h} = YFH$

本模型假定各机构部门的其他金融资产和负债均保持不变。由于 $\Delta L_h = L_h - \overline{L_h0}$，上述方程也可以写成 $SAV_h + L_h - \overline{L_h0} + \overline{LRT_h} - \overline{LRT_h0} = YFH$，从而得到存量方程。

其中，SAV_h 为住户储蓄；ΔL_h 为住户贷款增量；ΔLRT_h 为住户的其他金融负债增量；YFH 为住户资金来源。

24. 金融 SAM 表第 12 列：住户部门的资本账户运用

方程（82）：$YFH = PQ \cdot ID_h + \Delta DEP_h + \Delta B_h + \Delta F_h + \overline{\Delta ART_h}$，也可以写成 $YFH = PQ \cdot ID_h + DEP_h - \overline{DEP_h0} + B_h - \overline{B_h0} + F_h - \overline{F_h0} + \overline{ART_h} - \overline{ART_h0}$

其中，$PQ \cdot ID_h$ 为住户投资；ΔDEP_h 为住户存款增量；ΔB_h 为住户持有的政府债券增量；ΔF_h 为住户持有的理财产品增量；ΔART_h 为住户的其他金融负债增量。

方程（83）：$\log(PQ \cdot ID_h) = n\_idh \cdot \log(SAV_h) + a\_idh$

住户部门投资与储蓄具有对数线性关系，斜率系数 $n\_idh = 1.076$ 是由历史时序回归得到的。

（1）住户对存款、理财、国债的持有行为方程。假定住户部门根据不同资产的相对收益率决定资产配置，资产规模与对应收益率正相关（CET 效用函数）。

方程（84）：$F_h/(DEP_h - c_h \cdot CASH) = h\_f \cdot [(1 + R_f)/(1 + R_d)]^{\sigma_h}$

假定住户部门持有的理财产品与存款的比例，由两者的相对利率决定。

方程（85）：$B_h/(DEP_h - c_h \cdot CASH) = h\_b \cdot [(1 + R_{bg})/(1 + R_d)]^{\sigma_h}$

假定住户部门持有的债券（全部是政府债券）与存款的比例，由两者的相对利率决定。

（2）五个利率的决定方程。相对而言，目前理财产品的利率市场化程度较高，受银行间市场资金供求影响较大，因此本模型假定理财产品利率 R_f 受资金供求直接影响，其他利率受资金供求间接影响。

①存款利率方程：

方程（86）：$R_d = \varphi_d + \theta_d \cdot BRD + \tau_d \cdot R_f$

假定存款利率与存款基准利率（BRD）、理财产品利率正相关。假定 $\theta_d = 0.6$，$\tau_d = 0.4$，根据初始值 $BRD = 1.5\%$，$R_d0 = 1.725\%$，$R_f0 = 4.2\%$，可以推算出 $\varphi_d = -0.01$。

②贷款利率方程：

方程（87）：$R_l = \varphi_l + \theta_l \cdot BRL + \tau_l \cdot R_f$

假定贷款利率与贷款基准利率（BRL）、理财产品利率正相关。其中假定 $\theta_l = 0.6$，$\tau_l = 0.4$，根据初始值 $BRL = 4.35\%$，$R_l0 = 5.3\%$，$R_f0 = 4.2\%$，可以推算出 $\varphi_l = 0.01$。

③理财产品收益率方程：

方程（88）：

$$R_f = \varphi_f + \theta_f \cdot BRD + \tau_f \cdot RRR + \beta_f \cdot \left(\frac{L_f + B_f}{L_f0 + B_f0} - \frac{Dep_f + REL - RES + SAV_f}{Dep_f0 + REL0 - RES0 + SAV_f2015} \right)$$

其中，RRR 是实际存款准备金率，L_f 为传统金融机构贷款余额，Dep_f 为传统金融机构存款余额，REL 为再贷款，RES 为存款准备金，SAV_f 为传统金融机构的储蓄，反映了其自有资金的增量。

方程（88）括号内部分表示传统金融机构低成本资金需求和供给的增速差（资金缺口）。方程表示理财产品收益率 R_f 与存款基准利率、实际存款准备金率、传统金融机构低成本资金缺口正相关。假定 $\theta_f = 0.6$，$\tau_f = 0.05$，$\beta_f = 0.05$，根据初始值可以推算出 φ_f。

④企业债券利率方程：

方程（89）：

$$R_{be} = \varphi_{be} + \theta_{be} \cdot R_l + \tau_{be} \cdot R_f + \beta_{be} \cdot \left(\frac{B_e}{B_e0} - \frac{Dep_f + REL - RES + SAV_f + Fs}{Dep_f0 + REL0 - RES0 + SAV_f2015 + Fs0} \right)$$

方程（89）括号内部分表示企业债券融资需求和资金供给增速差（融资缺口）。企业债券利率 R_{be} 与贷款利率、理财利率、企业债券融资缺口正相关。假定 $\theta_{be} = 0.8$，$\tau_{be} = 0.2$，$\beta_{be} = 0.01$，根据初始值 $R_{be}0 = 4.7\%$，可以推算出 φ_{be}。

⑤政府债券利率方程：

方程（90）：

$$R_{bg}=\varphi_{bg}+\theta_{bg}\cdot R_d+\tau_{bg}\cdot R_f+\beta_{bg}\cdot\left(\frac{B_g}{B_g0}-\frac{Dep_f+REL-RES+SAV_f+SAV_h}{\overline{Dep_f0}+\overline{REL0}-\overline{RES0}+\overline{SAV_f2015}+\overline{SAV_h2015}}\right)$$

方程（90）括号内部分表示政府债券融资需求和资金供给增速差（融资缺口）。假定政府债券利率 R_{bg} 与存款利率、理财利率、政府债券融资缺口正相关，假定 $\theta_{bg}=0.8$，$\tau_{bg}=0.2$，$\beta_{bg}=0.05$，根据初始值 $R_{bg}0=2.65\%$，可以推算出 φ_{bg}。

上述 5 个利率确定后，理财信托贷款利率 R_{fl} 即由模型内生决定。

25. 金融 SAM 表第 13 行：非金融企业的资本账户来源

方程（91）：$SAV_e+F\_GtoEn+\Delta L_e+\Delta B_e+\Delta FL_e+\Delta FDI+\overline{\Delta LRT_e}=YFE$，也可以写成 $SAV_e+F\_GtoEn+L_e-\overline{L_e0}+B_e-\overline{B_e0}+FL_e-\overline{FL_e0}+FDI-\overline{FDI0}+\overline{LRT_e}-\overline{LRT_e0}=YFE$

其中，SAV_e 为企业储蓄；F_GtoEn 为政府对非金融企业的资本转移；ΔL_e 为非金融企业贷款增量；ΔB_e 为非金融企业发行的债券增量；ΔFL_e 为非金融企业获得的理财信托贷款增量；ΔFDI 为外商直接投资增量；ΔLRT_e 为非金融企业的其他金融负债增量；YFE 为非金融企业资金来源。

26. 金融 SAM 表第 13 列：非金融企业的资本账户运用

方程（92）：$YFE=PQ\cdot ID_e+\Delta DEP_e+\Delta F_e+\Delta OFDI+\overline{\Delta ART_e}$，也可以写成 $YFE=PQ\cdot ID_e+DEP_e-\overline{DEP_e0}+F_e-\overline{F_e0}+OFDI-\overline{OFDI0}+\overline{ART_e}-\overline{ART_e0}$

其中，$PQ\cdot ID_e$ 为非金融企业投资；ΔDEP_e 为非金融企业存款增量；ΔF_e 为非金融企业持有的理财产品增量；$\Delta OFDI$ 为对外直接投资增量；ΔART_e 为非金融企业的其他金融资产增量。

方程（93）：$\log(PQ\cdot ID_e)=e\_id\cdot\log(L_e+B_e+FDI+SAV_e)$

非金融企业部门投资与其可用于投资的资金具有对数线性关系，系数由模型内生校准得到。

方程（94）：$F_e/(DEP_e-c_e\cdot CASH)=e\_f\cdot[(1+R_f)/(1+R_d)]^{\sigma_e}$

非金融企业根据理财和存款的相对收益率决定资产配置，资产规模与对应收益率正相关（CET 效用函数）。

方程（95）：$OFDI=t_{OFDI}\cdot(PWM\cdot ER\cdot M)$

根据国内实证文献，我国对外直接投资与进口贸易互为格兰杰因果关系。

27. 金融 SAM 表第 14 行：传统金融机构的资本账户来源

方程（96）：$SAV_f+\Delta DEP_f+\Delta FL_f+\Delta REL+\Delta FD_f+\overline{\Delta LRT_f}=YFF$，也可以写成 $SAV_f+DEP_f-\overline{DEP_f0}+FL_f-\overline{FL_f0}+REL-\overline{REL0}+FD_f-\overline{FD_f0}+\overline{LRT_f}-\overline{LRT_f0}=YFF$

其中，SAV_f 为传统金融机构储蓄；ΔDEP_f 为传统金融机构吸收的存款增量；ΔFL_f 为传统金融机构获得的理财信托贷款增量；ΔREL 为再贷款增量；ΔFD_f 为传统金融机构的国外债务增量；ΔLRT_f 为传统金融机构的其他金融债务增量；YFF 为传统金融机构的资金来源。

方程（97）：$FL_f/(DEP_f + FD_f) = f\_fl \cdot [(1 + R_d)/(1 + R_{fl})]^{\sigma_f}$

传统金融机构根据存款、理财贷款和外债的相对成本决定资金来源，资金规模与对应利率成本负相关（CES 效用函数）。令 $\sigma_f = 2$。

方程（98）：$FD_f = f\_fd \cdot DEP_f$

假定 FD_f 与 DEP_f 利率成本相同。

28. 金融 SAM 表第 14 列：传统金融机构的资本账户运用

方程（99）：$YFF = PQ \cdot ID_f + \Delta L_f + \Delta B_f + \Delta F_f + \Delta RES + \overline{\Delta ART_f}$，也可以写成 $YFF = PQ \cdot ID_f + L_f - \overline{L_f0} + B_f - \overline{B_f0} + F_f - \overline{F_f0} + RES - \overline{RES0} + \overline{ART_f} - \overline{ART_f0}$

其中，$PQ \cdot ID_f$ 为传统金融机构的投资；ΔL_f 为传统金融机构发放的贷款增量；ΔB_f 为传统金融机构持有的债券增量；ΔF_f 为传统金融机构持有的理财产品增量；ΔRES 为传统金融机构的准备金增量；ΔART_f 为传统金融机构的其他金融资产增量。

方程（100）：$R_{bf} = [R_{be} \cdot (B_e - B_s) + R_{bg} \cdot (B_g - B_c - B_h)]/B_f$

假定传统金融机构根据贷款、债券和理财的相对收益率决定资产配置，资产规模与对应收益率正相关（CET 效用函数）。R_{bf} 为传统金融机构持有债券的加权平均利率。

方程（101）：$B_f/L_f = f\_b \cdot [(1 + R_{bf})/(1 + R_l)]^{\sigma_f}$

方程（102）：$F_f/L_f = f\_f \cdot [(1 + R_f)/(1 + R_l)]^{\sigma_f}$

方程（103）：$RES = RRR \cdot DEP_f$，RRR 为实际存款准备金率。

29. 金融 SAM 表第 15 行：中央银行的资本账户来源

方程（104）：$SAV_c + \Delta CASH + \Delta RES + \overline{\Delta LRT_c} = YFC$，也可以写成 $SAV_c + CASH - \overline{CASH0} + RES - \overline{RES0} + \overline{LRT_c} - \overline{LRT_c0} = YFC$

其中，SAV_c 为中央银行储蓄；$\Delta CASH$ 为现金增量；ΔRES 为准备金增量；ΔLRT_c 为中央银行的其他金融债务增量；YFC 为中央银行的资金来源。

30. 金融 SAM 表第 15 列：中央银行的资本账户运用

方程（105）：$YFC = \Delta B_c + \Delta FRES + \Delta REL + \Delta FD_c + \overline{\Delta ART_c}$，也可以写成 $YFC = B_c - \overline{B_c0} + FRES - \overline{FRES0} + REL - \overline{REL0} + FD_c - \overline{FD_c0} + \overline{ART_c} - \overline{ART_c0}$

其中，ΔB_c 为中央银行持有的债券增量（国债），由于中央银行持有债券量较少，可以将其固定；$\Delta FRES$ 为国际储备资产增量；ΔREL 为再贷款增量；ΔFD_c 为中央银行的国外债权增量；ΔART_c 为中央银行的其他金融资产增量。

方程（106）：$FRES/FD_c = cb\_fre \cdot [(1+R_{fres})/(1+R_l)]^{\sigma_c}$

假定中央银行对国际储备资产和国外债权根据相对收益率进行资产配置，资产规模与对应收益率正相关（CET 效用函数）。令 $\sigma_c = 2$。

31. 金融 SAM 表第 16 行：特殊目的载体的资本账户来源

方程（107）：$SAV_s + \Delta F_s + \overline{\Delta LRT_s} = YFS$，也可以写成 $SAV_s + F_s - \overline{F_s0} + \overline{LRT_s} - \overline{LRT_s0} = YFS$

其中，SAV_s 为特殊目的载体的储蓄（假定为0）；ΔF_s 为特殊目的载体发放的理财产品增量；ΔLRT_s 为特殊目的载体的其他金融负债增量；YFS 为特殊目的载体的资金来源。

32. 金融 SAM 表第 16 列：特殊目的载体的资本账户运用

方程（108）：$YFS = \Delta DEP_s + \Delta B_s + \Delta FL_s + \overline{\Delta ART_s}$，也可以写成 $YFS = DEP_s - \overline{DEP_s0} + B_s - \overline{B_s0} + FL_s - \overline{FL_s0} + \overline{ART_s} - \overline{ART_s0}$

其中，ΔDEP_s 为特殊目的载体的存款增量；ΔB_s 为特殊目的载体持有的债券增量；ΔFL_s 为特殊目的载体发放的理财信托贷款增量；ΔART_s 为特殊目的载体的其他金融资产增量。

方程（109）：$DEP_s/B_s = s\_d \cdot [(1+R_d)/(1+R_{be})]^{\sigma_s}$

特殊目的载体根据存款、债券和理财贷款的相对收益率进行资产配置，资产规模与对应收益率正相关（CET 效用函数）。令 $\sigma_s = 2$。

方程（110）：$FL_s/B_s = s\_fl \cdot [(1+R_{fl})/(1+R_{be})]^{\sigma_s}$

33. 金融 SAM 表第 17 行：政府部门的资本账户来源

方程（111）：$SAV_g + F\_WtoG + \Delta L_g + \Delta B_g + \Delta FD_g + \overline{\Delta LRT_g} = YFG$，也可以写成 $SAV_g + F\_WtoG + L_g - \overline{L_g0} + B_g - \overline{B_g0} + FD_g - \overline{FD_g0} + \overline{LRT_g} - \overline{LRT_g0} = YFG$

其中，SAV_g 为政府部门的储蓄；F_WtoG 为国外向政府部门的资本转移；ΔL_g 为政府部门的贷款增量；ΔB_g 为政府部门发行的债券增量；ΔFD_g 为政府部门国外债务增量；ΔLRT_g 为政府部门的其他金融负债增量；YFG 为政府部门的资金来源。

方程（112）：$(B_g/B_g0) \cdot [(SAV_g + L_g)/(SAV_g2015 + L_g0)]^{\alpha_{sg}} = CONST$

表示政府主要通过增发债券的方式基本弥补由贷款和储蓄减少造成的资金缺口（二者变化方向相反、规模相当）。2015—2018 年存量地方政府债务集中置换为债券，政府贷款大幅减少而政府债券大幅增加。在模型中假设政府贷款只减不增（变量 L_g 的取值上限为 2016 年实际值）。减税降费政策引起政府储蓄减少，政府也通过增发政府债券的方式补充部分投资资金。令 $\alpha_{sg} = 0.42$，则常数 $CONST$ 由模型内生校准得到。

34. 金融 SAM 表第 17 列：政府部门的资本账户运用

方程（113）：$YFG = PQ \cdot ID_g + F\_GtoEn + F\_GtoW + \Delta DEP_g + \Delta F_g + \overline{\Delta ART_g}$，也可以写成 $YFG = PQ \cdot ID_g + F\_GtoEn + F\_GtoW + DEP_g - \overline{DEP_g0} + F_g - \overline{F_g0} + \overline{ART_g} - \overline{ART_g0}$

其中，$PQ \cdot ID_g$ 为政府部门投资；F_GtoEn 为政府对非金融企业的资本转移；F_GtoW 为政府对国外的资本转移；ΔDEP_g 为政府部门存款增量；ΔF_g 为政府部门持有的理财产品增量；ΔART_g 为政府部门的其他金融资产增量。

方程（114）：$\log(PQ \cdot ID_g) = g\_id \cdot \log(L_g + B_g + SAV_g)$

政府部门投资与其可用于投资的资金具有对数线性关系，系数由模型内生校准得到。

方程（115）：$F\_GtoEn = tf_{g\_e} \cdot PQ \cdot ID_g$

政府对非金融企业的资本转移（投资补助）与政府投资成正比。

方程（116）：$F_g/(DEP_g - cg \cdot CASH) = g\_f \cdot [(1 + R_f)/(1 + R_d)]^{\sigma_g}$，令 $\sigma_g = 2$。政府部门根据理财和存款的相对收益率进行资产配置，资产规模与对应收益率正相关（CET 效用函数）。

35. 金融 SAM 表第 18 行：国外部门的资本账户来源

方程（117）：$SAV_w + F\_GtoW + \Delta L_w + \Delta FRES + \Delta OFDI + \Delta FD_c + \overline{\Delta LRT_w} = YFW$，也可以写成 $SAV_w + F\_GtoW + L_w - \overline{L_w0} + FRES - \overline{FRES0} + OFDI - \overline{OFDI0} + FD_c - \overline{FD_c0} + \overline{LRT_w} - \overline{LRT_w0} = YFW$

其中，SAV_w 为国外部门的储蓄；ΔL_w 为国外部门的贷款增量；ΔLRT_w 为国外部门的其他金融负债增量；YFW 为国外部门的资金来源。

36. 金融 SAM 表第 18 列：国外部门的资本账户运用

方程（118）：$YFW = F\_WtoG + \Delta DEP_w + \Delta FDI + \Delta FD_f + \Delta FD_g + \overline{\Delta ART_w}$，也可以写成 $YFW = F\_WtoG + DEP_w - \overline{DEP_w0} + FDI - \overline{FDI0} + FD_f - \overline{FD_f0} + FD_g - \overline{FD_g0} + \overline{ART_w} - \overline{ART_w0}$

其中，F_WtoG 为国外对政府部门的资本转移；ΔDEP_w 为国外部门存款增量；ΔFDI 为外商直接投资增量；ΔFD_f 为传统金融机构的国外债务增量；ΔFD_g 为政府部门的国外债务增量；ΔART_g 为国外部门的其他金融资产增量。

方程（119）：$DEP_w = w\_d \cdot (L_w + FD_c)$

假定国外部门持有的存款主要是作为一种资金周转的结果，假定国外部门存款与国外贷款（L_w）、从中央银行获得的资金（中央银行的国外债权 FD_c）之和成比例。

方程（120）：$FDI = w\_FDI \cdot PWE \cdot ER \cdot E$

假定外商直接投资主要与我国出口相关。

方程（121）：$FD_g = w\_FD \cdot YCW$

假定国外对政府的债权（FD_g，也就是政府部门的国外债务）与国外部门收入成正比。

37. 金融 SAM 表第 19 行 = 第 19 列

方程（122）：$\Delta DEP_h + \Delta DEP_e + \Delta DEP_s + \Delta DEP_g + \Delta DEP_w = \Delta DEP_f + \overline{\Delta CASH}$

也可以写成 $DEP_h + DEP_e + DEP_s + DEP_g + DEP_w = DEP_f + CASH$

方程（123）：$DEP_f/CASH = d\_c \cdot [(1 + R_d)/(1 + 0)]^{\sigma_d}$

令 $\sigma_d = 2$。经济主体根据银行存款与流通中现金的相对收益率进行资产配置，资产规模与对应收益率正相关（CET 效用函数）。

38. 金融 SAM 表第 20 行 = 第 20 列

方程（124）：$\Delta L_f = \Delta L_h + \Delta L_e + \Delta L_g + \Delta L_w$，也可以写成 $L_f = L_h + L_e + L_g + L_w$

方程（125）：$\log(L_h) = n\_lh \cdot \log(YCH - HtoEn - I_{h\_f} - HtoFn - HtoG - TOTHtax) + a\_lh$

假定住户部门贷款与可支配收入具有对数线性关系，斜率系数 $n\_lh = 1.65$ 是由历史时序回归得到，常数项由模型内生校准得到。

方程（126）：$L_w = w\_Lw \cdot YCW$

假定国外贷款与国外收入成正比。

39. 金融 SAM 表第 21 行 = 第 21 列

方程（127）：$\Delta B_h + \Delta B_f + \Delta B_c + \Delta B_s = \Delta B_e + \Delta B_g$，也可以写成 $B_h + B_f + B_c + B_s = B_e + B_g$

方程（128）：$(B_e - B_s)/(B_g - B_c - B_h) = \alpha_b [(1 + R_{be})/(1 + R_{bg})]^{\sigma_b}$

令 $\sigma_b = 2$。假定传统金融机构根据企业债券和政府债券的相对利率决定配置比例（CET 效用函数）（住户部门和中央银行只持有政府债券、特殊目的载体只持有企业债券）。

方程（129）：$B_e/L_e = e\_b \cdot [(1 + R_l)/(1 + R_{be})]^{\sigma_e}$

假定非金融企业部门根据发债和银行贷款的相对融资成本决定两种融资方式的规模比例（CES 效用函数）。

40. 金融 SAM 表第 22 行 = 第 22 列

方程（130）：$\Delta F_h + \Delta F_e + \Delta F_f + \Delta F_g = \Delta F_s$，也可以写成 $F_h + F_e + F_f + F_g = F_s$

方程（131）：$\Delta FL_s = \Delta FL_e + \Delta FL_f$，也可以写成 $FL_s = FL_e + FL_f$

方程（132）：$FL_e/L_e = e\_fl \cdot [(1 + R_l)/(1 + R_{fl})]^{\sigma_e}$

非金融企业部门根据理财信托贷款和银行贷款的相对融资成本决定两种融资方式的规模比例（CES 效用函数）。

41. 金融 SAM 表第 23 行 = 第 23 列

无方程，为恒等式。

42. 金融 SAM 表第 24 行 = 第 24 列

无方程，为恒等式。

43. 名义国内生产总值：GDP

方程（133）：$GDP = \underbrace{W \cdot LAB}_{\text{劳动者报酬}} + \underbrace{RK \cdot CAP}_{\text{总营业盈余}} + \underbrace{Indtax + Tariff - Exsub}_{\text{生产税净额}}$

44. 实际国内生产总值：RGDP

方程（134）：$RGDP = PQ0 \cdot (CD + GD + ID_h + ID_e + ID_f + ID_g) + PWE0 \cdot ER0 \cdot E - PWM0 \cdot ER0 \cdot M$

45. M2

方程（135）：$M2 = DEP_h + DEP_e + DEP_s + DEP_g$，其中包括了现金。

46. 本外币各项贷款（定义式，不需要设置方程）

$L = L_f$

47. 本外币各项存款（定义式，不需要设置方程）

$DEP = DEP_f = DEP_h + DEP_e + DEP_s + DEP_g + DEP_w - CASH$

48. 杠杆率

方程（136）：$LEVG = (L_f + B_e + B_g + FL_e)/GDP \times 100$

49. CPI

方程（137）：$CPI = PQ/PQ0$

50. GDP 平减指数

方程（138）：$Pindex = GDP/RGDP$

51. WALRAS 和 NLP 算法方程

方程（139）：$SAV_h + SAV_e + SAV_f + SAV_c + SAV_s + SAV_g + SAV_w = WALRAS + PQ \cdot (ID_h + ID_e + ID_f + ID_g)$

方程（140）：$Omega = 1$

此方程无实际意义，为 NLP 算法设定。

52. 金融 CGE 模型的闭合条件设置

由于方程数（140 个）少于变量数（149 个），为了保证方程可解，需要在 149 个变量中固定 9 个变量作为外生变量。本模型采用路易斯闭合规则，具体如下：

（1）假定资本存量的调整相对较慢，现有实际资本供应量都能实现充分利用，而资本收益率的调整相对容易，因此将资本要素 CAP 外生固定。

（2）从劳动力市场看，短期内，劳动就业量容易波动变化，但劳动力价格接近刚性，因此将工资率 W 固定为外生变量。

（3）假定出口和进口的国际市场平均价格短期不变，将 PWSE、PWSM 外生固定。

（4）假定特殊目的载体的储蓄总是为 0，将 SAVs 外生固定。

（5）其他一些次要变量，且其初始值较低，因此将其外生固定，包括：政府与国外之间的资本转移，F_GtoW 和 F_WtoG；中央银行持有的债券量 B_c；传统金融机构的投资 ID_f。

（6）在通过置换债券规范政府债务的背景下，假定政府贷款只减不增（Lg. up = Lg00）。

（7）部分指标为存量类指标，为了确保其有意义，限定其大于 0。这些指标包括：FD_f、FD_c、R_d、R_f、R_{rp}、R_{fl}、R_{bg}、REL、FRES、ID_h、ID_e、ID_g、PQ、PX、PE。

三、金融 CGE 模型的应用：财政政策与货币政策的效果模拟

本部分在前文所建立的金融可计算一般均衡模型的基础上，对财政政策和货币政策进行仿真分析，为财政政策和货币政策的制定提供量化参考。

（一）政策模拟条件的设定

增值税是财政政策的重要内容，存款准备金率和存贷款基准利率是中央银行主要货币政策工具，本章重点讨论此三种工具的影响。

1. 下调增值税税率

自 2019 年 4 月 1 日起，我国增值税进一步下调。原适用 16% 税率的，税率调整为 13%，主要涉及制造业、采矿业、批发零售业；原适用 10% 税率的，税率调整为 9%，主要涉及交通运输业、邮政业、建筑业、房地产业、基础电信服务和农产品等；原适用 6% 税率的，税率保持不变，主要涉及现代服务业、生活服务业和增值电信服务等，详见表 5 - 19。

表 5－19　　增值税税率调整情况

序号	税目	原税率	调整后税率
1	销售或者进口货物（除 9～12 项外）	16%	13%
2	加工、修理修配劳务		
3	有形动产租赁服务		
4	不动产租赁服务	10%	9%
5	销售不动产		
6	建筑服务		
7	交通运输服务		
8	转让土地使用权		
9	饲料、化肥、农药、农机、农膜		
10	粮食等农产品、食用植物油、食用盐		
11	自来水、暖气、冷气、热水、煤气、石油液化气、天然气、二甲醚、沼气、居民用煤炭制品		
12	图书、报纸、杂志、音像制品、电子出版物		
13	邮政服务		
14	基础电信服务		
15	国务院规定的其他货物		
16	增值电信服务	6%	6%
17	金融服务		
18	现代服务（除租赁服务外）		
19	生活服务		
20	销售无形资产（除土地使用权外）		
21	纳税人出口货物（国务院另有规定的除外）	0	0
22	向境外单位提供的完全在境外消费的相关服务		
23	销售货物、劳务，提供的跨境应税行为，符合免税条件的		

资料来源：中国人民银行调查统计司整理。

分行业看，税率由 16% 降至 13% 的行业增加值合计占 GDP 的 41.7%；税率由 10% 降至 9% 的行业增加值合计占 GDP 的 19.6%；税率维持 6% 不变的行业增加值合计占 GDP 的 31.2%，详见表 5－20。

表 5－20　　增值税税率调整行业增加值占比情况

税率档次	主要涉及行业	行业增加值合计（亿元）	行业增加值合计/GDP（%）
16% 调至 13%	制造业、采矿业、批发零售业	375242	41.7%
10% 调至 9%	建筑业、交通运输、仓储及邮政业、房地产业、电热水生产供应业	176324	19.6%
维持 6% 不变	住宿餐饮业、金融业、信息传输、软件和信息技术服务业、租赁和商务服务业、其他服务业	281206	31.2%
零税率	农业	64734	7.2%

数据来源：中国人民银行调查统计司根据国家统计局数据整理。

若以增值税税率下调的行业增加值为权重，整体来看，此次增值税下调将使全部行业平均降税 1.45%。增值税涉及面较广，为了准确模拟增值税税率下调，在程序中涉及四个参数的调整，分别是第一档增值税税率 itax1，第二档增值税税率 itax2，出口退税率 esub，以及传统金融机构向政府部门转移支付比例 t_{f-g}，具体表述为 itax1 = 0.13；itax2 = 0.09；esub = esub13/16；$t_{f-g} = 1.1 \times t_{f-g}$。

2. 降低法定存款准备金率

本次模拟降低法定存款准备金率 1 个百分点的政策效应。根据历史数据测算，法定存款准备金率下调 1 个百分点会导致平均存款准备金率下降 0.84 个百分点。在本模型中，方程（103）的参数 RRR 即为平均存款准备金率。因此在程序中的表述为令参数 RRR 重新赋值：RRR = RRR - 0.0084。

3. 降低存贷款基准利率

本次模拟同时下调存贷款基准利率 0.25 个百分点（25 个基点）的政策效应。在本模型中，方程（86）的外生变量 BRD 为存款基准利率，方程（87）的外生变量 BRL 为贷款基准利率。因此在程序中的表述为令参数 BRD 和 BRL 重新赋值：BRD = BRD - 0.0025；BRL = BRL - 0.0025。

（二）政策模拟结果及分析

1. 下调增值税税率对经济金融的影响

增值税减税使上游生产者出厂含税价格下降，一方面，对中下游市场价格（包括进口商品）产生直接的下拉压力（替代效应）；另一方面，相关的出口商品和国内商品价格下调，使对外出口和国内消费需求增加，进一步促进非金融企业投资扩大生产，推动总需求增加，进而对物价产生间接的向上拉动作用（需求拉动效应）。综合来看，减税对物价的直接下拉影响占主导地位，间接拉升影响居从属地位。二者共同作用下，总体物价水平将有所下降，需求有所上升。

（1）减税将使实际 GDP 增加 0.73 个百分点。增值税平均税率下调 1.45 个百分点，最终将促进我国实际 GDP 增长 0.73%，其中总消费增长 0.72%，总投资增长 1.17%，出口下降 1.27%，进口下降 0.41%，净出口减少 7.40%（见表 5 - 21）。

表 5 - 21　　增值税减税对 GDP 的影响　　单位：亿元，%

变量	变量符号	基准情形	最终值	增长率	增量	增量贡献率
名义国内生产总值	GDP	743585	741275	-0.31	-2310	
实际国内生产总值	RGDP	743585	749013	0.73	5427	100.0
总消费（不变价）		399910	402776	0.72	2866	52.8
住户部门消费	CD	293443	297089	1.24	3646	67.2

续表

变量	变量符号	基准情形	最终值	增长率	增量	增量贡献率
政府部门消费	GD	106467	105688	-0.73	-779	-14.4
总投资（不变价）	ID	326700	330516	1.17	3816	70.3
净出口（不变价）		16976	15720	-7.40	-1256	-23.1
出口	E	138419	136666	-1.27	-1753	-32.3
进口	M	121444	120946	-0.41	-498	9.2

（2）减税将使国内主要价格水平下降 1.02 个 ~1.24 个百分点。

在标准的可计算一般均衡模型（CGE）中，增值税对价格的传导机制如图 5-2 所示。作为一种间接税，增值税税率调整对物价的直接影响，反映在生产者价格加成的改变（成本推动效应），即：

含税价 = 税前价 ×（1 + 增值税税率）。

增值税税率下调后，在完全竞争市场条件下，生产者的出厂含税价格（PX）将直接下降相应幅度。上游价格下降后，其他受到影响的中下游市场价格将全面下降，包括进口商品为保持竞争力，价格也将存在下降压力（替代效应）。

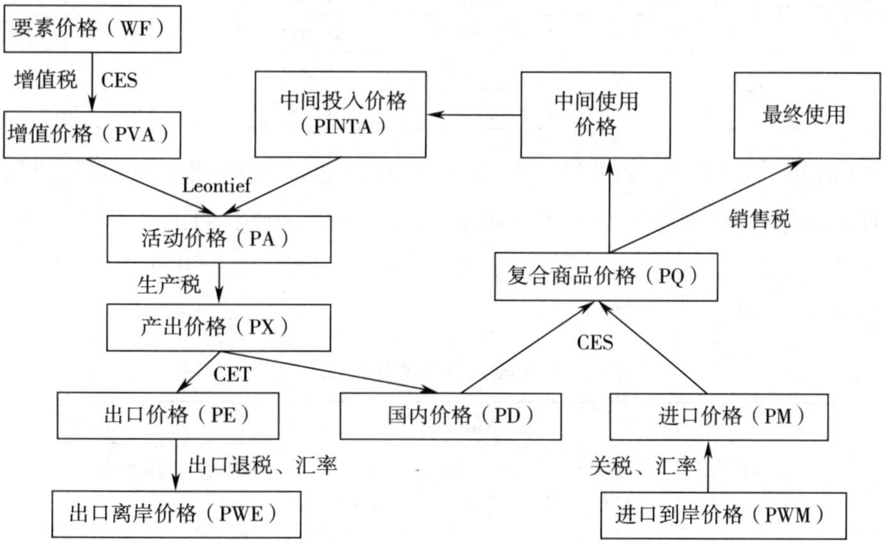

图 5-2　标准 CGE 模型的价格体系

如表 5-22，模拟结果显示，由于减税后国内总需求增加，总产出增加，人民币汇率（ER）趋于升值（↑0.65%），出口受到抑制。出口商品的外币价格（PWE）上涨，迫使非金融企业更大幅度降低出口价格（PE），同时增大内销比例，加剧国内竞争；进口商品的国内价格（PM）下降，但降幅小于国内自产自销商品价格（PD），国内终端消费价格（PQ）降幅介于二者之间。由于模型中假定仅有一种商品，因此，中间投入的价格（PINTA）与终端消费价格（PQ）相等，也将下降1.19%。在新的均衡状态下，基本价格（PP）将下降1.02%。GDP平减指数下降1.03%，主要是由于汇率升值，净出口所对应的价格降幅微小，缩窄了平减指数的降幅。

生产者出厂价格下降，有利于降低非金融企业投资成本，同时总需求增加，非金融企业的资本回报率（RK）将比基准水平提高0.11%，促使非金融企业实际投资扩大1.15%，就业人数将增加0.07%（模型中假设劳动工资率不变）。

表5－22　　增值税减税对价格水平的影响

变量	变量符号	基准情形	最终值	增长率（%）
GDP平减指数	Pindex	1.000	0.990	－1.03
基本价格（不含税）	PP	1.000	0.990	－1.02
生产者价格（含税）	PX	1.038	1.026	－1.24
国内需求端价格（CPI）	PQ	1.000	0.988	－1.19
国内生产国内销售产品的价格	PD	1.000	0.988	－1.22
以人民币计价的出口价格（含税）	PE	1.088	1.070	－1.64
以人民币计价的进口价格（含税）	PM	1.127	1.117	－0.86
以外币计价的出口价格（不含税）	PWE	1.000	1.006	0.64
以外币计价的进口价格（不含税）	PWM	1.000	0.998	－0.21
汇率	ER	1.000	0.993	－0.65
劳动工资	W	1.000	1.000	0.00
资本回报率	RK	1.000	1.001	0.11

（3）减税后国民收入分配向住户和非金融企业部门倾斜。从收入分配结构来看，增值税税率下调后生产税净额下降3.35%，在GDP中的占比下降0.36个百分点；营业盈余和劳动报酬小幅增加，在GDP中的占比分别上升0.20个和0.16个百分点（见表5－23）。

表5－23　　国民收入分配变化情况

部门	变量符号	数值			比例		
		基准情形（亿元）	最终值（亿元）	增长率（%）	基准情形（%）	最终比例（%）	增减（个百分点）
营业盈余	LAB × W	385192	385471	0.07	51.80	52.00	0.20
劳动报酬	CAP × RK	271848	272161	0.11	36.56	36.72	0.16
生产税净额	Indtax + Tariff − Exsub	86545	83644	－3.35	11.64	11.28	－0.36
名义GDP	GDP	743585	741275	－0.31			

注：CGE模型中将固定资产折旧归并入营业盈余。

减税后政府部门收入下降2.49%，占比将降低0.35个百分点。其他部门中，住户部门和非金融企业部门的收入占比分别提高0.25个和0.11个百分点（见表5－24）。

表5－24　　各部门收入变化情况

部门	变量符号	数值			比例		
		基准情形（亿元）	最终值（亿元）	增长率（%）	基准情形（%）	最终比例（%）	增减（个百分点）
住户部门	YCH	525128	525308	0.03	44.00	44.25	0.25
非金融企业	YCE	205597	205766	0.08	17.23	17.33	0.11
中央银行	YCC	8690	8679	－0.14	0.73	0.73	0.00
特殊目的载体	YCS	16620	16625	0.03	1.39	1.40	0.01
传统金融机构	YCF	85208	85285	0.09	7.14	7.18	0.04
政府部门	YCG	210088	204849	－2.49	17.60	17.26	－0.35
国外部门	YCW	142104	140578	－1.07	11.91	11.84	－0.06

（4）减税促进信贷扩张，将推升宏观杠杆率1个百分点。在收入效应作用下，总的消费和投资支出增加，资金需求增加，信贷需求也相应增加。金融CGE模型测算结果显示，在最终长期均衡状态下，减税将带动各项贷款增长0.1个百分点，企业债券增长0.2个百分点，政府债券增长0.2个百分点。各项存款和M2均增长0.1个百分点，推动宏观杠杆率将上升1个百分点。

同时，受资金供需关系变化的影响，政府债券利率将略有上升，企业债券利率基本持平，存贷款和理财产品的名义利率水平略有下降。但如果考虑到物价水平降幅较大，实际的利率水平仍是上升的，这也反映了投资需求较为旺盛。

2. 降低法定存款准备金率对经济金融的影响

当前，随着信贷投放的增加，传统金融机构中长期流动性需求也在增长。此时降低法定存款准备金率，置换一部分中央银行借贷资金，能够进一步增加银行体系资金的稳定性，优化商业银行和金融市场的流动性结构，降低银行资金成本，进而增强金融服务实体经济的能力。金融CGE模型测算显示，降低法定存款准备金率1个百分点对经济金融均存在较为明显的影响。

（1）将拉动实际GDP增长0.27%（见表5－25）。这主要有三条影响途径：一是投资渠道。法定存款准备金率下调，传统金融机构的可贷资金量上升，使得传统金融机构贷款增长0.75%，购买的债券增长0.50%。由于传统金融机构贷款对象为住户、非金融企业和政府，购买的债券为企业债券和政府债券，因此，传统金融机构的贷款和债券增长，将提高住户、非金融企业和政府等经济主体的资金量，从而促进这些部门的投资增长。据测算，住户、非金融企业和政府的投资额分别增长0.69%、0.19%和0.07%，综合看，全社会固定资产投资增长0.25%。二是“收入—消费”渠道。由于固定资产投资增长，带动总产出增加，各经济主体按要素获得的收入也增加，其中，住户收入增长0.54%，政府收入增长0.61%。收入的增加促使消费增长，其中住户消费增长0.16%，政府消费增长0.25%，因此总消费增长0.18%。三是“汇率—净出口”渠道。法定存款准备金率下调，外汇市场的人民币相对充裕，促使人民币对美元贬值，据测算，人民币汇率贬值0.5%，由此导致出口增长0.26%，进口下降0.06%，最终使净出口增长2.55%。

表5-25　　下调法定存款准备金率1个百分点对GDP的影响　　单位：亿元，%

序号	变量	变量符号	基准情形	最终值	增长率	增量贡献率
1	名义国内生产总值	GDP	743585	748281	0.63	100
2	实际国内生产总值	RGDP	743585	745577	0.27	42.4
3	总消费（不变价）		399910	400647	0.18	15.7
4	住户部门消费	CD	293443	293918	0.16	10.1
5	政府部门消费	GD	106467	106729	0.25	5.6
6	总投资（不变价）		326700	327522	0.25	17.5
7	住户部门投资	ID_h	52281	52644	0.69	7.7
8	非金融企业投资	ID_e	226627	227052	0.19	9.1
9	政府部门投资	ID_g	47161	47195	0.07	0.7
10	传统金融机构投资	ID_f	631	631	0.00	0.0
11	净出口（不变价）		16976	17408	2.55	9.2
12	出口	E	138419	138779	0.26	7.6
13	进口	M	121444	121370	-0.06	-1.6

（2）使国内主要价格水平上涨0.4%左右（见表5-26）。降准的直接影响是释放基础货币，导致市场上流动资金增多，因此在相同的产品供给情况下，市场价格将上升。此外，降准促进传统金融机构可贷资金增加，实体部门资金获得资金的可能性上升，带动总需求上升，从而间接地拉动物价上涨。综合看，降低法定存款准备金率1个百分点将使得GDP平减指数增长0.36%。从生产端看，由于间接税率不变，基本价格（PP）和生产者价格（含税，PX）价格涨幅一致，均为0.37%。从需求端看，由于模型中假定仅有一种商品，中间投入的价格与终端消费价格（CPI）相等，平均上涨0.38%。从进出口贸易价格看，降准释放流动性，使人民币相对充裕，人民币汇率（ER）趋于贬值（0.50%），相对人民币而言，外币趋于升值，因此导致以外币计价的出口和进口商品价格下降，分别下降0.13%和0.03%。由于上游价格上涨，导致以人民币计价的出口价格增长0.37%。而在汇率贬值的基础上，叠加国内需求增加，促进以人民币计价的进口价格增长0.47%，涨幅高于以人民币计价的出口价格涨幅。由于总需求增加，非金融企业的资本回报率（RK）将比基准水平提高0.81%，促使非金融企业实际投资扩大0.19%，就业人数将增加0.51%（模型中假设劳动工资率不变）。总体看，考虑到目前我国不少商品处于供大于求的状态，降低法定存款准备金率1个百分点后，我国商品价格受到的影响总体可控。

表 5 – 26　　下调法定存款准备金率 1 个百分点对物价的影响

序号	变量	变量符号	基准情形	最终值	增长率（%）
1	GDP 平减指数	Pindex	1.000	1.004	0.36
2	基本价格	PP	1.000	1.004	0.37
3	生产者价格	PX	1.033	1.037	0.37
4	消费价格指数	CPI	1.000	1.004	0.38
5	国内生产国内销售产品的价格	PD	1.000	1.004	0.37
6	以人民币计价的出口价格	PE	1.000	1.004	0.37
7	以人民币计价的进口价格	PM	1.127	1.132	0.47
8	以外币计价的出口价格	PWE	1.000	0.999	−0.13
9	以外币计价的进口价格	PWM	1.000	1.000	−0.03
10	劳动工资（假定不变）	W	1.000	1.000	0.00
11	资本价格	RK	1.000	1.008	0.81
12	汇率	ER	1.000	1.005	0.50

（3）有助于促进各实体部门获得资金（见表 5 – 27）。降准增加了传统金融机构的可贷资金，使得本外币各项贷款增长 0.75%。分部门贷款看，住户部门贷款增速最高，达到 1.25%，非金融企业部门贷款增长 0.60%，政府部门贷款增长 0.76%，而由于国内贷款资金较为充裕，国外部门贷款（主要是外币贷款）下降 0.35%。

表 5 – 27　　降准对实体部门债务余额的影响

序号	变量	基准情形（亿元）	最终值（亿元）	增长率（%）	增量占比（%）
1	本外币各项贷款	1118453	1126810	0.75	100.0
2	住户贷款	342264	346553	1.25	51.3
3	非金融企业贷款	685665	689808	0.60	49.6
4	政府贷款	72682	73232	0.76	6.6
5	国外贷款	17842	17217	−3.50	−7.5
6	债务总规模	1562670	1574188	0.74	100.0
7	住户部门债务	342264	346553	1.25	37.2
8	贷款	342264	346553	1.25	37.2
9	非金融企业债务	922079	927750	0.61	49.2
10	贷款	685665	689808	0.60	36.0
11	企业债券	174079	175061	0.56	8.5
12	表外融资	62336	62880	0.87	4.7
13	政府部门债务	298327	299885	0.52	13.5
14	贷款	72682	73232	0.76	4.8
15	政府债券	225645	226654	0.45	8.8
16	宏观杠杆率	210.15%	210.37%	0.22 个百分点	—
17	住户部门杠杆率	46.03%	46.31%	0.28 个百分点	—
18	非金融企业杠杆率	124.00%	123.98%	−0.02 个百分点	—
19	政府部门杠杆率	40.12%	40.08%	−0.04 个百分点	—

分部门债务看，由于贷款是住户部门的主要债务来源，在降准作用下，住户部门的债务余额与贷款余额增速相同，均为1.25%。非金融企业的债务来源于三项，分别是贷款、企业债券及表外融资，在降准作用下，这三者的增速分别为0.60%、0.56%和0.87%，从而使非金融企业债务增长0.61%。贷款门槛相对较低，在市场流动性充裕的情况下，仍然是非金融企业的主要资金来源，贷款对非金融企业债务增量贡献比例约为73.1%。由于企业债券的购买对象包括传统金融机构和特殊目的载体，两者比例约为4:6，特殊目的载体购买比例较高，而降准首先直接作用于传统金融机构，因此，非金融企业的债券增速低于贷款增速。特殊目的载体主要通过两种途径为非金融企业提供资金，分别是购买企业债券和发放表外贷款，由于表外贷款利率相对较高，特殊目的载体更倾向于对非金融企业提供表外融资而非债券，所以表外融资增速高于债券增速。政府部门债务增长也表现出类似的特点，政府部门的债务来源于两项，分别是贷款和政府债券，在降准作用下，贷款增长0.76%，债券增长0.45%，政府债务总体增长0.52%。

从宏观杠杆率来看，虽然各部门债务均实现增长，但杠杆率分母——名义GDP也实现了0.63%的增长，因此降准对宏观杠杆率的拉动作用较低，仅提升了0.22个百分点。分部门看，仅住户部门的杠杆率上升了0.28个百分点，非金融企业和政府部门的债务增速低于名义GDP，因此其杠杆率分别下降了0.02个和0.04个百分点。

（4）拉动存款和M2实现增长（见表5-28）。受贷款派生及收入增长的共同作用，各实体部门存款均实现增长，住户存款增长0.54%，非金融企业存款增长0.87%，政府存款增长0.63%，国外部门存款增长5.13%，而非实体部门存款下降，特殊目的载体存款下降0.50%。总体上，本外币各项存款增长0.70%，从而M2增长0.77%。表外贷款需求的增加带动特殊目的载体发行理财产品的增长，增速为0.13%，从购买主体看，住户、非金融企业、政府部门持有的理财产品分别增长0.54%、0.87%和0.63%，而传统金融机构持有的理财产品下降1.45%。可见，传统金融机构存入特殊目的载体的资金减少，特殊目的载体存入传统金融机构的存款也减少，说明降准还有助于减轻金融体系的内部循环。

表5-28　下调法定存款准备金率1个百分点对M2、存款和理财产品的影响

序号	变量	变量符号	基准情形（亿元）	最终值（亿元）	增量（亿元）	增长率（%）
1	货币供应量	M2	1495740	1505608	9868	0.66
2	现金	CASH	68304	68304	0	0.00
3	本外币各项存款	DEP	1431659	1441744	10084	0.70
4	住户存款	DEP_h	684743	688451	3708	0.54
5	非金融企业存款	DEP_e	556012	560864	4851	0.87

续表

序号	变量	变量符号	基准情形（亿元）	最终值（亿元）	增量（亿元）	增长率（%）
6	政府存款	DEP_g	229435	230872	1437	0.63
7	特殊目的载体存款	DEP_s	25550	25421	-128	-0.50
8	国外存款	DEP_w	4223	4440	217	5.13
9	特殊目的载体发行的理财产品	F_s	457278	457857	579	0.13
10	住户持有的理财产品	F_h	157844	158699	855	0.54
11	非金融企业持有的理财产品	F_e	161235	162642	1407	0.87
12	传统金融机构持有的理财产品	F_f	122757	120978	-1779	-1.45
13	政府持有的理财产品	F_g	15442	15538	97	0.63

3. 降低存贷款基准利率对经济金融的影响

（1）使实际GDP增长0.40%，其中对投资拉动作用最大（见表5-29）。金融CGE模型测算显示，存贷款基准利率下降25个基点（以下简称降息），实际GDP将增长0.40%。降息对经济的影响途径与降准存在明显差异，降准对消费、投资和净出口均有促进作用，且效果相当，而降息主要通过刺激投资拉动经济增长。具体看，降息后，消费增长0.10%，投资增长1.08%，而净出口下降5.63%。降息对投资拉动主要是通过刺激非金融企业部门投资而实现，分部门看，住户部门投资增长1.08%，非金融企业投资增长1.23%，而政府部门投资仅增长0.37%。

表5-29　存贷款基准利率下降对GDP的影响

序号	变量	变量符号	基准情形（亿元）	最终值（亿元）	增长率（%）	增量占比（%）
1	名义国内生产总值	GDP	743585	750313	0.90	—
2	实际国内生产总值	RGDP	743585	746531	0.40	100.0
3	总消费（不变价）		399910	400293	0.10	13.0
4	住户部门消费	CD	293443	293691	0.08	8.4
5	政府部门消费	GD	106467	106603	0.13	4.6
6	总投资（不变价）		326700	330217	1.08	119.4
7	住户部门投资	IDh	52281	52846	1.08	19.2
8	非金融企业投资	IDe	226627	229404	1.23	94.3
9	政府部门投资	IDg	47161	47338	0.37	6.0
10	传统金融机构投资	IDf	631	631	0.00	0.0
11	净出口（不变价）		16976	16021	-5.63	-32.4
12	出口	E	138419	138068	-0.25	-11.9
13	进口	M	121444	122047	0.50	20.5

（2）使价格水平普遍上涨（见表5-30）。降息刺激非金融企业投资，增加生产，提高住户部门的收入，带动总需求的上升，从而促进经济领域的价格水平出现全面上涨，GDP平减指数增长0.51%。从生产端看，基本价格（PP）和生产者价格（PX）

价格涨幅一致，均为0.52%。从需求端看，CPI和国内生产国内销售产品价格涨幅相同，均上涨0.53%。从进出口贸易价格看，人民币汇率（ER）贬值幅度较低，仅贬值0.26%，因此对以外币计价的进出口价格影响有限，以外币计价的进出口价格主要受国内价格的影响，结果以人民币和外币计价的出口和进口商品价格均出现上涨。

表5－30　　存贷款基准利率下降对物价的影响

序号	变量	变量符号	基准情形	最终值	增长率（%）
1	GDP平减指数	Pindex	1.000	1.005	0.51
2	基本价格	PP	1.000	1.005	0.52
3	生产者价格	PX	1.033	1.038	0.52
4	消费价格指数	CPI	1.000	1.00529	0.53
5	国内生产国内销售产品的价格	PD	1.000	1.005	0.53
6	以人民币计价的出口价格	PE	1.000	1.004	0.39
7	以人民币计价的进口价格	PM	1.127	1.132	0.51
8	以外币计价的出口价格	PWE	1.000	1.001	0.13
9	以外币计价的进口价格	PWM	1.000	1.002	0.25
10	劳动工资	W	1.000	1.000	0.00
11	资本价格	RK	1.000	1.012	1.15
12	汇率	ER	1.000	1.00264	0.26

（3）更有利于非金融企业部门获取资金（见表5－31）。降息直接降低了资金成本，非金融企业借贷资金进行投资的意愿增强。降息后，非金融企业债务余额增长1.40%，增量占全社会债务增量的64.1%。其中非金融企业贷款增长较快，增长1.70%，增量占各项贷款增量的72.5%。相比之下，住户部门债务增长1.57%，政府部门债务增长0.62%，两部门新增债务占比分别为26.7%和9.2%，远低于非金融企业部门。与降准主要提升住户部门杠杆率不同，降息对非金融企业部门杠杆率拉动作用较大，受降息影响，住户部门杠杆率提升了0.30个百分点，非金融企业杠杆率提升了0.60个百分点，而政府部门杠杆率下降0.11个百分点，总体看，全社会宏观杠杆率提升了0.79个百分点。

表5－31　　存贷款基准利率下降对债务的影响

序号	变量	变量符号	基准情形（亿元）	最终值（亿元）	增长率（%）	增量（%）
1	本外币各项贷款	L	1118453	1134504	1.44	100.0
2	住户贷款	L_h	342264	347630	1.57	33.4
3	非金融企业贷款	L_e	685665	697301	1.70	72.5
4	政府贷款	L_g	72682	73998	1.81	8.2
5	国外贷款	L_w	17842	15576	－12.70	－14.1
6	债务总规模		1562670	1582763	1.29	100.0
7	住户部门债务		342264	347630	1.57	26.7
8	贷款	L_h	342264	347630	1.57	26.7

续表

序号	变量	变量符号	基准情形（亿元）	最终值（亿元）	增长率（%）	增量（%）
9	非金融企业债务		922079	934961	1.40	64.1
10	贷款	L_e	685665	697301	1.70	57.9
11	企业债券	B_e	174079	174419	0.20	1.7
12	表外融资	FL_e	62336	63241	1.45	4.5
13	政府部门债务		298327	300172	0.62	9.2
14	贷款	L_g	72682	73998	1.81	6.5
15	政府债券	B_g	225645	226174	0.23	2.6
16	宏观杠杆率		210.15%	210.95%	0.79 个百分点	—
17	住户部门杠杆率		46.03%	46.33%	0.30 个百分点	—
18	非金融企业杠杆率		124.00%	124.61%	0.60 个百分点	—
19	政府部门杠杆率		40.12%	40.01%	-0.11 个百分点	—

（4）使表外业务下降，表内业务上升（见表 5-32）。尽管降息后存款利率水平出现下降，但由于收入上升，各实体部门存款还是实现增长，本外币各项贷款增长 0.48%，其中，住户存款增长 0.61%、非金融企业存款增长 1.26%，政府存款增长 0.66%。非金融企业存款增长较快主要是收入增长较快，非金融企业部门总收入增长 0.77%，政府部门总收入增长 0.61%，而住户部门收入增长 0.54%。相比之下，特殊目的载体存款大幅下降 21.84%，国外部门存款下降 6.86%。特殊目的载体发行的理财产品也出现较大幅度下滑，下降 1.46%，其中主要是传统金融机构持有的理财产品下滑明显，下降 8.45%。这说明降息使表外业务下降，表内业务上升。

表 5-32　存贷款基准利率下降对 M2、存款和理财产品的影响　单位：亿元，%

序号	变量	变量符号	基准情形	最终值	增量	增长率
1	货币供应量	M2	1495740	1502876	7136	0.48
2	现金	CASH	68304	68304	0	0.00
3	本外币各项存款	DEP	1431659	1438505	6846	0.48
4	住户存款	DEP_h	684743	688949	4206	0.61
5	非金融企业存款	DEP_e	556012	563014	7002	1.26
6	政府存款	DEP_g	229435	230943	1508	0.66
7	特殊目的载体存款	DEP_s	25550	19969	-5581	-21.84
8	国外存款	DEP_w	4223	3934	-290	-6.86
9	特殊目的载体发行的理财产品	F_s	457278	450611	-6667	-1.46
10	非金融企业持有的理财产品	F_e	161235	163558	2323	1.44
11	传统金融机构持有的理财产品	F_f	122757	112384	-10373	-8.45
12	政府持有的理财产品	F_g	15442	15571	129	0.84
13	住户持有的理财产品	F_h	157844	159098	1254	0.79

本章附录1

金融SAM

附表5-1 **2016年中国**

				活动	商品	要素		经常账户						
						劳动	资本	住户	非金融企业	传统金融机构	中央银行	特殊目的载体	政府	国外
				ACT	COM	LAB	CAP	C_HSH	C_ENT	C_FNT	C_CBK	C_SPV	C_GOV	C_ROW
				1	2	3	4	5	6	7	8	9	10	11
活动		ACT	1		2101864								12154	138419
商品		COM	2	1512086				293443					106467	
要素	劳动	LAB	3	385192										1785
	资本	CAP	4	271848										
经常账户	住户	C_HSH	5			386564	49987		6804	18296		5640	57838	
	非金融企业	C_ENT	6				179161	1587		14254		5872		4724
	传统金融机构	C_FNT	7				34860	14798	21607		1631	4531	6927	855
	中央银行	C_CBK	8							653			424	7614
	特殊目的载体	C_SPV	9						9115	7505				
	政府	C_GOV	10	83311	15388		7841	49209	34488	17214		578		2059
	国外	C_ROW	11		121444	413			15141	4729			377	
资本账户	住户	F_HSH	12					166092						
	非金融企业	F_ENT	13						118442					
	传统金融机构	F_FNT	14							22558				
	中央银行	F_CBK	15								7059			
	特殊目的载体	F_SPV	16									0		
	政府	F_GOV	17										25902	
	国外	F_ROW	18											-13352
金融账户	货币与存款	DEP	19											
	贷款	LOAN	20											
	债券	BOND	21											
	理财信托基金	FIN	22											
	货币政策工具	MPT	23											
	国外债权债务	FD	24											
	其他	RT	25											
行和		TOTAL	26	2252438	2238696	386976	271848	525128	205597	85208	8690	16620	210088	142104

表数据

金融 SAM 表　　　　单位：亿元

资本账户							金融账户							列和
住户	非金融企业	传统金融机构	中央银行	特殊目的载体	政府	国外	货币与存款	贷款	债券	理财信托基金	货币政策工具	国外债权债务	其他	
F_HSH	F_ENT	F_FNT	F_CBK	F_SPV	F_GOV	F_ROW	DEP	LOAN	BOND	FIN	MPT	FD	RT	Total
12	13	14	15	16	17	18	19	20	21	22	23	24	25	26
														2252438
52281	226627	631			47161									2238696
														386976
														271848
														525128
														205597
														85208
														8690
														16620
														210088
														142104
								63724						229816
					9002			83407	35280	8043		12978	86409	353561
							148710			5493	38686	-919	33777	248304
							5087				26778		-27498	11427
										83539				83539
						21		-31061	70980			534		66377
					44			5671			-29469	24394		-12713
55303	76420			-1074	27280	-4131								153798
		121741												121741
286		80168	-549	26355										106260
33691	28880	18987		13536	1982									97075
		26778	9216											35994
	21634		2759			12593								36986
88254				44722	-19093	-21196								92688
229816	353561	248304	11427	83539	66377	-12713	153798	121741	106260	97075	35994	36986	92688	

附表 5－2　　2015—2016 年金融资产和负债余额　　单位：亿元

				资本账户						
				住户	非金融企业	传统金融机构	中央银行	特殊目的载体	政府	国外
				F_HSH	F_ENT	F_FNT	F_CBK	F_SPV	F_GOV	F_ROW
				12	13	14	15	16	17	18
2015 年金融资产余额	货币与存款	Dep	19	629439	479593			26624	202155	8355
	贷款	Loan	20			996712				
	债券	Bond	21	11451		187496	15556	78960		
	理财信托基金	Fin	22	124153	132355	103770		75557	13460	
	货币政策工具	Mpt	23			213167	275236			
	国外债权债务	FD	24		112522		502			216715
	其他	Oth	25	226139				193916	90943	31453
2016 年金融资产余额	货币与存款	Dep	19	684743	556012			25550	229435	4223
	贷款	Loan	20			1118453				
	债券	Bond	21	11737		267665	15006	105315		
	理财信托基金	Fin	22	157844	161235	122757		89093	15442	
	货币政策工具	Mpt	23			239945	284453			
	国外债权债务	FD	24		134156		3262			229308
	其他	Oth	25	314393				238638	71850	10257
2015 年金融负债余额	货币与存款	Dep	19			1282949	63217			
	贷款	Loan	20	278540	602258				103743	12172
	债券	Bond	21		138799				154664	
	理财信托基金	Fin	22		54293	21264		373739		
	货币政策工具	Mpt	23			30870	213167			244367
	国外债权债务	FD	24		207273	4286			5156	113024
	其他	Oth	25		188848	287557	66045			
2016 年金融负债余额	货币与存款	Dep	19			1431659	68304			
	贷款	Loan	20	342264	685665				72682	17842
	债券	Bond	21		174079				225645	
	理财信托基金	Fin	22		62336	26757		457278		
	货币政策工具	Mpt	23			69555	239945			214897
	国外债权债务	FD	24		220251	3367			5690	137418
	其他	Oth	25		275257	321334	38547			

附表5-3　　经常转移矩阵拆分为三个矩阵　　单位：亿元

				经常账户						
				住户	非金融企业	传统金融机构	中央银行	特殊目的载体	政府	国外
				C_HSH	C_ENT	C_FNT	C_CBK	C_SPV	C_GOV	C_ROW
				5	6	7	8	9	10	11
利息	住户	C_HSH	5			13778		5640	322	
	非金融企业	C_ENT	6			14148		5872		
	传统金融机构	C_FNT	7	9928	20174		1631	4531	6927	855
	中央银行	C_CBK	8			653			424	7614
	特殊目的载体	C_SPV	9		9115	7505				
	政府	C_GOV	10			6681		578		
	国外	C_ROW	11			1099			130	
收入税	住户	C_HSH	5							
	非金融企业	C_ENT	6							
	传统金融机构	C_FNT	7							
	中央银行	C_CBK	8							
	特殊目的载体	C_SPV	9							
	政府	C_GOV	10	10153	20132	8720				
	国外	C_ROW	11							
其他经常转移	住户	C_HSH	5		6804	4518			57516	
	非金融企业	C_ENT	6	1587		105				4724
	传统金融机构	C_FNT	7	4870	1433					
	中央银行	C_CBK	8							
	特殊目的载体	C_SPV	9							
	政府	C_GOV	10	39056	14356	1812				2059
	国外	C_ROW	11		15141	3631			247	

本章附录 2

金融 CGE 模型的变量与参数

附表 5－4　　金融 CGE 模型变量列表

序号	变量	含义	序号	变量	含义
1	B_c	中央银行持有的债券	39	FntoEn	传统金融机构对非金融企业的转移支付
2	B_e	非金融企业发行的债券	40	FntoG	传统金融机构对政府的转移支付
3	B_f	传统金融机构持有的债券	41	FntoH	传统金融机构对住户的转移支付
4	B_g	政府发行的债券	42	FntoW	传统金融机构对国外的转移支付
5	B_h	住户持有的债券	43	FRES	国际储备资产
6	B_s	特殊目的载体持有的债券	44	F_s	特殊目的载体发行的理财产品
7	CAP	资本存量	45	F_GtoEn	政府对非金融企业的资本转移支付
8	CASH	现金	46	F_GtoW	政府对国外的资本转移支付
9	CD	住户消费实物量	47	F_WtoG	国外对政府的资本转移支付
10	CONT	消费税等其他间接税	48	GD	政府消费实物量
11	CPI	消费价格指数	49	GDP	名义国内生产总值
12	D	国内生产国内销售产品	50	GtoH	政府对住户的转移支付
13	DEP_e	非金融企业存款	51	GtoW	政府对国外的转移支付
14	DEP_f	传统金融机构吸收的存款	52	HtoEn	住户对非金融企业的转移支付
15	DEP_g	政府存款	53	HtoFn	住户对传统金融机构的转移支付
16	DEP_h	住户存款	54	HtoG	住户对政府的转移支付
17	DEP_s	特殊目的载体存款	55	ID_e	非金融企业投资实物量
18	DEP_w	国外存款	56	ID_f	传统金融机构投资实物量
19	E	出口实物量	57	ID_g	政府投资实物量
20	Entax	非金融企业所得税	58	ID_h	住户投资实物量
21	EntoFn	非金融企业对传统金融机构的转移	59	I_{c_f}	中央银行支付给传统金融机构的利息
22	EntoG	非金融企业对政府的转移支付	60	I_{e_f}	非金融企业支付给传统金融机构的利息
23	EntoH	非金融企业对住户的转移支付	61	I_{e_s}	非金融企业支付给特殊目的载体的利息
24	EntoW	非金融企业对国外的转移支付	62	I_{f_c}	传统金融机构给中央银行的利息
25	ER	汇率	63	I_{f_e}	传统金融机构支付给非金融企业的利息
26	Exsub	出口退税	64	I_{f_g}	传统金融机构支付给政府的利息
27	FD_c	中央银行的国外债权	65	I_{f_h}	传统金融机构支付给住户的利息
28	FD_f	传统金融机构的国外债务	66	I_{f_s}	传统金融机构给特殊目的载体的利息
29	FD_g	政府的国外债务	67	I_{f_w}	传统金融机构支付给国外的利息
30	FDI	外商直接投资	68	I_{g_c}	政府支付给中央银行的利息
31	F_e	非金融企业持有的理财产品	69	I_{g_f}	政府支付给传统金融机构的利息
32	F_f	传统金融机构持有的理财产品	70	I_{g_h}	政府支付给住户的利息
33	F_g	政府持有的理财产品	71	I_{g_w}	政府支付给国外的利息
34	F_h	住户持有的理财产品	72	I_{h_f}	住户支付给传统金融机构的利息
35	FL_e	非金融企业获得的理财信托贷款	73	I_{s_e}	特殊目的载体支付给非金融企业的利息
36	FL_f	传统金融机构的理财信托贷款	74	I_{s_f}	特殊目的载体给传统金融机构的利息
37	FL_s	特殊目的载体发行的理财信托贷款	75	I_{s_g}	特殊目的载体支付给政府的利息
38	Fntax	传统金融机构所得税	76	I_{s_h}	特殊目的载体支付给住户的利息

附表 5－4　　金融 CGE 模型变量列表（续表）

序号	变量	含义	序号	变量	含义
77	I_{w_c}	国外支付给中央银行的利息	114	R_{rp}	综合利率
78	I_{w_f}	国外支付给传统金融机构的利息	115	RGDP	实际国内生产总值
79	Indtax	间接税费	116	R_K	资本价格
80	INT	中间投入实物量	117	R_l	贷款利率
81	LAB	劳动存量	118	SAV_c	中央银行储蓄
82	LABtoH	住户部门获得的劳动报酬	119	SAV_e	非金融企业储蓄
83	LABtoW	支付给国外的劳动报酬	120	SAV_f	传统金融机构储蓄
84	L_e	非金融企业贷款	121	SAV_g	政府部门储蓄
85	LEVG	杠杆率	122	SAV_h	住户部门储蓄
86	L_f	传统金融机构发放的贷款	123	SAV_s	特殊目的载体储蓄
87	L_g	政府贷款	124	SAV_w	国外部门储蓄
88	L_h	住户贷款	125	Tariff	关税
89	L_w	国外贷款	126	TOTHtax	住户部门所得税
90	M	进口实物量	127	VAT	增值税
91	M_2	货币供应量	128	W	劳动工资
92	OFDI	对外直接投资	129	WALRAS	模型平衡测试变量
93	Omega	NLP 算法方程变量	130	WtoEn	国外对非金融企业的转移支付
94	PD	国内生产国内销售产品的价格	131	WtoG	国外对政府转移支付
95	PE	国内出口价格	132	WtoLAB	来自国外的劳动报酬
96	Pindex	GDP 平减指数	133	X	国内总产出实物量
97	PM	国内进口价格	134	YCC	中央银行总收入
98	PP	基本价格	135	YCE	非金融企业总收入
99	PQ	消费端价格	136	YCF	传统金融机构总收入
100	PWE	以外币计价出口价格	137	YCG	政府部门总收入
101	PWM	以外币计价进口价格	138	YCH	住户部门总收入
102	PWSE	出口的国际市场平均价格	139	YCS	特殊目的载体总收入
103	PWSM	进口的国际市场平均价格	140	YCW	国外部门总收入
104	PX	生产者价格	141	YFC	中央银行资金来源
105	Q	国内总需求数量	142	YFE	非金融企业资金来源
106	R_{be}	企业债券利率	143	YFF	传统金融机构资金来源
107	R_{bf}	传统金融机构持有债券的平均利率	144	YFG	政府部门资金来源
108	R_{bg}	政府债券利率	145	YFH	住户部门资金来源
109	R_d	存款利率	146	YFS	特殊目的载体资金来源
110	R_{EL}	再贷款	147	YFW	国外部门资金来源
111	R_{ES}	准备金	148	YK	资本收入
112	R_f	理财产品利率	149	YL	劳动收入
113	R_{fl}	理财信托贷款利率			

附表 5 – 5　　　　　　　　金融 CGE 模型参数列表

序号	参数	含义	参数值	序号	参数	含义	参数值
1	a_cap	资本的份额	0. 1253	36	CA_{s_e}	利息方程调整因子	0. 9639
2	a_d	国内产品方程参数	0. 9389	37	CA_{s_f}	利息方程调整因子	0. 9639
3	a_dx	国内产品方程参数	1. 1699	38	CA_{s_g}	利息方程调整因子	0. 9639
4	a_ex	出口方程参数	0. 0506	39	CA_{s_h}	利息方程调整因子	0. 9639
5	a_idh	住户投资方程截距	–2. 0694	40	CA_{w_c}	利息方程调整因子	0. 9917
6	a_lab	劳动方程系数	0. 1776	41	CA_{w_f}	利息方程调整因子	1. 0752
7	a_lh	住户贷款方程截距	–8. 7693	42	cb_fre	国际储备方程参数	68. 457
8	a_m	进口方程参数	0. 0824	43	c_h	住户部门现金占比	0. 8842
9	acon_ex	出口价格弹性方程参数	138419	44	c_e	非金融企业现金占比	0. 0900
10	acon_im	进口价格弹性方程参数	121444	45	c_g	政府部门现金占比	0. 0200
11	$a_{g\_h}2$	方程 68 系数 2	16887	46	c_w	国外部门现金占比	0. 0058
12	α_b	企业债券方程系数	0. 3324	47	CONST	政府贷款方程常数	1. 2799
13	α_{int}	中间投入的份额	0. 6971	48	d_c	传统金融机构存款方程系数	20. 255
14	α_{sg}	政府储蓄的替代弹性	0. 4200	49	e_b	企业债券方程系数	0. 2509
15	β_{be}	企业债券利率方程系数	0. 0100	50	e_d	非金融企业存款方程系数	0. 8109
16	β_{bg}	政府债券利率方程系数	0. 0500	51	e_f	非金融企业 SPV 方程系数	0. 2797
17	β_f	理财产品利率方程系数	0. 0500	52	e_fl	非金融企业理财贷款方程系数	0. 0979
18	BRD	存款基准利率	0. 0150	53	e_id	非金融企业投资方程系数	0. 8810
19	BRL	贷款基准利率	0. 0435	54	esub	出口退税税率	0. 0656
20	CA_{vat}	增值税方程系数	0. 5350	55	η_{ex}	出口价格弹性	2. 0000
21	CA_{cont}	其他间接税方程系数	0. 0143	56	η_{im}	进口价格弹性	2. 0000
22	CA_{c_f}	利息方程调整因子	0. 4444	57	etax	非金融企业部门直接税率	0. 1188
23	CA_{e_f}	利息方程调整因子	0. 5432	58	f_b	传统金融机构存款方程系数	0. 2493
24	CA_{e_s}	利息方程调整因子	0. 9375	59	f_f	传统金融机构理财方程系数	0. 1122
25	CA_{f_c}	利息方程调整因子	0. 3377	60	f_fd	传统金融机构对外债务系数	0. 0024
26	CA_{f_e}	利息方程调整因子	1. 6023	61	f_fl	传统金融机构理财系数	0. 0215
27	CA_{f_g}	利息方程调整因子	1. 8059	62	ftax	传统金融机构直接税率	0. 2368
28	CA_{f_h}	利息方程调整因子	1. 3336	63	g_f	政府理财产品系数	0. 0646
29	CA_{f_s}	利息方程调整因子	1. 0462	64	g_id	政府投资方程系数	0. 8481
30	CA_{f_w}	利息方程调整因子	6. 5424	65	gdt	政府消费支出占比	0. 8043
31	CA_{g_c}	利息方程调整因子	1. 0470	66	h_b	住户部门债券方程系数	0. 0185
32	CA_{g_f}	利息方程调整因子	0. 7695	67	h_d	住户部门存款方程系数	4. 1227
33	CA_{g_h}	利息方程调整因子	1. 0470	68	h_f	住户部门理财方程系数	0. 2412
34	CA_{g_w}	利息方程调整因子	0. 4528	69	htax	住户部门直接税率	0. 0212
35	CA_{h_f}	利息方程调整因子	0. 6035	70	itax1	第一档增值税税率	0. 1600

附表 5 – 5　　　　　　金融 CGE 模型参数列表（续表）

序号	参数	含义	参数值	序号	参数	含义	参数值
71	itax2	第二档增值税税率	0.1000	105	τ_{be}	企业债券利率方程系数	0.2000
72	itax3	第三档增值税税率	0.0600	106	τ_{bg}	政府债券利率方程系数	0.2000
73	k_e	非金融企业营业盈余份额	0.6590	107	τ_{d}	存款利率方程系数	0.4000
74	k_f	传统金融机构营业盈余份额	0.1282	108	τ_{f}	理财产品利率方程系数	0.0500
75	k_g	政府部门营业盈余份额	0.0288	109	τ_{l}	贷款利率方程系数	0.4000
76	k_h	住户部门营业盈余份额	0.1839	110	t_{e_f}	非金融企业向传统金融机构转移系数	0.0070
77	l_h	住户部门劳动报酬份额	0.9989	111	t_{e_g}	非金融企业向政府转移系数	0.0698
78	mpc	边际消费倾向	0.6386	112	t_{e_h}	非金融企业向住户转移系数	0.0331
79	mtax	关税税率	0.1267	113	t_{e_w}	非金融企业向国外转移系数	0.0736
80	n_idh	住户投资方程斜率	1.0760	114	t_{f_e}	传统金融机构给非金融企业转移系数	0.0012
81	n_lh	住户贷款方程斜率	1.6500	115	t_{f_g}	传统金融机构给政府转移系数	0.0234
82	φ_{be}	企业债券利率方程系数	−0.0048	116	t_{f_h}	传统金融机构给住户转移系数	0.0530
83	φ_{bg}	政府债券利率方程系数	−0.0117	117	t_{f_w}	传统金融机构给国外转移系数	0.0426
84	φ_{d}	存款利率方程系数	−0.0084	118	tf_{g_e}	政府给非金融企业资本转移系数	0.1909
85	φ_{f}	理财产品方程系数	0.0230	119	$t_{g\_h}1$	方程 68 系数 1	0.2738
86	φ_{l}	贷款利率方程系数	0.0103	120	$t_{g\_h}2$	政府收入指数	0.1000
87	R_{fres}	国际储备资产利率	0.0330	121	t_{g_w}	政府给国外转移系数	0.0012
88	R_{rel}	再贷款利率	0.0385	122	t_{h_e}	住户给非金融企业转移系数	0.0030
89	R_{res}	存款准备金利率	0.0162	123	t_{h_f}	住户给传统金融机构转移系数	0.0093
90	RRR	平均存款准备金率	0.1676	124	t_{h_g}	住户给政府转移系数	0.0744
91	s_b	特殊目的载体债券方程	0.6050	125	θ_{be}	非金融企业债券利率方程系数	0.8000
92	s_d	特殊目的载体存款方程	0.2569	126	θ_{bg}	政府债券利率方程系数	0.8000
93	s_fl	理财信托贷款方程系数	0.7762	127	θ_{d}	存款利率方程系数	0.6000
94	σ_{b}	债券替代弹性	2.00	128	θ_{f}	理财产品利率方程系数	0.6000
95	σ_{c}	对外债务替代弹性	2.00	129	θ_{l}	贷款利率方程系数	0.6000
96	σ_{d}	现金与存款替代弹性	2.00	130	t_{OFDI}	对外直接投资方程系数	1.1047
97	σ_{e}	非金融企业替代弹性	2.00	131	t_{w_e}	国外给非金融企业方程系数	0.0332
98	σ_{ex}	出口方程替代弹性	5.00	132	t_{w_g}	国外给政府方程系数	0.0145
99	σ_{f}	传统金融机构替代弹性	2.00	133	t_{w_l}	国外劳动报酬占比	0.0126
100	σ_{g}	政府部门替代弹性	2.00	134	w_d	国外存款方程系数	0.2001
101	σ_{h}	住户部门替代弹性	2.00	135	w_FD	政府对外债务方程系数	0.0400
102	σ_{im}	进口方程替代弹性	3.50	136	w_FDI	对外直接投资方程系数	1.5912
103	σ_{s}	特殊目的载体替代弹性	2.00	137	w_Lw	国外贷款方程系数	0.1256
104	σ_{x}	生产方程的替代弹性	0.63				

第三至五章参考文献

[1] 张欣．可计算一般均衡模型的基本原理与编程 [M]．上海：格致出版社，2017.

[2] 高敏雪，李静萍，许健．国民经济核算原理与中国实践（第3版）[M]．北京：中国人民大学出版社，2013.

[3] 赵永，王劲峰．经济分析CGE模型与应用 [M]．北京：中国经济出版社，2008.

[4]．霍尔斯，曼斯博格．政策建模技术：CGE模型的理论与实现 [M]．李善同，段志刚，胡枫主译校．北京：清华大学出版社，2009.

[5] 郑玉歆，樊明太．中国CGE模型及政策分析 [M]．北京：社会科学文献出版社，1999.

[6] 鲍勤，汤铃，杨列勋．美国征收碳关税对中国的影响：基于可计算一般均衡模型的分析 [J]．管理评论，2010 (6)：26－35.

[7] 周赤非，邓述慧．中国金融可计算一般均衡模型 [J]．系统工程理论与实践，1998 (4)：9－18.

[8] 王会芳，鲍勤，徐山鹰．中国金融可计算一般均衡模型及其在存款准备金政策研究中的应用 [J]．管理评论，2013 (8)：5－11.

[9] Robinson S. Macroeconomics, Financial Variables and Computable General Equilibrium Models [J]. World Development, 1991, 19 (11): 1509－1525.

第六章
潜在产出模型及测算

一、经济潜在产出模型的开发目的和意义

（一）潜在产出模型背景

潜在经济增长率是宏观经济研究领域的重要议题，也是研究经济增长的基础。潜在产出是指在不引起通货膨胀的前提下，宏观经济能够获得的最大产出；产出缺口指实际产出与潜在产出之差，用于反映经济资源利用的程度。在短期范围内，中央银行和宏观决策当局需要依靠潜在产出和产出缺口分析经济增长与通货膨胀的交替关系，评估通货膨胀压力，为制定宏观经济政策提供依据；在中长期范围内，长期潜在经济增长率是规划较长期限经济增长愿景的基础，也是制定可持续的长期经济发展目标的依据。由于潜在产出自身的不可观测性，对潜在产出的界定及测算方法的选择就显得尤为重要。不同的测算方法在具有一些优点的同时，也存在一些不足。由于对潜在产出水平判断不当造成一些宏观经济政策失误的例子并不鲜见。20 世纪 60 年代后期至 80 年代，美国经济顾问委员会对美国潜在产出的测算结果出现偏差，认为美国潜在产出存在疲软趋势，由此造成对美国通货膨胀的系统性抬升；Nelson 和 Nikolov（2003）研究发现，20 世纪 70 至 80 年代，英国也因对潜在产出趋势的错误估计，造成严重的通货膨胀。因此，从一些国际组织和中央银行的实践来看，为减少潜在产出测算不确定性的影响，综合分析各种方法的测算结果逐渐成为趋势。

随着中国经济进入新常态，投资回报率、适龄劳动人口数量等生产要素均发生一

定变化，中国潜在经济增长率降低成为共识。发达工业国家的经验表明，长期潜在经济增长率降低是一种历史必然，但潜在经济增长率下降是否意味着中国经济增长也将会出现实质性放缓？对我国而言，选择合适的潜在产出测算模型，客观全面准确地测算潜在产出尤为重要。潜在产出不仅能够反映经济的中长期供给能力，也是制定货币政策的核心参考目标之一。根据潜在产出判定产出缺口，直接进入货币政策决策规则，对货币政策操作有重要影响。

（二）潜在产出模型理论基础

随着宏观经济理论及计量经济技术的发展，潜在产出的内涵及测算方法也在不断地发展和完善。目前，学术界对于潜在产出的界定按照其理论派别，大致可以划分为两类。

1. 古典及新古典学派的定义

古典经济学从微观出发，假定价格及工资具有完全弹性，工资及价格的调整能够使经济达到均衡状态。从长期看，总供给曲线被视为一条接近垂直的直线。因此，在古典经济学派中，潜在产出并不是一个特殊的范畴，供给自身创造需求，均衡实际产出即经济的潜在产出，它取决于一定技术条件下，劳动和资本等要素的投入状况。新古典学派从理性经济人出发，继承和发展了古典经济学对潜在产出的界定，Kiley（2010）将潜在产出定义为在没有名义价格刚性情况下，所有其他实际摩擦与冲击均保持不变情况下的产出水平。按照实际经济周期理论，总供给冲击是经济波动的根源，在价格弹性的情况下，受总供给冲击影响，实际产出在其趋势水平即潜在产出附近发生暂时性的变化，即实际产出可以表示为潜在产出与一些随机因素之和。

2. 凯恩斯及新凯恩斯学派的定义

与早期的古典经济学并未明确提出潜在产出概念相比，一般认为，凯恩斯主义在AD—AS框架内最早明确提出潜在产出概念。其中，Okun（1962）的定义被认为是第一个完整的潜在产出定义，即潜在产出是在不引起通货膨胀的情况下，经济所能取得的可持续的最大产出水平。在圣路易斯联储的经济学家Basu和Fernald（2009）的新凯恩斯模型中，价格或工资缓慢向长期均衡水平调整，短期内实际产出可能偏离潜在产出，从而导致通货膨胀的发生，该定义与传统凯恩斯主义的定义一致。

（三）潜在产出模型的主要特点和研究现状

目前潜在产出模型的测算方法主要有趋势法、单变量滤波法、多变量经济结构关系法、生产函数法和DSGE估计法。如表6－1所示，各种方法均有自己的优缺点，但主要国家中央银行及国际组织都集中采用多变量经济结构关系法和生产函数法测算潜在产出。

表 6-1　　不同潜在产出模型测算的方法比较

测算方法	技术特征	优点	缺点
趋势法	线性趋势法、分段趋势法	容易实现、估计过程相对透明	估计信息有限、需要假定潜在增速产出不变
单变量滤波法	HP 滤波法、BK 滤波法、BN 分解法、单变量卡尔曼滤波法、不可观测成分模型法、小波降噪法和 CF 滤波法	可以测算潜在增速变动、对数据有一定解释能力	对模型假设条件较为敏感、很难进行预测和因素分析
多变量经济结构关系法	多变量 HP 滤波法、多变量 BN 分解法、多变量卡尔曼滤波法、多变量不可观测模型法和 SVAR 模型法	信息利用更充分、估计结果更稳定、对数据解释能力更强、模型设定更加灵活	要求有结构化理论模型支撑、无法纳入预期变动效应
生产函数法	生产函数估计、利用生产函数估计 TFP	较少受到短期波动影响，更侧重于长期供给能力测算	对数据质量要求较高、需要依赖中性技术进步假设
DSGE 估计法	NKDSGE 模型、英格兰银行 COMPASS 模型、美联储 FRB/US 模型	联合估计潜在产出和 TFP、刻画更加细致、趋势和波动部分识别也更精确	构建反映一国微观基础的 DSGE 模型难度较大、估计结果对参数敏感

资料来源：作者根据相关资料整理。

这几种方法主要有以下特点。

1. 坚实的经济学理论基础

多变量经济结构关系法包括多变量 HP 滤波法（Laxton 和 Tetlow，1992）、多变量 BN 分解法（Stock 和 Watson，1988）、多变量卡尔曼滤波法（Kuttner，1994）、多变量不可观测模型法（Gerlach 和 Smets，1997）和结构向量自回归（SVAR）模型法（Blandchard 和 Quah，1989）等。上述方法包含了菲利普斯曲线、奥肯定律等经济理论，能够根据经济理论对潜在产出及产出缺口的形态进行设定，将产出缺口与通货膨胀关联在一起。随着非加速通货膨胀失业率（NAIRU）、自然利率等概念的提出，多变量滤波可以引入更为丰富的经济意义，因此与趋势法和单变量滤波法相比，是一个质的提高。生产函数法是目前使用最为广泛的测算方法，主要根据索洛模型等新古典增长理论对经济增长源泉进行分析，基于中性技术进步假定，计算资本、劳动和全要素生产率等要素对经济增长的贡献度。该方法建立在经济增长理论之上，能够全面、清晰地考虑各种要素对经济增长的贡献度、要素利用程度和技术进步的影响，而不是依赖于实际产出本身的历史趋势，充分体现了潜在产出的供给方面的特征，技术上较为简单可行。

2. 相对成熟的应用实践经验

美联储、日本银行、欧洲中央银行（ECB）、国际货币基金组织（IMF）和经济合作与发展组织（OECD）都采用生产函数法和多变量经济结构关系法对潜在产出进行测算。芝加哥联储的 Kuttner（1994）使用多变量卡尔曼滤波方法测算了美国的潜在产出。同时，Mishkin（2007）指出，在美联储的大型宏观经济模型中，使用生产函数法测算的潜在产出一直受到高度重视，并且在劳动力分析方面投入了大量精力。Fleischman 和 Roberts（2011）使用多变量包含不可观测变量的模型，该方法被美联储纳入对潜在产出的估计方法中。其综合使用了多元统计方法、趋势估计、增长核算（如生产函数法）及奥肯定律。日本银行研究统计司使用生产函数法时，直接将内阁办公室统计的私营企业资本存量作为潜在资本投入，通过劳动人口规模、法定工作时间和加班时间的趋势或最高历史水平计算潜在劳动投入，使用 HP 滤波估计全要素生产率的趋势水平，从而计算潜在产出。ECB（2011）综合分析了 OECD、IMF 和欧洲委员会的潜在产出测算结果，对欧元区潜在产出的中长期趋势进行了分析。IMF 将全球潜在产出测算对象分为发达工业化国家、发展中国家和转轨经济国家三类，对大部分国家使用生产函数方法测算潜在产出，但由于国别差异较大，并不规定统一的计算方法，而是根据各国的具体特点采取不同的测算方法。Blagrave et al.（2015）使用多变量滤波法，将实际 GDP、通货膨胀率和失业率作为可观测变量构建模型，并采用贝叶斯法对模型进行估计。生产函数法和多变量卡尔曼滤波法是当前被国际组织和一些国家中央银行采用的主要测算方法。生产函数法由于能够清晰地显示技术进步、资本和劳动等要素在经济增长中的作用，且模型相对可控，应用最为广泛；多变量卡尔曼滤波模型通过包含菲利普斯曲线而引入通货膨胀变量，受到中央银行青睐。从发展趋势看，具有微观经济基础的 DSGE 模型正逐渐成为主流的测算方法。

3. 大量的国内测算文献形成支撑

我国对潜在产出的研究也大多采用生产函数法和多变量经济结构关系法，主要的实证研究结果如表 6－2 所示。

表 6－2　　国内潜在产出实证研究的主要情况

研究者	测算方法	样本期间	结果
沈利生（1999）	生产函数法	1978—1998 年	1980—1990 年、1991—1998 年、1999—2010 年，潜在产出分别平均增长 9.9%、10.0%、9.1%
刘斌和张怀清（2001）	线性趋势法、HP 滤波、单变量卡尔曼滤波、多变量卡尔曼滤波	1992 年第一季度至 2001 年第一季度	四种方法测算我国潜在产出分别平均增长 9.1%、8.6%、8.4%和 8.3%

续表

研究者	测算方法	样本期间	结果
郭庆旺和贾俊雪（2004）	消除趋势法、增长率推算法和生产函数法	1978—2002 年	潜在产出平均增长 9.56%
石柱鲜和武征等（2004）	多变量卡尔曼滤波法	1981—2003 年	1996—2003 年，产出缺口均为负，但实际产出增长率高于潜在产出增长率
李建伟（2006）	HP 滤波法	1952—2004 年	潜在产出从 1994 年的 10.3% 回落到 2006 年的 9.1%，2012 年进一步回落到 8%
解三明（2008）	生产函数法	1978—2006 年	2020 年和 2030 年，预期潜在产出分别增长 7.8% 和 6.5%
张金清和赵伟（2009）	生产函数法和趋势法相结合	1995 年第一季度至 2008 年第一季度	1999—2004 年，产出缺口经常为负，之后经常为正，且缺口较大
王宪勇（2009）	DSGE	1996 年第一季度至 2008 年第一季度	实际黏性和名义黏性不是中国经济波动的重要放大机制，而金融加速器起到关键作用
郭红兵和陈平（2010）	SVAR	1994 年第一季度至 2008 年第四季度	不同模型在通货膨胀预测能力及与基准经济周期转折点一致性方面存在差异
周晓艳等（2012）	不可观测成分模型及贝叶斯方法	1992 年第一季度至 2011 年第三季度	产出缺口波动幅度较小，处于相对平稳的状态，但波动频率较快
郭晗和任保平（2014）	生产函数法	1997—2012 年的省际面板数据	自 2010 年以来，东部、中部、西部三大区域的潜在增长率均出现下降
徐忠和贾彦东（2019）	生产函数法、状态空间模型、宏观计量经济模型以及 DSGE 模型	1993 年第一季度至 2018 年第三季度	四种估计方法加权平均后的潜在产出季度平均增速为 9.4%

资料来源：作者根据相关资料整理。

国内文献对潜在产出的研究也存在一些不足。首先，从样本选择上看，2008 年以前，我国国内普遍使用年度数据测算潜在产出，损失了高频周期成分，使其对政策决策的参考意义大为降低；谢攀和刘子扣（2019）指出，2008 年国际金融危机之后，传统产出缺口理论遭遇巨大挑战，直接测算与间接标示都未能成功预测危机，原有应对政策的效力也大幅下降。因此，近年来国内文献逐渐使用季度数据，捕捉高频周期成分。由于数据来源限制，对于使用季度数据的实证研究，一般均是直接使用季度累计 GDP 和季度累计同比计算我国的季度不变价 GDP，未考虑所选取的基准年不同季度间物价波动情况，或直接使用 CPI 对名义 GDP 进行平减，缺少完善的不变价季度 GDP 处理方法，从而影响了测算结果的可靠性。其次，从测算结果上看，一部分文献测算了整个样本期内的潜在产出增速；一部分将样本期分段，测算了不同时间段的潜在产出增速；一部分给出了潜在产出增速的变化趋势，并没有给出具体数值。从共性上看，基本都得出了“2010年后潜在产出增速下降”的结论。近年来潜在产出增速的趋势性放缓主要源于高投资并未形成有效资本，进而导致有效资本投入对潜在产出的拉动力持续走低。而投资专有技术进步放缓，投资调整成本上升，资本形成效率快速下降，是造成有效资本投入不足和潜在产出放缓的深层次原因。这也是供给侧结构性改革的理论基础。因此，从测算结果上看，大体符合我国现实经济背景。

因此，本章在现有文献研究的基础上，考虑测算我国潜在产出的稳健性、科学性和全面性需要，采用状态空间—卡尔曼滤波法和生产函数法对我国的潜在产出进行综合测算，并在综合测算的基础上对我国未来的潜在产出变化进一步综合分析，形成相应的政策建议。

二、经济潜在产出模型的构建

（一）模型的构建思路

关于中国经济潜在增速方面，近年来国内外学者和机构通过第一部分所叙述的方法进行测算，得到了一些近似结果。其中：中国经济增长前沿课题组（2012）测算得出2011—2015年、2016—2020年和2021—2030年的潜在增速分别为7.8%～8.7%、5.7%～6.6%和5.4%～6.3%。白重恩和张琼（2017）估算得出2016—2020年、2021—2025年和2026—2030年的潜在增速分别为6.28%、5.57%和4.82%；加拿大银行（2017）[①] 预测中国经济潜在增速从2016年的6.7%回落至2019年的6.3%。这些估计大多基于某一种特定的测算模型进行估计。

但是，单一方法测算潜在产出难以综合反映潜在产出的短期波动和长期发展趋势。本章将利用多变量状态空间卡尔曼滤波模型和生产函数模型来综合测算我国的潜在产出。多变量卡尔曼滤波模型侧重于估计潜在产出的波动，通过将潜在产出与通货膨胀率、失业率等宏观经济变量联系起来增强了计量技术背后的经济含义，半结构化模型在模型设定上也较为灵活，数据解释力更强。考虑到卡尔曼滤波对状态变量的估计依赖于其他参数设定，少数学者采用贝叶斯估计方法，将所有参数当作随机变量处理，根据参数的联合分布来对状态变量进行推断（赵昕东、耿鹏，2009；张成思，2009；周晓艳等，2012）。目前，主要中央银行都运用多变量状态空间卡尔曼滤波模型估计潜在产出，测算产出缺口，以分析和预测通货膨胀压力，作为制定货币政策的

① Bank of Canada (2017). Assessing Global Potential Output Growth [R]. Staff Analytical Note/Note analytique du personnel.

有效依据。一些模型甚至较为关注短期的高频数据（季度）变动、市场细分及利率期限结构和市场预期的影响等。Kuttner（1994）早期就联合产出和通货膨胀方程形成双变量不可观测成分模型，通过卡尔曼滤波算法进行极大似然估计，估算美国潜在产出及通货膨胀对实际增长和产出缺口的定量响应。而代表性的美联储 FRB/US 模型从 1996 年至今在不断完善为典型的多变量状态空间模型，Roberts（2014）对 Fleischman 和 Roberts（2011）进行了通货膨胀模型等方面的改进，估计潜在产出和自然就业率等潜在供应方变量。Garnier 和 Wilhelmsen（2005）应用卡尔曼滤波对包含菲利普斯和 IS 曲线的小型宏观经济模型对欧元区产出缺口和自然利率进行了联合估计。ECB（2014）对多变量卡尔曼滤波法进行了技术分析，但并未进行相应测算，提出 2008 年的国际金融危机暴露了在稳定的通货膨胀环境下不可持续的不平衡的积累，认为纳入有关金融周期的信息来衡量潜在产出更为稳健。日本银行主要基于生产函数法测算潜在产出，BOJ（2017）给出了新的估算方法修订，如修改劳动力参与率差距和小时工作差距估计方法等。

生产函数法侧重于估计潜在产出的长期发展趋势。该方法根据索洛模型等经济增长理论对经济增长源泉的分析，基于中性技术进步假定，计算资本、劳动和全要素生产率等要素与产出之间关系的方法。从时间维度上来看，生产函数有三方面的政策意义。一是“把握现在”，由于生产函数法不是依赖于实际产出本身的历史趋势，能够充分体现潜在产出供给方面的特征，并且技术上简单可行，因此成为 OECD、欧洲委员会、IMF 等国际组织和美国国会预算办公室（CBO）、美联储、日本内阁等官方机构普遍认同的估计潜在产出及产出缺口的测算方法。二是“总结过去”，利用生产函数估计的经济增长模型能够清晰地反映一国经济增长的主要动力及增长模式，从而能够对借鉴他国经济发展经验和转变经济发展方式等方面提供政策建议。三是“展望未来”，利用生产函数所反映的各因素与产出之间的定量关系，并在一定合理假设前提下即可对中长期潜在产出增速及增长的可持续性进行预测，从而为未来政策改革方向提供建议，但缺点是其对数据的质量和获取有较强限制性，且生产函数易受经济结构调整的影响而表现出不稳定性。Chow（1993）、中国经济增长前沿课题组（2012）、白重恩和张琼（2017）等采用该方法。这也是主要国家中央银行和组织测算潜在产出和产出缺口的主流方法。

多变量状态空间卡尔曼滤波模型和生产函数模型估计的侧重点不同。多变量状态空间卡尔曼滤波模型更关注潜在产出的短期波动。近年来，OECD 开始主要采用状态空间卡尔曼滤波法对 NAIRU 和潜在产出进行联合估计（Koske 和 Pain，2008）。生产函数模型更为关注经济的长期趋势性变化及要素投入的趋势水平，要求细分多个部门和产业，因而CBO的增长核算框架基于侧重长期供给能力，较少受制于短期波动的生产函数法（Shackleton，2018）。IMF对成员国的潜在产出测算大部分也是基于生产函数法，Benes和Johnson（2010）基于状态空间模型对包含中国在内的10个成员国进行测算，但使用的是贝叶斯极大似然估计法。

各政府部门制定宏观政策时根据政策目标对潜在产出的关注侧重点各有不同，因而基于各估计和测算方法的适用性和优缺点相机选择。从我国研究现状看，基于我国实际国情和数据特征，国内学者通过增加反映经济结构关系的状态变量和转移方程及引入开放经济、通货膨胀预期等更多因素不断完善估计模型和测算方法。最早刘斌和张怀清（2001）基于1992—2001年的季度数据用单变量和引入菲利普斯曲线的多变量状态空间—卡尔曼滤波方法测算了我国潜在GDP年均增长率为8.4%和8.3%。而后石柱鲜等（2004）引入菲利普斯曲线和奥肯定律，在Apel和Jansson（1999）基础上用失业偏移率代替自然失业率对状态空间模型进行了改进，得出我国1978—2003年产出缺口为负，实际产出增长率高于潜在产出增长率的结论。许召元（2005）运用类似的模型对1979—2004年的年度数据进行测算，发现卡尔曼滤波相较HP滤波和生产函数法更能表现20世纪90年代以后的经济特征。考虑基于封闭条件的这一缺陷，张金清和赵伟（2009）参考Guender（2006）开放条件下的“产出—通胀”菲利普斯曲线作为总供给函数构建状态空间模型。殷德生（2014）借鉴石柱鲜等（2004）的模型，得出2012年我国潜在增长率由2008年国际金融危机以前的两位数下滑至8%的结论，在菲利普斯曲线中加入资本冲击变量下降速度更为明显。大多数研究假定潜在产出服从随机游走或是一阶自回归，而田依农和于洪菲（2012）用传统柯布—道格拉斯（C－D）生产函数决定潜在产出，技术水平作为状态向量，测出的产出结果较好地解释通货膨胀率的变动。徐忠和贾彦东（2019）以FRB/US的供应方SS模型设定为基础，在菲利普斯曲线中引入房产价格通货膨胀率和进口价格通货膨胀率进行修正和补充，运用1993—2018年数据估计了潜在产出走势。不同测算方法都存在一定局限性，为减少不确定性的影响，近年来综合分析各种方法来得到更合理的估计逐渐成为趋势（徐忠等，2019）。

本章选用的多变量状态空间卡尔曼滤波模型和生产函数模型与国内外主要机构对于潜在产出的研究区别有三点。一是突出模型联合分析优势。利用多变量状态空间卡尔曼滤波模型测算潜在产出的短期波动，同时运用生产函数模型准确测算潜在产出的长期变动趋势。二是构建了潜在产出测算的基础数据。本章对我国1978—2018年的季度GDP、CPI和年度资本存量、劳动力数量、资本和劳动的产出弹性进行了系统性梳理，为潜在产出测算提供了坚实的数据储备。三是对我国中长期经济增长进行了全面展望。在运用多变量状态空间卡尔曼滤波模型和生产函数模型估计潜在产出的基础上，本章对我国经济增长动能及未来5年的经济增长作出了分析预测。

（二）模型设定

1. 多变量状态空间卡尔曼滤波模型构建

首先，我们对实际产出的运动过程进行分解。产出缺口 $RGDP^g$ 为自然对数形式的实际产出 $RGDP$ 与自然对数形式的潜在产出 $RGDP^p$ 之差。按照大部分文献的估计方法，假定 $RGDP^g$ 为二阶自回归过程，以反映经济周期性波动因素；对于 $RGDP^p$，由于趋势因素的存在，一般假定为一阶单整或二阶单整的非平稳随机过程，其中一阶单整假定因估计参数少，为早期文献所采用，但从部分国家实践结果看，因叠加效应的存在，估计效果较差。本章先后使用以上两种假定建立模型，结果表明一阶单整模型估计出的产出缺口波动较小且趋近于0，而二阶单整模型估计效果较好，因此被最终采用。以上关系可表达为

$$RGDP_t^g = RGDP_t - RGDP_t^p \tag{6-1}$$

$$RGDP_t^g = \delta_1 RGDP_{t-1}^g + \delta_1 RGDP_{t-2}^g + \varepsilon_{1,t} \tag{6-2}$$

$$RGDP_t^p = RGDP_{t-1}^p + g_{t-1} + \varepsilon_{2,t} \tag{6-3}$$

$$g_t = g_{t-1} + \varepsilon_{3,t} \tag{6-4}$$

其中，g_t 为潜在产出 $RGDP^p$ 的趋势成分，当式（6－4）中的残差项方差为0时，g_t 为反映潜在产出平均水平的常数，$RGDP^p$ 为一阶单整过程。

考虑到与单变量卡尔曼滤波相比，多变量模型在刻画模型方面信息量更大，波动特征也更好。因此，我们引入菲利普斯曲线来建立多变量卡尔曼滤波状态空间模型。与SS模型相似，我们以NK框架下的菲利普斯曲线刻画产出缺口与通货膨胀率之间的关系。国外考虑供给冲击因素的相关研究中，Arabinda和Richard（2008）将美国的冲击变量假定为总体CPI与食品、能源价格指数之差即核心CPI，以及反映特殊冲击事件的哑变量所组成，对于其他OECD成员国，Richardson和Boone等（2000）认为进口价格、实际油价等变量表现出较好的统计显著性，而国内的一些研究，如石柱鲜和武征等（2004）、人民银行上海总部调研部课题组（2009）则使用资本形成总额的对数差分作为供给冲击的代理变量，徐忠和贾彦东等（2019）采用进口价格通货膨胀率和房产价格通货膨胀率对菲利普斯曲线进行修正和补充，以提升拟合效果。为了反映货币因素在产出与通货膨胀动态关系中的作用，并考虑到数据可得性，本章以季节调整后滞后一期的广义货币供应量M2对数一阶差分作为冲击变量。

$$\Delta\pi_t = \sum_{i=1}^{I} a_{i,t}\Delta\pi_{t-i} + \sum_{j=0}^{J} \beta_{j,t} RDGP_{t-j}^g + \sum_{k=1}^{K} \Phi_{k,t}\Delta RDGP_{t-k} + \gamma_1 \Delta\ln M_{t-1} + \varepsilon_{5,t} \tag{6-5}$$

以上各方程构成状态空间模型，其中方程（6－1）、（6－5）为量测方程，方程（6－2）至（6－4）为状态方程，不可观测变量 $RGDP^{p}$ 、$RGDP^{g}$ 及其滞后项为状态变量。

2. 多变量状态空间卡尔曼滤波模型数据处理

本章使用前文计算的我国经季节调整的季度不变价 GDP 对数值作为已知的实际产出变量。国际上大部分潜在产出的测算均采用季度数据，从而能有效反映潜在产出中的高频波动成分，满足短期政策决策分析的需要。但在我国季度国民经济核算体系中，受基础资料限制，指标相对较少，不仅至今尚未发布不变价环比指标，而且季度支出法 GDP 核算制度也尚未正式建立，加上劳动就业数据不全面，因此，大部分文献使用年度数据测算我国的潜在产出，制约了国内的对季度频度潜在产出的实证研究。部分使用季度数据的文献在计算实际产出时，直接使用季度累计名义 GDP 和实际增速推算，未考虑基年季度间的价格差异，因此数据源并不可靠，从而影响了潜在产出估计结果的可靠性。

表 6－3　　我国现行 GDP 核算制度的基本资料来源

<table>
<tr><th>大类</th><th>行业</th><th>核算顺序</th><th>缩减指数</th><th>替代缩减指数</th></tr>
<tr><td>第一产业</td><td>农林牧渔业</td><td>先计算现价增加值，然后计算不变价增加值</td><td>农产品生产价格指数，农林牧渔服务业缩减指数为 CPI 中的服务项目价格指数</td><td>CGPI 中农产品指数</td></tr>
<tr><td rowspan="2">第二产业</td><td>工业</td><td>先计算不变价增长速度，据此计算不变价增加值，然后计算现价增加值</td><td>PPI</td><td rowspan="2">PPI</td></tr>
<tr><td>建筑业</td><td>先计算不变价增加值，然后计算现价增加值</td><td>固定资产投资价格指数</td></tr>
<tr><td rowspan="5">第三产业</td><td>交通运输仓储邮电业</td><td>先计算不变价增加值，然后计算现价增加值</td><td>CPI 中的交通费价格指数</td><td rowspan="5">CPI</td></tr>
<tr><td>批发零售贸易餐饮业</td><td>先计算现价增加值，然后计算不变价增加值</td><td>RPI</td></tr>
<tr><td>房地产业</td><td>先计算不变价增加值，然后计算现价增加值</td><td>房屋销售价格指数、土地交易价格指数、房屋租赁价格指数、物业管理价格指数的简单平均数</td></tr>
<tr><td>金融业</td><td>先计算现价增加值，然后计算不变价增加值</td><td>固定资产投资价格指数和 CPI 的加权平均数</td></tr>
<tr><td>其他服务业</td><td>先计算现价增加值，然后计算不变价增加值</td><td>RPI 和 CPI 中的服务项目价格指数的简单平均数</td></tr>
</table>

资料来源：作者根据相关资料整理。

为提高潜在产出计算的灵敏度并满足政策决策的及时性要求，参照我国现行国民经济核算制度的基本框架，从数据可得性出发，将原制度中的八个产业类别合并成三次产业，使用替代缩减指数，分三次产业计算当季不变价增加值，通过加总得到不变价 GDP 序列（见表 6－3）。其中，第一、第二、第三产业现价增加值通过直接对国家统计局公布的各季度增加值累计数进行差分计算，由于无法得到详细的分产业环比缩减指数，各产业的缩减指数分别使用 CGPI 中的农产品价格季度定基及环比指数、PPI 季度定基及环比指数和 CPI 季度定基及环比指数近似代替。考虑到累计同比在核算及经济分析中占据核心地位，本章首先计算了以 2005 年第一季度为基期的当年各季度不变价 GDP 数据，然后使用同比增速对 2005 年前后数据外推计算各产业增加值序列，将三次产业进行合并后，最终得到 1991 年第一季度至 2019 年第二季度不变价 GDP 时间序列数据，为开展季度潜在产出奠定了基础。我国不变价对数季度实际 GDP 及季节调整情况见图 6－1。

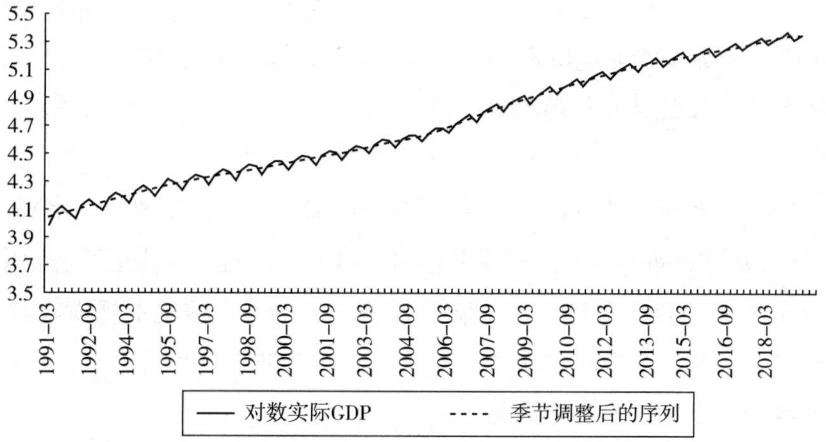

资料来源：作者根据相关数据测算。

图 6－1 我国实际 GDP 对数及季节调整情况

对于菲利普斯曲线，因变量通货膨胀率一般从 CPI、RPI、GDP 平减指数等一系列物价指标或工资等变量中作出选择，如果工资与物价之间存在稳定的相关性，则两者并无显著差异，并且对于中央银行而言，更多关注最终价格的变动，因此本章以季节调整后的季度环比 CPI 作为因变量。

3. 生产函数法测算潜在产出模型构建

运用生产函数法估算历史潜在产出水平及预测未来潜在产出增长的首要前提是设定合理的生产函数形式。新古典经济增长理论采用的是柯布—道格拉斯式的生产函数，它的假设前提包括资本和劳动可以相互替代、规模报酬不变、技术进步是希克斯中性。具体如下：

$$RGDP_t = A_t CAP_t^{\alpha} LAB_t^{\beta} \tag{6-6}$$

其中，$RGDP_t$ 为产出，CAP_t 为资本投入，LAB_t 为劳动投入，A_t 代表全要素生产率。α 为资本产出弹性，β 为劳动产出弹性，在规模报酬不变的假设前提下 $\alpha+\beta=1$。

该模型形式简单，应用方便，但部分假设前提可能不适用于中国的实际情况。首先，中国在改革开放以来长期处于经济增长的追赶阶段，其规模报酬更倾向于递增；其次，技术进步希克斯中性的假定更符合成熟经济体的情况，中国由于正处于经济改革进程之中，技术进步在不同的阶段可能是劳动增强型的或者是资本扩张型的，总体属于有偏的技术进步；另外也有研究认为在索洛经济增长模型中仅包含劳动力和资本两种投入要素与现实情况不相符合，因此许多文献如王小鲁和樊纲（2009）在生产函数中增加了其他变量，用于反映技术进步、配置效率改善等因素对潜在产出的影响。但我们参考 Chow 和 Li（2002）的意见认为过度增加变量会带来模型设定不规范、额外增加测度误差、损失自由度等问题，反而会导致估计精度下降，并且中国近 30 多年整个经济的改革突变特征也决定了不适合在模型中加入过多的变量。综合上述考虑我们建立如下劳动增强型新古典模型：

$$RGDP_t = A_t CAP_t^{\alpha}(LAB_t h_t)^{\beta} \tag{6-7}$$

同式（6-6）相比，式（6-7）在模型中增加了代表劳动力技能水平的变量 h_t，它与 LAB_t 分别表示劳动力投入的质量和数量，$LAB_t h_t$ 共同表示的是经济学中有效劳动力的概念。变量 h_t 的存在会使整个模型在 $\alpha+\beta=1$ 的假设前提下规模收益出现递增，同时在对资本、劳动产出弹性估计的过程中取消技术进步中性的假定，这样更符合中国人力资本质量不断提升的实际情况。

4. 生产函数法测算潜在产出模型相关参数设定

在劳动增强型新古典经济增长模型框架下估计我国潜在产出需要对实际产出 $RGDP_t$、固定资本投入 CAP_t、劳动投入 LAB_t、劳动力技能水平变量 h_t，全要素生产率 A_t、资本产出弹性 α、劳动产出弹性 β 等变量进行测算。现有文献在测算上述各指标时，除实际产出 RGDP 外，基本上都采用主观判断加模型估计的方法。但由于不同研究人员掌握资料的详尽度不同，或者估计方法的选择标准不同，导致对生产函数中关键变量的估计结果差异较大，随之弱化了研究结论的可信度。并且基于历史数据作出的各种假定和估计可能无法适用于实时更新的数据，导致模型缺乏稳定性。鉴于此，我们在估计我国潜在产出时，除对劳动投入 LAB_t 和变量 h_t 进行必要的调整外，剩余变量完全利用国民经济核算数据进行直接测算。长期实践结果表明，这种处理方法可以满足模型估计精度的需要，而且模型具有连贯性，可以实时更新，显著增强政策指导意义。

（1）产出的核算。一般情况下，选取国内生产总值作为产出的衡量指标。由于我国 GDP 各构成部门之间产出的增长速度及价格变动幅度不一致，因此，基期选择的不同会导致最终计算的 GDP 不变价增速出现差异。例如，以 1952 年为基期近似计算 1952 年至 1978 年的平均增速为 6.5%，若以 1978 年为基期，则同期平均增速降至 5.3%。目前的研究文献中，主要有 1952 年为基期、1978 年为基期和 2000 年为基期三种。我们选择以 1978 年为基期计算产出的不变价绝对值。

（2）固定资本存量的核算。我们利用通行的永续盘存法对各年资本存量进行测算，其基本公式为：$CAP_t = CAP_{t-1} + Invest_t + D_t$。其中，$CAP_t$ 为第 t 年的资本存量，CAP_{t-1} 为第 $t-1$ 年的资本存量，$Invest_t$ 为第 t 年的投资，D_t 为第 t 年的总折旧额。在确定了资本存量初始值及各年投资额、折旧额后，便可算出各年资本存量。

首先是初始固定资本存量的估计。各研究文献关于我国初始固定资本存量值的争议较大。但 Young（2000）指出，如果我们重点关注的是 1978 年以后的资本存量，若基年选择 1952 年，那么 26 年的时间跨度将使得初始年份的资本存量结果不太重要。为此，我们在估计资本存量时将初始年份设定为 1952 年。现有文献中关于我国 1952 年初始资本存量的估计值在 600 亿～2000 亿元。其中 Chow（1993）通过国家统计局内部数据计算得出 1952 年我国初始资本存量为 1752 亿元（包括 720 亿元的土地初始价值），后续许多研究都采用了该估计值。Maddison（1998）根据国际上不发达国家及第二次世界大战后国家的资本产出比指标的经验值，假定我国 1952 年该指标的比值为 0.9，进而算出初始资本存量为 623 亿元。Young（2003）根据国际研究经验，假定初始年份的投资主要用来满足产出增长和弥补资本折旧，进而估计出我国初始资本存量为 815 亿元。我们经过对比，仍采用 Chow 的估计结果，但不包含土地价值，即 1952 年我国初始固定资本存量为 1032 亿元。

其次是投资的选择。已有研究对投资指标的选取主要分为三种，第一种是采用“积累”的概念及其相应的统计口径，如 Chow（1993）。第二种是采用全社会固定资本投资，如王小鲁（2000）。第三种是近期研究常用的资本形成总额或固定资本形成总额。我们通过对比不同指标的内涵，选择国民经济核算账户下的固定资本形成总额作为投资指标。其中 1952—2000 年的数据来自《中国国内生产总值核算历史资料》，2001 年以后的数据来自历年《中国统计年鉴》。

再次是折旧的估计。目前大部分研究通常假定一个合适的折旧率，从而对历年资本存量进行折减。例如，Young（2000）假定折旧率为 6%；张军等（2004）则在综合考虑我国固定资产中各类资本品不同寿命期及比重的基础上计算得到我国固定资本形成总额的经济折旧率为9.6%；王小鲁和樊纲（2009）假定1952—1977年折旧率为5%，1978—2007年资本折旧平滑加速，最终达到8%；Wu（2011）也设定了一个浮动的折旧率，具体是1978年之前为5%，1978—1992年为6%，1993年以后为7%。我们直接沿用国民经济核算账户下的固定资产折旧序列对资本存量进行折减，这种处理方法实际上是一种时变的折旧率，折算得出1978—2017年平均折旧率水平在5.1%左右。具体数据来源与投资相同。

最后是投资价格指数的选择。自20世纪80年代以后，我国投资品价格上升很快，各年的投资价值不具可比性，所以在采用永续盘存法时，必须将当年价格表示的投资用一定的价格指数进行平减，折算成以基年不变价格表示的实际值。我们选择固定资产投资价格指数进行折减，但统计年鉴自1993年才开始公布这一指数，1993年之前我们利用《中国国内生产总值核算历史资料：1952—2004》中公布的固定资本形成总额发展速度指标变形后进行折减。

（3）劳动投入的核算。首先是劳动投入数量的核算。从构建经济增长模型的国际实践经验来看，劳动投入数量一般利用劳动时间来衡量。由于我国缺乏相应的基础统计资料，我们依据通行的替代办法直接采用就业人数来衡量劳动投入数量。但实践中会发现我国官方公布的就业人数在1990年存在异常波动，从1989年的55329万人增加到1990年的64749万人，一年内就业人数增加了9420万人，增长了17.0%，而1978—1989年就业人数的平均增速仅为3.5%。1990年前后我国劳动力供应状况及宏观经济背景表明当年就业人数的突变是不正常的。从供给方来看，当年适龄劳动人口的变动是稳定的，1989—1991年适龄劳动人口增速分别为2.0%、1.8%和1.5%，不存在明显变化；从需求方来看，1989年我国GDP增速从上年的10.5%快速降至3.3%，1990年继续保持在3.2%的低增速水平，经济的低迷决定劳动力需求不可能出现明显增长。因此，部分文献如Chow和Li（2002）未对官方公布数据作任何调整直接纳入经济增长模型的做法是不恰当的，有必要对就业人数进行调整。

由于1990年64749万的就业人数是人口普查的结果，因此，有理由相信当年就业人数的异常增加是由于1989年的低估造成的。进一步分析，1990年之前我国分别在1953年、1964年和1982年开展了三次人口普查，其中仅1982年人口普查包含就业信息。当年普查得出的就业人数为52154万人，较官方公布的45295万人高6859万人。这一数据表明至少从1982年开始我国官方公布的就业人口就存在低估现象。施发启（2006）对我国就业人数调整的办法是将1990年以前的就业人数直接乘以一个调整系数。这种处理方法虽然简单快捷，但精确度不高。我们从调查数据低估的根源出发，对我国1978—1989年就业人数进行更加严格、精确的调整。大量研究表明自70年代早期开始，由于我国放宽了对乡镇企业的限制，以及鼓励农村剩余劳动力外出到城市就业，明显刺激了人口就业。但这类就业具有临时性和季节性的特征，无法完全被就业抽样调查制度覆盖，从而产生普查数据与调查数据之间的差异。为此，我们从1971年开始对就业人数进行如下调整：1991年及以后的就业数据以官方数据为准，不做调整；1982—1990年期间，以1982年、1990年的两次人口普查为基准，两年的就业人数缺口分别为6859万人和8009万人，其他年份的缺口则以平均增速进行折算；1971—1982年期间，随着乡镇企业及外出务工人数的加速增长，有理由认为就业人数缺口也呈加速增长趋势。因此，我们假定各年就业人数缺口服从 $gap_{labor} = at^2$ 的分布，其中1971年对应 $t=1$，1982年能对应 $t=12$，通过1982年6859万人的缺口数据可以估计出 $a=47.6$ 万人，进而推算出1978—1982年期间各年份的就业人数缺口。

其次是劳动力技能水平的测算。我们依据现有文献的通常做法选取就业人口的平均受教育年限来衡量劳动力的技能水平，并作为劳动投入质量的替代变量。但我国在非普查年度1‰的人口抽样调查中未涉及对就业人员受教育水平的调查，仅在1982年、1990年和2000年的人口普查年度及1987年、1995年1%抽样调查年度含有该项数据。Holz（2005）研究发现1%抽样及1‰抽样结果相对普查结果存在明显的偏差，因此，我们在三次人口普查中就业人口分年龄、分受教育水平的统计结果基础上估计出了1978—2003年我国就业人口的平均受教育年限，并预测了2004—2025年的趋势值。其中对2010年我国就业人口平均受教育年限的预测值为9.08年/人，而最终2010年我国人口普查结果显示当年就业人口平均受教育年限为9.05年/人，两者仅相差0.03年。因此，有理由认为该文献的估计方法具有一定的科学性和准确性。我们直接利用上述相关估计结果来代表1978年以来我国劳动力的技能水平。

（4）全要素生产率的估计。Tian和Yu（2012）总结了150多篇关于我国全要素生产率的中外研究文献中使用的估计方法，并划分为两大类：一类是增长核算法。它的基本思路是将经济增长中要素投入贡献的部分剔除掉，从而得到全要素生产率。按照不同的构造方式，该方法又细分为代数指数法和索洛残差法两种。另一类是经济计量法，主要是借助于各种经济计量模型和计量工具估算全要素生产率，具体也细分为隐性变量法和前沿生产法两种。总体来看，经济计量法相比索洛残差法在剔除随机误差项和技术效率提升方面有所进步。但隐性变量法构建的状态空间模型中状态方程的设置缺乏有效的检验评判标准，而前沿生产法由于对数据量要求偏高，主要适合于面板数据，即使如郭庆旺和贾俊雪（2005）介绍的总量数据前沿生产法，也因为要先对产出缺口进行估计，从而增加了全要素生产率的估算误差。由于不透明性和过度主观性，经济计量法更适合于理论研究，若用作政府部门政策决策需要时，我们仍倾向于更为稳健、透明的索洛残差法。

利用索洛残差法计算全要素生产率的实现方式有两种：一种是在中性技术进步的假设前提下，将资本和劳动弹性系数作为常量，通过最小二乘法拟合后将残差作为TFP，目前绝大部分研究都采用此类方法，但弹性系数的估计结果差异较大；另一种是利用国民经济核算数据直接得出弹性系数。在完全竞争市场的假设前提下，如果各种要素都赚到了其边际产量，则劳动工资总额与资本总收益分别为（$1-\alpha$）Y 和 αY。因此，资本边际弹性 α 即为资本收入在国民收入中的份额，同样劳动边际弹性 β 为劳动收入的份额。这种方法估计的生产函数实质上是一种时变系数的生产函数。目前我国国民经济核算体系中有三个渠道提供按收入分的国内生产总值数据。一是投入产出表。该表逢二、七年份编制，是国家统计局唯一直接给出的全国层面按产业部门分类的要素收入数据。二是资金流量表的实物部分。资金流量表数据提供按政府、企业和居民分机构部门的要素分配数据。三是按收入法计算的省际国内生产总值，《中国统计年鉴》从1995年开始提供全国30个省（自治区、直辖市）的按收入法计算的GDP，此外包括一些省际收入法GDP历史资料。钱震杰（2008）曾分别用上述三个数据集测算了我国各年总体要素分配份额，得到了一致可比的结果，表明数据来源的选择对要素分配份额变化趋势和幅度的影响并不大。我们考虑到数据的可获得性及连续性，采用第三种数据来源。其中1978—2004年劳动者报酬占国民收入的比例根据《中国国内生产总值核算历史资料：1952—2004》计算，2005年以后的数据则根据各年统计年鉴计算。

在具体计算过程中，由于收入法GDP分为劳动者报酬、生产税净额、固定资产折旧和营业盈余四部分，根据国内外通用的简易处理方法，劳动者报酬除以收入法GDP为劳动收入份额，也即劳动产出弹性 β；资本产出弹性为 $1-\beta$。计算出弹性系数后，即可利用索洛残差法将产出、资本投入、劳动投入等变量值代入式（6-7），计算出各年度TFP的绝对值。

（三）模型估计结果和稳健性检验

1. 多变量状态空间卡尔曼滤波模型参数估计及测算结果

对于状态空间模型，最常用的是采用卡尔曼滤波进行极大似然估计，但无论是本研究还是大量相关研究结果均显示，由于估计参数过多，直接估计往往不能令人满意。Stock（1994）研究表明，对于非稳态状态变量的极大似然估计，一般存在叠加问题（Pile-up problem），表现为信号噪声比，即 ε_2 与 ε_3 的方差之比的极大似然估计结果趋近于0。对于大部分数据而言，尽管菲利普斯曲线及状态方程随机项的实际方差可能较大，但极大似然法的估计结果往往可能趋近于0，从而使状态变量的估计结果过于平缓。因此，Laubach（2001）、Laubach和Williams（2003）、Benati和Vitale（2007）及Arabinda和Richard（2008）等大量研究认为，尽管极大似然法能够对包括信号噪声比在内的所有参数进行估计，但如果不对参数估计过程进行干预，直接估计的结果往往不能令人满意。

为减小估计中的不确定性，在极大似然估计之前，本章使用Stock和Watson（1998）及欧洲中央银行Garnier和Wilhelmsen（2005）使用的无偏估计方法，得到了优化的信号噪声比，并使用HP滤波结果构建状态空间模型的参数初始值，按照卡尔曼滤波方法对模型进行了估计。具体步骤是：

首先，采用HP滤波得到$RGDP^p$和$RGDP^g$的初步值，确定单变量卡尔曼滤波方程中的大部分参数的初始值。在采用HP滤波估计时，我们参照经验，季度数据选择1600为平滑因子，分别得到代表潜在产出$RGDP^p$和产出缺口$RGDP^g$的趋势序列和周期序列。其次，根据初步值，使用Stock和Watson（1998）提出的系数方差无偏估计法，对潜在产出初步值序列进行逐点邹检验，确定信号噪声比$\lambda = \sigma_3/\sigma_2$的无偏估计值。具体操作为，将式（6－3）中$RGDP^p$的趋势项以常量代替，即以$RGDP^p$为因变量，以常数及虚拟变量作为自变量，其中虚拟变量在每个时点t设置为断点，在每个时点t进行回归，得到虚拟变量系数t统计量，并计算Wald指数，查Stock和Watson（1998）的参数表3，得到λ无偏估计值。本章使用的Wald指数按以下公式计算：

$$EW = \ln\left(\frac{1}{T}\sum_{i=1}^{T} e^{s_i^2/2}\right) \tag{6-8}$$

其中，s_i为断点i时的t统计量。再次，分析CPI的ADF检验结果及自回归移动平均特性，确定式（6－5）中π的形态及滞后阶数，在不考虑$RGDP^g$的情况下，按照由一般到特殊的方法确定各参数进入模型的形式，并采用OLS方法估计出系数的初始值。根据AIC、BIC信息准则及方程显著性检验综合筛选，方程（6－5）中的最优形式为$I=3$，$J=1$，$K=1$。最后，使用卡尔曼滤波方法对式（6－1）至式（6－5）构成的状态空间模型进行估计。采用Eviews 8软件进行估计，剔除不显著参数（γ）后，具体参数估计结果见表6－4。对该模型进行Wald系数测试等检验发现在显著性5%水平上主要变量通过检验。

表 6 – 4　　多变量状态空间方程主要参数估计值

参数	α_1	α_2	α_3	β_0	β_1	φ_1	δ_1
估计值	–0.9258	–0.7272	–0.6519	87.42	–87.25	56.4743	0.8429
P 值	0.0000	0.0000	0.0000	0.0000	0.0000	0.0552	0.0000
参数	δ_2	e_1	e_2	e_3	e_4	λ	Log L
估计值	0.1549	–0.1764	–11.2396	–13.7435	–13.7727	1.25	219.26
P 值	0.0000	0.0000	0.0000	0.0000	0.0000		

State Variable	Final State	Z – Prob 值
YG	–23.8685	0.0033
YG（–1）	–23.9136	0.0033
YP	29.2347	0.0003
G	–0.0367	0.0187

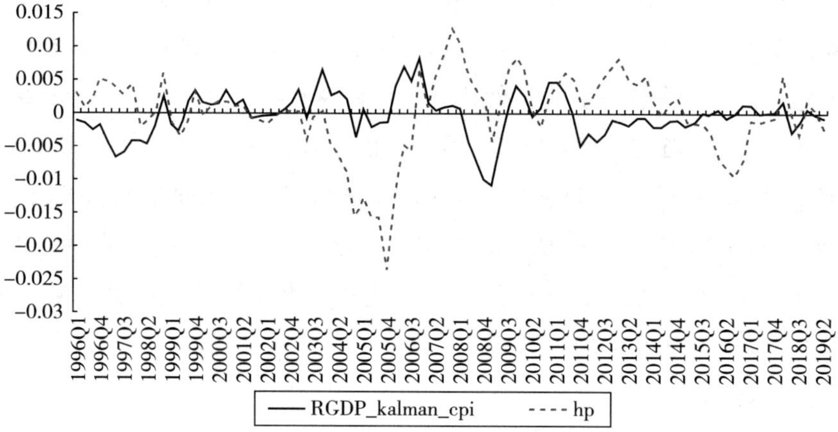

资料来源：作者根据相关数据计算。

图 6 – 2　我国潜在产出缺口情况（HP 滤波和卡尔曼滤波估计）

2. 多变量状态空间卡尔曼滤波模型的稳健性检验

为检验本章状态空间模型的有效性，我们对菲利普斯曲线中通货膨胀变量进行替换，将 CPI 更换为商品零售价格指数。图 6 – 3 结果显示，以商品零售价格指数作为通货膨胀指标衡量的估计结果与 CPI 估计结果较为一致，我们建立的状态空间模型的实证分析结论具有相当的稳健性。

3. 生产函数法测算潜在产出模型估计结果

CBO（2001）认为，尽管各种资本类型在经济中的使用程度存在较大差异，如厂房和计算机在生产中的贡献存在较大差异，但各类资本存量是同时投入使用的，因此，总的资本存量即代表了资本的潜在投入水平，不需进行趋势调整。我们接受这一

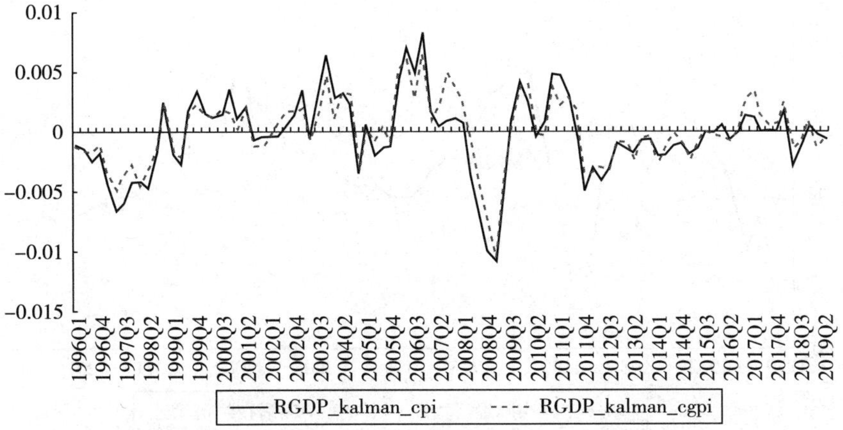

资料来源：作者根据相关数据计算。

图6-3 不同通货膨胀指标的潜在产出缺口估计比较

假定，仅使用HP滤波方法对TFP和劳动力数量和质量进行趋势调整，得到TFP和劳动投入的趋势水平。HP滤波过程中，为减小高频成分的损失，我们按照Giorno，Richardson等（1995）的方法，将平滑因子设定为6.25。将上述滤波调整结果及资本存量水平重新代入式（6-7），即可得到潜在产出和潜在产出增速。

将调整过的固定资本、劳动力数量和劳动力质量的时间序列数据代入潜在产出模型进行测算结果显示，1978—2018年我国平均潜在产出增速为9.02%，2018年为6.5%，预计2025年为5.16%~5.93%。从所处阶段看，我国总体处于改革开放以来第三轮经济周期的下行筑底阶段，潜在经济增速在2016年以后有所企稳。改革开放以来，我国潜在经济增速经历了三轮较为明显的周期，分别是1978—1990年、1991—2000年和2001年至今。最近的一轮经济周期以2008年为拐点，潜在经济增速从11.14%的高点持续回落至2016年的6.44%。2017年起，潜在经济增速显现企稳迹象，2018年增速为6.5%，较上年小幅回升0.05个百分点。

由图6-4可以看出，生产函数法测算的潜在经济增速是实际经济增速的平滑，原因是实际经济增速变化中包含了经济周期波动的成分。测算结果显示，2008年后我国实际经济增速和潜在经济增速基本一致，而20世纪70~90年代我国的实际经济增速波动和潜在经济增速偏差较大，这在一定程度上和林建浩等（2013）①、黄波等（2015）② 的关于中国宏观经济波动"大缓和"的研究结论一致，也显示本章测算的

① 林建浩，王美今．中国宏观经济波动的"大稳健"——时点识别与原因分析［J］．经济学（季刊），2013，12（2）：577-604.

② 黄波，孙力军．中国宏观波动"大缓和"对经济增长的影响——基于"次贷危机"冲击与结构突变视角的实证研究［J］．商业经济与管理，2015（8）：82-97.

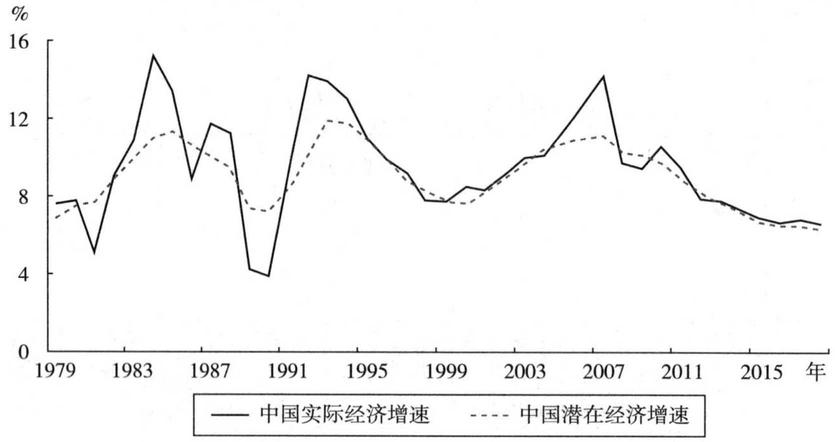

资料来源：作者根据相关数据测算。

图 6－4　1979—2018 年我国潜在经济增速测算结果

结果契合了中国宏观经济波动“大缓和”的特征。

4. 生产函数法测算潜在产出模型的稳健性检验

（1）TFP 测算的文献对比。近年来，国内外一些文献在经济增长理论框架下，运用生产函数法对我国经济增长动力进行了丰富的实证研究，但研究结论差异较大。一类文献认为中国经济的高速增长主要源于要素投入的快速扩张，生产率提高的贡献很小，全要素生产率的年均增长率低于 1.5%，对经济增长的贡献率也小于 20%。主要代表人物有 Krugman（1994）、Young（2003）、Wang（2000）等。与此同时，另一类文献认为全要素生产率的提高是中国经济高速增长的重要推力，TFP 的平均增长率超过 3%，代表人物有 Hu 和 Khan（1997）、Chow 和 Li（2002）、Bosworth 和 Collins（2008）、徐忠和贾彦东（2019）等。从表 6－5 所示的各研究结论与本章对应时期的估计结果看，本章的测算结果和第二类文献观点较为接近，即 TFP 的增长是我国经济高速发展的重要因素。但 TFP 增速的具体估计值整体介于估计结果较高的文献与估计结果居中的文献之间。和不同文献关于 TFP 增长率测算结果的比较也证明本章 TFP 的测算结果具有一定稳健性，具体见表 6－5。

表 6－5　　不同文献与本章在 TFP 增长率上的研究结果对比

研究人员	样本期	TFP 增长率	本章对应时期结果
估计结果相对较高的文献			
徐忠和贾彦东（2019）	1993—2018	3.6%	2.07%
Perkins and Rawski（2008）	1978—2005	3.8%	2.87%
Bosworth and Collins（2008）	1978—2004	3.6%	2.84%

续表

研究人员	样本期	TFP 增长率	本章对应时期结果
估计结果相对较高的文献			
Borensztein and Ostry（1996）	1979—1994	3.8%	3.13%
Hu and Khan（1997）	1979—1994	3.9%	3.13%
Fan 等（1999）	1978—1995	4.2%	3.18%
Chow and Li（2002）	1978—1998	3.0%	3.00%
施发启（2006）	1978—2004	4.1%	2.84%
估计结果居中的文献			
Wang 和 Yao（2002）	1978—1999	2.4%	2.91%
Maddison（1998a）	1978—1995	2.2%	3.18%
He and Kuijs（2007）	1993—2005	2.8%	3.07%
估计结果相对较低的文献			
Young（2003）	1978—1998	1.4%	3.00%
Woo（1998）	1979—1993	1.1%	2.96%
Zheng and Hu（2005）	1995—2001	0.6%	2.17%
Cao 等（2009）	1994—2000	-0.3%	2.71%

资料来源：作者根据相关资料整理。

（2）HP 滤波法测算潜在产出的结果比较。HP 滤波法是统计趋势分解法的一种，这类方法是将实际产出的数据分解出趋势序列和波动序列，并用趋势序列刻画潜在产出水平。国内外一些文献，如 Gerlach 和 Peng（2006）①、郭庆旺和贾俊雪（2004）②、吕越和盛斌（2011）③ 等采用该种方法测算过我国潜在产出。本章也运用 HP 滤波法对 1978—2018 年的实际 GDP 数据进行处理，得到潜在产出水平后进一步计算潜在产出的增速，并和生产函数模型计算的潜在产出增速进行比较，具体见图 6 – 5 。

可以看出，生产函数模型测算的我国潜在产出增速和 HP 滤波法估计的潜在产出增速的变动趋势基本一致，特别是 2008 年以后两种方法测算的潜在产出增速高度吻合，证明生产函数模型测算的潜在产出增速结果与统计趋势分解法测算的结果能够相互印证。但 HP 滤波法倾向于平滑增长率波动。生产函数法测算的潜在产出增速对 1978—1990 年、1991—2000 年和 2001 年至今三个时期的潜在产出增速变动刻画更为显著，因此能够更好地反映宏观政策变动对潜在产出增速的影响。

① Gerlach , S and W. Peng. Output Gaps and Inflation in Mainland China [P]. BIS Working Papers , 2006. No. 194.

② 郭庆旺，贾俊雪. 中国潜在产出与产出缺口的估算 [J]. 经济研究，2004 (5).

③ 吕越，盛斌. 开放条件下产出缺口型菲利普斯曲线的再验证——基于中国省际季度动态面板数据 [J]. 金融研究，2011 (10).

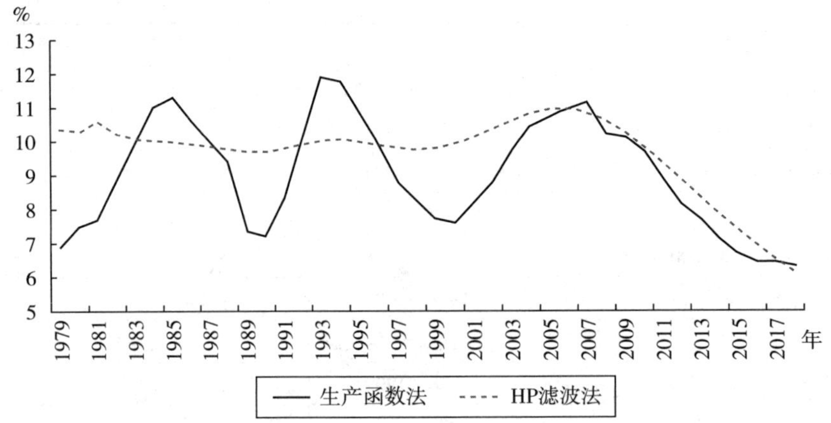

资料来源：作者根据相关数据测算。

图6-5　HP滤波法和生产函数法对我国潜在经济增速测算比较

（3）不同折旧率情况下TFP增长率的变动情况。从前文可知，大部分文献在利用永续盘存法计算我国资本存量时，对折旧的处理方法并非采用国民经济核算数据中的固定资产折旧指标，而是估计出一个折旧率。但对折旧率没有一个公认最优的计算标准，大小在4%～10%不等①。为检验本章关于折旧处理方法的稳健性，分别采用6%和10%两个折旧率水平，对我国1978—2018年TFP增速进行估计，并对结果进行滤波处理，最终得到图6-6。可以发现三类处理方式得到的TFP增速曲线基本重合，变动趋势和增速水平基本一致，表明利用固定资产折旧指标进行折旧的处理方式不会对最终TFP的估计结果造成影响。

（4）不同要素弹性情况下TFP增长率的变动情况。Wu（2011）指出，在估计TFP增长率时，若要素弹性的计算方法和计算结果不同，则会导致计算的TFP增长率出现差异。总结现有文献，绝大部分都采用计量方法对资本、劳动产出弹性进行估计，且结果存在差异。以资本产出弹性为例，Chow和Li（2002）估计1952—1998年期间为0.628，Chow（2008）估计1952—2005年期间为0.601，OECD（2005）估计1978—2003年期间为0.526，Zheng、Bigsten等（2009）估计1952—1998年期间为0.726～0.842。分别计算资本产出弹性为0.4、0.5和0.6三种情况下TFP增速的变动情况并与本章估计结果进行对比（见图6-7），可以发现：20世纪80年代中期之前，四类资本产出弹性的估计结果基本一致。但80年代中期之后，TFP增速开始有所分化，并且差异越来越大。2003—2018年期间，在资本弹性分别为0.4、0.5和

① 部分文献选用折旧率折旧时，忽视了固定资本形成总额中并未扣除折旧，而仅对上期资本存量进行折旧，没有对当期投资进行折旧处理，导致资本存量高估。

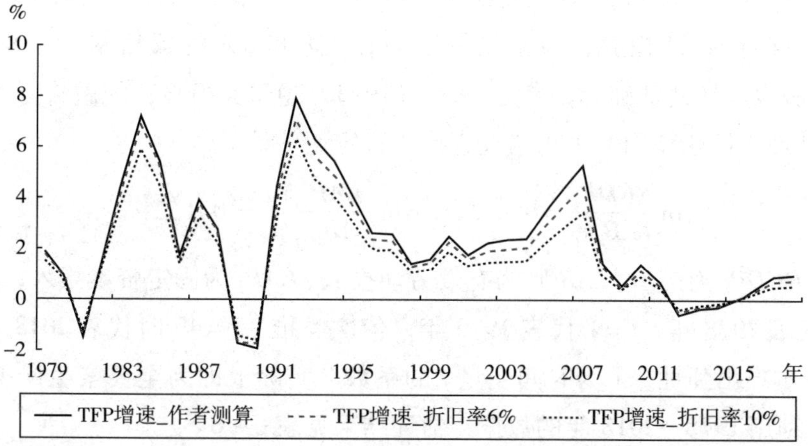

资料来源：作者根据相关数据测算。

图6－6　1979—2018年不同折旧率假定下的TFP增速

0.6的假定水平下，TFP平均增速分别为4.85%、3.65%和2.45%，最高相差2.4个百分点，本章计算的同期TFP平均增速为3.09%，介于中间。由此可见，不同弹性假定水平下计算的TFP平均增速绝对值有较大差异，本章通过收入法数据直接估计各类要素弹性的处理方法的合理性需进一步验证。但从趋势来看，不同弹性下TFP增速的波动趋势基本一致，如都反映出2007年以来的持续回落趋势。总体上看，本章关于要素弹性的计算方法是稳健的，不会出现明显偏差。

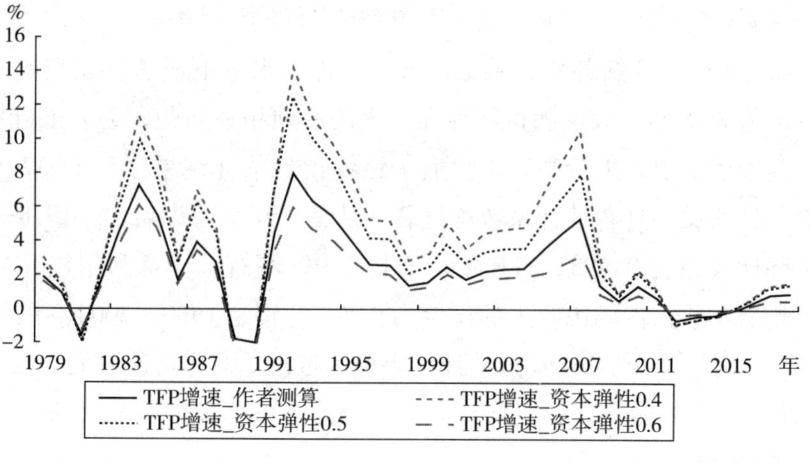

资料来源：作者根据相关数据测算。

图6－7　1979—2018年不同资本弹性假定下的TFP增速

（5）基于计量回归方法的验证。为进一步验证本章完全基于核算数据得到的经济增长模型的稳健性，我们通过计量方法对投入要素弹性系数和全要素生产率进行定量估计。首先对式（6－7）对数变换后，进行最小二乘法估计，然后对固定资本和劳动的系数进行 Wald 检验，检验结果表明在 1% 和 5% 的置信水平下均无法拒绝 $\alpha+\beta=1$ 的假设。在此基础上，参考 Chow（1993，2002，2008）的做法，建立如下方程，从而对要素弹性和 TFP 平均增速直接进行定量估计。

$$\ln\frac{RGDP_t}{LAB_t h_t}=c+\lambda t+\alpha\ln\frac{CAP_t}{LAB_t h_t},t=0,1,2\cdots \quad (6-9)$$

其中，$RGDP_t$ 为产出、$LAB_t h_t$ 为有效劳动投入、CAP_t 为固定资本投入，t 为时间变量，$t=0$ 代表 1978 年，$t=1$ 代表 1979 年，依次类推，$t=40$ 时代表 2018 年。c 为常数，α 为资本产出弹性，λ 为时间变量 t 的系数，实际上即为全要素生产率的平均增速[①]。本章利用 1978—2018 年的数据，估计结果见表 6－6。

表 6－6　1978—2011 年劳动增强型经济增长模型估计结果　单位：%

变量	估计结果（1）	估计结果（2）	估计结果（3）
C	－3.765***	－2.873***	－2.251***
t	0.023***	0.024***	0.029***
$\ln\frac{CAP_t}{LAB_t h_t}$	0.578***	0.569***	0.493***
ar（1）		0.67***	1.08***
ar（2）			－0.64**
DW 值	0.44	1.02	1.79
调整后的 R^2	0.996	0.998	0.998

注：＊＊＊表示在 1% 的置信水平下显著，＊＊表示在 5% 的置信水平下显著。

估计结果（1）中虽然各变量系数均在 1% 置信水平下显著，模型本身也通过 F 检验，但 DW 值为 0.44，表明随机项存在严重的序列相关问题，为校正自相关带来的偏差，在模型中依次引入 1 阶和 2 阶滞后，最终得到估计结果（3），DW 值为 1.79，基本上消除了自相关，且各估计系数均显著。从估计结果可以看出，1978—2018 年我国资本产出弹性大致为 0.493，TFP 年均增长 2.9% 左右。本章利用核算数据计算的同期我国平均资本收入占国民收入的比例为 0.5，特别是 1980—2004 年，资本收入占比均在 0.48 上下波动，与 0.476 的估计结果极为接近。TFP 增速方面，模型 3 估计结果较本章估计的 2.8% 的增速相比高 0.1 个百分点，整体比较一致，进一步验证了本章处理方法的稳健性。

① 对式（6－9）进行一阶差分并变形，即得到 $\lambda=\Delta\ln\frac{RGDP_t}{LAB_t h_t}-\alpha\ln\frac{CAP_t}{LAB_t h_t}$。

三、经济潜在产出模型的应用：对我国潜在产出增长的趋势展望

（一）经济增长动能分析

在利用状态空间卡尔曼滤波法和生产函数法测算我国潜在产出的基础上，本章进一步对影响潜在产出增速的因素进行分析。对生产函数式进行简单的对数差分变形后可以得到

$$\ln\frac{RGDP_t}{RGDP_{t-1}} = \ln\frac{A_t}{A_{t-1}} + \alpha\ln\frac{CAP_t}{CAP_{t-1}} + \beta\ln\frac{LAB_t}{LAB_{t-1}} + \beta\ln\frac{h_t}{h_{t-1}} \qquad (6-10)$$

其中，$\ln\frac{RGDP_t}{RGDP_{t-1}}$ 即为产出变量的对数增长率，用 $RGDP'$ 来表示。同样，用 A' 、CAP' 、LAB' 和 h' 来代替全要素生产率、固定资本、劳动力数量和劳动力质量的对数增长率，即得到 $RGDP' = A' + \alpha CAP' + \beta LAB' + \beta h'$ 。该式表明，我国经济增长主要由固定资本投入增长、劳动力投入数量及质量增长及 TFP 增长四部分构成。经加权处理的固定资本增长率比 GDP 增长率即为固定资本投入对经济增长的贡献，公式表示为

$$(\alpha CAP'/RGDP') \times 100\%$$

同样，劳动投入数量和质量对经济增长的贡献分别可以表示为 $(\beta LAB'/RGDP') \times 100\%$ 和 $(\beta h'/RGDP') \times 100\%$ 。TFP 增长率无须加权处理直接比 GDP 增长率即为 TFP 对经济增长的贡献，这也是经济增长动力分析中的核心指标。TFP 对经济增长的贡献越大，表明经济增长动力主要靠技术进步，增长模式是可持续的，这是我国应该追求的最理想经济增长方式。而如果 TFP 贡献率小，则表明经济增长主要依赖固定资本、劳动力数量等要素投入的简单扩张，经济增长不具有可持续性。经过测算，我国 1979—2018 年影响潜在产出增速的各因素贡献见图 6-8。

1. 从全时期来看

从全时期来看，中国经济的高速增长并非完全依赖要素投入的简单扩张，以全要素生产率为代表的技术进步和资源配置效率改善等因素在经济增长中扮演着重要的作用。1979—2018 年我国 TFP 年均增长 2.76%，对经济增长的贡献为 29.3%。其他因素中，劳动力质量增长平均拉动经济增长 0.70%，贡献率为 7.4%，代表简单要素投入的固定资本和劳动力数量分别平均拉动经济增长 5.09% 和 0.89%，对经济增长的贡献率为 53.9% 和 9.5%。上述结果表明 1978 年我国经济改革以来，受以市场为导向的资源分配方式转变，农村剩余劳动力的大规模转移、就业人口的结构变迁、外商

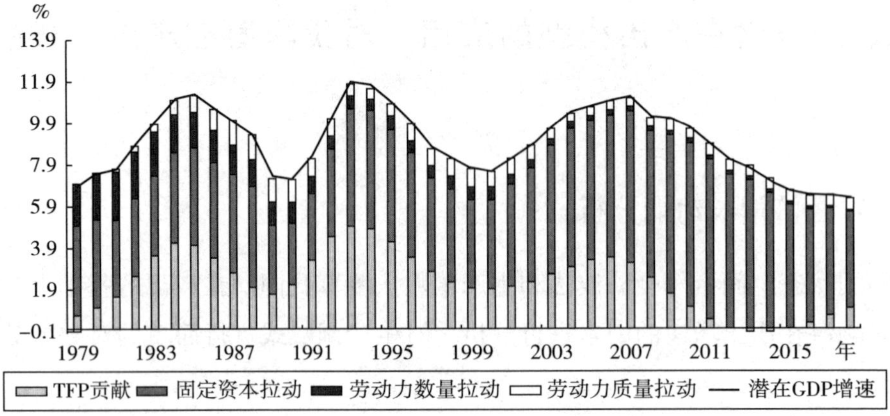

资料来源：作者根据相关数据测算。

图 6-8　1979—2018 年我国潜在经济增速和各因素贡献

直接投资的技术外溢效应及直接以外贸进口为体现的先进技术引进等因素的影响，我国的全要素生产率持续增长。Krugman 所提出的“亚洲无奇迹”观点明显低估了经济改革对中国经济增长的推动效应。但同时，1978—2018 年资本投入的快速增长仍是经济增长的最主要推力，贡献度超过 50%，这也是由我国目前所处的发展阶段决定的，资本深化是任何经济体实现赶超过程中必经的一个历程。

2. 分时期来看

分时期来看，各因素对经济增长的拉动作用呈现出一定的演变规律。我们将改革至今 40 年的时间划分为四个时期，分别是 1979—1990 年、1991—2001 年、2002—2008 年和 2007—2018 年（见表 6-7）。对比四个时期不同因素对经济增长的贡献可以发现：一是固定资本投入在我国经济增长中的贡献作用逐步增强。2000 年之前的改革初期，固定资本对经济增长的贡献率不足 50%，但 2008—2018 年固定资本对经济增长的贡献率大幅攀升至 82.5%，显示在国际金融危机的外来冲击影响下，我国对“靠资本扩张拉动经济增长的粗放式经济增长模式”的依赖性显著增强。二是劳动力数量扩张对经济增长的贡献率持续下滑。随着我国农村劳动力的转移速度逐步放缓及人口结构的逐步演变，劳动力数量对经济增长的拉动作用持续下滑，贡献率也由改革初期的 20% 降至 2008—2018 年的 1.6%。三是劳动力质量对经济增长的贡献率有所增强。改革初期，劳动力质量提高对经济增长的拉动作用不及劳动力数量扩张对经济增长贡献的一半，但自 20 世纪 90 年代开始，劳动力质量提高对经济增长的作用逐步超过数量的扩张，并且领先幅度逐步扩大。自 2000 年以来，劳动力质量提高对经济增长的贡献率稳定在 6% 左右。四是 TFP 对经济增长的拉动作用大致呈现“先升后降”的变动规律。TFP 的贡献率由改革初期的 25% 左右，上涨至 20 世纪 90 年代及 21 世纪初期的 35% 上下，但近几年 TFP 的贡献率下降至10%左右。技术进步和效率改善带来的经济增长效应有所弱化，粗放式的经济增长特征有所显现。

表6－7　　1979—2018年各时期不同要素对我国经济增长的拉动作用　　单位：%

时期	实际GDP增速	拉动经济增长				贡献率			
		固定资本投入	劳动力数量	劳动力质量	TFP	固定资本投入	劳动力数量	劳动力质量	TFP
1979—1990	8.63	4.06	1.76	0.70	2.12	47.0	20.3	8.1	24.6
1991—2001	9.75	4.75	0.56	0.81	3.62	48.8	5.7	8.3	37.2
2002—2007	10.63	6.16	0.27	0.56	3.64	57.9	2.5	5.3	34.3
2008—2018	8.11	6.69	0.13	0.6	0.69	82.5	1.6	7.3	8.6
1979—2018	9.44	5.41	0.68	0.67	2.68	59	7.6	7.3	26.1

资料来源：作者根据相关数据测算。

自2012年以来，随着我国经济发展进入新常态，以及供给侧结构性改革不断推进，从增长动力看，要素投入的贡献趋于下降，全要素生产率已逐步回升。受人口增长放缓和老龄化的影响，劳动力要素对潜在经济增速的拉动作用从2008年的0.72个百分点持续降至2018年的0.65个百分点。固定资本要素的拉动作用也从2015年开始明显减弱①，从7个百分点逐步降至2018年的4.82个百分点。全要素生产率结束2008年以来的下降态势，2015年前后开始企稳，并随着供给侧结构性改革深入推进，对经济的拉动作用逐年回升，2018年达到1.03个百分点，带动潜在经济增速企稳。

（二）未来潜在产出变动的趋势展望

从未来趋势看，劳动力和固定资本要素的贡献度可能继续放缓，随着供给侧结构性改革不断向纵深推进，TFP有望继续提升，预计2025年潜在经济增速为5.16%～5.93%。劳动力方面，就业人员素质提升能够部分抵消但无法完全消除人口下降的影响，预计对经济增长的贡献缓慢减弱，2025年拉动潜在经济增速0.55个百分点左右。固定资本方面，在高、中、低三种预测情景下，预计到2025年对潜在经济增速的拉动作用分别放缓至2.96个、2.56个和2.18个百分点（见表6－8）。全要素生产率方面，理论研究表明TFP增进主要体现为资源配置效率改善和技术进步两方面，近几年我国通过深化经济体制改革、加快新旧动能转换、改善营商环境、激励自主创新等一系列举措，奠定了全要素生产率持续稳定回升的有利条件，预计2025年对潜在经济

① 2008—2018年，固定资本积累对潜在经济增速的拉动作用保持在7个百分点左右，贡献率超过80%，是历史上最高的一段时期。

增速的拉动作用升至2.43个百分点左右①。综合来看，2025年我国潜在经济增速为5.16%～5.93%，平均5.58%左右。

表6-8　　2010—2025年我国潜在产出增速预测情况　　单位：%

年份		各要素拉动					潜在产出增速		
		TFP	劳动力	固定资本					
测算	2010	1.06	0.76	7.89			9.71		
	2011	0.49	0.74	7.66			8.89		
	2012	0.05	0.73	7.36			8.14		
	2013	-0.16	0.72	7.14			7.70		
	2014	-0.15	0.71	6.55			7.11		
	2015	0.03	0.69	5.95			6.67		
	2016	0.32	0.68	5.45			6.44		
	2017	0.67	0.66	5.13			6.45		
	2018	1.03	0.65	4.82			6.50		
				高	中	低	高	中	低
预测	2019	1.23	0.64	4.67	4.58	4.50	6.53	6.44	6.36
	2020	1.43	0.62	4.41	4.31	4.16	6.46	6.36	6.21
	2021	1.63	0.61	4.12	4.02	3.80	6.35	6.25	6.03
	2022	1.83	0.59	3.80	3.69	3.38	6.22	6.11	5.80
	2023	2.03	0.58	3.54	3.33	2.94	6.14	5.93	5.54
	2024	2.23	0.56	3.27	3.02	2.54	6.06	5.81	5.33
	2025	2.43	0.55	2.96	2.69	2.18	5.93	5.66	5.16

说明：以过去三年固定资本形成总额5%的平均速度作为2019年的预测起点，高情景下投资增速逐年回升0.5个百分点、中情景下投资增速维持5%不变，低情景下增速逐年回落0.5个百分点。此外，假定每年固定资产投资指数为3%、折旧率维持2018年4.4%的水平不变，资本产出弹性维持过去五年的平均水平不变。

（三）关于提高未来我国潜在产出的政策建议

一是立足经济发展阶段，考量经济增长潜力，科学设定宏观调控目标。当前我国经济仍处于“三期叠加”阶段，潜在产出与实际经济均从高速增长转向中高速增长，而且未来数年我国潜在产出增速面临进一步下滑的考验，可能在当前基础上再下滑1个百分点左右。与此同时，金融、财政、房地产、就业等问题相互交织，宏观调控的约束条件增加，调控难度加大。因此，必须着眼全局，综合统筹化解矛盾，合理评估经济增长潜力，积极、稳妥地设定调控目标，并增加其弹性，使其能够起到引导、动

① 假定TFP增速每年提高0.2个百分点。从历史经验看，TFP在三轮周期峰值期间的拉动作用都在4个百分点以上，2025年2.43%的预测结果仍有较大提升空间。

员作用，又能留有余地。

二是动态地看待中长期经济增长目标，淡化具体目标的硬约束，更加注重经济发展质量。党的十八大提出的“两个‘翻一番’”目标既包含了数量目标，更包含了质量目标。关于数量目标，如果以不变价衡量，2019—2020 年 GDP 实际年增速达到 6.1% 即可实现 GDP 翻两番目标，较本章的预测结果低 0.3 个百分点左右。关于质量目标，关键是通过转变经济发展方式，实现经济持续健康发展，并将发展成果惠及人民。当前我国转型升级取得了阶段性成效，经济增长新动能已经有所显现，但依靠政府拉动的基建投资仍承担稳增长的重任，经济发展方式尚未实现根本性转变。因此，不应拘泥于一时的具体增长目标，应将质量目标放在更加重要的位置，甚至在改革攻坚阶段可考虑不设具体的年度经济增长目标，而是将重点放在提高经济增长的质量和效益上，着力解决困扰经济社会发展的深层次问题。

三是加强供给侧结构性改革，力争实现潜在产出增速、经济增长目标与实际经济增速的协调统一。供给侧结构性改革就是要着力提升供给体系质量和效益。一方面，要用改革的办法推进结构调整，减少无效和低端供给，扩大有效和中高端供给。当前，需要在坚持“巩固、增强、提升、畅通”方针的基础上，加快培育新增长动能，并实现新增长动能的平稳转换和接续。另一方面，增强供给结构对需求变化的适应性和灵活性，促进供需两端的有效衔接、高水平平衡，实现潜在产出、有效供给与有效需求的有机统一。同时，通过全面深化改革、完善制度环境、提高对外开放水平、促进技术创新等方式，释放增长潜力，扩大增长空间，提高全要素生产率。

四是深化金融供给侧结构性改革，为经济高质量发展提供适宜的金融服务。加快推进金融供给侧结构性改革，就要着力提升金融资源配置的质量和效率，以适应经济高质量发展和建设现代经济体系的要求。金融部门要兼顾短期增长目标和中长期转型升级任务，平衡好稳增长与防风险的关系，以市场需求为导向，从货币政策操作、资本市场改革、金融机构体系发展、金融机构经营战略调整等维度入手，全力为淘汰压缩落后产能、培育壮大新增长动能提供精准的金融服务体系。同时，为基础技术研发、科技成果产业化等领域配置更多的金融资源，有效提升全要素生产率。

本章参考文献

[1] 郭红兵，陈平．基于 SVAR 模型的中国产出缺口估计及评价［J］．数量经济技术经济研究，2010（5）：116－128.

[2] 郭晗，任保平．结构变动、要素产出弹性与中国潜在经济增长率［J］．数

量经济技术经济研究，2014（12）：72－84.

［3］郭庆旺，贾俊雪．中国潜在产出与产出缺口的估算［J］．经济研究，2004（5）：31－39.

［4］刘斌，张怀清．我国产出缺口的估计［J］．金融研究，2001（10）：69－77.

［5］李建伟．当前我国经济运行的基本态势及其未来发展趋势分析［J］．经济界，2006（2）：15－25.

［6］沈利生．我国潜在经济增长率变动趋势估计［J］．数量经济技术经济研究，1999（12）：3－6.

［7］石柱鲜，武征，刘俊生等．2004 年我国主要宏观经济指标的变动趋势分析［J］．数量经济技术经济研究，2004（7）：15－25.

［8］王宪勇．DSGE 框架下的中国经济波动研究［D/OL］．大连：东北财经大学，2009.

［9］徐忠，贾彦东．中国潜在产出的综合测算及其政策含义［J］．金融研究，2019（3）：1－17.

［10］谢保嵩，雷进贤．基于生产函数法的中国潜在产出及经济增长前景研究［J］．金融监管研究，2013（12）：53－76.

［11］解三明．我国“十二五”时期至 2030 年经济增长潜力和经济增长前景分析研究［J］．经济学动态，2008（3）：19－25.

［12］张金清，赵伟．开放经济条件下我国潜在产出水平的估算与解析［J］．数量经济技术经济研究，2009（1）：67－76.

［13］周晓艳，张杰，李鹏飞．中国季度潜在产出与产出缺口的再估算［J］．数量经济技术经济研究，2012（10）：3－19.

［14］建立符合中央银行需要的潜在产出指标．金融统计分析报告（2011 年第一季度）［M］．北京：中国金融出版社，2011：148－168.

［15］Basu s，Fernald J. What Do We Know（and not Know）about Potential Output?［J］. Review，2009，21（7）：187－214.

［16］Baxter M，King R G. Measuring Business Cycles Approximate Band－Pass Filters for Economic Time Series［J］. Review of Economics and Statistics，1999，81（4）：575－593.

［17］Blanchard O J，Quah d. The Dynamic Effects of Aggregate Demand and Supply Disturbances［J］. American Economic Review，1989，79（4）：655－673.

［18］Benes J，Johnson M，et al. Estimating Potential Output with a Multivariate Filter [J]. IMF Working Papers, 2010.

[19] Blagrave P, Garciasaltos R, Laxton D, et al. A Simple Multivariate Filter for Estimating Potential Output [J]. IMF Working Papers, 2015, 15 (79): 3-29.

[20] Blanchard O J, Erceg C J, Linde J. Jump-starting the Euro Area Recovery: Would a Rise in Core Fiscal Spending Help the Periphery? [J]. Nber Macroeconomics Annual, 2015, 31 (1): 80.

[21] Clark P D. Have Your Scanner's Acoustic Output Figures Been Tissue Adjusted? [J]. Ultrasound in Medicine & Biology, 1987, 13 (10): 667-668.

[22] Cogley T, Nason J M. Effects of the Hodrick-Prescott Filter on Trend and Difference Stationary Time Series Implications for Business Cycle Research [J]. Working Papers in Applied Economic Theory, 2004, 19 (1-2): 253-278.

[23] Cheremukhin A, Golosov M, Guriev S, et al. Was Stalin Necessary for Russia's Economic Development? [J]. NBER Working Paper No. 19425, 2013.

[24] De Masi P. (1997). IMF Estimates of Potential Output: Theory and Practice [J]. IMF Working Papers, International Monetary Fund, 1997.

[25] Elmeskov J. High and Persistent Unemployment: Assessment of the Problem and Its Causes [J]. OECD Economics Department Working Paper No. 132, 1993.

[26] ECB. Trends in Potential Output [J]. OECD Economics Department Working Paper No. 835, 2011.

[27] European Commission. Spring 2014 Economic Forecast: Growth Becoming Broader-based [J]. European Economy No. 3, 2014.

[28] Edge R M, Rudd J B. Real-time Properties of the Federal Reserve's Output Gap [J]. Review of Economics and Statistics, 2016, 98 (4): 785-791.

[29] Fioramanti M. Potential Output, Output Gap and Fiscal Stance: is the EC Estimation of the NAWRU too Sensitive to Be Reliable? [J]. Mpra Paper, 2016.

[30] Furceri D, Mourougane A. The Effect of Financial Crises on Potential Output: New Empirical Evidence from OECD Countries [J]. Journal of Macroeconomics, 2012, 34 (3): 822-832.

[31] Fantacone S, Garalova P, Milani C. Structural Budget Balance and Fiscal Policy: the Limits of the European Approach [J]. Social Science Review, 2016, 1: 19-34.

[32] Fleischman C A, Roberts J M. From Many Series, One Cycle: Improved Estimates of the Business Cycle from a Multivariate Unobserved Components Model [J]. Feds

Working Papers, 2011, 46.

[33] Fagan G, Henry J, Mestre R. An Area – wide Model for the Euro Area [J]. Economic Modelling, 2005, 22 (1): 0 – 59.

[34] Garnier J, Wilhelmsen B R. The Natural Real Interest Rate and the Output Gap in the Euro Area: a Joint Estimation [J]. Working Paper, 2005, 36 (2): 15 – 26.

[35] Giorno C, Richardson P, Roseveare D, et al. Estimating Potential Output, Output Gaps and Structural Budget Balances [J]. OECD Economics Department Working Papers No. 24, 1995.

[36] Guay A, St – amant P. Do the Hodrick – Prescott and Baxter – King Filters Provide a Good Approximation of Business Cycles? [J]. Annales déConomie et de Statistique, 2005 (77): 133 – 155.

[37] Gerlach S, Smets F. The Term Structure of Euro – rates: Some Evidence in Support of the Expectations Hypothesis [J]. Journal of International Money & Finance, 1997, 16 (2): 305 – 321.

[38] Gruen D, Robinson T, Stone A. Output Gaps in Real Time: How Reliable Are They? [J]. Economic Record, 2010, 81 (252): 6 – 18.

[39] Harvey A C, Jaeger A. Detrending, Stylized Facts and the Business Cycle [J]. Journal of Applied Econometrics, 1993, 8 (3), 231 – 247.

[40] Kiley M T. Output Gaps [J]. Journal of Macroeconomics, 2013, 37: 1 – 18.

[41] Kuttner K N. Estimating Potential Output as a Latent Variable [J]. Journal of Business & Economic Statistics, 1994, 12 (3): 361 – 368.

[42] Kuttner K N. Estimating Potential Output as a Latent Variable [J]. Journal of Business & Economic Statistics, 12 (3): 361 – 368.

[43] Kiley M T. Output Gaps [J]. Journal of Macroeconomics, 2013, 37: 1 – 18.

[44] Koske I, Pain N. The Usefulness of Output Gaps for Policy Analysis [C]. 2008.

[45] Laxton D, Tetlow R. A Simple Multivariate Filter for the Measurement of Potential Output [J]. Technical Report No. 59 (Ottawa: Bank of Canada), 1992.

[46] Mcmorrow K, Roeger W. Potential Output: Measurement Methods, "New" Economy Influences and Scenarios for 2001 – 2010. A Comparison of the EU15 and the US [J]. European Economy – economic Papers, 2001, 1 – 142.

[47] Mishkin F S. Estimating Potential Output: a Speech at the Conference on Price

Measurement for Monetary Policy [J]. Speech, 2007, 25 (4): 903 - 909.

[48] Nelson E, Nikolov K O. UK Inflation in the 1970s and 1980s: the Role of Output Gap Mismeasurement [J]. Journal of Economics and Business, 2003, 55 (4): 353 - 370.

[49] Okun A M. Potential GNP: Its Measurement and Significance [J]. Proceedings of the Business and Economic Statistics Section, 1962: 98 - 104.

[50] Orphanides A, Norden S V. The Reliability of Inflation Forecasts Based on Output Gap Estimates in Real Time [J]. Journal of Money, Credit and Banking, 2005, 37 (3): 583 - 601.

[51] Orphanides A, Van_Norden S. The Reliability of Output gap Estimates in Real Time [J]. Econometric Society.

[52] Office C B. CBO's Method for Estimating Potential Output: an Update, Congressional Budget Office [J]. The Congress of the United States, 2001.

[53] Office C B. Revisions to CBO's Projection of Potential Output Since 2007 [J]. Reports, 2014, 2 (2): 160 - 161.

[54] Proietti T, Musso A, Westermann T. Estimating Potential Output and the Output Gap for the Euro Area: a Model - based Production Function Approach [J]. Empirical Economics, 2007, 33 (1): 85 - 113.

[55] Roeger W, Ecfin D G. Production Function Approach to Calculating Potential Growth and Output Gaps - estimates for the EU and the US [J]. Economic Papers: 2002, 176: 1 - 80.

[56] Stock J H, Watson M W. Variable Trends in Economic Time Series [J]. Journal of Economic Perspectives, 1988, 2 (3): 147 - 174.

[57] Shackleton R. Estimating and Projecting Potential Output Using CBO's Forecasting Growth Model [J]. Working Paper, 2018.

第七章
VAR 模型的开发与应用

一、VAR 模型的开发目的和意义

（一）模型理论发展及模型介绍

自丁伯根在 1937 年首次建立美国宏观经济计量模型开始，宏观经济计量模型逐渐被各国政府采用，20 世纪 50 ~60 年代以克莱因模型为代表的联立方程模型快速发展，多数国家都建立了宏观经济计量模型，为经济预测和政策分析提供了重要参考。70 年代宏观经济模型预测失准，引来政策制定者和学术界的各种怀疑和责难。为解决宏观经济模型的不足，西蒙斯提出 VAR 模型。VAR 模型通常使用较少的经济理论假设，从时间序列的统计特征出发，通过对经济系统进行冲击响应分析来了解经济系统的动态特征和冲击传导机制。由于 VAR 模型侧重于描述经济的动态特征，因而它不仅可以验证各种经济理论假设，在政策模拟和经济预测上也具有一定的优越性。此后随着建模技术的不断发展和完善，VAR 模型逐渐和经济理论有机地结合在一起，形成了结构向量自回归模型（SVAR）。VAR 模型与恩格尔和格兰杰提出的协整分析结合，对现实经济中大量出现的非平稳时间序列建模，使 VAR 模型在政策模拟和经济预测等方面得到进一步广泛应用。

假设一个经济系统可以用下面的向量自回归 VAR（q）表示：

$$Z_t = B_1 Z_{t-1} + B_2 Z_{t-2} + \cdots + B_q Z_{t-q} + u_t, Eu_t u_t^T = V$$

其中，变量 Z_t 是 n 维向量，q 是滞后阶数，u_t 是 Z_t 的一步预测误差，它与所有的

$t-1$ 期及之前的变量不相关，V 是 u_t 的协方差矩阵。参数 B_i 及协方差矩阵 V 可以通过普通最小二乘法估计。在知道了参数 B_i 、残差 u_t 及其协方差矩阵 V 的情况下，可以计算出变量 Z_t 对冲击 u_t 的动态响应和 Z_t 的预测值。如果 u_t 确实是我们所关心的冲击，那么就可以用上面的方法计算变量 Z_t 对冲击 u_t 的动态响应。但通常冲击 u_t 并不对应我们所关心的结构性冲击 ε_t ，而是 ε_t 的线性组合，即 $A_0u_t = \varepsilon_t$ ，这里 A_0 是 $n \times n$ 可逆矩阵，ε_t 的协方差矩阵通常假设为 $n \times n$ 单位矩阵。在此情况下，VAR 模型可以变换为 SVAR 模型。

$$A_0Z_t = A_1Z_{t-1} + A_2Z_{t-2} + \cdots + A_qZ_{t-q} + \varepsilon_t, E\varepsilon_t\varepsilon_t^T = I$$

其中，$A_i = A_0B_i, V = A_0^{-1}(A_0^{-1})^T$ 。如果已知矩阵 A_0 ，那么对于 ε_t 的一单位冲击，Z_{t+h} 对其动态响应 γ_h 可以通过下面的方法计算。令 ξ_h 是如下差分方程的解：$\xi_h = B_1\xi_{h-1} + \cdots + B_q\xi_{h-q}, h = 1,2,\cdots, \xi_0 = I, \xi_{-1} = \cdots = \xi_{-q} = 0$ ，则有 $\gamma_h = \xi_hA_0^{-1}, h = 0,1,\cdots$ 。

上述分析表明，若要计算系统对冲击 ε_t 的动态响应，仅根据无约束 VAR 模型是不够的，必须根据 SVAR 模型。若要通过模型进行预测，则仅采用 VAR 模型就足够了。我们依据一定的经济理论给定 A_0 ，从无约束 VAR 方程的残差 u_t 求得冲击 ε_t ，并计算出系统对冲击 ε_t 的动态响应。

VAR 模型和 SVAR 模型建模要求变量必须是平稳的，但在现实经济中，变量往往具有趋势性，并不完全符合 VAR 模型的要求。恩格尔和格兰杰提出了协整的概念，对 VAR 模型进行完善，建立了误差修正模型（ECM）。可以将 ECM 模型看做含有协整约束的 VAR 模型，多应用于具有协整关系的非平稳时间序列建模。误差修正模型可以表示成如下形式：

$$\Delta Z_t = \alpha ECM_{t-1} + \sum_{i=1}^{p-1}\Gamma_i\Delta Z_{t-i} + \varepsilon_t$$

其中，ECM_{t-1} 为误差修正项，即长期关系方程的残差项，反映变量之间的长期均衡关系；α 为系数向量，反映变量之间的均衡关系偏离长期均衡状态时，调整到均衡状态的速度。所有作为解释变量差分项的系数反映各变量的短期波动对作为被解释变量的短期变化的影响。ECM 模型本质上是一种 VAR 模型，它在冲击分析和经济预测上的实现原理与 VAR 模型相同。

（二）模型特点

VAR 模型的突出特点是在政策模拟和宏观预测方法上的突破。在很少的经济理论假设下，其根据时间序列的统计特征，通过对不同的冲击进行识别，并进行冲击响应分析，研究各种冲击对经济的动态影响及传导机制，这样可以使人们清楚地了解体制或政策上的变化对经济的整个动态影响过程，从而达到政策模拟或评价的目的。同时，由于VAR模型是从数据的统计特征出发，因此能够最大限度地捕捉到数据的变化，在经济预测特别是短期预测上具有很高的准确性。另外，VAR模型的可拓展性很强，可以将经济理论与VAR模型结合，构建结构性的VAR模型；也可以将VAR模型与协整分析结合，构建误差修正模型，用于对非平稳时间序列模型建模；在最新的研究中，甚至可以将VAR模型与动态随机一般均衡模型结合，构建DSGE-VAR模型。

VAR模型也有其不足之处，主要表现为两个方面：一是各方程的经济解释意义不明确，VAR模型是一种非结构模型，虽然能够呈现出冲击影响的最终结果，但无法刻画冲击传导的内部机制；二是当模型中变量很多时，对冲击的识别比较困难，面临“维数诅咒”，特别是当数据的时间序列比较短时，如果模型变量过多，模型将无法估计。随着近年来建模技术的发展，上述问题得到一定程度的解决，如通过构建DSGE-VAR模型，可以为VAR模型加入结构性特征；通过采用贝叶斯估计，可以解决“维数诅咒”的问题。

（三）我国VAR模型开发的目的和意义

随着我国宏观调控框架的日益完善，做好货币政策调控对经济建模工作提出了更高的要求，建立具有中国特色的计量模型的必要性和迫切性进一步凸显。一是模型分析是做好货币政策调控的基础。随着我国市场化的不断发展，金融市场日益深化，人民银行已经从直接管控信贷总量的直接调控模式，转变为通过调节市场利率进而影响经济主体决策的间接调控模式，行政性的命令逐渐被市场化的工具所取代。在这样的环境下，货币政策的外部时滞变长。因此在制定货币政策时，人民银行必须具有很强的前瞻性，能够对未来宏观经济走势作出科学预判，而通过计量模型得到主要经济指标的预测则是判断未来经济形势的一个重要参考。二是模型分析是更好地应对我国货币政策调控挑战的需要。自2008年国际金融危机以后，美、欧、日等发达经济体实践表明，在零利率下限约束下，前瞻性指引成为中央银行的一个重要政策工具，而前瞻性指引效果的有效发挥则依赖于中央银行对未来经济形势的准确判断。虽然目前我国仍未出现零利率的情况，但前瞻性指引在我国货币政策工具箱中的作用在不断增强，这就对人民银行运用模型预测的能力提出了更高要求。三是模型分析是更好地服务双支柱货币政策框架的基石。自2008年国际金融危机以后，发达经济体货币政策调控体系遭遇了极大挑战，人民银行汲取发达经济体经验，对我国货币政策体系进行完善，推出“货币政策+宏观审慎政策”的双支柱政策框架，对金融机构进行MPA评估，加快推进利率市场化改革。在政策落地之前对政策效果进行科学合理的评估和模拟，是政策制定者面临的一项重要任务。VAR模型是政策模拟的一个重要工具，开发具有我国特色的 VAR 模型，对科学地评估我国金融政策、更好地服务双支柱政策调控具有重要的作用。

目前我国已经具备了开发经济模型的条件，特别是开发 VAR 模型这种结构简单且准确性高的模型，具有很强的可行性。一是从宏观经济条件看，我国经济已经进入一个相对均衡的状态。经济建模的前提是宏观经济结构没有大幅度的显著变化，模型的结构稳定，模型参数平稳。从我国经济发展来看，在改革开放以后我国经济体制不断变化，但是加入世贸组织以后已经进入一个相对稳定的状态，虽然也有 2008 年国际金融危机等外生影响因素，但是通过加入虚拟变量等方法完全可以刻画这些冲击。因此，当前通过计量模型刻画我国宏观经济特征在理论上是完全可行的。二是从国际经验看，通过建模指导货币政策实践取得了良好的效果。计量模型目前是主要发达国家中央银行的重要工具，由于 VAR 模型在宏观经济预测上的优异表现，目前全球各大主要中央银行构建的宏观经济分析和预测模型中，都将 VAR 模型运用其中。例如，VAR 模型和因子模型是目前美联储最主要的经验模型（empirical models），美联储在实际的经济预测中，会首先使用 VAR 模型进行基准预测，然后再根据结构模型（如 DSGE 模型）和大型半结构模型（如 FRB/US 模型）进行调整。欧洲中央银行在衡量货币政策状况时，会综合采用模型估计数据、商业银行资产负债表数据、针对金融机构的调查数据三类数据，他们所采用的模型主要是纳入金融加速器机制的动态随机一般均衡模型和基于符号约束的 VAR 模型两类。对人民银行来说，通过借鉴发达经济体中央银行的做法，也可以建立起符合我国实际情况的 VAR 模型。

二、我国 VAR 模型的构建

（一）我国 VAR 模型的构建思路

从国民经济核算角度看，生产法、收入法、支出法三种方法核算出来的 GDP 理论上应该是相等的。由于投资、消费、进出口是人们最为关注的经济变量，也是我们判断经济形势变化的重要依据，因此本章基于支出法角度建模。模型总体结构分为三个部分：一是主体预测模块，通过构建误差修正模型和 VAR 模型，预测出投资、消费、进口、出口等变量季节和价格调整后的值；二是价格因子预测模块，以投资价格指数、消费价格指数等变量构建 VAR 模型，预测价格指数；三是季节因子预测模块，对投资、消费等指标的价格因子构建 VAR 模型，预测价格指数。最后，结合上述三个模块得到最终预测结果。各模块详细介绍见模型设定部分。

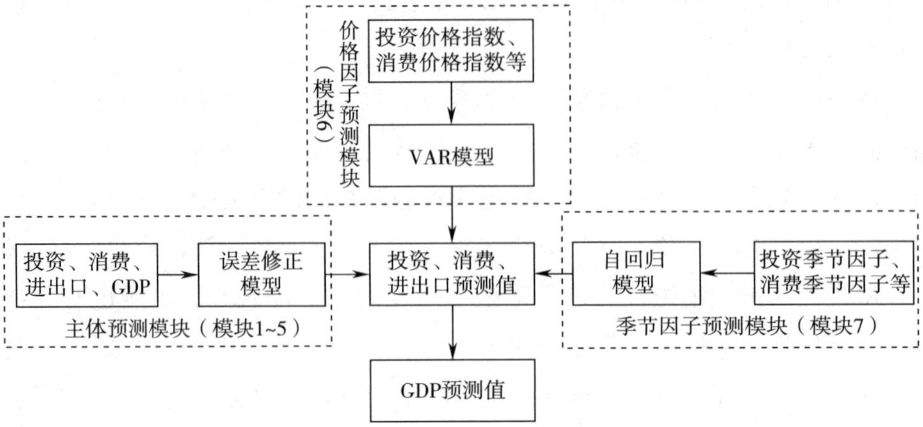

图 7－1　季度 VAR 模型结构①

（二）我国 VAR 模型的主要特点

在宏观经济预测中，对模型进行不同设定会对结果产生一定影响。人民银行在运用 VAR 模型建模时充分考虑我国宏观经济运行及经济数据的特点：一是时间序列数据的时期较短。比如，季度数据中的国内生产总值、固定资产投资完成额等指标统计始于 1992 年，进出口数据统计始于 1994 年，因此建模时对时间序列数据的平稳性检验的稳健性比较低，选择不同模型可能会影响最终预测结果。二是我国宏观经济的结构变化，如前文所述，虽然加入世贸组织以后我国宏观经济结构逐渐稳定，但仍存在一些结构性的变化及外生冲击的影响，如 2008 年国际金融危机等，而这些变化在建模时都要予以考虑。

根据上述特点，本章构建的模型表现出以下特色：一是为防止模型设定不当导致的预测偏差，提高预测值的可靠性，采用多模型组合预测。分别构建了绝对值模型和增速模型，将不同模型预测的平均值作为最终预测结果，这样可以最大限度减小模型设定误差对预测结果的影响。二是不同预测期使用不同的预测模型。考虑我国宏观经济结构的时变特征，在中长期预测建模时必须将结构断点纳入模型中；在中短期预测时，由于经济结构相对稳定，结构断点问题对模型结果的影响相对较小。因此，我们对中短期（8 个季度）进行季度预测时构建了季度预测模型，对长期（3～5 年）进行年度预测时构建了年度预测模型。三是在模型数据拟合上，充分考虑我国经济结构变化的特点，引入虚拟变量刻画“加入世贸组织”“2008 年金融危机”“2013 年结构改革”。四是为便于模型滚动向前预测，在模型设定时，除虚拟变量外，我们将外生

① 年度模型没有季节因子预测模块，其余部分相同。

变量内生化，以最大限度减少后期模型使用者的工作量和操作失误导致的误差。五是与国内模型相比，本章构建的VAR模型结构更清晰，可操作性更强。目前国内已经有很多科研机构和学者通过构建模型预测中国经济，如中国社会科学院和国家统计局联合开发的CASS－NBS模型，厦门大学开发的中国季度宏观经济模型CQMN，上海财经大学开发的宏观预测模型，中国人民大学的CMAFM模型。这些模型的内部结构并未对外公开，采用的方法和模型预测的结果无法得到有效评估。本章采用基于VAR模型建模，并将模型结构和程序代码公开发布，可以让读者清晰地了解到模型结构，并根据自身需要修改代码以用于研究。

（三）我国VAR模型的设定

在本章构建的我国VAR模型中，采用季度模型进行8个季度以内的中短期季度预测，采用年度模型进行3~5年的长期年度预测。季度模型和年度模型在建模逻辑和方法上是一致的，但在具体指标的选择和模型设定上存在一定差异。本部分详细介绍季度模型和年度模型的建模细节。

1. 季度模型介绍

季度模型预测流程如图7－2所示。

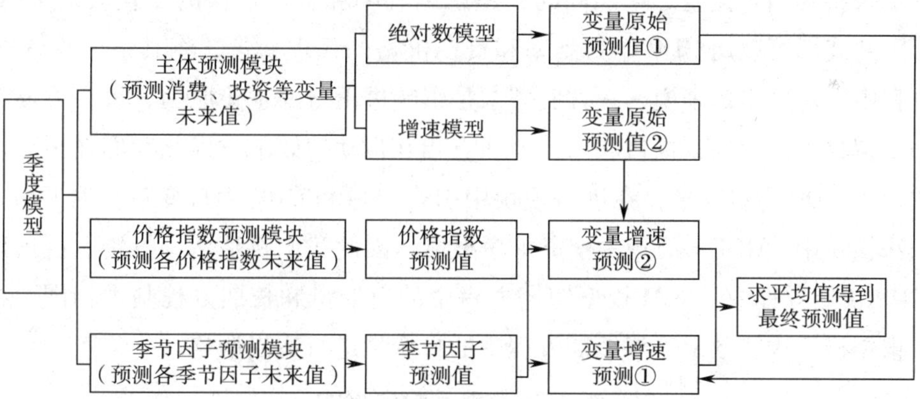

图7－2　季度模型预测流程

季度模型包括主体预测模块、价格指数预测模块、季节因子预测模块三大模块。主体预测模块用来预测投资、消费、进口、出口、GDP等变量。在实际建模中我们发现，采用变量的绝对值建模经济意义比较直观，能把握经济变量的长期变动方向，但增速的第一年预测值和前期真实值可能出现“断崖式下跌”；采用变量的增速建模短期预测精度较高，但经济意义较弱，长期预测误差大。为提高模型预测精度，减小因模型设定不当导致的预测误差，在主体预测模块中，我们综合采用绝对数预测模型和增速预测模型。主体预测模块运行之后，每一种预测模型都会生成一套变量的原始预测值。价格预测模块主要用来预测价格指数，季节因子预测模块主要用来预测季节调整因子。上述三个模块运行完成后，分别采用预测得到的价格指数和季节因子对主体预测模块原始预测值进行变换后，计算出不同预测模型预测的变量增速。最后将上述增速进行平均，得到最终预测值。

（1）主体预测模块。在季度模型的主体预测模块中，分别对消费、投资、进口、出口、GDP 五个变量建立误差修正模型（ECM）。由于我国主要经济变量的时间序列较短，模型受自由度制约无法添加过多的因变量，因此在 ECM 长期方程和短期方程自变量的选择上要充分兼顾模型的简约性和实际预测效果。我们从模型的经济学意义出发，结合实际预测效果最终确定模型自变量。

对于消费来说，宏观经济学理论中生命周期理论和永久收入理论均表明，收入是影响居民消费的最重要的因素，由于无法得到代表永久收入的变量，同时考虑到模型的简约性，我们直接用 GDP 作为收入的代理变量引入消费的 ECM 长期方程中。同时，考虑到我国作为外向型的大国经济，外部需求较大，进口与消费之间关系密切，因此我们在消费方程中引入进口作为自变量。对投资来说，宏观经济学理论表明利率和资产价格是影响投资的重要因素，但是由于我国利率和房价等数据序列时间比较短，本章未将其纳入模型之中。同时，考虑到利率和资产价格的变化会对 GDP 产生影响，因此我们可以用 GDP 作为利率和资产价格的代理变量，将其纳入投资的 ECM 长期方程中。对进出口来说，一方面需求是影响进出口的主要原因，另一方面考虑到我国加工贸易占比较高，进口和出口之间有相互带动的效果，因此我们在出口模块中引入进口和 GDP 为自变量，在进口模块中引入出口和 GDP 为自变量。对 GDP 来说，在支出法核算中，GDP = 消费 + 投资 + 净出口，因此我们将消费、投资、进出口差额引入 GDP 长期方程中。ECM 模型短期方程中的自变量和长期方程基本相同，在建模过程中根据模型预测效果，对短期方程中的自变量进行适当调整。

表 7-1　　季度预测模型主要预测变量

		1. 消费模块	2. 投资模块	3. 进口模块	4. 出口模块	5. GDP 模块
长期方程	方程名	eq_cons_long	eq_inv_long	eq_im_long	eq_ex_long	eq_gdp_long
	因变量	消费	投资	进口	出口	GDP
	协整变量	GDP	GDP	GDP	进口	消费
		进口		出口	GDP	投资
						进出口差额
	虚拟变量	2008 年金融危机	2008 年金融危机	加入世贸组织	加入世贸组织	2013 年结构改革
			2013 年结构改革		2013 年结构改革	2008 年金融危机

续表

		1. 消费模块	2. 投资模块	3. 进口模块	4. 出口模块	5. GDP 模块
短期方程	方程名	eq_cons_dyn	eq_inv_dyn	eq_im_dyn	eq_ex_dyn	eq_gdp_dyn02
	因变量	消费差分	投资差分	进口差分	出口差分	GDP 差分
	其他相关自变量	GDP 差分	GDP 差分	出口差分	GDP 差分	消费差分
		出口差分	消费差分	GDP 差分	进口差分	
		进口差分				
	ecm 项	误差调整项	误差调整项	误差调整项	误差调整项	误差调整项

注：所有方程均含常数项，这里未列出。所有变量均为季节调整后实际值的对数值。

①绝对数模型。绝对数模型是分别对投资、消费、进口、出口、GDP 去价格和季节调整以后的实际值建立误差修正 ECM 模型。参与建模的变量分别是投资（固定资产投资完成额）、消费（社会消费品零售总额）、进口、出口、GDP 的当季值，使用定基的居民消费价格指数、投资价格指数、出口价格指数、进口价格指数、GDP 平减指数将上述变量转换为实际值，并采用 X12 方法进行季节调整。

对上述变量建立 ECM 模型中的长期协整方程可以表示为：

$$Y_t = \alpha + \beta X_t + \gamma DUM_t + ECM_t$$

其中，Y_t 是长期方程中的因变量，即投资、消费、进口、出口、GDP 去价格和季节调整以后的实际值。X_t 是协整变量，DUM_t 是虚拟变量，具体含义见表 7－1。ECM_t 是长期方程的误差项，也即短期方程中的误差调整项。

ECM 模型中的短期方程可以表示为：

$$d\log(Y_t) = a + \sum_{i=1}^{p} b_i d\log(Y_{t-i}) + \sum_{j=0}^{q} c_j d\log(Z_{t-j}) + ECM_{t-1} + \varepsilon_t$$

其中，Y_t 的含义与长期方程相同，ECM_{t-1} 是短期方程的误差调整项，也即长期方程误差项的一阶滞后，Y_{t-i}是各方程因变量的 i 期滞后项，Z_t是 ECM 模型短期方程中的其他相关自变量，主要包括 ECM 长期方程中的协整变量及根据模型预测效果增加的变量，具体含义见表 7－1，Z_{t-j}是变量的 j 阶滞后。

②增速模型。增速模型是对投资、消费、进口、出口、GDP 的增速分别建立误差修正 ECM 模型。在实际建模过程中，我们分别构建了同比增速模型和环比增速模型两类不同的增速模型，这主要是因为变量的同比增速和环比增速能够捕捉到变量波动的不同信息，环比增速是相对于上个季度的变化情况，能够捕捉到变量的最新波动趋势，而同比增速是相对于上年同期的变化情况，能够捕捉到更长周期的变量波动趋势。

以各变量增速建立的 ECM 模型的长期协整方程可以表示为：

$$Y_t = \alpha + \beta X_t + ECM_t$$

其中，Y_t 是消费、投资、进口、出口、GDP 五个指标的增速，在同比增速模型和环比增速模型中我们采用的是各变量季节调整并去价格以后的实际值的同比增速和环比增速。X_t 是协整变量，与绝对数模型中的含义相同。与绝对数模型不同，在增速模型中未引入虚拟变量。ECM_t 是长期方程的误差项。

ECM 建模的短期方程可以表示为：

$$dY_t = a + \sum_{i=1}^{p} b_i dY_{t-i} + ECM_{t-1} + \varepsilon_t$$

dY_t 是长期方程中的同比增速和环比增速的一阶差分。与绝对数模型不同，此处未引入外生变量，根据 AIC 准则确定的模型滞后期为 2 阶。

（2）价格指数预测模块。模型中的价格指数共有 5 个，分别是消费者价格指数、投资价格指数、进口价格指数、出口价格指数、GDP 平减指数。从经济理论和现实经济运行看，不同的价格指数受到共同的经济周期驱动，因此在波动上具有很强的一致性。同时，不同生产要素由于价格黏性存在差异，因此在波动上会存在一定的先行和滞后特征。综合价格指数的上述变化特点，我们对价格指数构建向量自回归模型（VAR）进行预测。模型结构如下：

$$P_t = \alpha + B\sum_{i=1}^{p} P_{t-i} + \gamma Z_t + \varepsilon_t$$

其中，P_t 是由 5 个价格指数组成的列向量，Z_t 是由常数项，滞后一期的 GDP 增速、滞后两期的 GDP 增速组成的外生向量，α 是 5×1 维的参数列向量，B 是 5×5 的参数矩阵，γ 是 5×3 的参数矩阵。根据 AIC 准则确定的模型的滞后阶数为 2 阶。根据这一模型，可以预测得到未来一段时间内的价格指数。

（3）季节因子预测模块。主体预测模块中，在对消费、投资、进口、出口、GDP 五个经济变量进行季节调整时会产生相应的季节调整因子。对消费者价格指数、投资价格指数、进口价格指数、出口价格指数、GDP 平减指数五个价格指数进行季节调整时也会形成相应的季节因子。我们分别对上述季节因子构建自回归模型进行预测。季节因子变化具有明显的季度周期特征，因此在自回归建模时，自回归阶数设定为 AR（4，8，12，16，20）。最终确定的模型结构如下：

$$S_{it} = \alpha_i + \beta_{i1} S_{it-1} + \beta_{i2} S_{it-8} + \beta_{i3} S_{it-12} + \beta_{i4} S_{it-16} + \beta_{i5} S_{it-20} + \varepsilon_t, i = 1, \cdots, 10$$

$S_{it}, i = 1, \cdots, 10$ 分别是消费、投资、进口、出口、GDP、消费者价格指数、投资价格指数、进口价格指数、出口价格指数、GDP 平减指数共 10 个指标的季节因子。

（4）模型预测结果的综合汇总。在通过主体预测模块、价格指数预测模块、季节因子预测模块得到相应的预测值以后，需要对变量进行转换以得到最终预测值，主要包括原始预测值向增速预测值转换，以及增速预测值求平均得到最终预测值。

在原始预测值向增速预测值转换时，主体预测模块中的绝对数模型、同比增速模型、环比增速模型分别预测出一套投资、消费、进口、出口、GDP 的原始预测值 Y_1^f、Y_2^f、Y_3^f； 价格指数预测模块会得到价格指数的预测值 P^f； 季节调整因子预测模块会得到季调因子的预测值 S^f。将主体预测模块的原始预测值分别转换为同比增速预测值 $g_1=\frac{Y_1^f P^f S^f}{Y_1^f P^f S^f(-4)}$，$g_2=\frac{Y_2^f P^f S^f}{Y_2^f P^f S^f(-4)}$，$g_3=\frac{Y_2^f P^f S^f}{Y_2^f P^f S^f(-4)}$，其中（-4）表示的是四期滞后。

在增速预测值求平均得到最终预测值时，对加权平均权重的不同选择会影响最终结果，我们采用“主观权重 + 客观权重”对模型预测结果进行加权平均。客观权重根据各模型的历史一步向前预测（静态预测）残差序列的标准差的倒数作为模型精度度量，精度越大，则模型预测值的客观权重越高。主观权重中，预测期越长，基于增速的模型表现越差，应给予较小的信任度（如指数衰减）。而基于绝对数的模型考虑给予恒定的信任度。确定加权方法后，将各模型预测增速加权为最终预测增速 $g=w_1g_1+w_2g_2+w_3g_3$，其中 w 为权重。

2. 年度模型介绍

年度模型预测流程如图 7-3 所示。

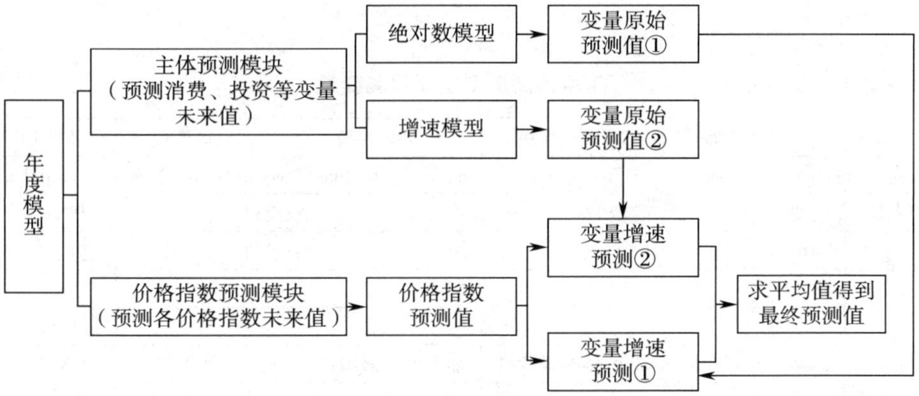

图 7-3　年度模型预测流程

年度模型的结构与季度模型结构类似，但存在两点不同：一是年度数据不需要季节调整，因此年度模型只包括主体预测模块和价格预测模块两个模块，没有季节因子预测模块。二是对年度数据来说，同比增速和环比增速是一样的，因此在增速模型中我们没有构建同比增速模型和环比增速模型，而是构建了名义增速模型和实际增速模型两种模型。

（1）主体预测模块。在年度模型的主体预测模块中，分别对消费、投资、进口、出口、GDP 五个变量建立误差修正模型（ECM）。ECM 模型长期方程中的自变量与季度模型完全一致，短期方程中的自变量我们根据模型的预测效果进行了微调。长期方程和短期方程包含的变量情况详见表 7-2。

年度模型同样存在绝对值建模经济意义直观，但增速的第一年预测值准确度低，增速建模短期预测精度较高，但经济意义较弱的问题。因此在年度模型的主体预测模块中，我们同样综合运用绝对数模型和增速模型。

①绝对数模型。在绝对数模型中，分别对消费、投资、进口、出口、GDP 五个变量去价格之后的年度实际值构建误差修正模型，ECM 模型的长期协整方程与季度模型完全相同：

$$Y_t = \alpha + \beta X_t + \gamma DUM_t + ECM_t$$

其中，Y_t 是长期方程中的因变量，即投资、消费、进口、出口、GDP 去价格以后的年度实际值。X_t 是协整变量，DUM_t 是虚拟变量，具体含义见表 7－2。ECM 建模的短期方程可以表示为：

$$d\log(Y_t) = a + \sum_{i=1}^{p} b_i d\log(Y_{t-i}) + \sum_{j=0}^{q} c_j d\log(Z_{t-j}) + ECM_{t-1} + \varepsilon_t$$

其中，Y_t 是表 7－2 中短期方程中的因变量，ECM_{t-1} 是短期方程的误差调整项，也即长期方程误差项的一阶滞后，Y_{t-i} 和 Z_{t-j} 是预测变量和其他若干相关变量的 i 阶和 j 阶滞后项。

表 7－2　　　　年度预测模型主要预测变量

		1. 消费模块	2. 投资模块	3. 进口模块	4. 出口模块	5. GDP 模块
长期方程	方程名	eq_cons_r_long	eq_inv_r_long	eq_im_r_usd_long	eq_ex_r_usd_long	eq_gdp_long
	因变量	消费	投资	进口	出口	GDP
	协整变量	GDP	GDP	出口	进口	消费
		进口		GDP	GDP	投资
						进出口差额
	虚拟变量	2008 年金融危机	2008 年金融危机	加入世贸组织	加入世贸组织	2013 年结构改革
			2013 年结构改革		2013 年结构改革	2008 年金融危机
短期方程	方程名	eq_cons_r_dyn	eq_inv_r_dyn	eq_im_r_usd_dyn	eq_ex_r_usd_dyn	eq_gdp_dyn
	因变量	消费差分	投资差分	进口差分	出口差分	GDP 差分
	其他相关自变量	GDP 差分	GDP 差分	出口差分	GDP 差分	投资差分
				GDP 差分	进口差分	
	ecm 项	误差调整项	误差调整项	误差调整项	误差调整项	误差调整项

注：所有方程均含常数项，所有变量均为季调后实际值的对数值。

②增速预测模型。与季度增速预测模型构建的 ECM 模型不同，在年度的增速预测模型中，我们通过构建 VAR 模型进行预测。这主要是因为年度模型的时间序列比较长，可以充分考虑变量之间的相互影响关系，采用 VAR 模型可以改善预测效果。增速模型对消费、投资、进口、出口、GDP 的增速构建 VAR 模型，结构如下：

$$Y_t = \alpha + \beta \sum_{i=1}^{p} Y_{t-i} + \varepsilon_t$$

其中，Y_t 是消费、投资、进口、出口、GDP 的增速，我们分别采用了名义增速和实际增速两种增速构建模型，并分别得到一套预测值。根据名义增速的预测值，可以得到变量的名义值的预测。根据实际增速的预测值，可以得到变量的实际值的预测。根据 AIC 准则确定模型滞后期为 1 期，无外生变量。

（2）价格指数预测模块。年度预测模型的价格指数共有 5 个，分别是消费者价格指数、投资价格指数、进口价格指数、出口价格指数、GDP 平减指数，使用上述 5 个变量构建 VAR 模型，模型结构如下：

$$P_t = \alpha + B \sum_{i=1}^{p} P_{t-i} + \gamma Z_t + \varepsilon_t$$

其中，P_t 是由 5 个价格指数组成的列向量，Z_t 是由常数项，滞后一期的 GDP 增速、滞后两期的 GDP 增速组成的外生向量，α 是 5×1 维的参数列向量，B 是 5×5 的参数矩阵，γ 是 5×3 的参数矩阵。根据 AIC 准则确定的模型的滞后阶数为 1 阶。

（3）模型预测结果的综合汇总。与季度预测模型类似，通过年度模型的主体预测模块和价格预测模块得到预测值以后，同样需要将原始预测值向增速预测值转换，以及增速预测值求平均得到最终预测值。

在原始预测值向增速预测值转换时，主体预测模块中的绝对数模型、名义增速模型、实际增速模型分别会得到一套投资、消费、进口、出口、GDP 的原始预测值 Y_1^f、Y_2^f、Y_3^f，其中绝对数模型和实际增速预测模型预测得到的是变量的实际值，名义增速预测模型得到的是变量的名义值。价格指数预测模块会得到价格指数的预测值 P^f。将主体预测模块的原始预测值结合价格指数转换为同比增速预测值 g_1、g_2、g_3。最后采用与季度模型相同的主观权重 + 客观权重法对增速进行加权，得到最终预测增速 $g = w_1 g_1 + w_2 g_2 + w_3 g_3$，其中 w 为权重。

三、VAR 模型的应用与软件操作

为便于读者运用本模型进行宏观经济预测，我们公开了本章的程序及代码。本节介绍操作的具体步骤。

（一）模型的 Eviews 操作

1. 运行环境准备

（1）Excel。要求至少 Excel2007 版本，能打开 xlsx 文件。

（2）Wind 金融客户端。要求能够使用经济数据库（EDB）功能，且 Wind 的 Excel 插件正常。如果 Wind 的 Excel 插件正常且成功加载，则应显示“Wind 资讯”选项卡，类似图 7－4 的界面。

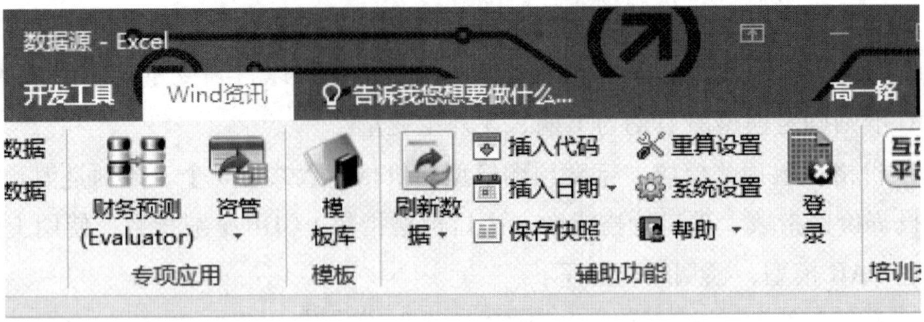

图 7－4　Wind 资讯界面

如果没有“Wind 资讯”选项卡，点击左上角的“文件”选项卡（Excel2007 为圆形的 Office 按钮），选项，加载项，在“管理”位置，选择“COM 加载项”，点击“转到”，在弹出的窗口中，给“WDF. Addin”打钩，确定（见图 7－5）。

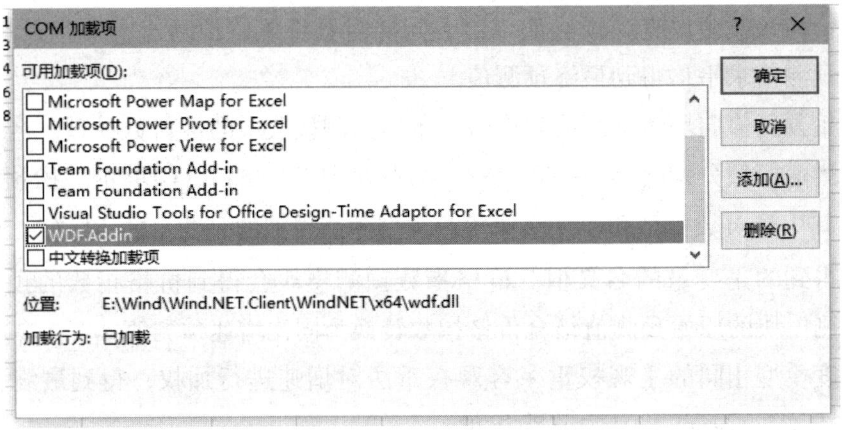

图 7－5　COM 加载项界面

如果没有“WDF. Addin”加载项，则需要修复 Wind 的 Excel 插件。进入 Wind 客户端，点击菜单上的“我的”—“修复插件”—“修复 Excel 插件”。

（3）Eviews。需要至少 Eviews 9.0 及以上版本，早期版本无法完全载入模型的工作文件。

2. 数据准备及导入

数据准备在 Excel 中完成，包括通过增速倒推绝对数、累计数和当期数转换、月度到季度转换等。数据导入需手工将 Excel 中准备好的数据复制到 Eviews。

（1）Excel 操作。

①数据刷新。打开“数据源 . xlsx”（季度数据）或“数据源（年度）. xlsx”（年

度数据），如果 Wind 插件在 Excel 进入时自动加载，则数据会自动刷新到可获得的最新一期。其中标签为橙色的表中包含了最终模型中需要的数据。

②如果没有刷新，依次在标签为橙色的各表的 A1 单元格双击，然后回车，稍后 A1 单元格应显示“Wind 资讯”字样（可能会先出现 Wind 客户端的登录界面），且数据刷新到最新，如果仍然显示为“#VALUE!”，则表明 Wind 的 Excel 插件存在问题，需要先修复。

（2）季度数据。

①CPI。数据刷新完成后，选中 C、D、E、F、G 列有数据的最后一行，向下填充公式，直至与 B 列平齐，则 F 列每一年 3、6、9、12 月的数即为每年当季 CPI 定基指数（CPI_FIX_q）。如果需要连续序列，点击 G2 单元格的下拉箭头，筛选出 G 列等于 0 的行即可（完成后要恢复到取消筛选状态，否则 Wind 刷新数据会出错）。

②GDP 及平减指数。数据刷新完成后，选中 J 到 R 列有数据的最后一行，向下填充公式，直至与前面的列平齐，则 J 列为不变价季度 GDP（GDP_r_q），O 列为定基 GDP 平减指数（GDPDEF_fix_q）。

③社会消费品零售总额。社会消费品零售总额数据更新较为烦琐，由于历史数据的增速和绝对数不匹配情况比较严重（参见 E 列），为减少误差，首先需要利用最后 12 个月的绝对数和全部的历史增速序列，倒推出全部以前月份的绝对数，倒推绝对数为月度累计数，需要进一步转换为季度当期数才可以使用。具体步骤如下：

第一步，数据刷新后，首先将 D、E、H 列下拉填充到与 C 列平齐，然后对于 F 列的最后 12 行数据，将其公式改为等于 B 列的对应行。更早的数据，则应使用 F 列的数据和 D 列的增速反推，具体操作时，由于早期数据中增速反推公式已经录入，可以直接选中 F 列早期的任意单元格（不要选倒数 13、14、15 个单元格），向下填充即可，但不要覆盖最后 12 行数据。

第二步，将月度累计数转换为季度当期数，在 G 列中进行，做年内三步差分。实际操作时，由于历史数据已经录好了公式，填充 G 列缺失部分时，按所在月份复制以前任意年份的公式粘贴即可（例如，缺失的部分为最新的 1 ~ 3 月数据，则找到 G 列历史上任意一年的 1 ~ 3 月数据，复制，再在缺失部位粘贴即可）。

第三步，如果需要连续时间序列，可以在 H 列筛选出等于 0 的行，则 G 列显示的为社会消费品零售总额的当季现价绝对值序列（CONS_n_q）。需要注意的是，增速倒推后，所有的历史值都发生了变化，因此更新数据时，需要将 G 列全列的筛选值都复制到 Eviews，而不是只复制最新值（完成后要恢复到取消筛选状态，否则 Wind 刷新数据会出错）。

④投资。投资数据的表结构与消费类似，更新方法完全相同。

⑤投资价格指数。将EFG列下拉填充公式，G列为当季投资价格定基指数FAIPI_FIX_q。

⑥进出口及价格指数。将H到Q列下拉填充公式，在JK列倒数第13个单元格以上任选两个单元格向下填充公式，但不要覆盖最后12个单元格，则NOPQ列分别为当季出口价格定基指数（EXPI_FIX_q）、当季进口价格定基指数（IMPI_FIX_q）、当季名义出口（EX_n_q）、当季名义进口（IM_n_q）。由于Wind公布进出口价格指数存在延迟，注意BC列最后一行或者两行单元格数值是否为0，如果为0，则代表相应数据没有公布，此时L、M、N、O列中最后一行或者两行单元格计算结果是错误的，直接选中按“del”键删除。如果需要连续时间序列，在R列筛选出等于0的行（完成后要恢复到取消筛选状态，否则Wind刷新数据会出错）。

复制季度数据到Eviews。进入名为group_input_q的表，选中全部数据（不含第一行和第一列），粘贴至workfile的model_q页面下的同名分组中。如果发现某一列或几列截至现在的最后一期数据为0（不是NA），则代表有些数据还没有公布（一般是进出口价格指数），此时需要找一些近似的替代补齐，如使用可得的最后一期月度数据代替季度数据，或者直接复制上一期季度数据进行填充。替代补齐是必需的，数据不齐整或者任其为0会导致程序错误。

（3）年度数据。

①核算类指标。下拉填充PQ列到最新，则D、I、P、Q列分别为名义GDP（GDP_N）、名义固定资本形成（GECAPFIXFOR_N）、实际GDP（GDP_R）、定基GDP平减指数（GDPDEF_FIX）。

②价格指数。下拉填充FGHI列到最新，则这些列分别为CPI（CPI_FIX）、固定资产投资（FAIPI_FIX）、出口（EXPI_FIX）和进口定基价格指数（IMPI_FIX）。

③社会消费品零售总额与投资。由于公布的增速和绝对数不完全匹配，名义社会消费品零售总额（CONS_N）和名义投资（INV_N）需要通过B列最后一行和C列全部的增速倒推出历史绝对数（D列）。其中D列最后一行等于B列最后一行，然后选择D列任意其他数据（不要选倒数第2个），通过下拉填充公式完成更新，但不要覆盖最后一个单元格。

④进出口。直接复制对应数据即可。B列为美元计价名义出口（EX_N_usd）、C列为美元计价名义进口（IM_N_usd）。

复制年度数据到Eviews。进入名为group_input_y的表，选中全部数据（不含第一行和第一列），粘贴至workfile的model_y页面下的同名分组中。

特别说明：最后一列“M 列”暂时不需要更新，模型汇总没有使用到。

（4）Eviews 操作。打开工作文件（Model. wf1），在季度模型（model_q）、年度模型（model_y）页面均有一个名为“GROUP_INPUT”的分组，打开并粘贴对应数据即可。其中消费（CONS_N_Q 和 CONS_N）和投资（INV_N_Q 和 INV_N）数据需要全部更新，其他数据一般只需要增量更新。但经济普查年份后，可能会对 GDP 历史数据做修订，此时需要对 GDP 数据做全部更新。

3. 执行预测

在打开 model. wf1 的情况下，点击 file，open，programs，选择 Main1. prg 打开（打开后可以点击 Wrap +/-、再点击 LineNum +/-，显示程序行号，以方便查找）。

基本参数必须进行设置，其他参数可以直接使用默认值。具体如表 7-3 所示。

表 7-3　　模型主要参数设置

基本参数			
参数名	用途	所在位置（行号）	说明
% para_est_endpoint	季度模型参数估计终点	6	
% para_est_endpoint_year	年度模型参数估计终点	7	
% simu_endpoint	季度模型模拟终点	10	
% simu_endpoint_year	年度模型模拟终点	12	
% simu_startpoint	季度模型模拟起点	16-28	默认值自动指定为参数估计终点的下一期，无须手工指定，但可更改，详见程序注释
% simu_startpoint_year	年度模型模拟起点	16-28	
其他参数			
参数名和默认值	用途	所在位置（行号）	说明
% detail_q = “0” % detail_y = “0” % detail_yp = “0” % detail_ans = “0”	是否显示季度/年度/潜在产出模型详细的估计结果和结果汇总	32-35	0 = 不显示，1 = 显示
scalar w_opt = 1	季度/年度模型加权方式	42/52	0 = 绝对数加权，计算增速；1 = 增速加权，倒推绝对数；增速加权更为敏感
scalar w_typ = 1	季度/年度模型加权类型	44/54	0 = 等权（等权相当于关闭了主观权重功能），1 = 基于绝对数的模型常数权重，基于增速的模型权重随时间指数衰减
Exp（-0. 25t）	控制权重衰减速度	231/235/524/528	数值越小，衰减越慢，基于增速模型的影响期更强

设置完成后，点击 Run 按钮，等待程序运行完成，即可查看预测结果。除价格指

数外，所有的结果都以绝对数保存，然后利用 Eviews 自动转换为增速展示。

合成的最终结果保存在 ans_all 页面中，其中季度和年度模型结果分别保存在名为 ans_q 和 ans_y 的 group 中，双击可以查看（以 dated data table 的形式展示[①]）。名为 ans_q 和 ans_y 的分组也可以分别在保存季度和年度模型详细结果的 ans_q 和 ans_y 页面中查看。此外，ans_all 页面中的 group_{%Var_name} _ans 保存了各个变量年度和季度模型的预测结果对比，双击可以查看（以图形形式展示各变量的同比增速，确保展示方式为"Year % Chg"，见图 7－6）。

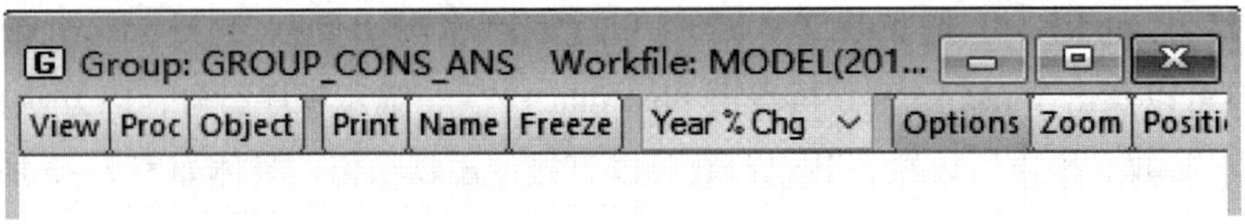

图 7－6 以"Year % Chg"方式展示各变量的同比增速

各模型的详细结果保存在 ans_q 和 ans_y 页面中的 group_{%Var_name} _sys [_q] 中，双击可以查看图形，包括了各模型的预测结果及加权平均预测值，可用于调节加权系数或者直接选择某个模型的结果作为最终结果。潜在产出模型的结果保存在 PO_PFA 页面的 group_ans 中。

4. 需要注意的问题

注意及时刷新 objlist 表。在页面 model_q 和 model_y 中，存在一个 objlist 表，表中存储了这个页面所有 Eviews 对象的名称和类型，MAIN1. prg 根据这个表来刷新方程、VAR、SSPACE、模型等对象的估计结果和链接，如果新增了对象或修改了对象名，需要重新保存一份 objlist 表，否则不在表中的对象会得不到更新，影响预测结果。

注意程序出错导致中途异常终止。程序运行中会不断更改工作文件的样本期，如果中途异常终止，可能会导致某个方程的样本期没有复位，下次再运行程序时会出错，且难以定位出错原因。这时可直接关闭 model. wf1，选择不保存文件，以避免错误的样本期被保存，再重新打开 model. wf1，做进一步调试。

注意模型不更新问题。如果更改了 model 中链接的某个方程（或者 VAR，SSPACE 等），再运行 Main1. prg，则 model 链接的方程不会被自动更新（尽管 main1. prg 中有自动更新链接的代码），模型预测结果仍是以前的结果。此时有两种

① 如果更改了 group member，则需要重新设置 dated data table，以让其显示各变量的增速和年度平均增速（CPI 要设置为原始值）。具体参见 Eviews Help。

解决方案：方案1，手工逐个更新 model（在 model 界面点 compile 按钮），然后运行程序；方案2，保存工作文件 model. wf1，关闭，再打开，然后运行程序，则可以自动更新。

（二）模型预测结果分析

基于上述季度和年度模型，分别对我国主要宏观经济变量进行预测。季度模型的估计期为1994年第一季度至2018年第一季度，预测期为2018年第二季度至2019年第三季度，为了检验模型预测效果，我们在表7-4中同时给出模型预测值与实际值。年度模型的估计期为1994年至2017年，预测期为2018年至2021年。

季度模型的预测结果突出表现为以下三个特点：一是预测时间越短，预测精度越高。对于滞后一期的2018年第二季度的预测，GDP和CPI的预测值与实际值完全相同，消费、投资、进口实际值与预测值的差异控制在0.1个百分点左右。出口实际值与预测值的差异较大，为0.6个百分点。但对于滞后6期的2019年第三季度的预测，实际值和预测值之间的差异明显变大，GDP的预测值和实际值相差0.5个百分点，CPI的预测值和实际值相差2.7个百分点，其他指标的预测值和实际值相差也比较大。由此可见，向量自回归模型比较适用于短期预测，在中长期预测上的效果较差。

二是大部分指标的预测值趋势与实际值趋势高度一致，部分指标差别较大。虽然模型长期预测在具体预测值上与实际值存在一定差异，但是预测趋势与实际指标的走势存在很强的一致性，比如对于GDP、消费、进口、出口四个指标，模型预测值在变动趋势上与实际值具有很强的一致性，均捕捉到了指标下行的趋势。但对于投资和CPI两个指标来说，模型预测趋势和指标的实际走势差别比较大，模型预测投资增速回升、CPI增速回落，但现实中投资增速回落、CPI增速回升。

三是预测值总体高于实际值。对于GDP、投资、出口、进口四个指标，模型预测值总体上要高于实际值，消费和CPI的预测值低于实际值。对大部分指标来说，模型预测的增速偏高，主要是由于模型中未纳入贸易战等外生冲击对宏观经济的影响。

表7-5给出2018—2021年年度模型的预测值。从2018年预测值与实际值的比较看，年度模型的预测值要高于实际值，GDP预测值高于实际值0.3个百分点，消费预测值高于实际值0.7个百分点，投资预测值高于实际值3.9个百分点，出口预测值高于实际值1个百分点。从2019—2021年经济指标预测值看，年度模型的预测值也明显偏高，如2020年GDP预测值为7.5%，从新常态下宏观经济运行的角度出发，这一预测值显然将高于实际值。

表 7-4　　季度模型预测结果　　单位：%

指标		2018 年			2019 年		
		第二季度	第三季度	第四季度	第一季度	第二季度	第三季度
GDP	实际值	6.7	6.5	6.4	6.4	6.2	6
	预测值	6.7	6.75	6.7	6.61	6.53	6.5
消费	实际值	8.97	9	8.3	8.45	8.53	7.63
	预测值	9	8.15	8.03	7.65	7.17	7.25
投资	实际值	5.25	4.32	7.02	6.3	5.54	4.67
	预测值	5.18	6.14	5.48	2.77	6.07	6.85
出口	实际值	11.49	11.67	3.88	1.29	-1	-0.35
	预测值	12.13	14.67	13.66	10.47	10.41	9.43
进口	实际值	20.64	20.36	4.38	-4.48	-3.99	-6.49
	预测值	20.44	18.86	17.24	8.39	9.67	9.35
CPI	实际值	1.83	2.3	2.2	1.83	2.63	2.87
	预测值	1.83	1.3	0.78	0.4	0.12	0.15

注：表中给出的是各指标的当季增速，其中消费、出口、进口、CPI 实际值为当月增速的季度平均值，投资实际值为根据累计增速推算的当季增速。

表 7-5　　年度模型预测结果　　单位：%

年份	2018	2019	2020	2021
GDP	6.9	6.21	7.48	8.01
消费	9.72	8.96	8.81	9.11
投资	9.77	14.32	15.24	15.82
出口	10.88	4.41	14.79	13.89
进口	12.75	6.89	14.03	12.2
CPI	1.37	1.53	1.34	1.37

本章参考文献

[1] 张成思. 金融计量学：时间序列分析视角 [M]. 北京：中国人民大学出版社，2011.

[2] 高铁梅. 计量经济分析方法与建模：Eviews 应用及实例 [M]. 北京：清华大学出版社，2005.

[3] 刘斌. 国内外中央银行经济模型的开发与应用 [M]. 北京：中国金融出版社，2003.

[4] 中国宏观经济形势分析与预测课题组. 中国经济稳增长：从政策协调到改革

驱动［R］. 2019.

［5］中国宏观经济论坛课题组. 2018—2019 年中国宏观经济报告［R］. 2018.

［6］刘汉，刘金全. 中国宏观经济总量的实时预报与短期预测——基于混频数据预测模型的实证研究［J］. 经济研究，2011（3）.

［7］陈燕武，吴承业. 论宏观经济计量模型的发展［D］. 2002.

［8］Del Negro, Models for Forecasting and Policy Analysis［R］. 2016.

［9］A Guide to the Eurosystem/ECB Staff Macroeconomic Projection Exercises.

［10］Higgins P, Zha T, Zhong W. Forecasting China's Economic Growth and Inflation［J］. China Economic Review, 2016, 41: 46 - 61.

第八章
我国宏观经济先行指标体系的构建与应用

一、构建我国宏观经济先行指标体系的目的与意义

（一）构建先行指标体系的背景

先行指标是指在宏观经济波动到达高峰或低谷之前，超前出现高峰或低谷的经济指标，它们可以预示经济周期中的转折点和估计经济活动升降的幅度，以此来推测经济波动的趋向，将经济运行中的一些问题率先反映出来。先行指标的概念是基于经济周期指标而产生的，经济周期指标分为三类：先行指标、一致指标和滞后指标。其中先行指标具有能够在经济周期发生变化之前预示转变方向的特征，因此得到特别关注，其先行特征为宏观经济预测提供了有效的信息和依据，这种数据特征灵敏地反映了宏观经济运行的内在变化，深刻体现了经济指标之间的内在传导机制与周期性变化，为政府部门制定和调整经济政策提供重要支持。

开展先行指标体系研究和宏观经济预测的客观需求是宏观经济调控的时滞和经济运行中的周期波动。一方面，宏观经济调控存在时滞。实际操作中，宏观调控政策可能受到许多客观因素的制约，这些因素包括政治因素、政策目标的选择、政策作用的时间滞后等，这也直接影响了宏观调控的效率。因此，无论是对经济状况变化的认知滞后，还是从认知变化到政策实施过程的政策滞后，或是政策实施后产生的效果滞

后，都可能出现这样一种状况：经济形势已明显发生变化，但是政府部门却无动于衷，或者在其他的某个时期接二连三地调整宏观调控政策，却收效甚微，甚至可能出现相反的效果。特别是在经济处于高涨和危机时，这种滞后时间也有所不同。繁荣时期，人们往往更为乐观，意识不到可能会随之而来的衰退，而面对危机的到来，人们往往更为敏感，及早察觉。因此，倘若政府部门没有及时判断出经济状况的变化，以致低谷时制定的缓和政策，经济过热时才产生效果，或者高涨时采取的紧缩政策，到下一个危机时才产生紧缩效果，那么宏观调控政策将变得非常混乱而低效。

另一方面，经济运行中存在周期波动。宏观经济运行指标通常呈现出周期性波动的特征，即呈现复苏—繁荣—衰退—萧条的周期循环。在经济的复苏或繁荣阶段，随着经济增长速度的持续提高，投资持续增长，各类工业品产量不断提高，市场需求旺盛，就业机会增多，企业利润和居民收入都会出现不同程度的提高，全社会消费水平也随之不断提升，可能也会伴随着一定程度的通货膨胀。在经济的衰退和萧条阶段，经济增长速度回落甚至停滞，工业生产和投资持续下降，工业品产量不断下滑，市场需求低迷，失业增加，企业利润和居民收入下降，全社会消费水平也难以提振，并且还常常伴随着通货紧缩。

经济周期存在内在传导机制。内在传导机制是指经济系统内部结构特性所导致的对冲击的反应，反映了经济周期的内生性，是系统内部对冲击的自我响应和调整，主要强调了经济系统结构对时间序列变量变化的滞后效应。那么，经济周期的内在传导机制提供了先行指标方法的理论依据。由于经济波动的自我推动作用的存在，经济变量之间才有了时滞关系，才可以利用先行指标进行预测。为了监测宏观经济的这种周期波动，自20世纪以来，美国等国家开始研究建立宏观经济监测预警指标体系，即先行指标体系。

（二）国内外宏观经济先行指标体系的发展与应用

基于先行指标体系的预测分析，能像“晴雨表”或“报警器”那样，对经济金融运行情况进行监测和预警。为了满足宏观经济管理的需要，探求经济周期波动规律，西方经济学家们经过半个多世纪的不懈努力，积极建立并完善先行指标体系，完善预警预测方法。

国外先行指标体系研究最早主要适用于经济预警。1917年，美国哈佛大学计算的哈佛指数可以超前预测景气状况，但最终因1929年经济大危机的预测失败而告终。1937年，美国经济研究局研究了近500项经济指标，利用时差变动关系筛选出了21项指标构建经济监测指标系统。第二次世界大战后，美国经济研究局对这21项指标体系进行修订，将21项指标分为先行、一致、滞后三类指标，并以上升指标占总指数份额的方法构建扩散指数，做了开创性和基础性研究。

随后，经济先行指标体系开始从理论探讨步入实际应用阶段，更多国家和地区构建了自己的先行指标体系。1961年，美国商务部发布NBER指数，在《经济循环发展》上逐月发表数据和图表两种形式的宏观景气动向信号。20世纪80年代，经济合作与发展组织（OECD）建立了一套先行指标体系，为其成员国提供经济活动转向的信号。日本、韩国等国家也相继建立自己的景气监测预警系统，先行指标体系的构建在世界范围内逐步展开。Veloce W（1996）用简单计算指数序列的转折点和相关总体经济的转折点评估合成指数预测经济转折点的能力，对加拿大统计局的先行指标预测GDP变化的能力进行了深入的统计评价，揭示了先行指标和经济活动的动态关系，同时用模型测算出经济周期所有阶段的平均领先时间。Anindya Banerjee et al.（2005）利用先行指标对欧元区的通货膨胀和国内生产总值增长率进行预测。通过单一指标预测、因素预测、基于预测的自动模型选择、预测结果组合程序，得出价格指数、劳动力市场变化、出口和政府支出这四个指标对预测欧元区的通货膨胀有指导作用。Janusz et al.（2009）筛选出了一套适合乌克兰国情的先行指标体系，建立经济预警模型对乌克兰经济景气进行监测。Samer（2014）基于NBER－CB方法的新方法构建了黎巴嫩经济同步指标和12个月先行指标，这些指标可以作为实际GDP演变的月度指标。

国内对先行指标的研究起步于20世纪90年代，目前也得到了广泛的应用。董文泉、郭庭选、高铁梅（1987）以我国的经济统计数据为基础，论证了我国经济循环的存在性，并且确定了经济循环的基准日期，从理论上开创了我国景气研究的先河。随后，黄运成和袁兴林测定了景气循环基准日，形成了先行指标体系的雏形。王洛林结合我国经济国情，借鉴欧美经验方法，研究讨论了国内产业与国内经济波动周期之间的关系，以此建立了宏观经济的先行指标体系。龚盈盈（2005）用时差相关分析法、Kullback－Leibler（K－L）信息量法、回归分析方法综合分析划分了先行、一致、滞后三类景气指标，建立预警指标体系，以湖北省为例对宏观经济监测预警系统作了实证研究，对湖北省经济形势进行综合判断与趋势判断。范莉（2006）结合福建省的数据实际，运用计量经济分析方法中的Granger检验、脉冲响应函数和误差方差分解建立了福建省经济运行的先行指标体系，合成了福建省经济运行的先行指数。研究发现先行指数能够用于3～6个月的短期预测，对福建省经济扩张阶段的转折点预测能力较强。陈乐一等（2011）确定了我国物价景气的指标体系，构建扩散指数，该指数具有较好的预警性质。王骏（2014）结合现代服务业特征和统计数据，对指标进行筛选并制作扩散指数进行预测和分析，建立江苏现代服务业经济预测分析先行指标体系。

黄伟（2017）应用经济景气分析理论，结合船舶工业特点，将9个备选指标分为先行、同步、滞后三类，构建了中国造船业景气先行指数和同步指数，客观地监测中国船舶工业经济运行状况，并对行业运行风险进行预警。李园等（2017）基于2000—2015年辽宁省15个与建筑业经济运行相关性较大的指标，采用时差相关分析方法，构建了辽宁省建筑业先行、一致和滞后景气指标体系。采用因子分析法确定权重，合成指数法计算景气指数，对景气指数、指数增速、典型变化节点进行分析，对辽宁省建筑业的发展提出了相关建议。冯黎黎（2018）利用峰谷对应法、时差相关分析法筛选出基建投资的先行指标，采用主成分分析法构建基建投资先行指数，运用基建投资增速的VAR模型预测未来基建投资走势。

不同国家在构建先行指标体系时，并没有采取统一的模式，而是根据自己国家的基本国情和经济运行特征选择相应的先行指标。在指标体系构成方面，无论是发达国家还是发展中国家，其先行指标体系都明显地带有GDP支出法构成的结构特点，构成了先行指标体系的主体内容。

（三）人民银行先行指标研究的应用情况

先行指标的研究不仅有助于经济形势的预测分析顺利开展，更服务于实现宏观经济调控的政策目标，为政策制定和调整提供重要参考依据。2007—2008年，中国人民银行调查统计司与中国科学院合作开发了“中国宏观经济监测预警系统”，采用先行指标景气预警分析方法，建立中央银行的货币信贷监测与预警体系，用于分析货币政策中间目标的周期波动。人民银行调查统计司先后通过合成指数方法合成了工业增加值、M2、人民币贷款和CPI等主要经济金融指标的先行指数，形成了数据更新—规范化合成指数—预测分析的分析范式，以合成指数的先行波动情况进行预警分析，起到了较好的应用效果。不过随着经济形势的变化，指标间关系也出现一些改变，合成指数的样本期和指标的选择相对固定，难以满足经济关系的快速变化，预测效果较以往也略有下降。

2016年，人民银行调查统计司重启了先行指标体系的开发与研究，协同分支行一起研究构建制造业投资、基建投资、房地产投资、消费和进出口等方面的先行指标体系，着力构建不同模块的先行指标库，综合运用各先行指标的先行特征研判基准经济指标的走势。从应用效果来看，基于先行指标体系的分析模式对经济形势分析具有论据充分、时效性强和前瞻性好的优势，形成了人民银行经济形势分析的亮点与特色，研究成果丰硕。同时，根据“克强指数”的构造思路，调查统计司选取了电力消耗、社会融资规模、服务业生产指数、就业率和原油加工量等指标合成了供给侧生产指数，该指数较好地拟合GDP的走势，成为高频度反映经济增长的先行指标，对季度 GDP 的趋势判断给出重要依据和参考。

二、我国宏观经济先行指标体系的构建

（一）我国宏观经济先行指标体系的构建思路

本章以 GDP 支出法为主要构建框架，分别从投资、消费、进出口三大支出模块构建先行指标库，同时，考虑到保持物价稳定也是货币政策重要目标之一，因此加入了物价模块。此外，除了从 GDP 支出法维度构建经济增长先行指标外，本章还借鉴“克强指数”的构建思路，从要素投入方面筛选了跟 GDP 关系紧密的高频指标，合成了 GDP 模块的先行指数，用于辅助判断 GDP 短期走势（见图 8－1）。

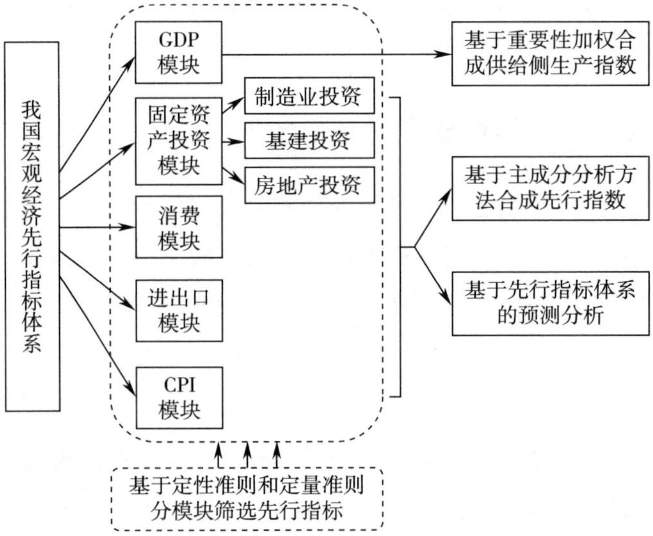

图 8－1　我国宏观先行指标体系构建思路

总体来看，先行指标体系的构建思路主要分为四个层次：第一是选取基准指标。除 GDP 和物价外，我们还选取了三大支出的代表性指标作为基准指标。第二是初筛先行指标。根据经济意义对经济指标进行初选，在保证经济重要性、数据可得性、指标灵敏性和体系完备性的前提下，收集富有经济理论意义的经济指标。第三是确定先行指标。依据时差相关分析、K－L 信息量方法和峰谷对比法等定量准则，对初选指标进行进一步筛选，通过定量方法筛选先行指标，计算指标序列的先行期。第四是合成先行指数，开展趋势预测。在各自模块下应用指数合成或者主成分分析等合成方法合成先行指数，并通过先行指标体系梳理相应模块基准指标走势。

1. 基准指标的选取原则

在实践中，最重要的基准指标就是 GDP。但由于 GDP 是按季度核算公布，数据频次不能完全达到实际工作和研究的需要，因此，我们从三大支出中选取更为高频且具有一定共识基础的经济指标作为基准指标，即固定资产投资（制造业投资、基建投资、房地产投资）、消费（社会消费品零售总额）和进出口（进口增速和出口增速）。选取基准指标是为了确定基准循环及相应的拐点，为指标分类提供时差参照系，有时会根据实践进行适当修正，如将相应时期内的政治、经济大事件与专家意见相结合，用事件研究对基准循环进行调整（唐羽，2009）。

2. 先行指标的选取原则

大部分文献均提出先行指标需有四个特点：广泛性、充分性、可得性和准确性。广泛性即先行指标要涵盖广泛，能代表和反映各行业的经济运行情况；充分性即指标数据充分，有较长时间的数据记录；可得性即能够及时、迅速获得所需数据；准确性即相关指标数据的准确性较高，真实可靠（宋慧中和侯世宁，2008）。同时，先行指标还应满足三个条件：一是指标序列的各个特殊循环的峰（或谷）的时点要比基准循环的峰（或谷）的时点至少先行 3 个月以上，且这种先行关系较稳定；二是在最近连续的 2 次循环中，特殊循环的峰（或谷）的时点要保持超前，且超前时间在 3 个月以上；三是指标的经济性质具有较肯定和明确的先行关系（姬广林，2005）。

不过在先行指标的确定过程中，可能受到数据质量、经济发展体制变化等因素影响，备选先行指标的先行特征也许在某个月份并不十分明显或者先行期较短，不过如果备选先行指标在 2019 年存在过先行性，原则上我们都选择入了指标库，这样尽可能保证指标库的全面性。

3. 确定先行指标的方法

文献中常用的确定先行指标的方法有三种：K－L 信息量法、时差相关分析法和峰谷对比分析法。

（1）K－L 信息量法。在选取先行指标的实际应用中，K－L 信息量法的整体思路是：首先以一个重要且能够敏感反映当前经济活动的经济指标作为基准指标，然后将每个选取的经济指标相对于基准指标前后移动若干个月，计算 K－L 信息量的值。K－L 信息量越小，说明真实概率分布与模型概率分布越接近，对应的移动月数就是该指标的领先或滞后月数，以此确定选取的指标是否为先行指标。从数理方法上看，K－L 信息量是对指标总体形态分布的拟合程度进行评价的一种方法。对于偶然的带有随机性的现象，通常可认为是服从某一概率分布的随机变量的一些实现值。如果已知真正的概率分布，而希望估计我们选择的概率模型与真正的概率分布相近似的程度，从而估计模型的好坏，就需要一个度量，即 K－L 信息量。

具体来看，设基准随机变量的概率分布为 $p=\{p_1,p_2,\cdots,p_m\}$，其中 p_i 为事件 w_i 发生的概率，备选随机变量的概率分布为 $q=\{q_1,q_2,\cdots,q_m\}$，其中 q_i 为事件 w_i 发生的概率，限定 $p_i>0$，$q_i>0$，$\sum_{i=1}^{m}p_i=\sum_{i=1}^{m}q_i=1$。则定义期望

$$I(p,q)=\sum_{i=1}^{m}p_i\ln\frac{p_i}{q_i}$$

为分布列 q 关于分布列 p 的 K－L 信息量。K－L 信息量满足

$$I(p,q)\geqslant 0$$

$$I(p,q)=0\Leftrightarrow p_i=q_i$$

设 $y=\{y_1,y_2,\cdots,y_m\}$ 为基准指标，由于任意满足 $p_i>0$，$\sum_{i=1}^{m}p_i=1$ 的序列 p 均可视为某随机变量的概率分布列。因此，对基准指标做标准化处理，使得指标的和为单位1，处理后的序列记为 p，则 $p_t=y_t/\sum_{i=1}^{m}y_i$，$t=1,2,\cdots,n$，其中假设 $y_t>0$。设 $x=\{x_1,x_2,\cdots,x_n\}$ 为备选指标，也做标准化处理，处理后的序列记为 q，则 $q_t=x_t/\sum_{j=1}^{m}x_j$，$t=1,2,\cdots,n$，其中假设 $x_t>0$。K－L 信息量可由下式计算

$$k_l=\sum p_t\ln\frac{p_t}{q_{t+l}},l=0,\pm1,\pm2,\cdots,\pm L$$

其中，l 表示先行、滞后期。l 在取负数时表示先行，在取正数时表示滞后，l 被称为时差或延迟数。L 是最大延迟数，当计算出 $2L+1$ 个 K－L 信息量后，从这 k_l 值中选出一个最小值 k_l 作为备选指标 x 关于基准指标 y 的 K－L 信息量，即

$$k_{l'}=\min_{-L\leqslant l\leqslant L}k_l$$

其相应的延迟数 l' 表示先行或滞后期。K－L 信息量越小，说明真实概率分布与模型概率分布越接近，对应的移动月数就是该指标的领先或滞后月数。

（2）时差相关分析法。在先行指标的实际应用中，时差相关分析法是以一个重要的能够敏感反映当前经济活动的经济指标作为基准指标，其他备选指标相对于基准指标前后移动若干个月，然后计算移动后的这些序列和基准指标序列之间的相关系数，最大的相关系数对应的移动月数就是该指标的先行或滞后月数。

具体来看，设 $y=\{y_1,y_2,\cdots,y_n\}$ 为基准指标，$x=\{x_1,x_2,\cdots,x_n\}$ 为备选指标，r 为时差相关系数，则

$$r_l=\frac{\sum_{t=t'}^{n_l}(x_{t+l}-\bar{x})(y_t-\bar{y})}{\sqrt{\sum_{t=t'}^{n_l}(x_{t+l}-\bar{x})^2\sum_{t=t'}^{n_l}(y_t-\bar{y})^2}},l=0,\pm1,\pm2,\cdots,\pm L,t'=\begin{cases}1,l\geqslant 0\\1-l,l<0\end{cases}$$

其中，l 表示先行、滞后期。l 在取负数时表示先行，在取正数时表示滞后，l 被称为时差或延迟数。L 是最大延迟数，n_l 是数据取齐后的数据个数。在选择先行指标时，一般计算若干个不同延迟数的时差相关系数，然后进行比较，其中最大的时差相关数 $r_{l'} = \max\limits_{-L \leqslant l \leqslant L} r_l$ 被认为反映了备选指标与基准指标的时差相关关系，相应的延迟数 l' 表示先行或滞后期。检验过程中，时差相关数值越接近 1 越理想。

（3）峰谷对比法。峰谷对比法是通过研究指标序列与基准指标序列波动的峰与谷之间的对应关系来确定该指标是否为先行指标。尽管前两种方法从不同侧面描述了指标的某些整体性质，但缺乏对指标各个特殊循环波动状态的直观具体描述，还需利用峰谷对比法来最终确认入选指标。所以在实际中，峰谷对比法常与 K－L 信息量法或时差相关分析法结合使用。

（4）三种方法的比较与应用。上述的三种方法的区别就在于是否基于极值点（峰和谷）。峰谷对比分析法需要依赖备选指标的峰和谷来研究备选指标和基准指标之间的时差关系，而时差相关分析法和 K－L 信息量法不需要依赖备选指标的峰和谷，只需利用数学统计方法来计算相关的标准量，从而得出备选指标和基准指标的时差关系。邓雪（2017）对这三类方法的优劣进行了比较。时差相关分析法具有可靠性、科学性和实用性，是目前的主流指标划分方法。但其对数据的时间长度要求较高，一般不少于 11 年。另外即使计算出的相关系数近似为 1，数据间也不一定存在联系。K－L 信息量法客观准确，数学理论充分，但要求指标为正数才能适用此方法。峰谷对比法则能直观地描述指标的波动状态，但此方法存在一定的主观性。

黄运成（1988）提出确定周期序列的时差关系不能直接用传统的时差相关分析法，因为时差相关分析法要求序列满足“零均值、等方差、独立正态分布的纯随机序列”，而实际中经济变量间存在着自相关现象，这与时差相关分析法的假定相矛盾。于是作者提出了 ARIMA 时差互相关分析法，通过 ARIMA 模型的残差序列而求得的时差互相关系数来反映两个指标间的真实时差关系，从而确定先行指标。龚盈盈（2005）提到用回归分析法筛选先行指标，通过研究各指标当期时间序列及领先 i 期的时间序列与当期基准指标之间的回归拟合关系，来确定指标是否为先行指标。唐晶莹、吴一菲、赵蕊（2012）利用 Granger 检验法从经济增长、投资、消费及出口四个方面构建了先行指标体系，根据 Granger 检验中的滞后阶数，将大于 1 阶的作为先行指标。中国人民银行兰州中心支行课题组（2013）采用频域分析法中的谱分析方法，将指标的周期波动特征与基准指标的周期波动特征进行对比分析，筛选先行指标。张莉莉、张珣、乔柯南（2019）将 PageRank 算法的思想引入先行指标的筛选中，对指标的领先强度进行打分与分层，将先行指标的优劣进行分类，再根据筛选结果合成先行指数。

4. 先行指数的合成方法

目前，文献中对多个指标合成指数的方法主要集中于指数合成方法和主成分分析方法。主成分分析方法的主要思想是降维，即在尽可能保留较多信息的基础上，以较少互不相关的综合因子变量替代繁多复杂的随机变量。实质是通过一组变量的几个线性组合来解释这组变量的方差—协方差结构，其理论模型为设有 n 个样本，每个样本有 p 个变量：$X_1,X_2,\cdots,X_p$，则原始数据观测矩阵可表示为

$$X_{n\times p} = \begin{pmatrix} X_{11} & X_{12} \cdots & X_{1p} \\ X_{21} & X_{22} \cdots & X_{2p} \\ \vdots & \vdots \ddots & \vdots \\ X_{n1} & X_{n2} \cdots & X_{np} \end{pmatrix}$$

求主成分就是求 x 的 $k(k \leqslant p)$ 个线性函数 $y_i = a_i^i x$（其中 $a_i = (a_{1i},a_{2i},\cdots,a_{pi})'$，$X = (X_1,X_2,\cdots,X_p)'$），使相应的方差 $Var(y_i) = Var(a_i'x) = a_i'\sum a_i$ 越大越好（其中 $\sum$ 是 x 的协方差矩阵），为防止出现 $Var(y_i) \to \infty$ 的情况，要求 $\|a_i\|^2 = 1$。

设协方差矩阵 $\sum$ 的特征根 $\lambda_1 \geqslant \lambda_2 \geqslant \cdots \geqslant \lambda_p > 0$，因为 $Var(y_i) = Var(a_i'x) = a_i'\sum a_i = a_i'\lambda_i a_i = \lambda_i$，所以 $maxVar(y_i) = max\, a_i'\sum a_i = max\,\lambda_i = \lambda_i$，所以第一主成分 $Y_i = a_1'x$ 且 $Var(Y_i) = Var(a_1'x) = \lambda_1$，同理可求得第 p 个主成分。最后，将贡献率占到70%以上的主成分以方差贡献率为权重，合成最终的指数。

指数合成方法主要是依据先行指标的重要性为权重，加权合成最终的先行指数。相对来讲，指数合成方法比较传统，而主成分分析主要基于数据特征而制定的权重，方法上操作简便易行，目前研究者们用此方法较多。

（二）我国宏观经济先行指标体系的具体设定

基于备选指标与基准指标的传导路径分析，我们在备选指标选择先行指标时，主要基于以下三个特性：一是经济上的关联性，备选指标在经济理论上与 CPI 的变动存在前后关联。二是统计上的充分性，体现在两个方面：一方面备选指标应具有较长的时序，能够覆盖较完整的经济周期；另一方面备选指标应有时效性，数据发布早且易于公开获得，有利于尽早对波动进行预警。三是周期波动的对应性，备选指标在时序的波峰与波谷上与基准指标存在一一对应的关系。

1. 国内生产总值模块

国内生产总值先行指标的选取与其他主要经济指标不同，由于 GDP 为季度数据，且增速变化非常平稳，我们构建 GDP 先行指标库（见表 8－1）的目的在于在短期内

（一到两个季度）预测 GDP 的走势与变化。因此，我们借鉴了“克强指数”的构造思路，选取了当前与 GDP 高度相关的要素投入类高频经济指标，通过高频指标变化预测 GDP 走向。

我国国民经济由第一产业、第二产业、第三产业构成。目前第一产业占 GDP 比重为 5.9%，且发展比较稳定。第二产业中，电力消耗和以原油为原材料的化工制品生产要素投入占比较大，在工业中间投入中分别占 5.7% 和 15.2%。第三产业中，服务业生产指数是经济活动变化的代表性指标。此外，金融反映了实体经济的资金投入，就业反映了国民经济中的人力资本投入，是各产业最普遍且常见的要素投入。

表 8-1 GDP 的先行指标库

<table>
<tr><th colspan="3">指标名称</th><th>指标频率</th></tr>
<tr><td rowspan="4">生产要素投入</td><td rowspan="3">第二产业</td><td>工业用电量</td><td>月度</td></tr>
<tr><td>货运量</td><td>月度</td></tr>
<tr><td>原油加工量</td><td>月度</td></tr>
<tr><td>第三产业</td><td>服务业生产指数</td><td>月度</td></tr>
<tr><td colspan="2" rowspan="2">劳动力要素投入</td><td>就业率</td><td>月度</td></tr>
<tr><td>新增就业</td><td>月度</td></tr>
<tr><td colspan="2" rowspan="2">金融供给要素</td><td>社会融资规模</td><td>月度</td></tr>
<tr><td>人民币贷款</td><td>月度</td></tr>
</table>

2. 固定资产投资模块

（1）制造业投资模块。根据宏观经济学供需理论，政府经济刺激政策可以扩大社会总需求，从而促进企业投资，带动供给增加，拉动经济增长。从微观企业角度看，其传导路径遵循以下过程。

第一阶段：需求增加带动销售增加。外部需求的增加引致企业的销量增加，衡量市场对企业产品需求强度的产销率指标有所提高。销量上升带动产品价格上涨，产品出厂价格指数有所提高，企业的销售收入、利润总额等衡量企业经营效益的指标得到改善。与此同时，企业销售的转暖会增加原材料和产成品的流通，导致货运量指标改善。

第二阶段：销售增加带动企业生产增加。在销售增加的初期，企业可以通过积累的库存满足社会需求。但随着库存逐渐降至安全库存之下，企业必然会扩大生产规模。由于固定投入（如机器设备）在短期内难以及时调整，因此在这一阶段企业首先通过增加可变投入以扩大产量，具体表现为工业增加值增速上升，工人工作时间的延长，企业产能利用率提高，资金需求增加，企业用电量增加。由于企业扩大生产，企业生产经营的相关成本费用也会相应增加，导致主营业务成本、财务费用、销售费用、利息费用等指标得到改善。

第三阶段：生产增加带动企业投资增加。随着销售的继续好转，企业不断增加可变投入，但当产能利用率达到一定水平之后，调整可变投入无法继续增加产量，此时企业便会基于对经济形势和市场需求的预期，决定是否扩大固定资产投资。企业固定资产投资决策通常非常谨慎，因为固定资产投资时间较长，从建成到投产，短则一年长则数年；并且固定资产投资会形成大量沉淀成本，如果对市场判断有误，则会导致投资失败、血本无归，甚至导致企业破产。如果企业预期市场需求好转仅是临时性或阶段性的，则企业会尽可能挖掘潜在产能而不会扩大固定资产投资，只有当企业认为市场需求持续改善，才可能进行购进设备、增加生产线等固定资产投资。这一阶段，衡量企业对未来经济预期的 PMI 等指标好转，销售向投资传导完成最后一环。

根据以上的传导路径和指标的可得性，选取成本费用类、经营效益类、经营强度类、价格、工业产值、应收账款等 13 个指标，分析其对制造业投资的先行特征。以制造业投资增速为基准指标，对这些备选指标进行 X－12 季节调整去掉季节因素及不规则变动，选取趋势周期项，采用时差相关分析法和峰谷对应法对先行指标进行判定。指标先行性分析结果如表 8－2 所示。

表 8－2　制造业先行指标分析结果

一级指标	二级指标	领先月度	数据相关性	影响持续期
成本费用	工业企业主营业务成本	3	－0.617	相关性较强，第 1 期开始产生影响，影响持续到第 8 期
	工业企业财务费用	8	0.660	相关性较强，第 5 期开始产生影响，影响持续到第 10 期
	工业企业管理费用	2	0.585	相关性较强，第 1 期开始产生影响，影响持续到第 4 期
	工业企业利息费用	3	0.616	相关性较强，第 1 期开始产生影响，影响持续到第 4 期
	工业企业销售费用	3	0.422	相关性一般，第 2 期开始产生影响，影响持续到第 3 期
经营效益	工业企业利润总额	2	0.350	相关性一般，第 2 期开始产生影响，影响持续到第 3 期
经营强度	货运量	11	0.427	相关性一般，第 10 期开始产生影响，影响持续到第 12 期
	工业用电量	3	0.388	只在第 3 期相关性显著
	产销率	4	0.622	相关性较强，第 3 期开始产生影响，影响持续到第 6 期
	制造业采购经理指数	5	0.415	相关性一般，第 4 期开始产生影响，影响持续到第 6 期

续表

一级指标	二级指标	领先月度	数据相关性	影响持续期
价格	工业品出厂价格指数	12	0.263	相关性较弱，只在第12期相关性显著
工业产值	工业增加值	5	0.304	相关性较弱，第5期开始产生影响，影响持续到第9期
应收账款	应收票据及应收账款平均回收期	12	-0.418	相关性一般，第11期开始产生影响，影响持续到第12期

（2）基础建设投资模块。我们将基础设施建设投资（不含电力）增速作为基准指标，从资金来源类、投资计划类、工程项目类三个方面选择备选先行指标（见表8-3）。

一是资金来源类。资金是基建投资的必备要素。当前基建投资资金主要来自国家预算内资金、自筹资金、国内贷款等。首先，由于绝大部分基础设施投资项目都是由政府牵头，财政收入增多，就更有能力对基础设施建设投资，因此公共财政收入和预算内资金成为基础设施建设重要的资金来源。其次，货币供应量为全社会投资提供了最基础的货币条件，而资金供给主要来源于储蓄，储蓄存款的增加在一定程度上代表居民财富的增加，进而反映出居民生活需求的提高，从而对基础设施建设的规划、升级有了更大的动力。国内贷款中有很大一部分流向了基建领域，特别是中长期贷款，成为基建投资的重要资金来源。因此，我们将货币供应量、储蓄存款和国内贷款也纳入先行指标备选库。最后，地方政府融资平台发行的城投债和地方政府专项债是基建投资自筹资金的主要来源，地方政府的专项债基本运用在基建投资的重大项目上，专项债发行的力度和速度在很大程度上体现了基建投资的力度与速度。

二是投资计划类。基建项目计划指反映基本建设投资的具体对象和建设要求的计划。固定资产投资本年新开工项目计划总投资额和新建的固定资产投资完成额能够反映基建项目的规模、内容及进度。在我国，国有企业主要承担了基建项目的建设，因此国有企业固定资产投资完成额也是我们考虑的重要指标。

三是工程实施类。固定资产投资施工项目数量和本年新开工项目数量代表着新增的投资需求，从经济活动的时间轴看具有领先性，影响未来基建投资情况，而固定资产投资本年新开工项目计划总投资额、发展改革委核准通过项目数、PPP项目落地率等指标也从根本上影响到基建项目的进展情况，因此我们也将这些指标纳入备选先行指标库。

表 8－3　基建投资的先行指标库

指标名称			领先阶数	时差相关系数
资金来源类	预算内资金供给	公共财政收入累计同比增速	3	0.2049
		固定资产投资资金来源：国家预算内资金累计同比	10	0.5281
	国内资金供给	储蓄存款同比增速	14	0.4521
		M2 同比增速	5	0.7597
		固定资产投资资金来源：国内贷款累计同比	10	0.5582
		中长期贷款	1	0.5671
	自筹资金	城投债发行量同比增速	21	0.4804
		地方政府专项债同比增速	10	0.7099
		固定资产投资资金来源：自筹资金累计同比	7	0.2278
		城投债净融资额同比	7	0.3586
		固定资产投资资金来源：企事业单位自有资金累计同比	4	0.3487
投资计划类		固定资产投资本年施工项目计划总投资额累计同比	4	0.6136
		固定资产投资本年新开工项目计划总投资额累计同比	12	0.6226
		固定资产投资完成额：新建累计同比	2	0.8517
		固定资产投资完成额：内资企业:国有企业（累计同比）	1	0.7489
工程实施类		发展改革委核准通过项目数	5	0.4342
		固定资产投资施工项目个数累计同比	5	0.5577
		固定资产投资本年新开工项目个数累计同比	12	0.5714
		PPP 项目数：政府基础设施累计同比	6	0.2654
		PPP 项目投资额：政府基础设施累计同比	7	0.0852
		PPP 项目落地数：政府基础设施累计同比	4	0.4582
		PPP 落地项目投资额：政府基础设施累计同比	1	0.6902
		PPP 项目落地率：政府基础设施	4	0.1118

（3）房地产投资模块。从影响房地产开发投资的变化情况看，主要有土地费用类指标、资金来源类指标、建安投资类指标、房地产库存类指标等，每类指标对房地产开发投资的传导路径及影响效果存在差异（见表 8－4）。

①土地费用类指标的传导路径。

一是土地供应规划。土地供应规划影响土地市场供给，进而影响土地市场供需结构，影响土地价格波动，从而影响房地产开发商的投资行为。由于全国土地供应规划面积数据无法获取，本章选取 Wind 数据库中“100 个大中城市土地规划建设面积”

中的住宅类用地和商服用地的当月同比值来分析其与全国房地产投资增速的先行性关系。数据经过季节性调整和 HP 滤波处理后，得出住宅类用地和商服用地规划建筑面积当月增速均是房地产开发投资增速的先行指标，其中商服用地规划建筑面积当月增速领先 4 个月，而住宅类用地规划建筑面积当月增速仅领先 1 个月。

二是土地成交价款。土地成交价款越高，则说明房地产开发商拿地的热情越高，房地产市场的火热程度越高，进而又会进一步刺激资本流向房地产领域，增加房地产开发投资。土地购置费则反映房地产开发商拿地的成本，一般而言，土地购置费越高，则拿地的成本越高，在当前楼市严格调控的背景下，利润空间则越小，对房地产开发投资的制约作用则越大。分析发现，土地成交价款和土地购置费均是房地产开发投资的先行指标，都领先 5 个月，反映出土地市场成交对房地产投资的影响比较大。

三是土地成交溢价率。土地成交溢价率是反映土地市场需求强弱的重要指标，溢价越高，则说明房地产市场需求越旺盛，房价上涨预期越强烈，进行房地产开发投资的利润空间越大，直接影响未来房地产市场走势。由于全国土地成交溢价率无法获取，本章选取 Wind 数据库中“100 个大中城市土地溢价率”来近似地测算土地溢价率与房地产投资的相互关系。分析发现，住宅用地土地成交溢价领先房地产开发投资 10 个月，而商服用地土地成交溢价率领先房地产开发投资 1 个月。

②资金来源类指标传导路径。资金来源类指标主要有银行贷款、自筹资金、表外融资、其他资金等，是决定房地产开发投资的重要杠杆资金，也是房地产开发投资能否持续的重要先行指标。房地产行业是资金密集型行业，资金来源越充裕，房地产企业抗风险能力越强，进行房地产投资获利的动机越强烈。研究发现，银行贷款是领先房地产开发投资 4 个月的先行性指标，其他资金领先房地产开发投资 10 个月，自筹资金是房地产开发投资的同步性指标。

③建安投资类先行指标的传导路径。建安投资属于广义的房地产市场供给范畴。建安投资指标越强劲，说明房地产市场下游的需求越强烈；需求越强烈，则反映出未来房地产市场向好的局面短期内不会改变，进而又会刺激下一轮的房地产投资。从广义房地产库存定义看，房屋新开工面积和房屋施工面积在扣除掉建设周期后应该计入房地产库存，因此，这两个指标具有较强的先行性特征。总体来看，建安投资作为广义房地产市场供给的上游，对房地产开发投资具有较强的先导作用。

④房地产库存类指标传导路径。商品房待销售面积作为房地产库存类重要指标，是分析房地产市场供需结构和房地产市场发展阶段的重要指标。商品房待销售面积反映了市场供给力量的权衡，如果该指标平稳，则说明市场供需结构大体匹配，没有投

资的空间；如果该指标持续上扬，则说明市场供给大于需求，存在一定程度的过剩，房价存在下行的压力，房地产开发投资的积极性会被削弱；如果该指标持续下行，则说明市场需求旺盛，房地产市场供给不足，房价存在上涨的压力和预期，此时进行房地产开发投资有较大的获利空间。同时，商品房待销售面积也是政府实施房地产市场调控的重要依据。

表8-4　房地产开发投资的先行指标库

指标名称		领先阶数	时差相关系数
土地费用类	住宅类用地规划	1	0.14
	商服用地规划	4	0.19
	土地购置费	5	0.17
	土地成交价款	5	0.28
	住宅土地溢价率	10	-0.54
	商服土地溢价率	1	0.21
资金来源类	银行贷款（国内银行贷款）	4	0.22
	其他资金：联系着销售资金回笼	10	-0.29
	房地产开发到位资金	12	-0.54
建安投资类	房屋新开工面积	9	0.26
	房屋施工面积	3	0.48
	房屋竣工面积	8	0.33
	房地产销售额	11	0.3
房地产库存类	商品房待售面积	4	-0.36

3. 消费模块

从最终消费的角度看，社会消费品零售总额是反映用于实物及餐饮住宿服务的最终消费支出指标，其受到居民收入、负债、商品价格、消费分层、其他投资替代等多方面因素影响（见表8-5）。

（1）收入财富因素。经济学理论认为，收入决定消费，由收入下滑（上升）导致的消费下降（提高）通常被称为“收入效应”。我国消费的变化存在显著的“收入效应”——名义收入变动主导了消费。虽然随着国民经济实力的提升，中国人的消费观念有了很大的变化，但“先赚钱后消费”依旧是国内主流的消费观念，即收入的变化对消费起了关键作用。国家GDP、居民人均可支配收入、居民储蓄存款、股票价格变化等指标均能代表居民收入的变化情况。

（2）负债挤出因素。不同类型的居民负债对消费的影响不同。近年来，互联网金融的迅猛发展对居民的消费观念产生了较大的冲击，蚂蚁花呗、京东白条等支付方式的盛行，表明短期消费贷款对消费有较强的促进作用。但居民债务负担增长较快，会对消费产生较强的抑制作用。当家庭债务累积速度过快时，家庭债务对流动性的收紧作用愈加明显，居民愈加没钱消费，即家庭债务增加会抑制消费。

（3）价格传导因素。价格效应即价格的弹性效应，指商品或服务需求量对价格变动的反应。由于需求规律的作用，价格和需求量是呈反方向变化的：价格下跌，需求量增加；价格上升，需求量减少。根据价格和需求量的变化幅度，价格也会从正、反两方面影响消费。需求弹性较小的商品或服务价格上涨，会对其他消费产生较大的挤占作用。例如，医疗保健、居住等需求弹性较小的商品或服务，受价格变动的影响较小，当此类商品或服务的价格上涨时，人们用于其他的消费支出必然下降。

（4）消费分层因素。通常，我们把汽车、家具、家电等耐用消费品称为可选消费，而把食品、服装、日用品等非耐用消费品称为必需消费。当收入下滑时，受“收入效应”影响，居民会减少消费。若人们放弃买房、买车等相对比较昂贵的可选消费时，手中的富余资金反而会增加，于是居民会把这些钱用于消费相对廉价的必需消费品和餐饮消费，如化妆品、饮料烟酒、文化办公用品等，从而替代那些相对昂贵的可选消费品，出现消费降级现象。

（5）其他投资替代因素。房地产市场与居民生活息息相关，居民买房后采购的建筑及装潢材料类、家具类、家用电器类等相关商品均统计在社会消费品零售总额内，同时居民用于房地产的消费会挤占其他消费支出，因此商品房销售额、商品房期房销售面积等指标会对社会消费品零售总额产生影响。

通过时差相关分析，我们将上述传导路径相关的指标进行计算和筛选，最终得出社会消费品零售总额的备选先行指标库（见表 8 – 5）。

表 8 – 5　社会消费品零售总额的先行指标库

指标名称		先行阶数	时差相关系数
收入财富因素	GDP 不变价增速	1	0.88
	城镇居民人均可支配收入增速	9	0.48
	金融机构各项存款余额增速	3	0.69
	储蓄存款余额增速	11	0.53
	住户存款余额增速	10	0.67
	上证综合指数	5	0.45
	理财产品预期年收益率	12	−0.69
负债挤出因素	住户短期消费贷款增速	12	−0.75
	住户贷款增速	22	−0.72
	个人按揭贷款	9	0.79

续表

指标名称		先行阶数	时差相关系数
价格传导因素	居民消费价格：居住	9	-0.62
	居民消费价格：交通和通信	9	-0.61
	居民消费价格：生活用品及服务	6	-0.83
	居民消费价格：医疗保健	8	-0.63
	居民消费价格：教育文化娱乐	14	-0.66
	居民消费价格：食品	15	0.67
	70个大中城市新建商品住宅价格指数	11	0.62
消费分层因素	汽车零售额	3	0.85
	文化办公用品零售额	5	0.89
	体育、娱乐用品类零售额	5	0.88
	饮料类零售额	1	0.66
	烟酒类零售额	3	0.63
	书报杂志零售额	1	-0.82
	日用品类零售额	2	-0.73
	化妆品类零售额	12	-0.75
	非制造业PMI：服务业	14	-0.76
	线上单位餐饮收入	12	-0.76
其他投资替代因素	房地产开发投资完成额	5	-0.49
	商品房销售额	10	0.60
	商品房期房销售面积	6	0.59
	建筑及装潢材料类零售额	8	0.69

4. 进出口模块

关于进出口的国际贸易理论，主要经历了古典贸易理论、新古典贸易理论、新贸易理论和新兴古典贸易理论四个主要阶段，四种理论的关注点由宏观的国家要素禀赋理论逐渐演变为微观的企业异质化理论。根据国际贸易相关理论，分别建立关于我国进口和出口的先行指标库。

（1）进口先行指标库。进口是由本国公众对国外产品和服务的需求决定的，也在一定程度上受到国外产品和服务供给的制约。因此，进口主要受国内需求驱动和国外供给影响，其中，国内需求驱动传导又分为住户部门需求驱动、企业部门需求驱动和政府部门需求驱动，国外影响因素主要为国际市场供给和价格、汇率以及贸易壁垒和自由贸易的影响。

①国内需求驱动传导路径。

一是住户部门需求：收入弹性和需求偏好驱动。瑞典著名经济学家林德在《论贸易和转变》中提出了偏好相似理论，该理论将需求因素与产品差异结合起来阐释了国际贸易产生的原因。该理论认为，当一国的国民经济水平越高，人均收入水平也越高，高收入消费者的需求越加多样化，从而形成对国外异质性产品的强烈需求，最终导致进口增加。

改革开放以来，我国经济增长迅速，经济增长拉动居民收入水平的提高、消费结构和理念的变化，我国经济社会发展的主要矛盾已经转为“人民日益增长的美好生活需要同落后生产力之间的矛盾”，居民对外国的商品和劳务需求持续增长。通过时差相关分析，初步筛选住户活期存款、食糖类中国大宗商品价格指数两个指标代表住户部门需求的先行指标。

二是企业部门需求：生产要素和技术驱动。古典贸易理论中，亚当·斯密（Adam Smith）认为，每个国家应该专门生产自己具有绝对优势的产品，以更好地促进分工和交换，对于生产成本高的产品，可以通过进口来获得。大卫·李嘉图（David Ricardo）提出的比较利益理论，认为国家间技术水平存在相对差异，进而产生比较成本的差异，构成了国际贸易的原因并决定国际贸易模式。约翰·穆勒（John Stuart Mill）从相互需求角度出发，确定了国际间商品交换的价格问题。瑞典经济学家赫克歇尔和俄林提出的要素禀赋理论（H—O 理论）认为，两国间的要素禀赋充裕度不同和商品生产的要素密集度不同是导致两国在技术水平相等的前提下，产生比较成本差异的原因。要素禀赋不同的两个国家，通过交换密集度不同的商品，使得两个国家要素禀赋的差异有所缓和，贸易的结果是生产要素价格趋于均等化。第二次世界大战后，新贸易理论和新兴古典贸易理论等理论不断丰富，如新生产要素理论引入了除土地、资本、劳动力之外的生产要素禀赋，如自然资源、技术、信息、管理等新型生产要素。如人力资本理论以基辛（D. B. Keesing）、凯南（P. B. Kenen）、舒尔茨（T. W. Schultz）为代表，发现人力资本充裕的国家在贸易结构和流向上，往往趋于进口资本要素密集的产品。当前，我国能源对国外进口依赖度高，部分能源储量少，也有部分能源储量虽多，但开采技术和综合利用水平仍待提高，在国际上不具有比较优势。时差相关分析发现，我国对汽油、煤油、铝材、乙烯等生产要素进口需求旺盛，以上能源产品的国内产量是进口总额的反向先行指标。此外，PMI 进口指数体现了制造业采购人经理对企业进口原材料情况的判断，是进口增速的良好先行指标。此外，工业锅炉产量增速在一定程度上反映了我国工业生产状况，会对出口形成一定拉动。

同时，根据技术差距的动态贸易理论和产品生命周期理论等，技术差距是一国以技术创新和控制技术外流而形成的一种动态贸易格局，会对各国要素禀赋的比率产生影响。波斯纳（Posner）在《国际贸易和技术变化》中提出实行技术创新的国家（工业发达国家），在一定时期内由于拥有新技术而在某种商品生产上处于世界垄断地位，具有出口技术密集型产品的比较优势。随着时间的推移，新技术被其他国家掌握后，随着模仿规模的扩大，创新国的比较优势逐渐丧失，出口下降，最后甚至可能从其他国家廉价进口该产品。自党的十八大以来，我国政府提出“中国制造2025”，是推动我国经济高质量发展的重要举措，表明我国要从劳动密集型国家向技术密集型转变。但在当前阶段，我国高新技术类产业小部分实现了自主研发和生产，仍有较多领域与发达国家存在技术差距，需要从国外进口技术、零部件或整件，如芯片、发动机、新材料等。时差相关分析表明，我国的铁路机车、家用电冰箱、家用空调等产业对进口表现出先行需求。

三是政府部门需求：基于国民收入恒等式。根据开放经济的国民收入恒等式，$(S-I)+(T-G)=X-M$，在净税收收入不变的情况下，政府支出增加会导致经常项目盈余的减少，即可能增加进口。财政支出在一定程度上体现了政府逆周期调节的力度，有助于提振内需。时差相关分析发现，一般公共服务和科学技术财政支出对进口具有较明显的拉动作用。

②价格变化对进口的影响传导。当进口商品价格上升时，进口商会倾向于减少进口。CRB大宗商品价格指数和进口价格指数直接反映了进口价格的变化。汇率对进口价格的传导机制在于：本国货币贬值将导致进口产品的国内价格上升，进而导致对一般进口产品进口的减少。美元指数综合反映美元在国际外汇市场汇率的情况，用来衡量美元对一揽子货币汇率变化程度。时差相关分析表明，美元指数领先我国进口。此外，本国国内货币的松紧也会对汇率产生影响，进而对进口需求产生影响。时差相关系数表明，M0、M1增速对进口具有一定的先行意义。

③贸易环境对进口的影响。1841年德国经济学家弗里德里希·李斯特（Friedrich List）提出了基于国家主义的贸易保护政策理论，指出保护制度要与国家工业的发展程度相适应，又称幼稚产业保护论。在1929—1933年经济危机爆发后，凯恩斯改变了自由贸易的立场，提出了超保护贸易理论。在第二次世界大战后，西方国家的经济衰退、失业率居高不下，有关产业要求政府加强贸易保护，同时国际货币关系失调，浮动汇率制度迫使进出口商采取各种手段防范外汇风险，增加了交易成本，以及发达国家对外贸易发展不平衡，催生了新贸易保护主义理论。新贸易保护主义的主要特点有：限制进口措施的重点由关税壁垒转向非关税壁垒，奖出限入措施的重点从限制进口转向鼓励出口，从保护制度转向更系统的管理贸易。

总体来看，进口关税会增加进口货物成本，从而影响外国货物进口的数量，是进口的反向指标。时差相关系数表明，关税税收收入反向领先进口3个月。同时，海关货运监管业务进口货运量是影响进口总量的直接指标。从世界各国进口的货物必须接受海关的批准和查验，进口货物自入境申报起到放行前，均受海关监管，海关货运监管业务进口货运量是进口的晴雨表。时差相关系数表明，海关货运监管业务进口货运量增速领先进口增速 8 个月，时差相关系数为 0.5677。

经过上述需求、供给、货币市场和贸易环境对进口传导分析，一共筛选出 16 个指标，建立为进口先行指标库，同时将进口先行指标进一步归纳分为国内需求、进口价格、贸易环境三大类，见表 8－6。

表 8－6　　　　**进口先行指标库**

		指标名称	先行期数	时差相关系数
国内需求	住户需求	住户活期存款同比增速	10	0.6848
		大宗商品价格指数：食糖类	10	0.8024
	企业需求	制造业 PMI 指数	1	0.8410
		PMI 进口指数	3	0.8023
		工业锅炉产量	12	0.8363
		家用电冰箱同比增速	7	0.816
		空调产量同比增速	3	0.7013
	政府需求	一般公共服务财政支出增速	15	0.7875
		科学技术财政支出同比增速	16	0.6207
进口因素		M0 同比增速	7	0.518
		M1 同比增速	12	0.6696
		美元指数	19	0.5969
		CRB 指数	2	0.6842
贸易环境		关税税收收入	3	－0.5631
		海关货运监管业务进口货运量	8	0.5677

（2）出口先行指标库。根据国际贸易的相关理论，从生产要素、比较优势及需求角度，将影响出口的路径分为国内和国外两条路径。

①国内传导路径。针对国内传导路径，主要是从国内生产要素角度出发，结合新古典国际贸易理论的 H—O 理论与新贸易理论的新生产要素理论。根据 H—O 理论，一国自身的生产要素禀赋优势会对其出口贸易产生影响，而新生产要素理论则将 H—O理论中的生产要素进一步丰富。而国内传导路径可再度细分为经济发展水平路径、金融环境体系路径。

a. 经济发展水平。在传统的研究中，主流观点认为出口贸易的增长有利于带动经济的发展。但随着各国经济的发展，国际贸易的规模逐步扩大，根据新生产要素理论，研究者们丰富了生产要素的内涵，将自然资源、技术、人力资本、研究与开发、管理等纳入生产要素的范畴，这使得出口贸易与经济发展的关系不再呈现出单向的关系，因为经济的发展使一国国内上述生产要素的组合发生了改变，在新的生产要素组合之下，能够对出口结构产生影响，继而推动出口规模的上升。Chow（1987）认为国家和地区的出口贸易扩张与经济发展之间存在显著的双向因果关系。经济发展水平对于出口贸易的影响路径具体如下：出口贸易推动了本国经济发展水平不断上升，社会总供给扩大；当经济发展水平不断上升，本国的相关生产要素情况发生变化，反过来促进本国经济结构的优化及社会总供给的进一步扩大；同时出口产品的供给增加，推动出口贸易规模的增加。根据时差相关分析，选择工业增加值、制造业 PMI、发电量、货运量、PPI 及机电类产品产量等作为表征国内经济发展的指标。

b. 金融环境体系。Rajan 和 Zingales（1998）认为不断发展和完善金融环境体系可以使该国资金密集型产业获得比较优势，最终推动出口贸易规模的上升。Beck（2002）认为金融发展能够推动一国具有规模经济的部门形成比较优势，继而让该国在国际竞争中会专业化生产和出口该部门产品。金融发展对出口的影响路径具体如下：便利的融资环境可以使企业以较低的成本实现融资，企业在实现融资之后将资金投入企业的生产运营中，使企业生产效率得到提高，产能得以扩大，并增加出口的规模。

此外，汇率对出口也有明显影响。根据经典国际经济学的理论，本币升值使得本国产品在国际市场上的相对价格提高，因此导致本国出口需求减少；反之，本国贬值使得本国产品在国际市场上相对价格降低，本国出口需求增加。Chowdhury（1993）对 G7 国家 1973—1990 年的月度数据进行了实证分析，认为汇率波动对贸易量有显著的负面效果。谭小芬（2016）通过对不同行业进行研究，发现汇率的波动不仅对出口贸易有着明显的负向作用，而且出口产品的种类也会随之下降。

时差分析表明，M0 同比增速和人民币名义、实际有效汇率指数均先行于出口，其中 M0 为出口的正向领先指标，而有效汇率指数为出口的反向领先指标。

c. 中间品进口对出口的影响。随着国际分工细化，中间品投入与资本和技术一样，已经成为最终产品生产必不可少的一部分（Boler et al.，2012），大量文献已经证明中间品进口可以显著提升企业生产率（Bas and Strauss - Kahn，2014；Feng et al.，2016；Fan et al.，2017），中间品进口可以通过竞争效应、知识溢出效应、中间品质量效应及中间品多元化效应带动出口。

随着全球贸易自由化进程的加速，大量同类产品进入国内市场，加剧了国内市场竞争程度，降低了企业利润率，国内企业为了获得更多利润率，需要更新设备、加大研发投入，提升企业出口产品质量和生产率（Holmes and Schmitz，2010）。企业进口行为存在学习效应，进口中间品包含的研发成果和专业技术知识有助于提升企业出口产品质量和生产率（Amiti and Konings，2007；Kasahara and Rodrigue，2008）。高质量的中间品进口相对于国内投入品更有利于提升企业出口产品质量和生产率，进口中间品通过“多元化效应”影响出口产品质量（Halpern et al.，2015），进口中间品多元化可以降低进口中间品价格指数，影响边际成本，有助于促进出口（Goldberg et al.，2010；Bas and Vanessa，2015）。从 1987 年至今，中国的中间品进口规模不断扩大，主要以加工装配为主，即从日本、韩国等新兴工业化国家进口中间品，经过加工装配后再将最终产品销往世界各地。而中间品的进口是出口的上游，先行于出口变化而变化。时差相关系数表明，进口增速先行于出口 4 个月，系数达到 0.8414。

②国际传导路径。对于国际传导路径，主要是从比较优势和需求的角度出发，结合古典贸易理论中的比较优势理论、相互需求理论和新兴古典贸易理论。根据比较优势理论和新兴古典贸易理论，劳动生产率的差异是造成国际分工的原因。新兴古典贸易理论更进一步认为国际贸易是折中专业化经济与节省交易费用之间冲突的结果，因此外商直接投资有利于平衡两者之间的冲突，继而促进国际贸易。同时，外部需求作为出口贸易的重要外部因素，应当引起关注。国际传导路径又可进一步细分为外商直接投资路径和外部需求路径。

a. 外商直接投资（FDI）。外商直接投资是指外国企业、经济组织和个人按照本国相关的法律法规，利用现汇、实物、技术等在本国国内进行直接投资的行为。Swan（1973）和 Caves（1974）认为外商直接投资会给本国带来组织和技术管理经验，本国企业通过学习、模仿等渠道来对其进行消化、吸收和再创新，继而提高自身的技术水平。王子军、冯蕾（2004）利用面板数据模型得出，外商直接投资与中国的出口是正相关的，特别是在推动高新技术产业出口方面。谢建国（2003）通过使用行业数据证明了外商直接投资能显著促进中国出口结构的优化。但时差相关分析显示，直接利用外资并不是我国出口好的领先指标。

b. 外部需求。外部需求主要是指国外市场的消费需求。大多数研究表明，外部需求是影响一国出口最为重要的因素之一。盛斌、廖明中（2004）认为，目标进口国 GDP 每增长 1%，中国对该国的出口额将增长 0.96% 左右。Masson（1998）认为金融危机的传导原因主要包括季风效应、溢出效应和净传染效应，即金融危机产生的外部需求冲击会对与危机发生国经济关系较为密切的国家的经济情况产生影响。当前，随着各国贸易往来愈加频繁，贸易双方之间的依赖性越来越强，因此，一旦外部需求遭受到冲击之后，会通过国与国之间的贸易联系影响到其他国家的出口贸易规模。

一般用全球PMI代表国外的需求，但时差相关系数显示，摩根大通全球综合、制造业PMI与我国出口相关性较小，而美国制造业PMI与我国出口为同步指数，且相关系数达到0.6041；仅有我国PMI新出口订单指数领先出口6个月，时差相关系数为0.5251。而出口货运量能够充分反映国外需求的强弱，时差分析表明，外贸货物吞吐量增速先行于出口9个月。此外，价格指数可以通过价格弹性来影响外部需求，但时差分析表明，出口价格指数对我国出口影响较小，我国大宗商品价格指数对出口先行2期。

经过上述国内、国际路径对出口的传导分析，一共筛选出21个指标，建立为出口先行指标库，同时将出口先行指标进一步归纳分为经济发展水平、金融环境、外部需求三大类，见表8－7。

表8－7　出口先行指标库

	指标名称	领先阶数	时差相关系数
经济发展水平	工业增加值同比增速	2	0.4350
	制造业PMI	5	0.6953
	交流电动机产量同比增速	7	0.573
	电子计算机整机产量同比增速	3	0.729
	发电量同比增速	8	0.6862
	货运量同比增速	3	0.7401
	货物周转量同比增速	4	0.5092
	PPI同比	7	0.6542
	中国企业经营状况指数BCI	4	0.7031
	进口同比增速	4	0.8414
金融环境	M0同比增速	9	0.5523
	M1同比增速	17	0.5874
	美元兑人民币平均汇率	13	0.6927
	人民币实际有效汇率指数	4	－0.6972
	人民币名义有效汇率指数	4	－0.7036
外部需求	全球制造业PMI	7	0.1436
	美国制造业PMI	0	0.6041
	PMI新出口订单指数	6	0.5251
	出口价格指数	1	0.3825
	中国大宗商品价格指数	2	0.8288
	外贸货物吞吐量同比增速	9	0.6679

5. 居民消费价格模块

居民消费价格指数（CPI）是一个反映居民家庭一般所购买的消费品和服务项目价格水平变动情况的宏观经济指标。根据新凯恩斯主义和货币主义等相关理论，可以将通货膨胀分为需求型通货膨胀、成本推动型通货膨胀、输入型通货膨胀及结构型通货膨胀四种类型。再根据不同通货膨胀类型可总结出以下四种传导路径：一是总需求—总供给传导路径；二是货币供给传导路径；三是成本传导路径；四是国际传导路径。

（1）总需求—总供给传导路径。通过总需求—总供给传导路径引起的通货膨胀称为需求型通货膨胀。根据新凯恩斯主义的相关理论，通货膨胀主要诱因是社会总需求与社会总供给之间存在不匹配的情况，其本质是社会总需求大于社会总供给。该传导路径具体如下：社会经济的高速增长使得社会总需求不断上升，继而出现了超额需求。由于现实中对于经济资源利用程度与潜在产出水平存在差异，造成了实际产出与潜在产出之间出现了偏移，使得社会总供给出现缺口。当社会总供给不能满足因经济高速增长所带来超额需求，商品和劳务的供给出现不足，引起物价持续上涨，形成通货膨胀。

产出缺口是实际产出与潜在产出的差值，当产出缺口为正时，表示总需求大于总供给，可能造成物价上涨；而当产出缺口为负时，说明经济中总供给不足，对物价上涨的驱动作用不强。因此，选择产出缺口来反映总需求—总供给缺口。计算上，以季度 GDP 同比增速通过二次多项式插值为月度序列，经过 X－12 季节调整后，以 HP 滤波生成的循环项作为各月产出缺口。由于近期 CPI 上涨主要由猪肉价格引起，导致产出缺口和 CPI 走势出现一定背离，其相关系数由 2010 年 1 月至 2019 年 6 月的 0. 64 降至 2010 年 1 月至 2019 年 8 月的 0. 18。但根据波峰波谷对应来看，产出缺口相对于 CPI 增速有较为明显的先行趋势，其周期转折点出现在 CPI 的波动转折点之前。在 2013 年之前，产出缺口对于 CPI 领先幅度约为 2 期；在 2015 年之后，领先幅度逐渐扩大。长期以来产出缺口是 CPI 良好的先行指标，因此仍将产出缺口保留在先行指标库中。

此外，本章还分别从供给与需求两个方面考察经济指标对 CPI 的领先性。供给方面，主要指标有反映社会生产的工业增加值增速，在一定程度上反映社会产出情况的财政收入，制造业 PMI 及其分项指标等；需求层面，主要指标有社会消费品零售增速、固定资产投资累计增速、房地产开发投资累计增速，以及反映企业潜在投资储备的各项存款增速和各项贷款增速等。经过时差相关分析，我们选择如表 8－8 所示指标作为 CPI 总需求—总供给途径的先行指标。

表 8－8　　总需求—总供给途径先行指标

指标名称	领先 CPI 阶数	时差相关系数
产出缺口	5	0. 1777
规模以上工业增加值增速	3	0. 6909
财政收入同比增速	3	0. 7052
制造业 PMI	10	0. 7652
PMI：新订单	10	0. 6889
PMI：采购量	9	0. 7507
社会消费品零售总额增速	3	0. 7257
房地产开发投资累计增速	3	0. 8361
金融机构各项存款余额增速	8	0. 7551
金融机构各项贷款余额增速	10	0. 7694

（2）货币供给传导路径。货币供给传导路径引起的通货膨胀也属于需求型通货膨胀。但与总需求—总供给传导路径不同的是，该传导路径是基于货币主义理论提出，该理论认为通货膨胀的诱因是货币超发，即货币的供给大于经济增长规模，从而引起通货膨胀。该传导路径具体如下：中央银行为了满足经济发展对货币的需求，同时也为了推动社会经济的发展而加大对货币的供给，导致市场上流通货币增多，居民手中持有的货币数量也随之增加。当货币供给明显超出货币需求时，在产出不变的情况下，物价出现普遍上涨，最终导致通货膨胀。

我国主要使用 M0、M1、M2 来表征三个层次的货币供给量，各指标的时差相关分析结果如表 8－9 所示。但从峰谷对应关系来看，M2 对 CPI 的领先关系较 M0、M1 更为明显。

表 8－9　　货币供给传导先行指标

指标名称	领先 CPI 阶数	时差相关系数
M0 增速	5	0. 8014
M1 增速	11	0. 4543
M2 增速	9	0. 6575

（3）成本传导路径。成本传导路径引起的通货膨胀称为成本推动型通货膨胀。根据新凯恩斯主义的相关理论，引起通货膨胀的诱因并不是出现了超额需求，而是供给成本的提高所引起的价格水平持续和显著的上升。该传导路径具体情况如下：产业上游产品及原材料价格水平出现上涨，使下游企业的成本也跟随价格的波动出现了上涨。企业为维持自身的产出和利润水平，提高产品价格。而产品价格的提高使社会物价水平普遍上涨，最终导致通货膨胀。

从价格传导路径来看，上游价格的变动领先于CPI的变动，包括反映PMI中主要原材料供应价格；衣着类价格指数属于CPI八大组成部分之一，而PPI中纺织行业价格变动将通过成衣价格影响CPI；同时农产品批发价格的变动，也会在短期内引起居民生活成本的变化，进而通过食品类价格影响CPI，特别是自2016年以来，猪肉、蔬菜、水果等价格的变动对CPI走势影响尤为显著。相关指标与CPI增速的时差相关分析结果见表8-10。

表8-10　成本传导途径先行指标

指标名称	领先CPI阶数	时差相关系数
PMI：主要原材料购进价格	8	0.5890
PPI：纺织工业	5	0.8732
企业商品交易价格指数：农产品	3	0.9261
农产品集贸市场价格指数：猪肉	0	0.6765
食用农产品价格指数：蔬菜	11	0.7265
生猪存栏增速	7	-0.5861

生猪存栏量影响猪肉供应，生猪存栏量越多，预示猪肉供应充足，猪肉价格平稳，因此生猪存栏增速应为CPI增速的反向领先指标。从波峰波谷对应看，生猪存栏量（反向）对CPI增速有较为明显的先行关系，在3个波峰时点——2010年6月、2013年3月、2015年8月领先CPI增速幅度分别达到13期、7期、7期，因此将生猪存栏加入CPI的先行指标库。

（4）国际传导路径。国际传导路径引起的通货膨胀称为输入型通货膨胀，指国外商品或生产要素价格上涨，通过传导引起国内物价上涨，最终导致通货膨胀产生。该传导路径又可以分为以下三种类型：

①国外商品的价格传导路径。当国外出现物价上涨时，在价格机制的作用下，会导致国内对外出口意愿增加，从而使得出口增加。同时，国外商品价格上涨，会导致国内对国外商品进口减少，对国内替代品的需求增加。国内进口减少，出口增加，使得社会供给出现缺口，引起国内物价上涨，最终导致通货膨胀。

②货币供给路径。当国外出现通货膨胀时，国外商品价格上涨导致国内对外贸易出现大量顺差。贸易顺差的存在，会使国内外汇储备大量增加。在我国有管理的浮动汇率制度下，会导致国内货币供给被动增加，从而导致市场上流通货币增多，并最终引起通货膨胀。

③成本传导路径。当国外出现通货膨胀时，国际市场上石油、矿产等上游产业产品价格出现上涨，导致进口价格提高，企业生产成本也随之增加。企业为了维持原有的利润水平，提高产品价格，造成国内产品价格上涨，最终引起通货膨胀。

分别以CRB现货指数及其分项、出口总额增速、进口价格指数作为以上三种传导路径的代表性指标。时差相关分析结果如表8-11所示。

表8-11　　国际传导途径先行指标

指标名称	领先CPI阶数	时差相关系数
CRB现货指数：综合	6	0.7178
CRB现货指数：食品	4	0.8395
出口总额增速	9	0.8109
进口价格指数（HS2）：总指数	4	0.5906

三、我国宏观经济先行指标体系的应用

（一）构建我国主要宏观经济指标的先行指数

1. GDP先行指数——供给侧生产指数

综合GDP的备选先行指标，我们通过数据的时效性、指标质量和指标覆盖的全面性等几方面综合考虑，选取了电力消耗、社会融资规模、服务业生产活动、就业、原油加工等五个高频经济指标与经济增长存在较强的相关性。综合以上五个指标与GDP的相关性，我们得到发电量、社会融资规模、服务业生产指数、就业率和原油加工量的权重分别为25%、20%、33%、12%和10%。总体来看，供给侧生产指数与GDP走势大体一致，波动幅度比GDP略大，2018年上半年以来走势回落势头放缓，2019年4月以来，呈小幅回落态势。2019年5月，供给侧生产指数为6.3%，比上月低0.3个百分点，降幅比上月扩大0.1个百分点，分别比2018年第四季度和第一季度平均水平低0.5个和0.4个百分点，降幅较第一季度扩大0.3个百分点。2018年下半年以来快速下滑的态势虽已得到有效控制，但未来经济面临的不确定性仍然较大，或将存在下行压力（见图8-2）。

2. 固定资产投资先行指数

我们对制造业、基建、房地产三个领域的先行指标进行了筛选，将先行性相对稳定的指标共17个指标进行主成分分析，得到5个主成分F1、F2、F3、F4、F5，总体方差解释程度达77.26%。其中第一个主成分的特征值为4.99，方差贡献率为29.41%；第二个主成分特征值为3.72，方差贡献率为21.86%；第三个主成分特征值为1.60，方差贡献率为9.41%；第四个主成分特征值为1.58，方差贡献率为9.27%；第五个主成分特征值为1.24，方差贡献率为7.32%。

以各主成分的方差贡献率加权计算先行指数，构造先行指数函数：

$$F = F1 \times 0.2941 + F2 \times 0.2186 + F3 \times 0.0941 + F4 \times 0.0927 + F5 \times 0.0732$$

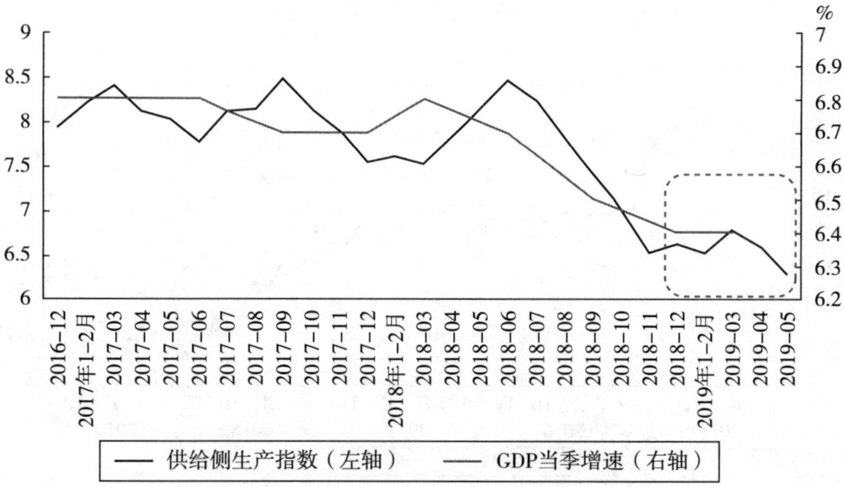

图 8－2　供给侧生产指数与 GDP 走势

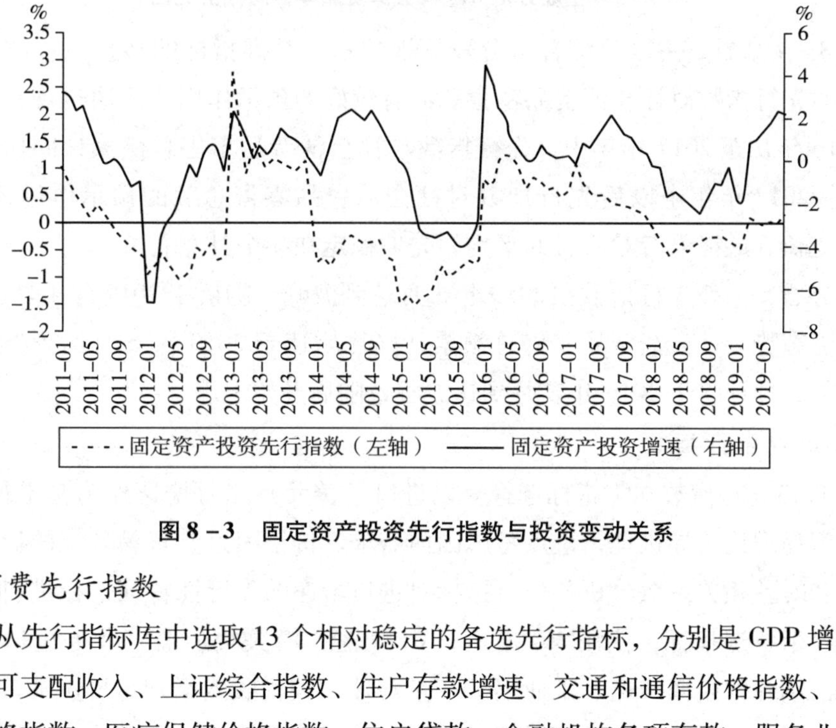

图 8－3　固定资产投资先行指数与投资变动关系

3. 消费先行指数

我们从先行指标库中选取 13 个相对稳定的备选先行指标，分别是 GDP 增速、城镇居民人均可支配收入、上证综合指数、住户存款增速、交通和通信价格指数、生活用品及服务价格指数、医疗保健价格指数、住户贷款、金融机构各项存款、服务业 PMI、汽车零售额、烟酒类零售额、房地产开发投资完成额，并使用主成分分析法进行降维。

我们保留了主成分的阈值为特征值大于 1，得到 3 个主成分 F1、F2、F3，总体方差解释程度达到 73%。其中第一个主成分的特征值为 5.08，方差贡献率达 39%；第二个主成分特征值为 2.4，方差贡献率为 19%；第三个主成分特征值为 1.96，方差贡献率为 15%。

以各主成分的方差贡献率加权计算主成分综合得分，构造综合评价函数为

$$F = F1 \times 0.39 + F2 \times 0.19 + F3 \times 0.15$$

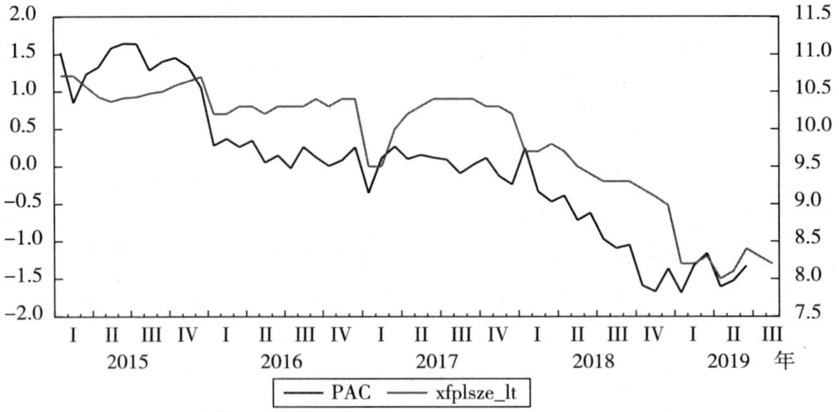

图 8－4 主成分得分与社会消费品零售总额折线图

从图 8－4 来看，主成分综合得分较好地预示了基准指标的转折点，故主成分分析法构造的先行指数对社会消费品零售总额有较好的预示作用。但通过观察图形可以发现，2016 年初至 2017 年年中，先行指数与社会消费品零售总额累计同比增速几乎同步变化，2017 年年中以后先行指数对社会消费品零售总额的预示作用逐渐加强，先行期数变长，最终前者对后者的平均领先期稳定在 3 个月左右。

从走势看，消费先行指数在 2019 年 3 月达到波峰，随后于 2019 年 4 月达到波谷，其后呈上涨态势。社会消费品零售总额累计同比增速于 2019 年 6 月达到波峰，其后呈下降态势，预计将于 2019 年 8 月到达波谷，随后开始上涨。

4. 进出口先行指数

（1）进口先行指数。①指标选择。以进口（美元）当月增速作为基准循环指标，根据国际贸易理论传导机理，重点考虑国内需求、价格因素、贸易环境的影响，采用峰谷对应和时差相关系数分析各先行指标对进口增速的先行性特征，在进口先行指标库中选取 8 个备选指标，使用 M0 增速、M1 增速、海关货运监管业务进口货运量增速、住户活期存款余额增速、工业锅炉产量增速、关税收入增速、PMI 进口指数、美元指数、空调产量增速、CRB 指数进行主成分降维，得到 3 个主成分。主成分 1 的特征值是 4.1327，方差贡献率为 0.4133；主成分 2 的特征值是为 2.5987，方差贡献率 0.2599；主成分 3 的特征值是 1.6809，方差贡献率为 0.1681；3 个主成分累计解释总方差的 84.12%。

以各主成分的方差贡献率加权计算主成分综合得分，构造进口先行指数 F，$F = F1 \times 0.4133 + F2 \times 0.2599 + F3 \times 0.1681$。

如图 8－5 所示，进口先行指数在 2018 年 10 月达到波谷，并经历 5 个月的小幅上

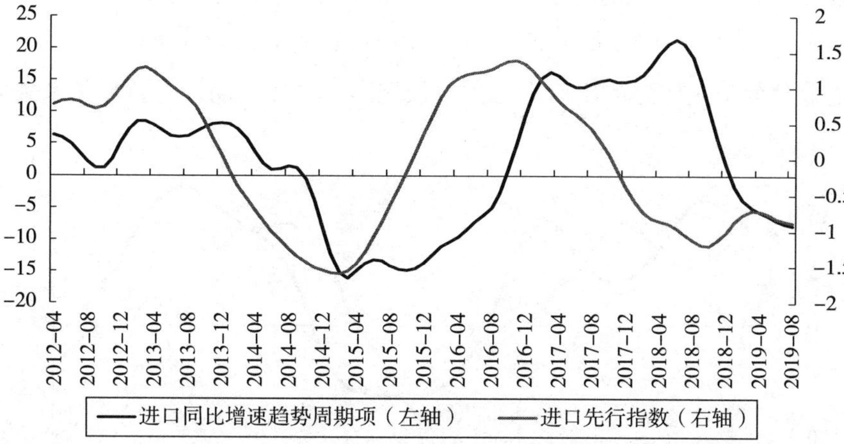

图 8－5　进口先行指数与进口增速变动

升后又重新下降。时差相关分析表明，基于主成分分析法构建的进口先行指数领先进口增速 11 期，时差相关系数达到 0.789；从历史波峰波谷看，进口先行指数领先进口增速 8 个月左右（见表 8－12）。预示着 2019 年第四季度进口增速将小幅回升，但总体回升的空间不大，且在短暂回升后有继续下降的可能。

表 8－12　　　　　进口先行指数与进口增速的峰谷对应表

波峰			波谷		
进口先行指数	进口	领先期	进口先行指数	进口	领先期
2013m03	2013m12	9	2015m02	2015m10	8
2016m11	2018m06	19	2018m10	—	
平均领先期		14	平均领先期		8

（2）出口先行指数。以出口（美元）当月增速作为基准循环指标，根据国际贸易理论传导机理，重点考虑供给和需求、货币和物流、贸易壁垒的影响，采用峰谷对应和时差相关系数分析各先行指标对出口增速的先行性特征，在出口先行指标库中选择中国企业经营状况指数、交流电动机产量同比增速、电子计算机整机产量同比增速、PPI、发电量当月增速、进口当月增速、PMI 新出口订单指数、人民币实际有效汇率指数、外贸货物吞吐量增速、中国大宗商品价格指数 10 个代表性指标，应用主成分法合成出口先行指数。所有数据均经过 X－12 季节调整去掉季节因素及不规则变动，选取趋势周期项。因 2008 年国际金融危机使进出口增速波动较大，为剔除极端和偶然因素影响，数据取值范围从 2012 年 1 月至 2019 年 6 月。

以上述 10 个先行指标，运用主成分分析进行降维。保留主成分的阈值的特征值大于 1，得到 3 个主成分 F1、F2、F3，总体方差解释程度达到 84.53%。以各主成分

的方差贡献率加权计算主成分综合得分，构造出口的先行合成指数 F 为

$$F = 0.5556 \times F1 + 0.1656 \times F2 + 0.1242 \times F3$$

基于主成分分析法构建的出口先行指数领先出口增速 7 期，时差相关系数为 0.833。

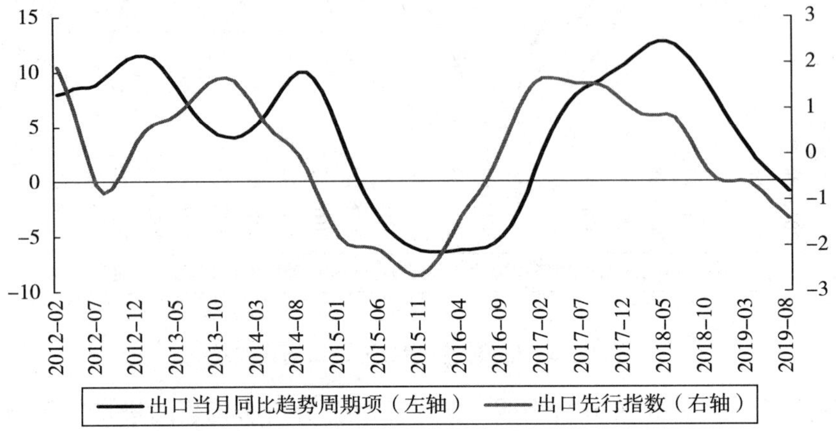

图 8 – 6　出口先行指数与出口增速的关系

表 8 – 13　出口增速与出口先行指数的峰谷对应表

波谷			波峰		
出口先行指数	出口	领先期	出口先行指数	出口	领先期
2012m08	2013m12	16	2013m11	2014m09	10
2015m10	2016m01	3	2017m03	2018m05	14
平均领先期		9.5	平均领先期		12

根据历史波峰波谷，出口先行指数波峰大概领先出口增速 12 个月，而本轮出口在 2017 年 3 月达到峰顶后，持续呈下降趋势，目前还未到达谷底出现转折点，预示着出口仍有一段时间的低迷（见图 8 – 6 和表 8 – 13）。

5. 居民消费价格先行指数

综合应用时差相关分析法、峰谷对应法，选择产出缺口、财政收入增速、金融机构各项贷款余额增速、M2 增速、PMI 新订单、PMI 主要原材料购进价格、PPI 纺织工业、CGPI 农产品类、农产品集贸市场猪肉价格指数、食用农产品蔬菜价格指数、生猪存栏增速、出口总额增速、CRB 食品类现货指数 13 个相对稳定的备选先行指标，并通过主成分方法合成 CPI 先行指数。

保留主成分的阈值为特征值大于 1，得到 4 个主成分，总体方差解释程度达到 85.46%。各主成分的特征值、差值、方差贡献率、累计方差贡献率如表 8 – 14 所示。

表 8-14　　相关矩阵的特征值

主成分	特征值	差值	方差贡献率	累计方差贡献率
1	6.77832	5.04092	0.5214	0.5214
2	1.73739	0.24147	0.1336	0.6551
3	1.49592	0.39780	0.1151	0.7701
4	1.09812	0.29596	0.0845	0.8546

用4个特征根对应的特征向量中的元素作为系数，求得4个主成分得分F1、F2、F3、F4，以各主成分的方差贡献率加权计算主成分综合得分，合成CPI先行指数F为

$$F = F1 \times 0.5214 + F2 \times 0.1336 + F3 \times 0.1151 + F4 \times 0.0845$$

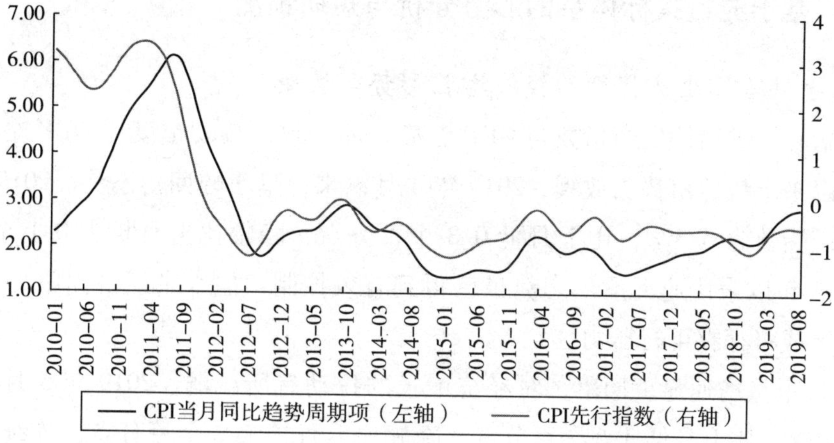

图 8-7　CPI 先行指数与 CPI 增速变动关系

从峰谷对应法来看，以主成分法合成的CPI先行指数较好地预测了基准指标CPI的转折点，CPI先行指数对CPI波动的平均领先期数为3期左右；根据时差相关分析，CPI先行指数领先CPI 5期时，时差相关系数达到最大值0.8978（见图8-7和表8-15）。

表 8-15　　CPI 先行指数与 CPI 增速的峰谷对应表

波峰			波谷		
主成分综合得分	CPI 增速	领先期	主成分综合得分	CPI 增速	领先期
2011m03	2011m07	4	2012m07	2012m09	2
2013m09	2013m10	1	2015m02	2015m09	7
2018m05	2018m09	4	2018m12	2019m01	1
2019m07	—				
平均领先期		3	平均领先期		3.3

从先行指数走势来看，自2013年以后先行指数对CPI的先行期数变短。主要是我国经济已由高速增长阶段转向高质量发展阶段，经济增速从过去9%左右的高速增长逐步下降到目前6%左右的水平，经济总体保持较为稳定的增长态势，产出缺口波动也明显缩小。同时，我国经济发展更为平衡，贸易顺差明显缩小，前期大量外汇储备导致的货币被动投放因素明显减弱，稳健的货币政策下M2与经济增长速度更为匹配。在稳定的经济和货币环境下，CPI涨幅更趋平稳，2013年以来我国CPI基本保持在0~3%窄幅波动。CPI的变动更多是受极端天气、猪瘟等短期、临时性因素的驱动，而水果、蔬菜、禽肉等批发价格对CPI的先导期数较短，导致先行指数对CPI的先行期数也明显缩短。

（二）基于先行指标体系的形势分析与短期预测

1. 基于供给侧生产指数的经济增长形势与展望

总体来看，供给侧生产指数与GDP走势大体一致，波动幅度比GDP略大，2018年上半年以来走势回落势头放缓，2019年4月以来，呈小幅回落态势。2019年5月，供给侧生产指数为6.3%，比上月低0.3个百分点，降幅比上月扩大0.1个百分点。2018年下半年以来快速下滑的态势虽已得到有效控制，但未来经济面临的不确定性仍然较大，或将存在下行压力。

（1）发电量增速显著回落，对经济增长的拉动有所减弱。2019年5月，发电量增速为0.2%，比上月低3.6个百分点，降幅比上月扩大2个百分点，连续两个月呈走低态势，且降幅扩大，反映了企业生产活力略显不足。自2019年以来，发电量整体仍延续了2018年下半年以来的高位放缓趋势，虽在3月曾出现短暂的冲高，但企业经营状况不佳，1~4月工业企业利润同比增长-3.4%，自2019年以来一直呈负增长，经营效益难以改善削弱了企业生产意愿和生产强度，成为经济增长的拖累因素。

发电量对供给侧生产指数的拉动作用有所减弱，对经济增长的贡献度下降。历史数据显示，发电量与GDP走势高度相关，在供给侧生产指数中所占权重为25%。2019年5月发电量拉动供给侧生产指数0.8个百分点，拉动效果比上月低0.2个百分点，降幅与上月基本持平；贡献率为12.5%，比上月低2.8个百分点，比上年末低4个百分点，对供给侧生产指数的边际贡献明显降低（见图8-8）。

（2）社会融资规模平稳回升，特别是中长期贷款较快增长，为实体经济增长提供动力。自2017年10月以来，社会融资规模增速持续下滑，2018年末增速见底为9.7%，2019年以来下滑趋势已明显遏制，呈平稳回升态势。2019年5月，社会融资规模增速为10.6%，延续了2019年以来的平稳回升态势，特别是中长期贷款自2018

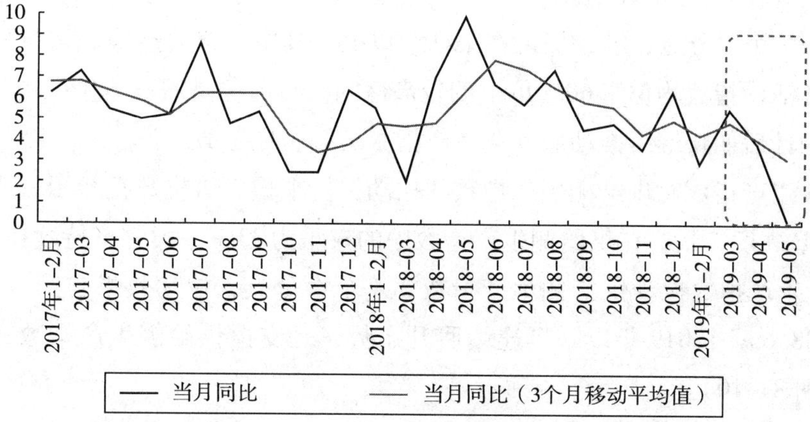

图 8-8　2017 年以来发电量变化趋势

年以来持续保持较快增长，2019 年 5 月末增速为 13.7%，有效满足了实体经济融资需求，使企业投入生产经营的资金相对宽裕，提升经济发展内生动力。

社会融资规模对供给侧生产指数的拉动平稳回升。历史数据表明，社会融资规模与 GDP 密切相关，在供给侧生产指数中所占权重为 20%。自 2019 年以来，前期社会融资规模对供给侧生产指数拉动幅度持续下滑的态势得到遏制，前 5 个月持续保持回升态势。2019 年 5 月末拉动供给侧生产指数 2.1 个百分点，贡献率为 33.7%，自 2018 年末以来拉动效果连续增加，是推动供给侧生产指数上升的有利因素（见图 8-9）。

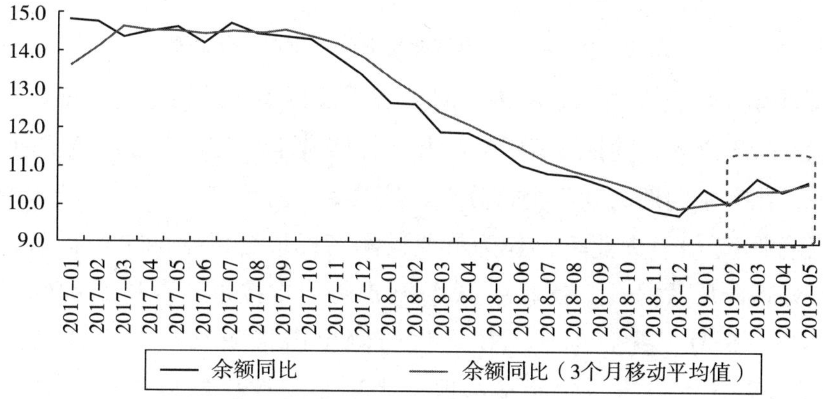

图 8-9　2017 年以来社会融资规模存量增速变化趋势

（3）服务业生产指数小幅回落，总体仍是支撑经济增长的主要贡献力量。自 2019 年以来，服务业生产指数呈企稳态势。5 月，服务业生产指数为 7.0%，比上月低 0.4 个百分点。服务业生产指数小幅回落，一方面是信息软件业经历数年高增长，2019 年增速高位回落，5 月为 22.2%；另一方面是前 5 个月商品房销售面积下降

1.6%，带动房地产业增加值增速回落。不过，5 月服务业商务活动指数为 53.5%，比上月高 0.2 个百分点，继续保持在荣枯线以上，其中，交通运输和信息技术服务业等行业商务活动指数均位于60%以上的较高区间，目前仍是服务业生产指数的主要增长动力，预计后期将继续推动服务业生产指数延续企稳态势。

服务业生产指数对供给侧生产指数的拉动保持平稳。历史数据显示，服务业生产指数与 GDP 高度一致，在供给侧生产指数中的权重为33%，贡献率持续在30%以上。5 月服务业生产指数拉动供给侧生产指数 2.4 个百分点，拉动效果与第一季度持平，贡献率为 38.6%，2019 年以来呈连续回升态势，是支撑供给侧生产指数的重要贡献因素（见图 8－10）。

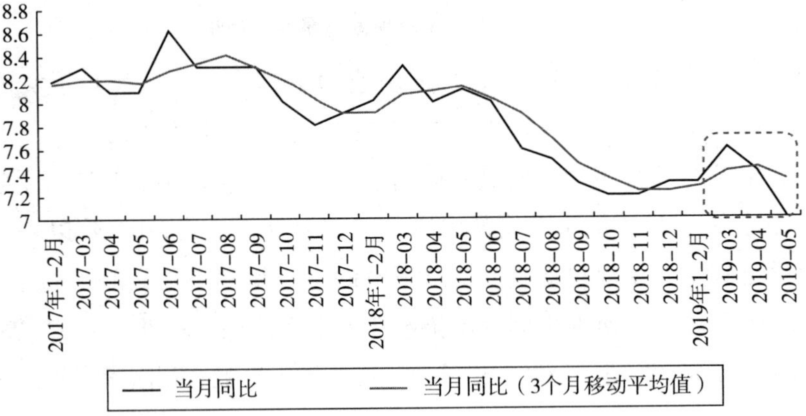

图 8－10　2017 年以来服务业生产指数变化趋势

（4）就业率总体仍在预期区间内，对经济增长拉动力总体稳定。前 5 个月，全国城镇新增就业 613 万人，同比少增 16 万人，总体基本稳定。5 月调查失业率为 5%，与上月持平，比上年同期高 0.2 个百分点，连续 5 个月保持在 5%～5.3% 的区间。

我们以就业率（1－失业率）作为就业监测指标拟合供给侧生产指数，并对数据做了标准化处理。从数据看，就业率与 GDP 走势非常接近，在供给侧生产指数中所占权重为 12%。5 月，就业率平均拉动供给侧生产指数 0.6 个百分点，贡献率为 9.4%，拉动效果基本稳定，就业基本保持平稳是支撑供给侧生产指数的重要因素（见图 8－11）。不过，就业的稳定态势主要是劳动力供需双缩的综合效果，随着中美贸易战的冲击可能导致的经济下行压力，后期仍需密切关注就业指标变化。

（5）原油加工等中间投入小幅回落，对经济增长拉动效应减弱。2018 年下半年以来，原油加工量增速快速下滑的态势得到明显遏制，2019 年 5 月增速回落态势凸显，增速仅为 2.8%，分别比上月和上年末低 2.3 个和 1.6 个百分点。原油加工量增速回落，反映了化工制品等生产要素中间投入减少，经济生产活动减弱，是拖累经济

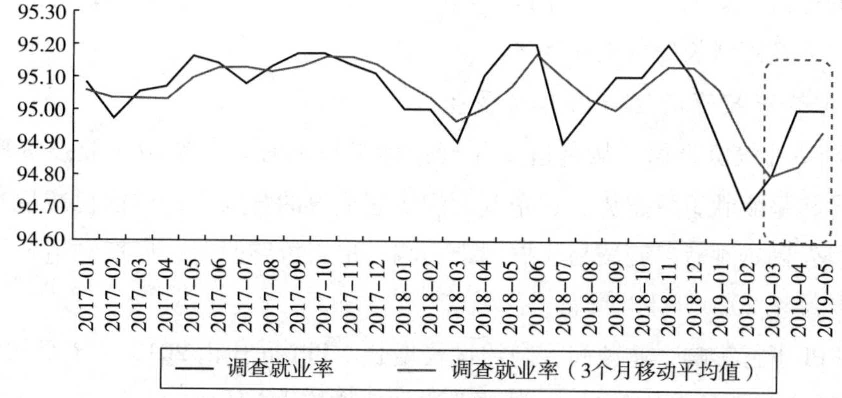

图 8-11　2017 年以来调查就业率变化趋势

增长的负向因素。

原油加工量对供给侧生产指数的拉动回落态势凸显。实证显示，原油加工量与 GDP 具有较强的相关性，在供给侧生产指数中所占权重为 10%。5 月原油加工量拉动供给侧生产指数 0.4 个百分点，比上月低 0.1 个百分点，是 2018 年以来拉动效果的最低点，贡献率为 5.9%，比上月低 1.4 个百分点，对供给侧生产指数的贡献率明显下滑（见图 8-12）。

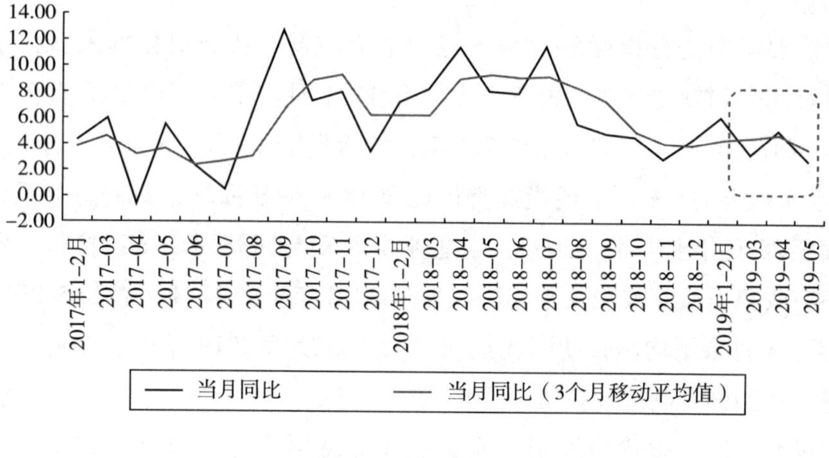

图 8-12　2017 年以来原油加工量变化趋势

从五个经济指标看，当前经济增长中还存在一些需要注意的问题。一是多数指标增速呈回落态势，仍处于历史低位，趋势性上涨尚未形成，加上外部因素冲击，未来经济增长不确定因素增加，仍需要进一步加强逆周期调控，发挥政策对经济的托底作用。二是发电量等要素投入指标显示，工业生产活力下降，企业经营意愿不足，使第二产业成为 GDP 下行的主要拖累因素。三是就业处于合理较低水平，要警惕经济下行对就业的冲击，避免下滑幅度超过合理区间，应加大力度保障新增就业，推动创新创业创造，为经济增长提供重要保障。

2. 固定资产投资的运行形势与展望

（1）制造业投资方面。从制造业先行指标走势来看，后期制造业投资压力仍然较大，预计将呈疲软下滑态势。在企业利润快速下滑的背景下，增值税减税难以完全对冲企业经营困难现状，受贸易摩擦因素影响，出口抢跑回落，后期制造业投资疲软态势可能持续至2020年上半年。

一是PPI下行影响企业利润，制约投资增长。PPI同比由2018年8月末的4%快速回落至2019年8月末的0.1%，制造业增加值增速由2018年8月末的6.8%回落至2019年8月末的5.9%，量价双双下滑带动制造业利润增速快速大幅回落。PPI对制造业影响的路径是通过影响企业利润的方式进行的。价格调整的速度慢于量的调整，PPI作为企业各个环节增加值的代表性指标，不仅直观地反映了企业经营的现实，也作为指标去影响企业对经营的预判，并通过产品直接传导到全产业链。2019年以来，工业企业利润总额增速呈负增长，8月末为－1.7%，比2018年同期低17.9个百分点。企业利润空间下行，导致扩张产能动力下降，影响整体制造业投资。从历史数据来看PPI领先制造业投资12期，PPI有一定的下行压力，预计将对制造业投资产生一定的负面影响。

二是生产要素类先行指标显示企业经营活力减弱。从历史数据来看，工业用电量、货运量增速分别领先制造业投资3个月和11个月。工业用电量增速从2018年8月末的7.2%回落至2019年8月末的2.8%，货运量增速从2018年8月末的6.9%回落至2019年5月末的6%。上述指标整体比2018年明显回落，对制造业投资的负面影响将持续至2020年上半年。此外，制造业企业资金回笼周期持续拉长，资金运转效率下降。应收票据及应收账款平均回收期从2018年末的47.4天拉长至2019年8月末的54.5天，8月末平均回收期同比拉长8天，这反映2019年以来企业经营活力明显减弱，进一步加剧了制造业投资下行压力。

三是贸易摩擦因素影响导致制造业企业投资意愿不足。2019年，出口数据不及预期，部分导致制造业投资增速下滑。8月末，中国出口增速为－1%，比上年同期回落10.55个百分点；PMI新出口订单为47.2%，比上年同期低2.2个百分点，连续一年在50%荣枯线以下。出口订单的下降，同样也会被企业作为经营的前瞻式指标，一旦出口订单快速下降，制造业扩张产能的动力也将随之回落。制造业投资仍面临外部需求疲软，预计制造业投资增速将持续下滑。

（2）基建投资方面。

一是货币供应量等货币总量先行指标显示将推动基建投资上涨。实证显示，M2增速正向先行基础设施投资增速5个月。2019年以来，M2增速稳定在8%以上，平均增速较上年有所提高，与此同时，三次全面降准释放了一定的流动性，稳健的货币政策为基建投资营造了良好的融资环境。储蓄存款代表居民财富程度，居民财富增加对基建需求起到正向推动作用，先行基础设施投资增速14个月。2018年11月以来，储蓄存款增速始终保持在10%以上的高速增长状态，且增速不断提升，有力地推动了基建投资的增长。

二是地方政府专项债和城投债发行增加有力地带动基建增长。实证表明，城投债发行量和净融资额增速分别正向先行基础设施投资增速21个月和7个月。2019年1～9月累计发行城投债24410亿元，净融资额7800.61亿元，比上年同期大幅提升173.06%，为推动基建投资增长起到重要作用。地方政府专项债正向先行基建投资增速10个月。8月末，全国已新增专项债券15902亿元，用于铁路、公路等交通基础设施、市政建设、棚改等保障性住房建设、科教文卫等领域，积极带动了有效投资扩大。

（3）房地产投资方面。

一是土地交易类指标活跃程度下降将制约房地产投资增长。土地供应规划是决定未来房地产市场走向的重要因素。实证显示，住宅类用地和商服用地规划建筑面积领先房地产开发投资1～4个月。土地成交价款和土地购置费均正向领先房地产开发投资5个月。自2019年以来，土地购置费增速和土地成交价款增速逐渐下滑，反映出土地市场成交对房地产投资增长形成制约，预计短期内房地产开发投资仍有所下降。

二是房地产开发到位资金减缓掣肘房地产投资增长。房地产开发企业进行房地产开发投资的资金主要有银行贷款、其他资金、自筹资金，其中银行贷款占主要部分。分析发现，房地产开发企业资金来源中银行贷款和其他资金分别正向先行房地产投资4个月和10个月。2019年以来，房地产市场销售不景气加重了楼市的悲观情绪，房地产开发企业开发投资节奏明显放缓。此外，当前房地产市场仍处于严调控之下，加之金融去杠杆效应在房地产领域不断凸显，房地产开发企业申请银行开发贷款的难度增大。数据显示，银行贷款和其他资金都呈现明显下降的态势，可能会在较大程度上影响房地产开发投资的资金供给情况，进而拉低房地产开发投资增速。

三是建筑施工先行指标将小幅拉动房地产增长。实证显示，房屋新开工面积和房屋施工面积增速是房地产开发投资的先行指标，分别领先9个月和3个月。从广义房地产库存定义看，房屋新开工面积和房屋施工面积在扣除掉建设周期后应该计入房地产库存，因此，这两个指标具有较强的先行性特征。从房屋新开工面积的趋势分解情况看，2010 年至 2014 年呈现出下降的趋势，但是 2015 年至 2019 年呈现缓慢上升的态势，在未来仍具备增长潜力。预计会小幅带动房地产开发投资的增长。

四是商品房销售及库存显示后期房地产投资增长乏力。商品房库存与销售是房地产市场的晴雨表，直接影响购房者的购房行为和房地产开发企业未来的投资计划。实证发现，商品房待售面积与销售额先行房地产开发投资 4 ~ 9 个月。2009 年至 2019 年全国商品房销售额总体上呈现下降的趋势，待销售面积增速也逐渐放缓，长期趋势依然下行，拉低房地产开发投资的增长。

3. 消费运行形势与展望

自 2019 年以来，消费增长动能减弱，对经济增长的拉动力度有所下降。2019 年 1 ~ 8 月，社会消费品零售总额同比增长 8.2%，比上年同期低 1.1 个百分点。汽车消费周期性走弱、物价水平涨幅较大和房地产相关消费品增速降低等因素制约了当前居民消费的增长空间。但随着影响消费的周期性因素逐步释放，随着逆周期调控政策的不断推出，第四季度消费增长有望企稳。

从人民银行消费先行指标看，随着影响消费的周期性因素逐步释放，第四季度周期性因素对消费的抑制效应将逐步减弱，而且随着逆周期调控政策不断推出，第四季度消费增长有望企稳，预计全年达 8.0% 左右。

（1）财富类先行指标重回上行区间，对消费的拉动力量增强。股票价格代表了居民财富指标，对消费正向先行 5 个月，而且影响持续到第 8 个月。2019 年以来，股票价格同比增速重回上行区间，9 月末，上证综合指数同比增长 3%，比 4 月高 3.1 个百分点，对消费的拉动作用增强，影响持续至 2020 年上半年。

储蓄存款与消费相关性较强，先行期为 10 个月，并将持续影响到第 22 个月。8 月末，储蓄存款同比增长 14.4%，比 2018 年 10 月高 4.5 个百分点。自 2018 年以来，储蓄存款整体处于上行区间，对消费的推动作用较强，影响将持续到 2020 年末。

（2）服务和居住类价格有所回落，推动相关消费上涨。生活用品及服务价格指数负向先行消费 6 个月，影响持续到第 16 个月。9 月末，生活用品及服务价格指数同比增长 0.6%，自 2018 年 2 月以来持续下降，增速比 3 月回落 0.6 个百分点。居住价格负向先行消费 9 个月，影响持续到第 24 个月。9 月末，居住价格同比增长 0.7%，自 2019 年以来持续下降，增速比年初下降 0.6 个百分点。服务和居住类价格的下降有利于消费的增长，后期有望推动消费上涨。

（3）债务类先行指标持续回落，对消费的挤出效应减弱。居民负债过多将对消费产生严重的挤出效应，制约消费增长。住户贷款负向先行消费 10 个月。影响持续至第 22 个月。2017 年 4 月以来，住户贷款增速持续回落。8 月末，住户贷款增速为

16.2%，比2018年10月低2.1个百分点，比2017年4月的峰值24.7%已下降8.5个百分点，意味着前期高杠杆债务对消费产生的负面抑制效应正在逐渐减弱，后期将促进消费增长。

（4）食品饮料零售额增速回升，带动消费上涨。食品和饮料类零售额对消费正向先行1~3个月。8月末，食品和饮料类零售额分别同比增长10.6%和9.9%，其中饮料类零售额增速环比增长0.7个百分点，粮油食品类零售额增速环比增长2.6个百分点，这些消费先行指标均呈利好态势，有望在未来1~3个月拉动第四季度消费增速企稳回升。

4. 进出口形势分析与展望

在当前的世界经济和贸易形势下，中国仍然是世界第一贸易大国，贸易顺差持续扩大。2019年1~8月，我国外贸进出口总值2.96万亿美元，同比下降1.9%，降幅比上年同期扩大17.9个百分点。其中，出口1.61万亿美元，同比增长0.3%，增幅比上年同期下降11.7个百分点；进口1.35万亿美元，同比下降4.2%，比上年同期下降25.2个百分点；贸易顺差2587.82亿美元，同比扩大697.31亿美元。在外部环境不确定性因素增多的背景下，叠加全球经济增长放缓及中美贸易摩擦影响，我国出口增速变缓，进口呈下降趋势，对外贸易形势不容乐观。

展望2019年，外部经济环境趋紧，国内经济存在下行压力。在国内外市场需求回落、经贸摩擦频发、国内生产成本高企的综合影响下，中国外贸发展面临的环境仍然复杂严峻。从先行指标看，下半年中国进出口贸易面临较大挑战。

（1）从进口先行指标看：内需动力不足，进口增速将持续低位。

一是居民部门收入增长缓慢，杠杆率持续攀升对进口消费形成挤出。一方面，受经济下行制约，我国居民收入增速有所放缓。2019年上半年，全国人均可支配收入实际同比增长6.5%，低于上年同期0.1个百分点。收入增速减缓，抑制了居民消费意愿，2019年上半年我国居民人均消费倾向为67.5%，创2013年以来历史同期最低值。另一方面，住户部门杠杆率持续提升。近几年来居民购房热情高涨，导致2016年以来住户部门贷款大幅增加，新增规模连续三年超过6万亿元，明显高于2013—2015年3.6万亿元的均值。住户贷款占GDP比重从2015年的39%提高到2018年的60.4%，截至2019年第二季度末进一步攀升至62.7%。住户部门杠杆率提升，将加大居民偿债压力，减少进口消费需求。

二是我国经济运行稳中趋缓，企业进口需求下降。当前中国经济依然处在新旧动能转换的关键时期，本轮中国经济下行是由内因（新旧动能切换）和外因（全球经济减速、中美贸易摩擦）共同导致的。当前，我国制造业PMI已于2019年5月降至荣枯线以下，8 月仅为 49.5%，比上月下降 0.2 个百分点；PMI 进口指数更是自 2018 年 7 月降至荣枯线以下，2019 年 8 月仅为 46.7%，比上月下降 0.7 个百分点，体现出我国进口需求较为疲弱。企业生产意愿下滑，将导致对进口工业原材料需求萎缩。例如，8 月，我国对铜材和钢铁的进口量分别同比下降 14.7% 和 13.6%。

三是在国际需求总体疲弱背景下，大宗商品价格下降更是会加剧进口下滑态势。CRB 现货指数自 2018 年 7 月以来同比持续回落，其中 8 月月平均价格指数仅为 395.85，为近 40 个月以来首次跌至 400 以下，同比下降 5.3%。大宗商品价格往往与美元指数呈现跷跷板效应，当前美元指数的上升也预示了大宗商品价格短期内难以明显回升。2019 年 8 月末，美元指数同比上升 3.9%。我国进口价格涨幅也呈下降趋势，8 月同比上涨 0.5%，涨幅比上月和上年同期分别下降 2.5 个和 5.3 个百分点。

（2）从出口先行指标看：外需疲软，要素成本上升，传统出口优势减弱。

一是全球市场需求趋于下降。当前，IMF、世界银行等国际组织纷纷下调 2019 年全球经济增长预期，世界经济存在减速压力（见图 8－13）。其中，2019 年 7 月，IMF 将世界经济增速再度下调 0.1 个百分点至 3.2%，为 9 年来低点。世贸组织在 2019 年 4 月发布的《全球贸易数据与展望》中，考虑到全球贸易局势持续紧张，各种不确定性因素不断增多，将 2019 年全球贸易增长预期从 2018 年 9 月的 3.7% 大幅下调至 2.6%，创国际金融危机爆发以来最低增幅预期。美国、日本、欧元区等主要国家和地区先行指数回落，2019 年 8 月，全球制造业 PMI、美国制造业 PMI、日本制造业 PMI、欧元区制造业 PMI 指数分别为 49.5%、49.1%、49.3% 和 47%，其中美国制造业 PMI 为 2016 年 3 月以来首次降至 50% 荣枯线以下。这些都表明全球经济下行压力仍较大，外需偏弱，出口或将继续下滑。

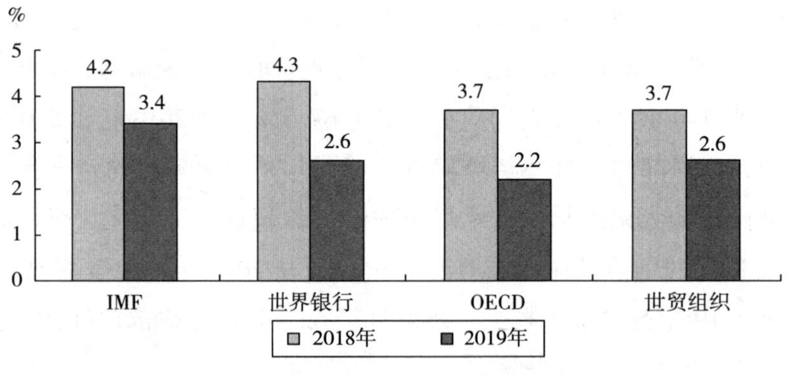

图 8－13　主要国际组织对全球贸易增长的预测

二是要素成本上升，传统出口竞争优势减弱。近年来，由于我国劳动力、土地等要素成本不断提高，中国对外贸易的传统竞争优势逐渐减弱，劳动密集型产品越来越多地受到东南亚国家的挑战，削弱了中国外贸出口的优势。2018年，中国人工成本达到807美元/月，明显高于东盟八国，马来西亚为594美元/月，缅甸仅为112美元/月；中国外资企业税费与利润比重达65%，而东盟国家明显低于中国，且一般都有2～15年的免税期。东南亚国家日益受到全球制造业大国的青睐，部分外资纷纷向东南亚国家转移，当前中美贸易摩擦更是加剧这一趋势。

三是PMI新出口订单持续疲弱。我国PMI新出口订单从2018年6月开始持续处于荣枯线以下，8月仅为47.2%，比上年同期下降2.2个百分点。这一方面与全球扩张动能放缓有关；另一方面，中美贸易摩擦升级对企业的不利影响也有所显现，疲弱的新出口订单表明短期内我国出口仍然面临较大挑战。

5. 居民消费价格的形势分析与展望

（1）在食品类价格拉动下，CPI呈加快上涨趋势。2019年1～8月，全国居民消费价格（CPI）同比上涨2.4个百分点，涨幅比上月和上年同期分别提高0.1个和0.4个百分点。从月度走势看，8月CPI同比上涨2.8个百分点，比上年同期高0.5个百分点，涨幅与上月持平，自2019年3月以来涨幅持续高于上月或与上月持平。其中，上年价格变动的翘尾因素影响CPI上涨0.6个百分点，新涨价因素影响约为2.2个百分点。

分类别看，八大类商品涨幅呈现“三升五降”态势。食品烟酒类、衣着类、其他用品和服务类价格涨幅出现提升，8月分别同比上涨7.3%、1.6%和4.7%，分别比上年同期提高5.4个、0.3个和3.5个百分点。居住类、生活用品及服务类、交通和通信类、教育文化与娱乐类、医疗保健类五类价格涨幅出现回落，8月分别同比上涨1.0%、0.7%、2.1%、-2.3%和2.3%，分别比上年同期下降1.5个、0.9个、0.5个、5.0个和2.0个百分点。总体来看，CPI同比上涨主要还是受到食品类价格大幅度上涨的影响。

8月，食品烟酒价格影响CPI上涨约2.14个百分点。其中，受非洲猪瘟影响，生猪供需缺口扩大，进一步推高猪肉及其他肉类价格。8月畜肉类价格上涨30.9%，涨幅比6月提高16.5个百分点，影响CPI上涨约1.31个百分点，其中猪肉价格上涨46.7%，影响CPI上涨约1.08个百分点。由于猪肉价格持续走高，其替代品牛肉、羊肉价格也出现上涨，牛肉、羊肉其他畜肉价格分别同比增长12.3%、12.5%。同时，受前期南方地区暴雨天气影响，部分当季鲜果供应紧张，价格仍保持较高水平，但涨幅较前期有所下降。8月，鲜果价格同比上涨24.0%，影响CPI上涨约0.39个百分点，但涨幅比6月下降18.7个百分点。

（2）从先行指标来看，总需求—总供给相关先行指标反映出通货膨胀压力减小，但生猪缺口扩大，短期内CPI保持较高涨幅。

①总需求—总供给路径先行指标。2019年以来，我国产出缺口持续为负，且缺口有扩大趋势，说明当前由于市场需求疲弱，我国实际产出低于潜在产出，预示着未来价格上涨压力将逐渐减弱。

a. 需求总体仍较为疲软。

从投资来看，制造业投资底部企稳，基建投资回升仍面临较多制约，房地产投资增速下行的可能性增加，预计投资增速将低位运行。

制造业投资底部企稳。全国制造业投资在1~4月达到有统计以来最低值2.5%，其后连续3个月回升，1~8月又小幅回落至2.6%，仍处于筑底阶段。从先行指标看，1~8月全国规模以上工业企业利润总额同比下降1.7%，比上半年收窄0.7个百分点；第二季度制造业产能利用率为76.9%，比第一季度提高0.6个百分点，预示未来制造业投资有企稳回升的可能。

基建投资回升空间有限。在地方政府债券发行进度相对往年明显提前及专项债可作为部分项目资本金政策拉动下，1~8月基础设施投资（不含电力）同比增长4.2%，比上半年提高0.1个百分点。在逆周期政策调节下，财政部门有望第四季度提前下达2020年地方债计划，货币政策结构性引导下企业中长期贷款转暖，对基建投资具有一定支撑作用。但由于经济下行和减税降费等因素导致财政增收困难及地方政府债务监管约束持续从严，而地方政府专项债对基建投资拉动作用总体有限，预计未来基建投资资金端仍会承受一定压力，基建投资增速大幅回升的空间有限。

房地产投资增速回落的可能性较大。1~8月，全国房地产开发投资同比增长10.5%，比上半年下降0.4个百分点，增速连续4个月回落。自6月以来，银保监会和发展改革委监管持续收紧，体现在房地产信托、债券等渠道的资金来源减少。特别是7月30日中央政治局会议要求，坚持“房子是用来住的、不是用来炒的”定位，落实房地产长效管理机制，不将房地产作为短期刺激经济的手段，显示了中央对于楼市调控不放松的坚决支持态度。在此背景下，市场整体处于观望状态，房地产销售面积2019年持续负增长。从先行指标看，房地产施工面积增速连续持平，新开工面积和到位资金增速连续4个月回落，都预示着房地产投资未来有下行趋势。

从消费来看，增速总体稳定，但就业压力、债务压力、人口红利消退等因素制约了消费增长和升级空间。由于对经济形势预期不乐观，企业生产经营偏谨慎，通过降薪裁员方式将压力转移到居民部门，PMI从业人员指数持续走低，居民消费承压。据测算，2018年住户部门本外币贷款余额与住户部门可支配收入之比约为88%，是2008年（30.7%）的近3倍。债务负担加重导致居民可用于消费的收入明显不足，消费需求无法得到显著提升。人口红利的消退、人口老龄化现象的突出也会使日常消费品、耐用消费品的购买需求在现阶段增长乏力。

从外部需求看，多种因素制约出口增长。一是全球经济增长趋缓。7月，IMF再次下调2019年全球经济增长预期0.1个百分点至3.2%；摩根大通全球制造业PMI 7月为49.3%，从5月开始连续位于荣枯线以下，其中美国、欧元区和韩国制造业PMI均有所下滑，世界主要经济体的需求仍维持弱势局面。二是中美贸易摩擦再升级。美国加征关税打击贸易信心，贸易保护主义对我国出口的抑制作用显著增强。同时，由于中美贸易争端给世界各地企业带来不确定性，2019年4月世贸组织将本年全球进出口贸易预期增长率由3.7%下调至近三年来的最低水平2.6%，贸易对于经济发展的拉动作用减弱。

b. 供给冲击缓和，但生猪缺口扩大，短期内对国内物价产生一定推升作用。当前，我国企业生产总体仍然疲弱。8月，全国规模以上工业增加值同比增长4.4%，比上月下降0.4个百分点。1~8月，规模以上工业增加值同比增长5.6%，比上半年下降0.4个百分点。PPI连续4个月回落，且降幅扩大，8月全国PPI同比下降0.8%，降幅比上月扩大0.5个百分点，同时企业生产销售增速放缓，均将对企业利润形成挤压。短期来看，工业生产仍面临较大困难。

值得关注的是，猪瘟加剧生猪供给约束，猪肉价格持续上涨。自2018年8月非洲猪瘟在我国爆发以来，我国生猪产能出现明显下降。截至2019年8月末，我国生猪存栏量和能繁母猪存栏量分别同比下降了38.6%和37.4%，降幅创2009年有数据以来的最大值。根据生猪生长周期来看，从母猪补栏到生猪出栏一共需要花费13个月的时间，仔猪育肥到出栏也需要6个月的时间。根据以往的经验来看，猪肉价格通常在生猪存栏量达到最低值之后再经历7~8个月的上涨才能达到峰值。目前生猪存栏量仍在持续减少，说明生猪供应紧张的局面在年内不会得到缓解。根据农业农村部发布的《中国农业展望报告（2019—2028）》，预测2019年第四季度生猪的价格将会突破2016年历史高点，2019年猪肉价格同比涨幅在35%~40%。除了猪肉自身价格的大幅提高，其引发的需求转移也会导致其他肉类需求显著提高，在生猪供给没有恢复正常的背景下，未来一段时间内猪肉及其他肉类价格的持续上涨，将成为拉动CPI上涨的主要因素。

②从货币供给角度来看，M2增速与名义GDP增速基本匹配，CPI增长的货币环境总体稳健。在内外部环境复杂多变的情况下，中国人民银行实施稳健货币政策，适时适度逆周期调节，在创设定向中期借贷便利、支持银行发行永续债等一系列政策推动下，市场流动性合理充裕。截至2019年8月末，M2同比增长8.2%，比上月提高

0.1 个百分点，与上年同期持平，与上半年 GDP 8.1% 的名义增速基本匹配，货币因素对 CPI 上行拉动力度总体有限。

③从成本推动型先行指标来看，PPI 总体上涨的可能性不大，大宗商品价格和国际油价或将持续下行。总体来看，自 2019 年以来 PPI 总体处在低位增长区间。从先行指标来看，未来大幅上涨的可能性不大。当前，国际和我国大宗商品价格均持续疲弱。CRB 现货指数自 2018 年 7 月以来同比连续下降，其中 8 月月平均价格指数仅为 395.85，为近 40 个月以来首次跌至 400 以下，同比下降 5.3%。2019 年 8 月，中国大宗商品价格指数月平均为 136.96，比上月和上年同期分别下降 1.0 个和 4.7 个百分点。当前，在 PPI 持续下行及环保压力加大下，企业生产有所下滑，大宗商品的价格可能会延续一段时间的疲势。同时，国际油价或将延续下跌趋势。4 月，IMF《世界经济展望》和世界银行《大宗商品市场展望》报告对 2019 年国际油价的预测值分别为 59.16 美元/桶和 66 美元/桶，分别比 2018 年下降 13.4% 和 3.4%，同时预计 2020 年油价还将进一步下降。9 月，美国能源信息署（EIA）认为 2020 年和 2021 年美国原油产量将继续创历史新高，并下调 2019 年和 2020 年油价及原油需求增速。预计国际石油市场的供给将处于持续盈余状态，而全球经济降温会使需求放缓，从而抑制油价的提高。

④从输入因素来看，进口商品价格涨幅下降，对我国物价推动作用下降。受中美贸易摩擦、人民币汇率波动加大等不确定性因素影响，进口价格指数涨幅波动加剧，但自 2019 年 6 月以来呈快速下降趋势。8 月进口价格指数同比上涨 0.5%，涨幅比 5 月下降 7.4 个百分点，连续 3 个月下降。从进出口贸易来看，自 2019 年以来进口增速除 4 月以外均为负增长，而出口情况总体好于进口，贸易顺差有所扩大。由于当前我国处于产出缺口为负的状态，贸易顺差加大有助于缓解我国需求不足的局面，但对物价上涨的推动作用总体有限。

本章参考文献

[1] 高铁梅. 计量经济分析方法与建模 [M]. 北京：清华大学出版社，2006.

[2] 刘斌. 国内外中央银行经济模型的开发与应用 [M]. 北京：中国金融出版社，2003.

[3] 汪同三，沈利生. 中国社会科学院数量经济与技术经济研究所经济模型集 [M]. 北京：社会科学文献出版社，2001.

[4] 王慧炯，等. 中国实用宏观经济模型 1993 [M]. 北京：中国财政经济出版

社，1993.

［5］高铁梅，等．经济周期波动分析与预测方法［M］．北京：清华大学出版社，2015.

［6］张春华，高铁梅，陈飞．经济时间序列频率转换方法的研究与应用［J］．统计研究，2017（2）．

［7］“中国季度宏观经济模型（CQMM）”课题组．2013—2014 年中国宏观经济再展望［J］．厦门大学学报（哲学社会科学版），2013（6）．

［8］赵晗．中国季度宏观经济模型的研制和应用［J］．经济研究导刊，2012（33）．

［9］李子奈，齐良书．关于计量经济学模型方法的思考［J］．中国社会科学，2010（2）．

［10］高铁梅，梁云芳，何光剑．中国季度宏观经济政策分析模型——对宏观经济政策效应的模拟分析［J］．数量经济技术经济研究，2007（11）．

附　录
代码汇总

第三章　宏观 CGE 模型的 GAMS 程序代码

```
*宏观 CGE 模型的 GAMS 程序
set u / ACT,COM,LAB,CAP,HSH,ENT,FNT,GOV,FIC,ROW,TOTAL/
alias (u,v); parameters  SAM(u,v);
*取数程序,SAM 表放在 Excel 文件中,这个 Excel 文件名为 SAM9.10
Execute 'GDXXRW SAM9.10.xls o=SAM910.gdx  par=SAM  rng=A1:L12  Cdim=1 Rdim=1';
Execute_load 'SAM910.gdx',SAM;
*定义参数
parameters
  itax,a_dx,a_ex,sigma_de,acon_ex,yita_ex,tcap,a_cap,sigma_x,a_d,a_m,sigma_dm,yita_dm,acon_im,l_h,k_h,k_e,k_f,k_g,htax,mpc,h_f,h_w,e_h,e_f,etax,e_w,f_h,f_e,ftax,f_w,gdt,g_h,g_f,w_l,w_e,w_f,addtariffrate1,addtariffrate2,addtariffrate3,addshare1,addshare2,addshare3,addmtaxrate1,addmtaxrate2,addmtaxrate3,maddshare1,maddshare2,maddshare3,PD0,D0,PE0,E0,PX0,X0,PP0,PWE0,ER0,PWSE0,INT0,W0,LAB0,RK0,CAP0,Indtax0,CD0,GD0,ID0,Q0,PM0,M0,Tariff0,PWM0,PWSM0,PQ0,YL0,WtoLAB0,LABtoH0,LABtoW0,YK0,EntoH0,FntoH0,GtoH0,YH0,HtoFn0,TOTHtax0,SAVh0,HtoW0,FntoEn0,WtoEn0,YE0,EntoFn0,Entax0,SAVe0,EntoW0,GtoFn0,WtoFn0,YF0,Fntax0,SAVf0,FntoW0,YG0,SAVg0,SAV0,Invest0,WALRAS0,YW0,SAVw0,GDP0,RGDP0,Pindex0,CPI0,Addtariff0,Addmtax0,alpha_int,mtax,dummy,WtoG0,GtoW0,g_w,w_g,aa_cap,aa_lab;
*参数赋值
```

PD0 = 1; PP0 = 1; PQ0 = 1; W0 = 1; RK0 = 1; ER0 = 1; PWM0 = 1; PWE0 = 1; PWSM0 = 1; PWSE0 = 1; Pindex0 = 1; CPI0 = 1; sigma_de = 5; sigma_dm = 3.5; sigma_x = 0.63; yita_ex = 2; yita_dm = 2; D0 = SAM('ACT', 'COM')/PD0; PE0 = PWE0 * ER0; E0 = SAM('ACT', 'ROW')/(PWE0 * ER0); Indtax0 = SAM('GOV', 'ACT'); X0 = (SAM('COM', 'ACT') + SAM('LAB', 'ACT') + SAM('CAP', 'ACT'))/PP0; itax = Indtax0/(PP0 * X0); PX0 = PP0 * (1 + itax); INT0 = SAM('COM', 'ACT')/PQ0; LAB0 = sam('LAB', 'ACT')/W0; CAP0 = SAM('CAP', 'ACT')/RK0; CD0 = SAM('COM', 'HSH')/PQ0; GD0 = SAM('COM', 'GOV')/PQ0; ID0 = SAM('COM', 'FIC')/PQ0; Q0 = INT0 + CD0 + GD0 + ID0; Tariff0 = SAM('GOV', 'COM'); M0 = SAM('ROW', 'COM')/(PWM0 * ER0); mtax = Tariff0/(M0 * PWM0 * ER0); PM0 = (1 + mtax) * PWM0 * ER0; YL0 = SAM('LAB', 'TOTAL'); WtoLAB0 = SAM('LAB', 'ROW'); LABtoH0 = SAM('HSH', 'LAB'); LABtoW0 = SAM('ROW', 'LAB'); YK0 = SAM('CAP', 'TOTAL'); EntoH0 = SAM('HSH', 'ENT'); FntoH0 = SAM('HSH', 'FNT'); GtoH0 = SAM('HSH', 'GOV'); YH0 = SAM('HSH', 'TOTAL'); HtoFn0 = SAM('FNT', 'HSH'); TOTHtax0 = SAM('GOV', 'HSH'); SAVh0 = SAM('FIC', 'HSH'); HtoW0 = SAM('ROW', 'HSH'); FntoEn0 = SAM('ENT', 'FNT'); WtoEn0 = SAM('ENT', 'ROW'); YE0 = SAM('ENT', 'TOTAL'); EntoFn0 = SAM('FNT', 'ENT'); Entax0 = SAM('GOV', 'ENT'); SAVe0 = SAM('FIC', 'ENT'); EntoW0 = SAM('ROW', 'ENT'); GtoFn0 = SAM('FNT', 'GOV'); WtoFn0 = SAM('FNT', 'ROW'); YF0 = SAM('FNT', 'TOTAL'); Fntax0 = SAM('GOV', 'FNT'); SAVf0 = SAM('FIC', 'FNT'); FntoW0 = SAM('ROW', 'FNT'); YG0 = SAM('GOV', 'TOTAL'); SAVg0 = SAM('FIC', 'GOV'); SAV0 = SAM('FIC', 'TOTAL'); Invest0 = SAM('TOTAL', 'FIC'); WALRAS0 = 0; YW0 = SAM('ROW', 'TOTAL'); SAVw0 = SAM('FIC', 'ROW'); WtoG0 = SAM('GOV', 'ROW'); GtoW0 = SAM('ROW', 'GOV'); GDP0 = RK0 * CAP0 + W0 * LAB0 + Indtax0 + Tariff0; RGDP0 = PQ0 * (CD0 + GD0 + ID0) + PE0 * E0 - PWM0 * M0 * ER0; alpha_int = INT0/X0; dummy = 1; a_dx = D0/(X0 * (PD0/PX0) ** sigma_de); a_ex = E0/(X0 * (PE0/PX0) ** sigma_de); acon_ex = E0/(PWSE0/PWE0) ** yita_ex; a_cap = RK0 * CAP0 ** (1/sigma_x)/(RK0 * CAP0 ** (1/sigma_x) + W0 * LAB0 ** (1/sigma_x)); tcap = CAP0/(a_cap ** sigma_x * (PP0/RK0) ** sigma_x * X0); a_d = D0/((PQ0/PD0) ** sigma_dm * Q0); a_m = M0/((PQ0/PM0) ** sigma_dm * Q0); acon_im = M0/(PWM0/PWSM0) ** yita_dm; l_h = LABtoH0/YL0; k_h = SAM('HSH', 'CAP')/YK0; k_e = SAM('ENT', 'CAP')/YK0; k_f = SAM('FNT', 'CAP')/YK0; k_g = SAM('GOV', 'CAP')/YK0; htax = SAM('GOV', 'HSH')/YH0; mpc = SAM('COM', 'HSH')/YH0; h_f = SAM('FNT', 'HSH')/YH0; h_w = SAM('ROW', 'HSH')/YH0; e_h = SAM('HSH', 'ENT')/YE0; e_f = SAM('FNT', 'ENT')/YE0; etax = SAM('GOV', 'ENT')/YE0; e_w = SAM('ROW', 'ENT')/YE0; f_h = SAM('HSH', 'FNT')/YF0; f_e = SAM('ENT', 'FNT')/YF0; ftax = SAM('GOV', 'FNT')/YF0; f_w = SAM('ROW', 'FNT')/YF0; gdt = SAM('COM', 'GOV')/YG0; g_h = SAM('HSH', 'GOV')/YG0; g_f = SAM('FNT', 'GOV')/YG0; w_l = SAM('LAB', 'ROW')/YW0; w_e = SAM('ENT', 'ROW')/YW0; w_f = SAM('FNT', 'ROW')/YW0; g_w = SAM('ROW', 'GOV')/YG0; w_g = SAM('GOV', 'ROW')/YW0; addtariffrate1 = 0; addtariffrate2 = 0; addtariffrate3 = 0; addshare1 = 0; addshare2 = 0; addshare3 = 0; addmtaxrate1 = 0; addmtaxrate2 = 0; addmtaxrate3 = 0; maddshare1 = 0 ; maddshare2 = 0 ;

maddshare3 = 0 ; Addtariff0 = PE0 * E0 * (addtariffrate1 * addshare1 + addtariffrate2 * addshare2 + addtariffrate3 * addshare3); Addmtax0 = PWM0 * ER0 * M0 * (addmtaxrate1 * maddshare1 + addmtaxrate2 * maddshare2 + addmtaxrate3 * maddshare3); aa_cap = CAP0/X0 * (RK0/PP0) ** sigma_x; aa_lab = LAB0/X0 * (W0/PP0) ** sigma_x;

*定义变量

variable

PD, D, PE, E, PX, X, PP, PWE, ER, PWSE, INT, W, LAB, RK, CAP, Indtax, CD, GD, ID, Q, PM, M, Tariff, PWM, PWSM, PQ, YL, WtoLAB, LABtoH, LABtoW, YK, EntoH, FntoH, GtoH, YH, HtoFn, TOTHtax, SAVh, HtoW, FntoEn, WtoEn, YE, EntoFn, Entax, SAVe, EntoW, GtoFn, WtoFn, YF, Fntax, SAVf, FntoW, YG, SAVg, SAV, Invest, WALRAS, YW, SAVw, GDP, RGDP, Pindex, CPI, Addtariff, Addmtax, WtoG, GtoW, Omega;

*定义方程名称

equations

eq01, eq02, eq03, eq04, eq05, eq06, eq07, eq08, eq09, eq10, eq11, eq12, eq13, eq14, eq15, eq16, eq17, eq18, eq19, eq20, eq21, eq22, eq23, eq24, eq25, eq26, eq27, eq28, eq29, eq30, eq31, eq32, eq33, eq34, eq35, eq36, eq37, eq38, eq39, eq40, eq41, eq42, eq43, eq44, eq45, eq46, eq47, eq48, eq49, eq50, eq51, eq52, eq53, eq54, eq55, eq56, eq57, eq58, eq59, eq60, eq61, eq62;

*定义方程

```
eq01..   PD * D + PE * E = e = PX * X;
eq02..   PX = e = (1 + itax) * PP;
eq03..   PE * E = e = PWE * ER * E - Addtariff;
eq04..   E = e = acon_ex * (PWSE/PWE) ** yita_ex;
eq05..   D = e = a_dx * (PD/PX) ** sigma_de * X;
eq06..   E = e = a_ex * (PE/PX) ** sigma_de * X;
eq07..   PP * X = e = PQ * INT + W * LAB + RK * CAP;
eq08..   Indtax = E = itax * PP * X;
eq09..   CAP = E = aa_cap * (PP/RK) ** sigma_x * X;
eq10..   LAB = E = aa_lab * (PP/W) ** sigma_x * X;
eq11..   INT = E = alpha_int * X;
eq12..   PQ * INT + PQ * CD + PQ * GD + PQ * ID = E = PQ * Q;
eq13..   PQ * Q = E = PD * D + PM * M;
eq14..   PM * M = E = (1 + mtax) * PWM * ER * M + Addmtax;
eq15..   Tariff = E = mtax * PWM * ER * M + Addmtax;
eq16..   D = E = a_d * (PQ/PD) ** sigma_dm * Q;
eq17..   M = E = a_m * (PQ/PM) ** sigma_dm * Q;
eq18..   M = E = acon_im * (PWM/PWSM) ** yita_dm;
eq19..   W * LAB + WtoLAB = e = YL;
```

```
eq20..   YL =e= LABtoH + LABtoW;
eq21..   LABtoH =e= l_h * YL;
eq22..   RK * CAP =e= YK;
eq23..   LABtoH + k_h * YK + EntoH + FntoH + GtoH =e= YH;
eq24..   YH =e= PQ * CD + HtoFn + TOTHtax + SAVh + HtoW;
eq25..   PQ * CD =e= mpc * YH;
eq26..   HtoFn =e= h_f * YH;
eq27..   TOTHtax =e= htax * YH;
eq28..   HtoW =e= h_w * YH;
eq29..   k_e * YK + FntoEn + WtoEn =e= YE;
eq30..   YE =e= EntoH + EntoFn + Entax + SAVe + EntoW;
eq31..   EntoH =e= e_h * YE;
eq32..   EntoFn =e= e_f * YE;
eq33..   Entax =e= etax * YE;
eq34..   EntoW =e= e_w * YE;
eq35..   k_f * YK + HtoFn + EntoFn + GtoFn + WtoFn =e= YF;
eq36..   YF =e= FntoH + FntoEn + Fntax +  SAVf + FntoW;
eq37..   FntoH =e= f_h * YF;
eq38..   FntoEn =e= f_e * YF;
eq39..   Fntax =e= ftax * YF;
eq40..   FntoW =e= f_w * YF;
eq41..   Indtax + Tariff + k_g * YK + TOTHtax + Entax + Fntax + WtoG =e= YG;
eq42..   YG =e= PQ * GD + GtoH + GtoFn + SAVg + GtoW;
eq43..   PQ * GD =e= gdt * YG;
eq44..   GtoH =e= g_h * YG;
eq45..   GtoFn =e= g_f * YG;
eq46..   GtoW =e= g_w * YG;
eq47..   SAVh + SAVe + SAVf + SAVg + SAVw =E= SAV;
eq48..   PQ * ID =e= Invest;
eq49..   Invest =e= SAV + WALRAS;
eq50..   PWM * ER * M + LABtoW + HtoW + EntoW + FntoW + GtoW =e= YW;
eq51..   YW =e= PE * E + WtoLAB + WtoEn + WtoFn + WtoG + SAVw;
eq52..   WtoLAB =e= w_l * YW;
eq53..   WtoEn =e= w_e * YW;
eq54..   WtoFn =e= w_f * YW;
eq55..   WtoG =e= w_g * YW;
```

```
eq56..  GDP = e = W * LAB + RK * CAP + Indtax + Tariff;
eq57..  RGDP = e = PQ0 * (CD + GD + ID) + PE0 * E - PWM0 * ER0 * M;
eq58..  Pindex = e = GDP/RGDP;
eq59..  CPI = E = PQ/PQ0;
eq60..  Addtariff = e = PE * E * (addtariffrate1 * addshare1 + addtariffrate2 * addshare2 + addtariffrate3 * addshare3);
eq61..  Addmtax = e = PWM * ER * M * (addmtaxrate1 * maddshare1 + addmtaxrate2 * maddshare2 + addmtaxrate3 * maddshare3);
*再增加一个没有实际含义的方程,用于 NLP 算法
eq62..  Omega = e = 1;
*对方程变量赋初始值
PD.l = PD0;D.l = D0;PE.l = PE0;E.l = E0;PX.l = PX0;X.l = X0;PP.l = PP0;PWE.l = PWE0;INT.l = INT0;LAB.l = LAB0;RK.l = RK0;Indtax.l = Indtax0;CD.l = CD0;GD.l = GD0;ID.l = ID0;Q.l = Q0;PM.l = PM0;M.l = M0;Tariff.l = Tariff0;PWM.l = PWM0;PQ.l = PQ0;YL.l = YL0;LABtoH.l = LABtoH0;YK.l = YK0;EntoH.l = EntoH0;FntoH.l = FntoH0;GtoH.l = GtoH0;YH.l = YH0;HtoFn.l = HtoFn0;TOTHtax.l = TOTHtax0;SAVh.l = SAVh0;HtoW.l = HtoW0;FntoEn.l = FntoEn0;WtoEn.l = WtoEn0;YE.l = YE0;EntoFn.l = EntoFn0;Entax.l = Entax0;SAVe.l = SAVe0;EntoW.l = EntoW0;GtoFn.l = GtoFn0;WtoFn.l = WtoFn0;YF.l = YF0;Fntax.l = Fntax0;SAVf.l = SAVf0;FntoW.l = FntoW0;YG.l = YG0;SAVg.l = SAVg0;SAV.l = SAV0;Invest.l = Invest0;WALRAS.l = WALRAS0;YW.l = YW0;WtoG.L = WtoG0;GtoW.L = GtoW0;GDP.l = GDP0;RGDP.l = RGDP0;CPI.l = CPI0;Addtariff.l = Addtariff0;Addmtax.l = Addmtax0;Pindex.l = Pindex0;
*设置闭合条件
CAP.fx = CAP0;
W.fx = W0;
ER.fx = ER0;
SAVw.fx = SAVw0;
PWSE.fx = PWSE0;
PWSM.fx = PWSM0;
*模拟中美贸易战
*情景1:美国第一轮加税(500亿美元商品,25%税率),中国不反制
addtariffrate1 = 0.25;
addshare1 = 500/22635.22;
*情景2:中国第一轮反制(500亿美元商品,25%税率)
addmtaxrate1 = 0.25;
maddshare1 = 500/18409.82;
*情景3:美国第二轮加税(2000亿美元商品,25%税率),中国不反制
```

```
addtariffrate2 = 0.25;
addshare2 = 2000/22635.22;
*情景4:中国第二轮反制(600亿美元商品,25%税率)
addmtaxrate2 = 0.25;
maddshare2 = 600/18409.82;
*情景5:美国第三轮加税(剩余全部中国商品,25%税率),中国不反制
addtariffrate3 = 0.25;
addshare3 = 1797.5454/22635.22;
*情景6:中国第三轮反制(剩余全部美国商品,25%税率)
addmtaxrate3 = 0.25;
maddshare3 = 439.4292/18409.82;
*模型求解:包括MCP算法和NLP算法,模型要求采用MCP算法和NLP算法结果一致
model dcge /all/;
solve dcge using mcp;
*solve dcge maximizing Omega using nlp;
parameter   zgdp,zrgdp;zgdp = GDP.l/GDP0 * 100 - 100;zrgdp = RGDP.l/RGDP0 * 100 - 100;
display zgdp,zrgdp
*将结果导出到excel中,excel名称为transport15
Execute_Unload 'transport15.gdx',
Addmtax Addmtax0 Addtariff Addtariff0 CAP CAP0 CD CD0 CPI CPI0 D D0 E E0 Entax
Entax0 EntoFn EntoFn0 EntoH EntoH0 EntoW EntoW0 ER ER0 Fntax Fntax0 FntoEn
FntoEn0 FntoH FntoH0 FntoW FntoW0 GD GD0 GDP GDP0 GtoFn
GtoFn0 GtoH GtoH0 GtoW GtoW0 HtoFn HtoFn0 HtoW HtoW0 ID ID0 Indtax Indtax0
INT INT0 Invest Invest0 LAB LAB0 LABtoH LABtoH0 LABtoW LABtoW0 M M0 PD PD0 PE
PE0 Pindex Pindex0 PM PM0 PP PP0 PQ PQ0 PWE PWE0 PWM PWM0 PWSE PWSE0 PWSM PWSM0
PX PX0 Q Q0 RGDP RGDP0 RK RK0 SAV SAV0SAVe SAVe0 SAVf SAVf0 SAVg SAVg0 SAVh
SAVh0 SAVw SAVw0 Tariff Tariff0 TOTHtax TOTHtax0 W W0 WALRAS WALRAS0 WtoEn
WtoEn0 WtoFn WtoFn0 WtoG WtoG0 WtoLAB WtoLAB0 X X0 YE YE0 YF YF0 YG YG0 YH
YH0 YK YK0 YL YL0 YW YW0
Execute 'gdxviewer.exe i = transport15.gdx xls = transport15.xls id = * ' ;
```

第四章　微观CGE模型程序代码

```
*微观CGE模型的GAMS程序
set u SAM
```

```
/ACT01 * ACT29,COM01 * COM29,LAB,CAP,HSH,ENT,FNT,GOV,FIC,USA,JAP,EUR,OTW,TOTAL/
a(u)/ACT01 * ACT29/, pri(a)/ACT01/,sec(a)/ACT02 * ACT28/, ter(a)/ACT29/,
c(u)/COM01 * COM29/, co(u)/USA, JAP, EUR, OTW/, usa(co)/USA/, nusa(co)/JAP, EUR,OTW/,
sigma_1/sigma_x,sigma_ex,sigma_ex_co/, sigma_2/sigma_im,sigma_im_co/,
addshare/addshare1,addshare2,addshare3/
maddshare/maddshare1,maddshare2,maddshare3/;
Alias (u,uu),(a,aa),(c,cc),(co,coo),(nusa,nusaa);
parameters SAM(u,uu),sigma1(a,sigma_1),sigma2(c,sigma_2),yitaexco(a,co),
yitaimco(co,c),addshare_matrix(a,addshare),maddshare_matrix(c,maddshare),
ident(a,c);
*从微观SAM表中取数,
Execute
'GDXXRW SAM9.24.xls o=SAM.gdx  par=SAM  rng=B2:BT72  Cdim=1 Rdim=1'
'GDXXRW SAM9.24.xls o=sigma1.gdx  par=sigma1  rng=B78:E107  Cdim=1 Rdim=1'
'GDXXRW SAM9.24.xls o=sigma2.gdx  par=sigma2  rng=F78:H107  Cdim=1 Rdim=1'
'GDXXRW SAM9.24.xls o=yitaexco.gdx  par=yitaexcorng=I78:M107  Cdim=1 Rdim=1'
'GDXXRW SAM9.24.xls o=yitaimco.gdx  par=yitaimcorng=N78:AQ82  Cdim=1 Rdim=1'
'GDXXRW SAM9.24.xls o=addshare_matrix.gdx par=addshare_matrixrng=B110:E139 Cdim=1 Rdim=1'
'GDXXRW SAM9.24.xls o=maddshare_matrix.gdx par=maddshare_matrixrng=F110:I139 Cdim=1 Rdim=1'
'GDXXRW SAM9.24.xls o=ident.gdx par=ident rng=B145:AE174  Cdim=1 Rdim=1';
Execute_load 'SAM.gdx',SAM
Execute_load 'sigma1.gdx',sigma1
Execute_load 'sigma2.gdx',sigma2
Execute_load 'yitaexco.gdx',yitaexco
Execute_load 'yitaimco.gdx',yitaimco
Execute_load 'addshare_matrix.gdx',addshare_matrix
Execute_load 'maddshare_matrix.gdx',maddshare_matrix
Execute_load 'ident.gdx',ident
parameters
itax(a),addtariffrate1,addtariffrate2,addtariffrate3,addshare_1(a),addshare_2(a),addshare_3(a),addmtaxrate1,addmtaxrate2,addmtaxrate3,maddshare_1(c),maddshare_2(c),maddshare_3(c),acon_ex(a,co),acon_im(co,c),yita_ex(a,co),a_dx(a),sigma_ex(a),a_ex(a),a_ee(a,co),sigma_ex_co(a),a_cap
```

(a),sigma_x(a),a_lab(a),alpha_int(c,a),a_d(c),a_m(c),sigma_im(c),ident(a,c),a_mm(co,c),sigma_im_co(c),mtax(c),yita_im(co,c),k_h,mpc(c),h_f,htax,h_w(co),k_e,e_h,e_f,etax,e_w(co),k_f,f_h,f_e,ftax,f_w(co),k_g,gdt(c),g_h,g_f,g_w(co),w_l(co),w_e(co),w_f(co),w_g(co),inv(c),l_w,w_gg,PDX0(a),DX0(a),PE0(a),E0(a),PX0(a),X0(a),PP0(a),PEE0(a,co),EE0(a,co),PWE0(a,co),ER0,Addtariff0(a,usa),PWSE0,PQ0(c),W0(a),LAB0(a),RK0(a),CAP0(a),Indtax0(a),CD0(c),GD0(c),ID0(c),Q0(c),PD0(c),D0(c),PM0(c),M0(c),PD0(c),D0(c),MM0(co,c),PMM0(co,c),PWM0(co,c),Addmtax0(usa,c),Tariff0(c),PWSM0,WtoLAB0(co),YL0,LABtoH0,LABtoW0(co),YK0,EntoH0,FntoH0,GtoH0,YH0,HtoFn0,TOTHtax0,SAVh0,HtoW0(co),FntoEn0,WtoEn0(co),YE0,Entax0,EntoFn0,SAVe0,EntoW0(co),YF0,GtoFn0,WtoFn0(co),Fntax0,SAVf0,FntoW0(co),WtoG0(co),YG0,SAVg0,SAVw0(co),SAV0,Invest0,WALRAS0,YW0(co),TOTGDP0,GDP0(a),Trans_Tariff0(a),RGDP0(c),TOTRGDP0,Pindex0,CPI0,INT0(c,a),GtoW0(co),Omega0;

*定义参数值

PDX0(a)=1;PD0(c)=1;PP0(a)=1;PQ0(c)=1;W0(a)=1;RK0(a)=1;ER0=1;PWE0(a,co)=1;PWM0(co,c)=1;PWSE0=1;PWSM0=1;Pindex0=1;CPI0=1;Tariff0(c)= sam("GOV",c);mtax(c) $ (sum(co,sam(co,c)) ne 0)=Tariff0(c)/sum(co,sam(co,c));mtax(c) $ (sum(co,sam(co,c)) eq 0)=0;PMM0(co,c)= PWM0(co,c) * (1+mtax(c)) * ER0;MM0(co,c)=sam(co,c)/(PWM0(co,c) * ER0);PM0(c)=1+mtax(c);M0(c)=sum(co,MM0(co,c) * PMM0(co,c))/PM0(c);PE0(a)=1;E0(a)=sum(co,sam(a,co))/PE0(a);DX0(a)=sum(c,SAM(a,c));D0(c)=sum(a,SAM(a,c));PEE0(a,co)=1;EE0(a,co)=sam(a,co)/PEE0(a,co);Addtariff0(a,usa)=0;Addmtax0(usa,c)=0;LAB0(a)=sam("LAB",a)/W0(a);CAP0(a)=sam("CAP",a)/RK0(a);Indtax0(a)=sam("GOV",a);CD0(c)=sam(c,"HSH")/PQ0(c);GD0(c)=sam(c,"GOV")/PQ0(c);ID0(c)=sam(c,"FIC")/PQ0(c);Q0(c)=sam(c,"TOTAL")/PQ0(c);INT0(c,a)=sam(c,a)/PQ0(c);WtoLAB0(co)=sam("LAB",co);YL0=sam("LAB","TOTAL");LABtoH0=sam("HSH","LAB");LABtoW0(co)=sam(co,"LAB");YK0=sam("CAP","TOTAL");EntoH0=sam("HSH","ENT");FntoH0=sam("HSH","FNT");GtoH0=sam("HSH","GOV");YH0=sam("HSH","TOTAL");HtoFn0=sam("FNT","HSH");TOTHtax0=sam("GOV","HSH");SAVh0=sam("FIC","HSH");HtoW0(co)=sam(co,"HSH");FntoEn0=sam("ENT","FNT");WtoEn0(co)=sam("ENT",co);YE0=sam("ENT","TOTAL");Entax0=sam("GOV","ENT");EntoFn0=sam("FNT","ENT");SAVe0=sam("FIC","ENT");EntoW0(co)=sam(co,"ENT");YF0=sam("FNT","TOTAL");GtoFn0=sam("FNT","GOV");WtoFn0(co)=sam("FNT",co);Fntax0=sam("GOV","FNT");SAVf0=sam("FIC","FNT");FntoW0(co)=sam(co,"FNT");WtoG0(co)=sam("GOV",co);YG0=sam("GOV","TOTAL");SAVg0=sam("FIC","GOV");SAVw0(co)=sam("FIC",co);SAV0=sam("FIC","TOTAL");Invest0=SAV0;WALRAS0=0;YW0(co)=sam(co,"TOTAL");GtoW0(co)=sam(co,"GOV");itax(a)=Indtax0(a)/(sum(c,INT0(c,a))+sam("LAB",a)+sam("CAP",a));PX0(a)=(1+itax(a)) * PP0(a);X0(a)=sam(a,"TOTAL")/PX0(a);addshare_1(a)=addshare_matrix(a,"addshare1");addshare_2(a)=addshare_matrix(a,"addshare2");addshare_3(a)=addshare_matrix(a,"addshare3");maddshare_1

(c) = maddshare_matrix(c,"maddshare1"); maddshare_2(c) = maddshare_matrix(c,"maddshare2"); maddshare_3(c) = maddshare_matrix(c,"maddshare3"); addtariffrate1 = 0.0; addtariffrate2 = 0.0; addtariffrate3 = 0.0; addmtaxrate1 = 0.0; addmtaxrate2 = 0.0; addmtaxrate3 = 0.0; acon_ex(a,co) = EE0(a,co); acon_im(co,c) = MM0(co,c); yita_ex(a,co) = yitaexco(a,co); sigma_ex(a) = sigma1(a,"sigma_ex"); a_dx(a) = DX0(a)/X0(a) * (PX0(a)/PDX0(a)) ** sigma_ex(a); a_ex(a) = E0(a)/X0(a) * (PX0(a)/PE0(a)) ** sigma_ex(a); sigma_ex_co(a) = sigma1(a,"sigma_ex_co"); a_ee(a,co) $ (E0(a) ne 0) = EE0(a,co)/E0(a) * (PE0(a)/PEE0(a,co)) ** sigma_ex_co(a); a_ee(a,co) $ (E0(a) eq 0) = 0; sigma_x(a) = sigma1(a,"sigma_x"); a_cap(a) = CAP0(a)/X0(a) * (RK0(a)/PP0(a)) ** sigma_x(a); a_lab(a) = LAB0(a)/X0(a) * (W0(a)/PP0(a)) ** sigma_x(a); alpha_int(c,a) = INT0(c,a)/X0(a); sigma_im(c) = sigma2(c,"sigma_im"); a_d(c) = D0(c)/Q0(c) * (PD0(c)/PQ0(c)) ** sigma_im(c); a_m(c) = M0(c)/Q0(c) * (PM0(c)/PQ0(c)) ** sigma_im(c); sigma_im_co(c) = sigma2(c,"sigma_im_co"); a_mm(co,c) $ (M0(c) ne 0) = MM0(co,c)/M0(c) * (PMM0(co,c)/PM0(c)) ** sigma_im_co(c); a_mm(co,c) $ (M0(c) eq 0) = 0; yita_im(co,c) = yitaimco(co,c); l_w(co) = LABtoW0(co)/YL0; k_h = sam("HSH","CAP")/YK0; mpc(c) = PQ0(c) * CD0(c)/YH0; h_f = HtoFn0/YH0; htax = TOTHtax0/YH0; h_w(co) = HtoW0(co)/YH0; k_e = sam("ENT","CAP")/YK0; e_h = EntoH0/YE0; e_f = EntoFn0/YE0; etax = Entax0/YE0; e_w(co) = EntoW0(co)/YE0; k_f = sam("FNT","CAP")/YK0; f_h = FntoH0/YF0; f_e = FntoEn0/YF0; ftax = Fntax0/YF0; f_w(co) = FntoW0(co)/YF0; k_g = sam("GOV","CAP")/YK0; gdt(c) = PQ0(c) * GD0(c)/YG0; g_h = GtoH0/YG0; g_f = GtoFn0/YG0; g_w(co) = GtoW0(co)/YG0; w_l(co) = WtoLAB0(co)/YW0(co); w_e(co) = WtoEn0(co)/YW0(co); w_f(co) = WtoFn0(co)/YW0(co); w_g(co) = WtoG0(co)/YW0(co); Trans_Tariff0(a) = sum(c,ident(a,c) * Tariff0(c)); GDP0(a) = W0(a) * LAB0(a) + RK0(a) * CAP0(a) + Indtax0(a) + Trans_Tariff0(a); TOTGDP0 = sum(a,GDP0(a)); RGDP0(c) = PQ0(c) * CD0(c) + PQ0(c) * GD0(c) + PQ0(c) * ID0(c) + sum(a,PE0(a) * E0(a) * ident(a,c)) - sum(co,PWM0(co,c) * ER0 * MM0(co,c)); TOTRGDP0 = sum(c,RGDP0(c)); inv(c) = PQ0(c) * ID0(c)/Invest0; Omega0 = 1; w_gg = sum(co,WtoG0(co))/sum(co,YW0(co));

variable

PDX(a),DX(a),PE(a),E(a),PX(a),X(a),PP(a),PEE(a,co),EE(a,co),PWE(a,co),ER,Addtariff(a,usa),PWSE,PQ(c),W(a),LAB(a),RK(a),CAP(a),Indtax(a),CD(c),GD(c),ID(c),Q(c),PM(c),M(c),PD(c),D(c),MM(co,c),PMM(co,c),PWM(co,c),Addmtax(usa,c),Tariff(c),PWSM,WtoLAB(co),YL,LABtoH,LABtoW(co),YK,EntoH,FntoH,GtoH,YH,HtoFn,TOTHtax,SAVh,HtoW(co),FntoEn,WtoEn(co),YE,Entax,EntoFn,SAVe,EntoW(co),YF,GtoFn,WtoFn(co),Fntax,SAVf,FntoW(co),WtoG(co),YG,SAVg,SAVw(co),SAV,Invest,WALRAS,YW(co),TOTGDP,GDP(a),Trans_Tariff(a),RGDP(c),TOTRGDP,Pindex,CPI,INT(c,a),GtoW(co),Omega;

Equations

eq01(a),eq02(a),eq03(a,nusa),eq04(a,usa),eq05(a,usa),eq06(a,co),eq07(a),eq08(a),eq09(a),eq10(a,co),eq11(a),eq12(a),eq13(a),eq14(a),eq15(c,a),eq16(c),eq17(c),eq18(c),eq19(c),eq20(c),eq21(c),eq22(c),eq23(co,c),eq24(nusa,c),eq25(usa,c),eq26(usa,c),eq27(c),eq28

```
(co,c),eq29,eq30,eq31(co),eq32,eq33,eq34,eq35(c),eq36,eq37,eq38(co),eq39,eq40,eq41,eq42,
eq43,eq44(co),eq45,eq46,eq47,eq48,eq49,eq50(co),eq51,eq52,eq53(c),eq54,eq55,eq56,eq57,eq58
(c),eq59,eq60(co),eq61(co),eq62(co),eq63(co),eq64(co),eq65(co),eq66(a),eq67(a),eq68,eq69
(c),eq70,eq71,eq72,eq73;
    *以下方程与本章第一节中所列方程一一对应
    eq01(a)..   PDX(a)*DX(a)+PE(a)*E(a)=e= PX(a)*X(a);
    eq02(a)..   PX(a)=e=PP(a)*(1+itax(a));
    eq03(a,nusa)..   PEE(a,nusa)*EE(a,nusa)=e=PWE(a,nusa)*ER*EE(a,nusa);
    eq04(a,usa)..   PEE(a,usa)*EE(a,usa)=e=PWE(a,usa)*ER*EE(a,usa)-Addtariff(a,
usa);
    eq05(a,usa)..   Addtariff(a,usa)=e=PEE(a,usa)*EE(a,usa)*(addtariffrate1*
    addshare_1(a)+addtariffrate2*addshare_2(a)+addtariffrate3*addshare_3(a));
    eq06(a,co)..   EE(a,co)*PWE(a,co)**yita_ex(a,co)=e=acon_ex(a,co)*PWSE**yita_ex
(a,co);
    eq07(a)..   DX(a)*PX(a)**sigma_ex(a)=e=a_dx(a)*PDX(a)**sigma_ex(a)*X(a);
    eq08(a)..   E(a)*PX(a)**sigma_ex(a)=e=a_ex(a)*PE(a)**sigma_ex(a)*X(a);
    eq09(a)..   PE(a)*E(a)=e=sum(co,PEE(a,co)*EE(a,co));
    eq10(a,co)..   EE(a,co)*PE(a)**sigma_ex_co(a)=e=
    a_ee(a,co)*PEE(a,co)**sigma_ex_co(a)*E(a);
    eq11(a)..   PP(a)*X(a)=e=sum(c,PQ(c)*INT(c,a))+W(a)*LAB(a)+RK(a)*CAP
(a);
    eq12(a)..Indtax(a)=e=itax(a)*PP(a)*X(a);
    eq13(a)..   CAP(a)*RK(a)**sigma_x(a)=e=a_cap(a)*PP(a)**sigma_x(a)*X(a);
    eq14(a)..   LAB(a)*W(a)**sigma_x(a)=e=a_lab(a)*PP(a)**sigma_x(a)*X(a);
    eq15(c,a)..   INT(c,a)=e=alpha_int(c,a)*X(a);
    eq16(c)..   sum(a,PQ(c)*INT(c,a))+PQ(c)*CD(c)+PQ(c)*GD(c)+PQ(c)*ID(c)=e
=PQ(c)*Q(c);
    eq17(c)..   PQ(c)*Q(c)=e=PD(c)*D(c)+PM(c)*M(c);
    eq18(c)..   D(c)*PD(c)**sigma_im(c)=e=a_d(c)*PQ(c)**sigma_im(c)*Q(c);
    eq19(c)..   M(c)*PM(c)**sigma_im(c)=e=a_m(c)*PQ(c)**sigma_im(c)*Q(c);
    eq20(c)..   D(c)=e=sum(a,DX(a)*ident(a,c));
    eq21(c)..   PD(c)=e=sum(a,PDX(a)*ident(a,c));
    eq22(c)..   PM(c)*M(c)=e=sum(co,MM(co,c)*PMM(co,c));
    eq23(co,c)..   MM(co,c)*PMM(co,c)**sigma_im_co(c)=e=a_mm(co,c)*PM(c)**
    sigma_im_co(c)*M(c);
    eq24(nusa,c)..   PMM(nusa,c)=e=PWM(nusa,c)*(1+mtax(c))*ER;
```

```
eq25(usa,c)..  PMM(usa,c) * MM(usa,c) =e= PWM(usa,c) * (1 + mtax(c)) * ER * MM(usa,c) + Addmtax(usa,c);
eq26(usa,c)..  Addmtax(usa,c) =e= PWM(usa,c) * ER * MM(usa,c) * (addmtaxrate1 * maddshare_1(c) + addmtaxrate2 * maddshare_2(c) + addmtaxrate3 * maddshare_3(c));
eq27(c)..  Tariff(c) =e= mtax(c) * sum(co,PWM(co,c) * ER * MM(co,c))
 + sum(usa,Addmtax(usa,c));
eq28(co,c)..  MM(co,c) * PWSM ** yita_im(co,c) =e= acon_im(co,c) * PWM(co,c) ** yita_im(co,c);
eq29..  sum(a,W(a) * LAB(a)) + sum(co,WtoLAB(co)) =e= YL;
eq30..  YL =e= LABtoH + sum(co,LABtoW(co));
eq31(co).. LABtoW(co) =e= l_w(co) * YL;
eq32..  sum(a,RK(a) * CAP(a)) =e= YK;
eq33.. LABtoH + k_h * YK + EntoH + FntoH + GtoH =e= YH;
eq34..  YH =e= sum(c,PQ(c) * CD(c)) + HtoFn + TOTHtax + SAVh + sum(co,HtoW(co));
eq35(c)..  PQ(c) * CD(c) =e= mpc(c) * YH;
eq36.. HtoFn =e= h_f * YH;
eq37.. TOTHtax =e= htax * YH;
eq38(co).. HtoW(co) =e= h_w(co) * YH;
eq39.. k_e * YK + FntoEn + sum(co,WtoEn(co)) =e= YE;
eq40..  YE =e= EntoH + EntoFn + Entax + SAVe + sum(co,EntoW(co));
eq41.. EntoH =e= e_h * YE;
eq42.. EntoFn =e= e_f * YE;
eq43.. Entax =e= etax * YE;
eq44(co).. EntoW(co) =e= e_w(co) * YE;
eq45.. k_f * YK + HtoFn + EntoFn + GtoFn + sum(co,WtoFn(co)) =e= YF;
eq46..  YF =e= FntoH + FntoEn + Fntax + SAVf + sum(co,FntoW(co));
eq47.. FntoH =e= f_h * YF;
eq48.. FntoEn =e= f_e * YF;
eq49.. Fntax =e= ftax * YF;
eq50(co).. FntoW(co) =e= f_w(co) * YF;
eq51..  sum(a,Indtax(a)) + sum(c,Tariff(c)) + k_g * YK + TOTHtax + Entax + Fntax + sum(co,WtoG(co)) =e= YG;
eq52..  YG =e= sum(c,PQ(c) * GD(c)) + GtoH + GtoFn + SAVg + sum(co,GtoW(co));
eq53(c)..  PQ(c) * GD(c) =e= gdt(c) * YG;
eq54.. GtoH =e= g_h * YG;
eq55.. GtoFn =e= g_f * YG;
```

```
eq56..   sum(co,GtoW(co)) =e= sum(co,g_w(co)) * YG;
eq57.. SAVh + SAVe + SAVf + SAVg + sum(co,SAVw(co)) =e= SAV;
eq58(c)..   PQ(c) * ID(c) =e= inv(c) * Invest;
eq59..   Invest =e= SAV + WALRAS;
eq60(co)..   sum(c,PWM(co,c) * ER * MM(co,c)) + LABtoW(co) + HtoW(co) + EntoW(co) +
FntoW(co) + GtoW(co) =e= YW(co);
eq61(co).. YW(co) =e= sum(a,PEE(a,co) * EE(a,co)) + WtoLAB(co) + WtoEn(co) + WtoFn
(co) + WtoG(co) + SAVw(co);
eq62(co).. WtoLAB(co) =e= w_l(co) * YW(co);
eq63(co).. WtoEn(co) =e= w_e(co) * YW(co);
eq64(co).. WtoFn(co) =e= w_f(co) * YW(co);
eq65(co).. WtoG(co) =e= w_g(co) * YW(co);
eq66(a)..   GDP(a) =e= W(a) * LAB(a) + RK(a) * CAP(a) + Indtax(a) + Trans_Tariff(a);
eq67(a).. Trans_Tariff(a) =e= sum(c,IDENT(a,c) * Tariff(c));
eq68..   TOTGDP =e= sum(a,GDP(a));
eq69(c)..   RGDP(c) =e= PQ0(c) * CD(c) + PQ0(c) * GD(c) + PQ0(c) * ID(c) +
sum(a,sum(co,PEE0(a,co) * EE(a,co)) * IDENT(a,c)) - sum(co,PWM0(co,c) * ER0 * MM
(co,c));
eq70..   TOTRGDP =e= sum(c,RGDP(c));
eq71.. Pindex =e= TOTGDP/TOTRGDP;
eq72..   CPI =e= sum(c,PQ(c) * CD0(c))/sum(c,PQ0(c) * CD0(c));
eq73..   Omega =e= 1;
*定义初始值
PDX.l(a) = PDX0(a);DX.l(a) = DX0(a);PE.l(a) = PE0(a);E.l(a) = E0(a);PX.l(a) = PX0
(a);X.l(a) = X0(a);PP.l(a) = PP0(a);PEE.l(a,co) = PEE0(a,co);EE.l(a,co) = EE0(a,co);ER.
l = ER0;Addtariff.l(a,usa) = Addtariff0(a,usa);PWSE.l = PWSE0;PQ.l(c) = PQ0(c);W.l(a) = W0
(a);LAB.l(a) = LAB0(a);RK.l(a) = RK0(a);CAP.l(a) = CAP0(a);Indtax.l(a) = Indtax0(a);CD.l
(c) = CD0(c);GD.l(c) = GD0(c);ID.l(c) = ID0(c);Q.l(c) = Q0(c);PM.l(c) = PM0(c);M.l(c) =
M0(c);PD.l(c) = PD0(c);D.l(c) = D0(c);MM.l(co,c) = MM0(co,c);PMM.l(co,c) = PMM0(co,
c);PWM.l(co,c) = PWM0(co,c);PWE.l(a,co) = PWE0(a,co);Addmtax.l(usa,c) = Addmtax0(usa,
c);Tariff.l(c) = Tariff0(c);PWSM.l = PWSM0;WtoLAB.l(co) = WtoLAB0(co);YL.l = YL0;LABtoH.l =
LABtoH0;LABtoW.l(co) = LABtoW0(co);YK.l = YK0;EntoH.l = EntoH0;FntoH.l = FntoH0;GtoH.l =
GtoH0;YH.l = YH0;HtoFn.l = HtoFn0;TOTHtax.l = TOTHtax0;SAVh.l = SAVh0;HtoW.l(co) = HtoW0
(co);FntoEn.l = FntoEn0;WtoEn.l(co) = WtoEn0(co);YE.l = YE0;Entax.l = Entax0;EntoFn.l =
EntoFn0;SAVe.l = SAVe0;EntoW.l(co) = EntoW0(co);YF.l = YF0;GtoFn.l = GtoFn0;WtoFn.l(co) = Wt-
oFn0(co);Fntax.l = Fntax0;SAVf.l = SAVf0;FntoW.l(co) = FntoW0(co);WtoG.l(co) = WtoG0(co);
```

```
YG.l=YG0;SAVg.l=SAVg0;SAVw.l(co)=SAVw0(co);SAV.l=SAV0;Invest.l=Invest0;WALRAS.l=
WALRAS0;YW.l(co)=YW0(co);TOTGDP.l=TOTGDP0;GDP.l(a)=GDP0(a);Trans_Tariff.l(a)=
Trans_Tariff0(a);RGDP.l(c)=RGDP0(c);TOTRGDP.l=TOTRGDP0;Pindex.l=Pindex0;CPI.l=CPI0;
INT.l(c,a)=INT0(c,a);GtoW.l(co)=GtoW0(co);Omega.l=Omega0;
*闭合条件
ER.fx=ER0;SAVw.fx(co)=SAVw0(co);W.fx(a)=W0(a);CAP.fx(a)=CAP0(a);PWSE.fx=
PWSE0;PWSM.fx=PWSM0;
*模拟中美贸易摩擦
*情景1
addtariffrate1 =0.25;
*情景2
addmtaxrate1 =0.25;
*情景3
addtariffrate2 =0.25;
*情景4
addmtaxrate2 =0.25;
*情景5
addtariffrate3 =0.25;
*情景6
addmtaxrate3 =0.25;
*使用mcp和nlp算法都可以,结果是一致的
model dcge /all/;
*solve dcge usingmcp;
solve dcge maximizing Omega using nlp;
parameter gdp_growth,rgdp_growth;
gdp_growth=TOTGDP.l/TOTGDP0*100-100;rgdp_growth=TOTRGDP.l/TOTRGDP0*100-100;
display gdp_growth,rgdp_growth
```

第五章 金融 CGE 模型程序代码

```
**本程序为金融CGE模型程序,共140个方程,149个变量
set u / ACT,COM,LAB,CAP,C_HSH,C_ENT,C_FNT,C_CBK,C_SPV,C_GOV,C_ROW,
F_HSH,F_ENT,F_FNT,F_CBK,F_SPV,F_GOV,F_ROW,Dep,Loan,Bond,Fin,Res,MPT,FD,RT,
TOTAL/
cur(u)/C_HSH,C_ENT,C_FNT,C_CBK,C_SPV,C_GOV,C_ROW/
```

```
fic(u)/F_HSH,F_ENT,F_FNT,F_CBK,F_SPV,F_GOV,F_ROW/
f(u)/Dep,Loan,Bond,Fin,MPT,FD,RT/
alias (u,v) ,(cur,curr),(fic,ficc),(f,fff);
parameters  SAM(u,v),  INTR(cur,curr),  TAX(cur,curr),  TRANS(cur,curr),  ASSET1(f,
fic),  ASSET0(f,fic),  LIAB1(fic,f),  LIAB0(fic,f);
*读取 Excel 文件数据,Excel 文件名为 2016SAM19.4.9.xls
Execute
'GDXXRW 2016SAM19.4.9.xls o=SAM.gdx  par=SAM  rng=C5:AC31  Cdim=1 Rdim=1'
'GDXXRW 2016SAM19.4.9.xls o=INTR.gdx  par=INTR  rng=C36:J43  Cdim=1 Rdim=1'
'GDXXRW 2016SAM19.4.9.xls o=TAX.gdx  par=TAX  rng=C47:J54  Cdim=1 Rdim=1'
'GDXXRW 2016SAM19.4.9.xls o=TRANS.gdx  par=TRANS  rng=C58:J65  Cdim=1 Rdim=1'
'GDXXRW 2016SAM19.4.9.xls o=ASSET1.gdx  par=ASSET1  rng=C70:J77  Cdim=1 Rdim=1'
'GDXXRW 2016SAM19.4.9.xls o=ASSET0.gdx  par=ASSET0  rng=C81:J88  Cdim=1 Rdim=1'
'GDXXRW 2016SAM19.4.9.xls o=LIAB1.gdx  par=LIAB1  rng=C93:J100  Cdim=1 Rdim=1'
'GDXXRW 2016SAM19.4.9.xls o=LIAB0.gdx  par=LIAB0 rng=C104:J111  Cdim=1 Rdim=1';
Execute_load 'SAM.gdx',SAM;
Execute_load 'INTR.gdx',INTR;
Execute_load 'TAX.gdx',TAX;
Execute_load 'TRANS.gdx',TRANS;
Execute_load 'ASSET1.gdx',ASSET1;
Execute_load 'ASSET0.gdx',ASSET0;
Execute_load 'LIAB1.gdx',LIAB1;
Execute_load 'LIAB0.gdx',LIAB0;
*定义参数,初始值,初始值也是参数。
parameters
PD0,PQ0,PP0,PX0,PM0,PE0,W0,RK0,X0,INT0,LAB0,CAP0,Q0,CD0,GD0,D0,E0,M0,Exsub0,
Indtax0,VAT0, CONT0, Tariff0, PWM0, PWE0, ER0, PWSE0, PWSM0, LABtoH0, LABtoW0, WtoLAB0, F_
GtoEn0,F_GtoW0, F_WtoG0, YL0, YK0, YCH0, YCE0, YCF0, YCC0, YCS0, YCG0, YCW0, YFH0, YFE0,
YFF0,YFC0,YFS0,YFG0,YFW0,IDh0,IDe0,IDf0,IDg0,SAVh0,SAVe0,SAVf0,SAVc0,SAVs0,SAVg0,
SAVw0,TOTHtax0,Entax0,Fntax0,HtoEn0,HtoFn0,HtoG0,EntoH0,EntoFn0,EntoG0,EntoW0,FntoH0,Fn-
toEn0,FntoG0,FntoW0,GtoH0,GtoW0,WtoEn0,WtoG0,Ih_f0,Ie_f0,Ie_s0,If_h0,If_e0,If_c0,If_s0,If_g0,If
_w0,Ic_f0, Is_h0, Is_e0, Is_f0, Is_g0, Ig_h0, Ig_f0, Ig_c0, Ig_w0, Iw_f0, Iw_c0, DEPh00, Bh00, Fh00,
DEPe00,Fe00, OFDI00, Lf00, Bf00, Ff00, RES00, Bc00, FRES00, REL00, FDc00, DEPs00, Bs00, FLs00,
DEPg00,Fg00, DEPw00, FDI00, FDf00, FDg00, DEPf00, CASH00, Lh00, Le00, Lg00, Lw00, Be00, Bg00,
FLe00,FLf00,Fs00,Rd0,Rl0,Rf0,RDFB0,RDF0,Rbf0,RDB0,Rga0,Rea0,GDP0,RGDP0,M20,L0,DEP0,
LEVG0,CPI0,Pindex0,WALRAS0,Rbe0,Rbg0,Rfl0,DEPh0,Bh0,Fh0,DEPe0,Fe0,OFDI0,Lf0,Bf0,Ff0,
```

RES0, Bc0, FRES0, REL0, FDc0, DEPs0, Bs0, FLs0, DEPg0, Fg0, DEPw0, FDI0, FDf0, FDg0, DEPf0, CASH0, Lh0, Le0, Lg0, Lw0, Be0, Bg0, FLe0, FLf0, Fs0, A_RTh, A_RTe, A_RTf, A_RTc, A_RTs, A_RTg, A_RTw, A_RTh0, A_RTe0, A_RTf0, A_RTc0, A_RTs0, A_RTg0, A_RTw0, L_RTh, L_RTe, L_RTf, L_RTc, L_RTs, L_RTg, L_RTw, L_RTh0, L_RTe0, L_RTf0, L_RTc0, L_RTs0, L_RTg0, L_RTw0, SAVh2015, SAVf2015, SAVg2015, a_cap, a_d, a_dx, a_ex, a_idh, a_lab, a_lh, a_m, acon_ex, acon_im, ag_h2, alpha_b, alpha_int, alpha_sg, beta_be, beta_bg, beta_f, BRD, BRL, CAvat, CAcont, CAc_f, CAe_f, CAe_s, CAf_c, CAf_e, CAf_g, CAf_h, CAf_s, CAf_w, CAg_c, CAg_f, CAg_h, CAg_w, CAh_f, CAs_e, CAs_f, CAs_g, CAs_h, CAw_c, CAw_f, cb_fre, ch, ce, cg, cw, CONST, d_c, e_b, e_d, e_f, e_fl, e_id, esub, eta_ex, eta_im, etax, f_b, f_f, f_fd, f_fl, ftax, g_f, g_id, gdt, h_b, h_d, h_f, htax, itax1, itax2, itax3, k_e, k_f, k_g, k_h, l_h, mpc, mtax, n_idh, n_lh, phibe, phibg, phid, phif, phil, Rfres, Rrel, Rres, RRR, s_b, s_d, s_fl, sigma_b, sigma_c, sigma_d, sigma_e, sigma_ex, sigma_f, sigma_g, sigma_h, sigma_im, sigma_s, sigma_x, tau_be, tau_bg, tau_d, tau_f, tau_l, te_f, te_g, te_h, te_w, tf_e, tf_g, tf_h, tf_w, tfg_e, tg_h1, tg_h2, tg_w, th_e, th_f, th_g, theta_be, theta_bg, theta_d, theta_f, theta_l, tOFDI, tw_e, tw_g, tw_l, w_d, w_FD, w_FDI, w_Lw;

*参数赋值

PD0 = 1; PP0 = 1; PQ0 = 1; W0 = 1; RK0 = 1; ER0 = 1; PWM0 = 1; PWE0 = 1; PWSM0 = 1; PWSE0 = 1; Pindex0 = 1; CPI0 = 1; esub = SAM('ACT','C_GOV')/(SAM('ACT','C_GOV') + SAM('ACT','C_ROW')); PE0 = PWE0 * ER0/(1 - esub); mtax = SAM('C_GOV','COM')/SAM('C_ROW','COM'); PM0 = (1 + mtax) * PWM0 * ER0; INT0 = SAM('COM','ACT')/PQ0; LAB0 = SAM('LAB','ACT')/W0; CAP0 = SAM('CAP','ACT')/RK0; X0 = (SAM('COM','ACT') + SAM('LAB','ACT') + SAM('CAP','ACT'))/PP0; Q0 = SAM('COM','TOTAL')/PQ0; E0 = SAM('ACT','C_ROW')/(PWE0 * ER0); M0 = SAM('C_ROW','COM')/(PWM0 * ER0); D0 = SAM('ACT','COM')/PD0; CD0 = SAM('COM','C_HSH')/PQ0; GD0 = SAM('COM','C_GOV')/PQ0; IDh0 = SAM('COM','F_HSH')/PQ0; IDe0 = SAM('COM','F_ENT')/PQ0; IDf0 = SAM('COM','F_FNT')/PQ0; IDg0 = SAM('COM','F_GOV')/PQ0; Exsub0 = SAM('ACT','C_GOV'); Indtax0 = SAM('C_GOV','ACT'); Tariff0 = SAM('C_GOV','COM'); TOTHtax0 = TAX('C_GOV','C_HSH'); Entax0 = TAX('C_GOV','C_ENT'); Fntax0 = TAX('C_GOV','C_FNT'); F_GtoEn0 = SAM('F_ENT','F_GOV'); F_GtoW0 = SAM('F_ROW','F_GOV'); F_WtoG0 = SAM('F_GOV','F_ROW'); VAT0 = 0.627 * Indtax0; CONT0 = 0.373 * Indtax0; itax1 = 0.16; itax2 = 0.10; itax3 = 0.06; CAvat = VAT0/((0.42 * itax1 + 0.20 * itax2) * (LAB0 * W0 + CAP0 * RK0) + 0.31 * itax3 * (LAB0 * W0 + CAP0 * RK0 + INT0 * PQ0)); CAcont = CONT0/(LAB0 * W0 + CAP0 * RK0 + INT0 * PQ0); PX0 = (PQ0 * INT0 + (LAB0 * W0 + CAP0 * RK0) + Indtax0)/X0; YL0 = SAM('LAB','TOTAL'); YK0 = SAM('CAP','TOTAL'); YCH0 = SAM('C_HSH','TOTAL'); YCE0 = SAM('C_ENT','TOTAL'); YCF0 = SAM('C_FNT','TOTAL'); YCC0 = SAM('C_CBK','TOTAL'); YCS0 = SAM('C_SPV','TOTAL'); YCG0 = SAM('C_GOV','TOTAL'); YCW0 = SAM('C_ROW','TOTAL'); YFH0 = SAM('F_HSH','TOTAL'); YFE0 = SAM('F_ENT','TOTAL'); YFF0 = SAM('F_FNT','TOTAL'); YFC0 = SAM('F_CBK','TOTAL'); YFS0 = SAM('F_SPV','TOTAL'); YFG0 = SAM('F_GOV','TOTAL'); YFW0 = SAM('F_ROW','TOTAL'); LABtoH0 = SAM('C

_HSH','LAB');LABtoW0 = SAM('C_ROW','LAB');WtoLAB0 = SAM('LAB','C_ROW');HtoEn0 = TRANS('C_ENT','C_HSH');HtoFn0 = TRANS('C_FNT','C_HSH');HtoG0 = TRANS('C_GOV','C_HSH');EntoH0 = TRANS('C_HSH','C_ENT');EntoFn0 = TRANS('C_FNT','C_ENT');EntoG0 = TRANS('C_GOV','C_ENT');EntoW0 = TRANS('C_ROW','C_ENT');FntoH0 = TRANS('C_HSH','C_FNT');FntoEn0 = TRANS('C_ENT','C_FNT');FntoG0 = TRANS('C_GOV','C_FNT');FntoW0 = TRANS('C_ROW','C_FNT');GtoH0 = TRANS('C_HSH','C_GOV');GtoW0 = TRANS('C_ROW','C_GOV');WtoEn0 = TRANS('C_ENT','C_ROW');WtoG0 = TRANS('C_GOV','C_ROW');SAVh0 = SAM('F_HSH','C_HSH');SAVe0 = SAM('F_ENT','C_ENT');SAVf0 = SAM('F_FNT','C_FNT');SAVc0 = SAM('F_CBK','C_CBK');SAVs0 = SAM('F_SPV','C_SPV');SAVg0 = SAM('F_GOV','C_GOV');SAVw0 = SAM('F_ROW','C_ROW');Ih_f0 = INTR('C_FNT','C_HSH');Ie_f0 = INTR('C_FNT','C_ENT');Ie_s0 = INTR('C_SPV','C_ENT');If_h0 = INTR('C_HSH','C_FNT');If_e0 = INTR('C_ENT','C_FNT');If_c0 = INTR('C_CBK','C_FNT');If_s0 = INTR('C_SPV','C_FNT');If_g0 = INTR('C_GOV','C_FNT');If_w0 = INTR('C_ROW','C_FNT');Ic_f0 = INTR('C_FNT','C_CBK');Is_h0 = INTR('C_HSH','C_SPV');Is_e0 = INTR('C_ENT','C_SPV');Is_f0 = INTR('C_FNT','C_SPV');Is_g0 = INTR('C_GOV','C_SPV');Ig_h0 = INTR('C_HSH','C_GOV');Ig_f0 = INTR('C_FNT','C_GOV');Ig_c0 = INTR('C_CBK','C_GOV');Ig_w0 = INTR('C_ROW','C_GOV');Iw_f0 = INTR('C_FNT','C_ROW');Iw_c0 = INTR('C_CBK','C_ROW');DEPh00 = ASSET1('DEP','F_HSH');Bh00 = ASSET1('BOND','F_HSH');Fh00 = ASSET1('FIN','F_HSH');DEPe00 = ASSET1('DEP','F_ENT');Fe00 = ASSET1('FIN','F_ENT');OFDI00 = ASSET1('FD','F_ENT');Lf00 = ASSET1('LOAN','F_FNT');Bf00 = ASSET1('BOND','F_FNT');Ff00 = ASSET1('FIN','F_FNT');RES00 = ASSET1('MPT','F_FNT');Bc00 = ASSET1('BOND','F_CBK');FRES00 = LIAB1('F_ROW','MPT');REL00 = LIAB1('F_FNT','MPT');FDc00 = ASSET1('FD','F_CBK');DEPs00 = ASSET1('DEP','F_SPV');Bs00 = ASSET1('BOND','F_SPV');FLs00 = ASSET1('FIN','F_SPV');DEPg00 = ASSET1('DEP','F_GOV');Fg00 = ASSET1('FIN','F_GOV');DEPw00 = ASSET1('DEP','F_ROW');FDI00 = LIAB1('F_ENT','FD');FDf00 = LIAB1('F_FNT','FD');FDg00 = LIAB1('F_GOV','FD');DEPf00 = LIAB1('F_FNT','DEP');CASH00 = LIAB1('F_CBK','DEP');Lh00 = LIAB1('F_HSH','LOAN');Le00 = LIAB1('F_ENT','LOAN');Lg00 = LIAB1('F_GOV','LOAN');Lw00 = LIAB1('F_ROW','LOAN');Be00 = LIAB1('F_ENT','BOND');Bg00 = LIAB1('F_GOV','BOND');FLe00 = LIAB1('F_ENT','FIN');FLf00 = LIAB1('F_FNT','FIN');Fs00 = LIAB1('F_SPV','FIN');DEPh0 = ASSET0('DEP','F_HSH');Bh0 = ASSET0('BOND','F_HSH');Fh0 = ASSET0('FIN','F_HSH');DEPe0 = ASSET0('DEP','F_ENT');Fe0 = ASSET0('FIN','F_ENT');OFDI0 = ASSET0('FD','F_ENT');Lf0 = ASSET0('LOAN','F_FNT');Bf0 = ASSET0('BOND','F_FNT');Ff0 = ASSET0('FIN','F_FNT');RES0 = ASSET0('MPT','F_FNT');Bc0 = ASSET0('BOND','F_CBK');FRES0 = LIAB0('F_ROW','MPT');REL0 = LIAB0('F_FNT','MPT');FDc0 = ASSET0('FD','F_CBK');DEPs0 = ASSET0('DEP','F_SPV');Bs0 = ASSET0('BOND','F_SPV');FLs0 = ASSET0('FIN','F_SPV');DEPg0 = ASSET0('DEP','F_GOV');Fg0 = ASSET0('FIN','F_GOV');

DEPw0 = ASSET0('DEP','F_ROW');FDI0 = LIAB0('F_ENT','FD');FDf0 = LIAB0('F_FNT','FD');FDg0 = LIAB0('F_GOV','FD');DEPf0 = LIAB0('F_FNT','DEP');CASH0 = LIAB0('F_CBK','DEP');Lh0 = LIAB0('F_HSH','LOAN');Le0 = LIAB0('F_ENT','LOAN');Lg0 = LIAB0('F_GOV','LOAN');Lw0 = LIAB0('F_ROW','LOAN');Be0 = LIAB0('F_ENT','BOND');Bg0 = LIAB0('F_GOV','BOND');FLe0 = LIAB0('F_ENT','FIN');FLf0 = LIAB0('F_FNT','FIN');Fs0 = LIAB0('F_SPV','FIN');A_RTh = ASSET1('RT','F_HSH');A_RTe = ASSET1('RT','F_ENT');A_RTf = ASSET1('RT','F_FNT');A_RTc = ASSET1('RT','F_CBK');A_RTs = ASSET1('RT','F_SPV');A_RTg = ASSET1('RT','F_GOV');A_RTw = ASSET1('RT','F_ROW');A_RTh0 = ASSET0('RT','F_HSH');A_RTe0 = ASSET0('RT','F_ENT');A_RTf0 = ASSET0('RT','F_FNT');A_RTc0 = ASSET0('RT','F_CBK');A_RTs0 = ASSET0('RT','F_SPV');A_RTg0 = ASSET0('RT','F_GOV');A_RTw0 = ASSET0('RT','F_ROW');L_RTh = LIAB1('F_HSH','RT');L_RTe = LIAB1('F_ENT','RT');L_RTf = LIAB1('F_FNT','RT');L_RTc = LIAB1('F_CBK','RT');L_RTs = LIAB1('F_SPV','RT');L_RTg = LIAB1('F_GOV','RT');L_RTw = LIAB1('F_ROW','RT');L_RTh0 = LIAB0('F_HSH','RT');L_RTe0 = LIAB0('F_ENT','RT');L_RTf0 = LIAB0('F_FNT','RT');L_RTc0 = LIAB0('F_CBK','RT');L_RTs0 = LIAB0('F_SPV','RT');L_RTg0 = LIAB0('F_GOV','RT');L_RTw0 = LIAB0('F_ROW','RT');SAVh2015 = 156649.11;SAVf2015 = 22662.29 * SAVf0/(SAVf0 + SAVc0);SAVg2015 = 30899.74;k_h = SAM('C_HSH','CAP')/YK0;k_e = SAM('C_ENT','CAP')/YK0;k_f = SAM('C_FNT','CAP')/YK0;k_g = SAM('C_GOV','CAP')/YK0;sigma_ex = 5;sigma_im = 3.5;sigma_x = 0.63;eta_ex = 2;eta_im = 2;sigma_h = 2;sigma_e = 2;sigma_f = 2;sigma_c = 2;sigma_s = 2;sigma_g = 2;sigma_d = 2;sigma_b = 2;Rbe0 = 0.0468;Rbg0 = 0.0265;Rd0 = 0.01725;Rl0 = 0.053;Rf0 = 0.0415;Rfl0 = 0.0928;Rrel = 0.0385;Rres = 0.0162;Rfres = 0.033;BRD = 0.015;BRL = 0.0435;Rbf0 = (Rbe0 * (Be00 - Bs00) + Rbg0 * (Bg00 - Bc00 - Bh00))/Bf00;Rea0 = (Rl0 * Le00 + Rbe0 * Be00 + Rfl0 * Fle00)/(Le00 + Be00 + Fle00);Rga0 = (Rl0 * Lg00 + Rbg0 * Bg00)/(Lg00 + Bg00);RDFB0 = (Rd0 * DEPh00 + Rf0 * Fh00 + Rl0 * Bh00)/(DEPh00 + Fh00 + Bh00);RDF0 = (Rd0 * DEPe00 + Rf0 * Fe00)/(DEPe00 + Fe00);RDB0 = (Rd0 * DEPs00 + Rl0 * Bs00)/(DEPs00 + Bs00);GDP0 = W0 * LAB0 + RK0 * CAP0 + Indtax0 + Tariff0 - Exsub0;RGDP0 = PQ0 * (CD0 + GD0 + IDh0 + IDe0 + IDf0 + IDg0) + PWE0 * ER0 * E0 - PWM0 * ER0 * M0;M20 = DEPh00 + DEPe00 + DEPs00 + DEPg00;L0 = Lf00;DEP0 = DEPh00 + DEPe00 + DEPs00 + DEPg00 + DEPw00 - CASH00;LEVG0 = (Lf00 + Be00 + Bg00 + FLe00)/GDP0 * 100;WALRAS0 = 0;acon_ex = E0 * (PWE0/PWSE0) ** eta_ex;acon_im = M0 * (PWSM0/PWM0) ** eta_im;alpha_int = INT0/X0;a_dx = (D0/X0) * (PX0/PD0) ** sigma_ex;a_ex = (E0/X0) * (PX0/PE0) ** sigma_ex;a_cap = (CAP0/X0) * (RK0/PP0) ** sigma_x;a_lab = (LAB0/X0) * (W0/PP0) ** sigma_x;a_d = (D0/Q0) * (PD0/PQ0) ** sigma_im;a_m = (M0/Q0) * (PM0/PQ0) ** sigma_im;l_h = LABtoH0/YL0;mpc = PQ0 * CD0/(YCH0 - HtoEn0 - HtoFn0 - HtoG0 - TOTHtax0 - Ih_f0);htax = TOTHtax0/(YCH0 - HtoEn0 - HtoFn0 - HtoG0);n_lh = 1.65;a_lh = log(Lh00) - n_lh * log(YCH0 - HtoEn0 - HtoFn0 - HtoG0 - TOTHtax0 - Ih_f0);th_e = HtoEn0/YCH0;th_f = HtoFn0/YCH0;th_g = HtoG0/YCH0;etax = Entax0/(YCE0 - Ie_f0 - Ie_s0 - EntoH0);te_h = EntoH0/YCE0;te_f = EntoFn0/YCE0;te_g = EntoG0/YCE0;te_w = EntoW0/YCE0;ftax =

Fntax0/(YCF0 - If_h0 - FntoH0 - If_e0 - If_c0 - If_s0 - If_g0 - If_w0);tf_h = FntoH0/YCF0;tf_e = FntoEn0/YCF0;tf_g = FntoG0/YCF0;tf_w = FntoW0 * ER0/YCF0;gdt = PQ0 * GD0/(YCG0 - Ig_h0 - GtoH0 - Ig_f0 - Ig_c0 - Ig_w0 - GtoW0 - Exsub0);tg_h1 = GtoH0/YCG0;tg_h2 = 0.1;ag_h2 = GtoH0/(YCG0) ** tg_h2;tg_w = GtoW0/YCG0;tw_l = WtoLAB0/YCW0;tw_e = WtoEn0/YCW0;tw_g = WtoG0/YCW0;ch = 60395.21/68303.87;ce = 6147.35/68303.87;cg = 1366.08/68303.87;cw = 395.23/68303.87;n_idh = 1.076;a_idh = log(PQ0 * IDh0) - n_idh * log(SAVh0);h_d = DEPh00/SAVh0;h_f = Fh00/(DEPh00 - ch * CASH00)/((1 + Rf0)/(1 + Rd0)) ** sigma_h;h_b = Bh00/(DEPh00 - ch * CASH00)/((1 + Rbg0)/(1 + Rd0)) ** sigma_h;e_id = log(PQ0 * IDe0)/log(Le00 + Be00 + FDI00 + SAVe0);e_d = DEPe00/Le00;e_f = Fe00/(DEPe00 - ce * CASH00)/((1 + Rf0)/(1 + Rd0)) ** sigma_e;f_b = Bf00/Lf00/((1 + Rbf0)/(1 + Rl0)) ** sigma_f;f_f = Ff00/Lf00/((1 + Rf0)/(1 + Rl0)) ** sigma_f;f_fl = FLf00/(DEPf00 + FDf00)/((1 + Rd0)/(1 + Rfl0)) ** sigma_f;f_fd = FDf00/DEPf00;RRR = RES00/DEPf00;cb_fre = FRES00/FDc00/((1 + Rfres)/(1 + Rl0)) ** sigma_c;s_b = Bs00/Be00;s_fl = FLs00/Bs00/((1 + Rfl0)/(1 + Rbe0)) ** sigma_s;s_d = DEPs00/Bs00/((1 + Rd0)/(1 + Rbe0)) ** sigma_s;CAh_f = Ih_f0/(Rl0 * (Lh00 + Lh0)/2);CAe_f = Ie_f0/(Rl0 * (Le00 + Le0)/2 + Rbe0 * (Be00 - Bs00 + Be0 - Bs0)/2);CAe_s = Ie_s0/(Rbe0 * (Bs00 + Bs0)/2 + Rfl0 * (FLe00 + FLe0)/2);CAf_h = If_h0/(Rd0 * (DEPh00 - ch * CASH00 + DEPh0 - ch * CASH0)/2);CAf_e = If_e0/(Rd0 * (DEPe00 - ce * CASH00 + DEPe0 - ce * CASH0)/2);CAf_c = If_c0/(Rrel * (REL00 + REL0)/2);CAf_s = (If_s0 - 4703)/(Rfl0 * (FLf00 + FLf0)/2 + Rd0 * (DEPs00 + DEPs0)/2);CAf_g = If_g0/(Rd0 * (DEPg00 - cg * CASH00 + DEPg0 - cg * CASH0)/2);CAf_w = If_w0/(Rd0 * ((DEPw00 - cw * CASH00 + DEPw0 - cw * CASH0)/2 + (FDf00 + FDf0)/2));CAc_f = Ic_f0/(Rres * (RES00 + RES0)/2);CAs_h = Is_h0/(Rf0 * (Fh00 + Fh0)/2);CAs_e = Is_e0/(Rf0 * (Fe00 + Fe0)/2);CAs_f = Is_f0/(Rf0 * (Ff00 + Ff0)/2);CAs_g = Is_g0/(Rf0 * (Fg00 + Fg0)/2);CAg_h = Ig_h0/(Rbg0 * (Bh00 + Bh0)/2);CAg_f = Ig_f0/(Rl0 * (Lg00 + Lg0)/2 + Rbg0 * (Bf00 - Be00 + Bs00 + Bf0 - Be0 + Bs0)/2);CAg_c = Ig_c0/(Rbg0 * (Bc00 + Bc0)/2);CAg_w = Ig_w0/(Rl0 * (FDg00 + FDg0)/2);CAw_f = Iw_f0/(Rl0 * (Lw00 + Lw0)/2);CAw_c = Iw_c0/((Rfres * (FRES00 + FRES0)/2 + Rl0 * (FDc00 + FDc0)/2));theta_d = 0.6;tau_d = 0.4;phid = Rd0 - theta_d * BRD - tau_d * Rf0;theta_l = 0.6;tau_l = 0.4;phil = Rl0 - theta_l * BRL - tau_l * Rf0;theta_f = 0.6;tau_f = 0.05;beta_f = 0.05;phif = Rf0 - theta_f * BRD - tau_f * RRR - beta_f * ((Lf00 + Bf00)/(Lf0 + Bf0) - (DEPf00 + REL00 - RES00 + SAVf0)/(DEPf0 + REL0 - RES0 + SAVf2015));theta_be = 0.8;tau_be = 0.2;beta_be = 0.01;phibe = Rbe0 - theta_be * Rl0 - tau_be * Rf0 - beta_be * (Be00/Be0 - (DEPf00 + REL00 - RES00 + Fs00 + SAVf0)/(DEPf0 + REL0 - RES0 + Fs0 + SAVf2015));theta_bg = 0.8;tau_bg = 0.2;beta_bg = 0.05;phibg = Rbg0 - theta_bg * Rd0 - tau_bg * Rf0 - beta_bg * (Bg00/Bg0 - (DEPf00 + REL00 - RES00 + SAVf0 + SAVh0)/(DEPf0 + REL0 - RES0 + SAVf2015 + SAVh2015));tOFDI = OFDI00/(PWM0 * ER0 * M0);tfg_e = F_GtoEn0/(PQ0 * IDg0);g_id = log(PQ0 * IDg0)/log(Bg00 + Lg00 + SAVg0);g_f = Fg00/(DEPg00 - cg * CASH00)/((1 + Rf0)/(1 + Rd0)) ** sigma_g;alpha_sg = 0.42;CONST = Bg00/Bg0 * ((SAVg0 + Lg00)/(SAVg2015 + Lg0)) ** alpha_sg;w_d = DEPw00/(Lw00 + FDc00);w_FDI = FDI00/(PWE0 * ER0 * E0);w_FD = FDg00/YCW0;w_Lw = Lw00/YCW0;d_c = DEPf00/CASH00/((1 + Rd0)/(1

+0)) ** sigma_d;alpha_b = (Be00 - Bs00)/(Bg00 - Bc00 - Bh00)/((1 + Rbe0)/(1 + Rbg0)) ** sigma_b;e_fl = FLe00/Le00/((1 + Rl0)/(1 + Rfl0)) ** sigma_e;e_b = Be00/Le00/((1 + Rl0)/(1 + Rbe0)) ** sigma_e;

*定义变量

variable

PD,PQ,PP,PX,PM,PE,W,RK,X,INT,LAB,CAP,Q,CD,GD,D,E,M,Exsub,Indtax,VAT,CONT,Tariff PWM,PWE,ER,PWSE,PWSM,LABtoH,LABtoW,WtoLAB,F_GtoEn,F_GtoW,F_WtoG,YL,YK,YCH,YCE,YCF,YCC,YCS,YCG,YCW,YFH,YFE,YFF,YFC,YFS,YFG,YFW,IDh,IDe,IDf,IDg,SAVh,SAVe,SAVf,SAVc,SAVs,SAVg,SAVw,TOTHtax,Entax,Fntax,HtoEn,HtoFn,HtoG,EntoH,EntoFn,EntoG,EntoW,FntoH,FntoEn,FntoG,FntoW,GtoH,GtoW,WtoEn,WtoG,Ih_f,Ie_f,Ie_s,If_h,If_e,If_c,If_s,If_g,If_w,Ic_f,Is_h,Is_e,Is_f,Is_g,Ig_h,Ig_f,Ig_c,Ig_w,Iw_f,Iw_c,DEPh,Bh,Fh,DEPe,Fe,OFDI,Lf,Bf,Ff,RES,Bc,FRES,REL,FDc,DEPs,Bs,FLs,DEPg,Fg,DEPw,FDI,FDf,FDg,DEPf,CASH,Lh,Le,Lg,Lw,Be,Bg,FLe,FLf,Fs,Rd,Rl,Rf,Rbe,Rbg,Rbf,GDP,RGDP,M2,LEVG,CPI,Pindex,WALRAS,Rfl,Rrp,Omega;

equations

eq01,eq02,eq03,eq04,eq05,eq06,eq07,eq08,eq09,eq10,eq11,eq12,eq13,eq14,eq15,eq16,eq17,eq18,eq19,eq20,eq21,eq22,eq23,eq24,eq25,eq26,eq27,eq28,eq29,eq30,eq31,eq32,eq33,eq34,eq35,eq36,eq37,eq38,eq39,eq40,eq41,eq42,eq43,eq44,eq45,eq46,eq47,eq48,eq49,eq50,eq51,eq52,eq53,eq54,eq55,eq56,eq57,eq58,eq59,eq60,eq61,eq62,eq63,eq64,eq65,eq66,eq67,eq68,eq69,eq70,eq71,eq72,eq73,eq74,eq75,eq76,eq77,eq78,eq79,eq80,eq81,eq82,eq83,eq84,eq85,eq86,eq87,eq88,eq89,eq90,eq91, eq92, eq93, eq94, eq95, eq96, eq97, eq98, eq99, eq100, eq101, eq102, eq103, eq104, eq105,eq106,eq107,eq108,eq109,eq110,eq111,eq112,eq113,eq114,eq115,eq116,eq117,eq118,eq119,eq120,eq121,eq122,eq123,eq124,eq125,eq126,eq127,eq128,eq129,eq130,eq131,eq132,eq133,eq134,eq135,eq136,eq137,eq138,eq139,eq140;

*共 140 个方程,与本章第一节所列方程一一对应

eq01.. PD * D + PE * E = e = PX * X;

eq02.. PE * (1 - esub) = e = PWE * ER;

eq03.. E = e = acon_ex * (PWSE/PWE) ** eta_ex;

eq04.. D = e = a_dx * (PD/PX) ** sigma_ex * X;

eq05.. E = e = a_ex * (PE/PX) ** sigma_ex * X;

eq06.. PP * X = e = PQ * INT + W * LAB + RK * CAP;

eq07.. PX * X = e = PQ * INT + (W * LAB + RK * CAP) + Indtax;

eq08.. CAP = e = a_cap * (PP/RK) ** sigma_x * X;

eq09.. LAB = e = a_lab * (PP/W) ** sigma_x * X;

eq10.. INT = e = alpha_int * X;

eq11.. Indtax = e = VAT + CONT;

eq12.. VAT = e = CAvat * ((0.42 * itax1 + 0.20 * itax2) * (LAB * W + CAP * RK) + 0.31 * itax3 *

```
(LAB * W + CAP * RK + INT * PQ));
    eq13..  CONT =e= CAcont * (LAB * W + CAP * RK + INT * PQ);
    eq14..  PQ * INT + PQ * CD + PQ * GD + PQ * IDh + PQ * IDe + PQ * IDf + PQ * IDg =e= PQ * Q;
    eq15..  PQ * Q =e= PD * D + PM * M;
    eq16..  PM =e= (1 + mtax) * PWM * ER;
    eq17..  Tariff =e= mtax * PWM * ER * M;
    eq18..  D =e= a_d * (PQ/PD) ** sigma_im * Q;
    eq19..  M =e= a_m * (PQ/PM) ** sigma_im * Q;
    eq20..  M =e= acon_im * (PWM/PWSM) ** eta_im;
    eq21..  W * LAB + WtoLAB =e= YL;
    eq22..  YL =e= LABtoH + LABtoW;
    eq23..  LABtoH =e= l_h * YL;
    eq24..  RK * CAP =e= YK;
    eq25..  LABtoH + k_h * YK + EntoH + If_h + FntoH + Is_h + Ig_h + GtoH =e= YCH;
    eq26..  YCH =e= PQ * CD + HtoEn + Ih_f + HtoFn + TOTHtax + HtoG + SAVh;
    eq27..  PQ * CD =e= mpc * (YCH - HtoEn - Ih_f - HtoFn - HtoG - TOTHtax);
    eq28..  HtoEn =e= th_e * YCH;
    eq29..  Ih_f =e= CAh_f * Rl * (Lh + Lh0)/2;
    eq30..  HtoFn =e= th_f * YCH;
    eq31..  TOTHtax =e= htax * (YCH - HtoEn - HtoFn - HtoG);
    eq32..  HtoG =e= th_g * YCH;
    eq33..  k_e * YK + HtoEn + If_e + FntoEn + Is_e + WtoEn =e= YCE;
    eq34..  YCE =e= EntoH + Ie_f + EntoFn + Ie_s + Entax + EntoG + EntoW + SAVe;
    eq35..  EntoH =e= te_h * YCE;
    eq36..  Ie_f =e= CAe_f * (Rl * (Le + Le0)/2 + Rbe * (Be - Bs + Be0 - Bs0)/2);
    eq37..  EntoFn =e= te_f * YCE;
    eq38..  Ie_s =e= CAe_s * (Rbe * (Bs + Bs0)/2 + Rfl * (FLe + FLe0)/2);
    eq39..  Entax =e= etax * (YCE - Ie_f - Ie_s - EntoH);
    eq40..  EntoG =e= te_g * YCE;
    eq41..  EntoW =e= te_w * YCE;
    eq42..  k_f * YK + Ih_f + HtoFn + Ie_f + EntoFn + Ic_f + Is_f + Ig_f + Iw_f =e= YCF;
    eq43..  YCF =e= If_h + FntoH + If_e + FntoEn + If_c + If_s + If_g + Fntax + FntoG + If_w + FntoW +
SAVf;
    eq44..  If_h =e= CAf_h * Rd * (DEPh - ch * CASH + DEPh0 - ch * CASH0)/2;
    eq45..  FntoH =e= tf_h * YCF;
    eq46..  If_e =e= CAf_e * Rd * (DEPe - ce * CASH + DEPe0 - ce * CASH0)/2;
```

```
eq47..  FntoEn =e= tf_e * YCF;
eq48..  If_c =e= CAf_c * Rrel * (REL + REL0)/2;
eq49..  If_s =e= CAf_s * (Rfl * (FLf + FLf0)/2 + Rd * (DEPs + DEPs0)/2) +4703;
eq50..  If_g =e= CAf_g * Rd * (DEPg - cg * CASH + DEPg0 - cg * CASH0)/2;
eq51..  Fntax =e= ftax * (YCF - If_h - FntoH - If_e - If_c - If_s - If_g - If_w);
eq52..  FntoG =e= tf_g * YCF;
eq53..  If_w =e= CAf_w * Rd * ((DEPw - cw * CASH + DEPw0 - cw * CASH0)/2 + (FDf + FDf0)/2);
eq54..  FntoW =e= tf_w * YCF;
eq55..  If_c + Ig_c + Iw_c =e= YCC;
eq56..  YCC =e= Ic_f + SAVc;
eq57..  Ic_f =e= CAc_f * Rres * (RES + RES0)/2;
eq58..  Ie_s + If_s =e= YCS;
eq59..  YCS =e= Is_h + Is_e + Is_f + Is_g + SAVs;
eq60..  Is_h =e= CAs_h * Rf * (Fh + Fh0)/2;
eq61..  Is_e =e= CAs_e * Rf * (Fe + Fe0)/2;
eq62..  Is_f =e= CAs_f * Rf * (Ff + Ff0)/2;
eq63..  Is_g =e= CAs_g * Rf * (Fg + Fg0)/2;
eq64..  Indtax + Tariff + k_g * YK + TOTHtax + HtoG + Entax + EntoG + If_g + Fntax + FntoG + Is_g + WtoG =e= YCG;
eq65..  YCG =e= PQ * GD + Ig_h + GtoH + Ig_f + Ig_c + Ig_w + GtoW + SAVg + Exsub;
eq66..  PQ * GD =e= gdt * (YCG - Ig_h - GtoH - Ig_f - Ig_c - Ig_w - GtoW - Exsub);
eq67..  Ig_h =e= CAg_h * Rbg * (Bh + Bh0)/2;
eq68..  GtoH =e= tg_h1 * YCG $ (YCG.m >= YCG0) + ag_h2 * YCG ** tg_h2 $ (YCG.m < YCG0);
eq69..  Ig_f =e= CAg_f * (Rl * (Lg + Lg0)/2 + Rbg * (Bf - Be + Bs + Bf0 - Be0 + Bs0)/2);
eq70..  Ig_c =e= CAg_c * Rbg * (Bc + Bc0)/2;
eq71..  Ig_w =e= CAg_w * Rl * (FDg + FDg0)/2;
eq72..  GtoW =e= tg_w * YCG;
eq73..  Exsub =e= (esub) * PE * E;
eq74..  PWM * ER * M + LABtoW + EntoW + If_w + FntoW + Ig_w + GtoW =e= YCW;
eq75..  YCW =e= PWE * ER * E + WtoLAB + WtoEn + Iw_f + Iw_c + WtoG + SAVw;
eq76..  WtoLAB =e= tw_l * YCW;
eq77..  WtoEn =e= tw_e * YCW;
eq78..  Iw_f =e= CAw_f * Rl * (Lw + Lw0)/2;
eq79..  Iw_c =e= CAw_c * (Rfres * (FRES + FRES0)/2 + Rl * (FDc + FDc0)/2);
```

```
eq80..  WtoG =e= tw_g * YCW;
eq81..  SAVh + Lh - Lh0 + L_RTh - L_RTh0 =e= YFH;
eq82..  YFH =e= PQ * IDh + DEPh - DEPh0 + Bh - Bh0 + Fh - Fh0 + A_RTh - A_RTh0;
eq83..  log(PQ * IDh) =e= n_idh * log(SAVh) + a_idh;
eq84..  Fh/(DEPh - ch * CASH) =e= h_f * ((1 + Rf)/(1 + Rd)) ** sigma_h;
eq85..  Bh/(DEPh - ch * CASH) =e= h_b * ((1 + Rbg)/(1 + Rd)) ** sigma_h;
eq86..  Rd =e= phid + theta_d * BRD + tau_d * Rf;
eq87..  Rl =e= phil + theta_l * BRL + tau_l * Rf;
eq88..  Rf =e= phif + theta_f * BRD + tau_f * RRR + beta_f * ((Lf + Bf)/(Lf0 + Bf0) - (DEPf +
REL - RES + SAVf)/(DEPf0 + REL0 - RES0 + SAVf2015));
eq89..  Rbe =e= phibe + theta_be * Rl + tau_be * Rf + beta_be * (Be/Be0 - (DEPf + REL - RES +
SAVf + Fs)/(DEPf0 + REL0 - RES0 + SAVf2015 + Fs0));
eq90..  Rbg =e= phibg + theta_bg * Rd + tau_bg * Rf + beta_bg * (Bg/Bg0 - (DEPf + REL - RES +
SAVf + SAVh)/(DEPf0 + REL0 - RES0 + SAVf2015 + SAVh2015));
eq91..  SAVe + F_GtoEn + Le - Le0 + Be - Be0 + FLe - FLe0 + FDI - FDI0 + L_RTe - L_RTe0 =e
=YFE;
eq92..  YFE =e= PQ * IDe + DEPe - DEPe0 + Fe - Fe0 + OFDI - OFDI0 + A_RTe - A_RTe0;
eq93.. log(PQ * IDe) =e= e_id * log(Le + Be + FDI + SAVe);
eq94..  Fe/(DEPe - ce * CASH) =e= e_f * ((1 + Rf)/(1 + Rd)) ** sigma_e;
eq95..  OFDI =e= tOFDI * (PWM * ER * M);
eq96..  SAVf + DEPf - DEPf0 + FLf - FLf0 + REL - REL0 + FDf - FDf0 + L_RTf - L_RTf0 =e= YFF;
eq97..  FLf/(DEPf + FDf) =e= f_fl * ((1 + Rd)/(1 + Rfl)) ** sigma_f;
eq98..  FDf =e= f_fd * DEPf;
eq99..  YFF =e= PQ * IDf + Lf - Lf0 + Bf - Bf0 + Ff - Ff0 + RES - RES0 + A_RTf - A_RTf0;
eq100..  Rbf =e= (Rbe * (Be - Bs) + Rbg * (Bg - Bc - Bh))/Bf;
eq101..  Bf/Lf =e= f_b * ((1 + Rbf)/(1 + Rl)) ** sigma_f;
eq102..  Ff/Lf =e= f_f * ((1 + Rf)/(1 + Rl)) ** sigma_f;
eq103..  RES =e= RRR * DEPf;
eq104..  SAVc + CASH - CASH0 + RES - RES0 + L_RTc - L_RTc0 =e= YFC;
eq105..  YFC =e= Bc - Bc0 + FRES - FRES0 + REL - REL0 + FDc - FDc0 + A_RTc - A_RTc0;
eq106..  FRES/FDc =e= cb_fre * ((1 + Rfres)/(1 + Rl)) ** sigma_c;
eq107..  SAVs + Fs - Fs0 + L_RTs - L_RTs0 =e= YFS;
eq108..  YFS =e= DEPs - DEPs0 + Bs - Bs0 + FLs - FLs0 + A_RTs - A_RTs0;
eq109..  DEPs/Bs =e= s_d * ((1 + Rd)/(1 + Rbe)) ** sigma_s;
eq110..  FLs/Bs =e= s_fl * ((1 + Rfl)/(1 + Rbe)) ** sigma_s;
eq111..  SAVg + F_WtoG + Lg - Lg0 + Bg - Bg0 + FDg - FDg0 + L_RTg - L_RTg0 =e= YFG;
```

eq112.. Bg/Bg0 * ((SAVg + Lg)/(SAVg2015 + Lg0)) ** alpha_sg = e = CONST;

eq113.. YFG = e = PQ * IDg + F_GtoEn + F_GtoW + DEPg - DEPg0 + Fg - Fg0 + A_RTg - A_RTg0;

eq114.. log(PQ * IDg) = e = g_id * log(Lg + Bg + SAVg);

eq115.. F_GtoEn = e = tfg_e * PQ * IDg;

eq116.. Fg/(DEPg - cg * CASH) = e = g_f * ((1 + Rf)/(1 + Rd)) ** sigma_g;

eq117.. SAVw + F_GtoW + Lw - Lw0 + FRES - FRES0 + OFDI - OFDI0 + FDc - FDc0 + L_RTw - L_RTw0 = e = YFW;

eq118.. YFW = e = F_WtoG + DEPw - DEPw0 + FDI - FDI0 + FDf - FDf0 + FDg - FDg0 + A_RTw - A_RTw0;

eq119.. DEPw = e = w_d * (Lw + FDc);

eq120.. FDI = e = w_FDI * (PWE * ER * E);

eq121.. FDg = e = w_FD * YCW;

eq122.. DEPh + DEPe + DEPs + DEPg + DEPw = e = DEPf + CASH;

eq123.. DEPf/CASH = e = d_c * ((1 + Rd)/(1 + 0)) ** sigma_d;

eq124.. Lf = e = Lh + Le + Lg + Lw;

eq125.. log(Lh) = e = n_lh * log(YCH - HtoEn - Ih_f - HtoFn - HtoG - TOTHtax) + a_lh;

eq126.. Lw = e = w_Lw * YCW;

eq127.. Bh + Bf + Bc + Bs = e = Be + Bg;

eq128.. (Be - Bs)/(Bg - Bc - Bh) = e = alpha_b * ((1 + Rbe)/(1 + Rbg)) ** sigma_b;

eq129.. Be/Le = e = e_b * ((1 + Rl)/(1 + Rbe)) ** sigma_e;

eq130.. Fh + Fe + Ff + Fg = e = Fs;

eq131.. FLs = e = FLe + FLf;

eq132.. FLe/Le = e = e_fl * ((1 + Rl)/(1 + Rfl)) ** sigma_e;

eq133.. GDP = e = W * LAB + RK * CAP + Indtax + Tariff - Exsub;

eq134.. RGDP = e = PQ0 * (CD + GD + IDh + IDe + IDf + IDg) + PWE0 * ER0 * E - PWM0 * ER0 * M;

eq135.. M2 = e = DEPh + DEPe + DEPs + DEPg;

eq136.. LEVG = e = (Lf + Be + Bg + FLe)/GDP * 100;

eq137.. CPI = e = PQ/PQ0;

eq138.. Pindex = e = GDP/RGDP;

eq139.. SAVh + SAVe + SAVf + SAVc + SAVs + SAVg + SAVw = e = WALRAS + PQ * (IDh + IDe + IDf + IDg);

eq140.. Omega = e = 1;

*赋初始值

PD.l = PD0; PQ.l = PQ0; PP.l = PP0; PX.l = PX0; PM.l = PM0; PE.l = PE0; W.l = W0; RK.l = RK0; X.l = X0; INT.l = INT0; LAB.l = LAB0; CAP.l = CAP0; Q.l = Q0; CD.l = CD0; GD.l = GD0; D.l = D0; E.l =

E0;M.l = M0;Exsub.l = Exsub0;Indtax.l = Indtax0;VAT.l = VAT0;CONT.l = CONT0;Tariff.l = Tariff0;PWM.l = PWM0;PWE.l = PWE0;PWSE.l = PWSE0;PWSM.l = PWSM0;LABtoH.l = LABtoH0;LABtoW.l = LABtoW0;WtoLAB.l = WtoLAB0;F_GtoEn.l = F_GtoEn0;F_GtoW.l = F_GtoW0;F_WtoG.l = F_WtoG0;YL.l = YL0;YK.l = YK0;YCH.l = YCH0;YCE.l = YCE0;YCF.l = YCF0;YCC.l = YCC0;YCS.l = YCS0;YCG.l = YCG0;YCW.l = YCW0;YFH.l = YFH0;YFE.l = YFE0;YFF.l = YFF0;YFC.l = YFC0;YFS.l = YFS0;YFG.l = YFG0;YFW.l = YFW0;IDh.l = IDh0;IDe.l = IDe0;IDf.l = IDf0;IDg.l = IDg0;SAVh.l = SAVh0;SAVe.l = SAVe0;SAVf.l = SAVf0;SAVc.l = SAVc0;SAVs.l = SAVs0;SAVg.l = SAVg0;SAVw.l = SAVw0;TOTHtax.l = TOTHtax0;Entax.l = Entax0;Fntax.l = Fntax0;HtoEn.l = HtoEn0;HtoFn.l = HtoFn0;HtoG.l = HtoG0;EntoH.l = EntoH0;EntoFn.l = EntoFn0;EntoG.l = EntoG0;EntoW.l = EntoW0;FntoH.l = FntoH0;FntoEn.l = FntoEn0;FntoG.l = FntoG0;FntoW.l = FntoW0;GtoH.l = GtoH0;GtoW.l = GtoW0;WtoEn.l = WtoEn0;WtoG.l = WtoG0;Ih_f.l = Ih_f0;Ie_f.l = Ie_f0;Ie_s.l = Ie_s0;If_h.l = If_h0;If_e.l = If_e0;If_c.l = If_c0;If_s.l = If_s0;If_g.l = If_g0;If_w.l = If_w0;Ic_f.l = Ic_f0;Is_h.l = Is_h0;Is_e.l = Is_e0;Is_f.l = Is_f0;Is_g.l = Is_g0;Ig_h.l = Ig_h0;Ig_f.l = Ig_f0;Ig_c.l = Ig_c0;Ig_w.l = Ig_w0;Iw_f.l = Iw_f0;Iw_c.l = Iw_c0;DEPh.l = DEPh00;Bh.l = Bh00;Fh.l = Fh00;DEPe.l = DEPe00;Fe.l = Fe00;OFDI.l = OFDI00;Lf.l = Lf00;Bf.l = Bf00;Ff.l = Ff00;RES.l = RES00;Bc.l = Bc00;FRES.l = FRES00;REL.l = REL00;FDc.l = FDc00;DEPs.l = DEPs00;Bs.l = Bs00;FLs.l = FLs00;DEPg.l = DEPg00;Fg.l = Fg00;DEPw.l = DEPw00;FDI.l = FDI00;FDf.l = FDf00;FDg.l = FDg00;DEPf.l = DEPf00;CASH.l = CASH00;Lh.l = Lh00;Le.l = Le00;Lg.l = Lg00;Lw.l = Lw00;Be.l = Be00;Bg.l = Bg00;FLe.l = FLe00;FLf.l = FLf00;Fs.l = Fs00;Rd.l = Rd0;Rl.l = Rl0;Rf.l = Rf0;GDP.l = GDP0;RGDP.l = RGDP0;M2.l = M20;LEVG.l = LEVG0;CPI.l = CPI0;Pindex.l = Pindex0;WALRAS.l = WALRAS0;Rbe.l = Rbe0;Rbg.l = Rbg0;Rfl.l = Rfl0;CASH.l = CASH00;ER.l = ER0;F_GtoEn.l = F_GtoEn0;

*闭合条件

F_GtoW.fx = F_GtoW0;F_WtoG.fx = F_WtoG0;Bc.fx = Bc00;IDf.fx = IDf0;SAVs.fx = SAVs0;PWSE.fx = PWSE0;PWSM.fx = PWSM0;CAP.fx = CAP0;W.fx = W0;

*设置限定值

Lg.up = Lg00;FDf.lo = 0.00000001;FDc.lo = 0.00000001;Rd.lo = 0.00000001;Rf.lo = 0.00000001;Rfl.lo = 0.00000001;Rbg.lo = 0.00000001;Rrp.lo = 0.00000001;REL.lo = 0.00000001;FRES.lo = 0.00000001;IDh.lo = 0.00000001;IDe.lo = 0.00000001;IDg.lo = 0.00000001;PQ.lo = 0.00000001;PX.lo = 0.00000001;PE.lo = 0.00000001;

*政策模拟

*1. 增值税税率下降 1.45 个百分点,以下四个参数都要改变

itax1 = 0.13;itax2 = 0.09;esub = esub * 13/16;tf_g = 1.1 * tf_g;

*2. 法定存款准备金率下降 1 个百分点

*根据相关研究,法定存款准备金率下调 1 个百分点会导致平均准备金率下调 0.84 个百分点。

*RRR = RRR - 0.0084;

*3. 双向对称降息 0.25 个百分点

```
* BRD = BRD - 0.0025; BRL = BRL - 0.0025;
model dcge /all/;
* solve dcge usingmcp;
solve dcge maximizing Omega using nlp;
parameter   zgdp,zrgdp;zgdp = GDP.l/GDP0 * 100 - 100;zrgdp = RGDP.l/RGDP0 * 100 - 100;
display zgdp,zrgdp
```

第六章　潜在产出模型测算相关数据和程序代码

1. 空间卡尔曼滤波法测算相关数据

指标名称	CPI（同比变动）	M2（余额）	GDP（取对数）
1995Q1	5.77		4.248771
1995Q2	-0.51		4.259132
1995Q3	3.51		4.271426
1995Q4	1		4.282814
1996Q1	5.07	64433.01	4.291288
1996Q2	-1.41	68467.82	4.299285
1996Q3	2.2	69920.53	4.310544
1996Q4	0.4	76690.38	4.323422
1997Q1	1.99	79786.89	4.332674
1997Q2	-2.78	83175.84	4.34119
1997Q3	1.08	86217.68	4.349383
1997Q4	-0.8	90031.8	4.360186
1998Q1	1.7	91870.12	4.362857
1998Q2	-3.95	95057.86	4.372225
1998Q3	1.08	100135.6	4.382351
1998Q4	-0.4	103931.3	4.397005
1999Q1	0.69	108254	4.398266
1999Q2	-4.05	111751.6	4.404534
1999Q3	2.09	115383.9	4.415113
1999Q4	-0.6	119471.6	4.428225
2000Q1	1.17	124595.4	4.433293
2000Q2	-3.36	129647.2	4.443079
2000Q3	1.8	133985.9	4.452631

续表

指标名称	CPI（同比变动）	M2（余额）	GDP（取对数）
2000Q4	0.7	138128.3	4.461273
2001Q1	0.39	143067.1	4.469646
2001Q2	-1.5	147925.8	4.478763
2001Q3	0.5	152112.5	4.486016
2001Q4	0.2	158319.5	4.495058
2002Q1	0.09	163707.5	4.504233
2002Q2	-1.49	169505.6	4.515192
2002Q3	0.59	177372.4	4.525947
2002Q4	0.4	185204.8	4.53628
2003Q1	1.4	194051.7	4.547009
2003Q2	-2.09	204594.4	4.553299
2003Q3	1.4	214069.2	4.568571
2003Q4	2.52	221660.6	4.58087
2004Q1	1.2	231076.3	4.588117
2004Q2	-0.3	237875	4.598808
2004Q3	1.6	244356	4.608946
2004Q4	-0.2	254008.8	4.615394
2005Q1	1.49	263802.7	4.63209
2005Q2	-1.3	274793.5	4.643628
2005Q3	0.9	288337.9	4.658092
2005Q4	0.5	300154.2	4.665467
2006Q1	0.79	309291.4	4.69305
2006Q2	1.4	321094.5	4.715032
2006Q3	1.91	333239.3	4.730348
2006Q4	1.81	347773	4.758865
2007Q1	1.4	362245.8	4.769701
2007Q2	0.6	375320.9	4.790695
2007Q3	2.42	395272.5	4.81097
2007Q4	2.01	406504.8	4.831129
2008Q1	3.1	420284.1	4.845189
2008Q2	-0.5	439812.9	4.857402
2008Q3	0	455917.5	4.871649
2008Q4	-1.3	479290.2	4.886341
2009Q1	0.6	526392.3	4.896311
2009Q2	-1	564410.6	4.91733

续表

指标名称	CPI（同比变动）	M2（余额）	GDP（取对数）
2009Q3	0.9	589986.1	4.93893
2009Q4	1.2	615780	4.956052
2010Q1	1.09	643899.8	4.969441
2010Q2	-0.5	668854	4.978269
2010Q3	1.61	702185.2	4.990894
2010Q4	2.32	732527.4	5.009567
2011Q1	2.04	750582.1	5.025891
2011Q2	0.49	775362.2	5.041672
2011Q3	1.24	793791.1	5.054271
2011Q4	0.22	859133.9	5.063828
2012Q1	1.6	887002.7	5.076517
2012Q2	-1	918808.7	5.091367
2012Q3	1	950591.5	5.105467
2012Q4	0.8	982547.6	5.118763
2013Q1	1.15	1027223	5.130751
2013Q2	-0.32	1047026	5.139203
2013Q3	1.39	1084316	5.149757
2013Q4	0.27	1115902	5.161444
2014Q1	1.03	1152670	5.168001
2014Q2	-0.37	1200764	5.176258
2014Q3	0.68	1208514	5.187764
2014Q4	0.15	1238604	5.198599
2015Q1	0.9	1268081	5.20467
2015Q2	-0.35	1323863	5.213633
2015Q3	0.89	1365717	5.2229
2015Q4	0.19	1403226	5.230795
2016Q1	1.67	1439308	5.236518
2016Q2	-0.76	1480894	5.24335
2016Q3	0.93	1521408	5.251499
2016Q4	0.25	1561632	5.262807
2017Q1	0.51	1600724	5.277977
2017Q2	-0.2	1630581	5.286722
2017Q3	1.06	1667923	5.296174
2017Q4	0.43	1702532	5.305471
2018Q1	0.69	1731486	5.320861

续表

指标名称	CPI（同比变动）	M2（余额）	GDP（取对数）
2018Q2	-0.5	1762473	5.324031
2018Q3	1.71	1805323	5.329726
2018Q4	-0.1	1839931	5.343861
2019Q1	1.1	1879805	5.351629
2019Q2	0	1914219	5.357809

2. 空间卡尔曼滤波法在 Eviews 中实现的相关程序代码

卡尔曼滤波估计的回归式

```
@signal DCPI = C(1) * DCPI(-1) + C(2) * DCPI(-2) + C(3) * DCPI(-3) + C(4) * YG + C(5) * YG1 + C(6) * DY(-1) + C(7) * DLNM2_SA(-1) + [var = exp(c(8))]
@signal y = yg + yp
@state yg = c(9) * yg(-1) + c(10) * yg1(-1) + [var = exp(c(11))]
@state yg1 = yg(-1)
@state yp = yp(-1) + g(-1) + [var = exp(c(12))]
@state g = g(-1) + [var = exp(c(13))]
```

3. 生产函数法测算 1978—2018 年我国潜在产出的相关数据

指标名称	国内生产总值Y（亿元）	资本存量（亿元）	劳动力数量投入（万人）	劳动力质量（年）	劳动弹性 β	资本弹性 α
备注	1978 年为基期（不变价）	1978 年为基期（1978 = 100）		就业人口平均受教育年限	1953—1989 年根据施发启的估计结果测算，1990—2012 年根据收入法 GDP 计算	
1978	3678.70	8710.54	43200.44	5.83	0.49	0.51
1979	3958.28	9499.40	44882.19	5.74	0.51	0.49
1980	4267.29	10372.01	47124.19	5.72	0.52	0.48
1981	4488.01	11201.53	49488.47	5.75	0.53	0.47
1982	4888.99	12126.56	52154.00	5.80	0.52	0.48
1983	5418.73	13154.63	53429.19	5.86	0.53	0.47
1984	6239.08	14417.63	55327.01	5.94	0.52	0.48
1985	7077.82	15912.91	57142.51	6.03	0.52	0.48
1986	7710.56	17538.16	58693.73	6.13	0.53	0.47
1987	8611.84	19373.83	60339.74	6.24	0.51	0.49
1988	9579.33	21397.55	62038.58	6.44	0.51	0.49
1989	9980.31	22907.26	63184.32	6.64	0.51	0.49
1990	10370.26	24356.46	64749.00	6.84	0.53	0.47

续表

指标名称	国内生产总值 Y（亿元）	资本存量（亿元）	劳动力数量投入（万人）	劳动力质量（年）	劳动弹性 β	资本弹性 α
1991	11334.07	26075.07	65491.00	6.93	0.52	0.48
1992	12945.35	28424.71	66152.00	7.02	0.50	0.50
1993	14740.55	31845.79	66808.00	7.10	0.51	0.49
1994	16664.51	35761.00	67455.00	7.19	0.51	0.49
1995	18489.15	39989.02	68065.00	7.27	0.53	0.47
1996	20324.82	44479.24	68950.00	7.43	0.53	0.47
1997	22200.95	48961.71	69820.00	7.58	0.53	0.47
1998	23940.98	53880.64	70637.00	7.72	0.53	0.47
1999	25776.65	58965.30	71394.00	7.86	0.52	0.48
2000	27965.48	64446.30	72085.00	7.99	0.51	0.49
2001	30297.77	71080.40	72797.00	8.12	0.48	0.52
2002	33064.16	78945.84	73280.00	8.24	0.48	0.52
2003	36382.34	88695.28	73736.00	8.37	0.46	0.54
2004	40061.04	99856.29	74264.00	8.42	0.42	0.58
2005	44626.31	111952.62	74647.00	8.51	0.41	0.59
2006	50302.54	125747.29	74978.00	8.62	0.41	0.59
2007	57461.29	142107.72	75321.00	8.73	0.40	0.60
2008	63008.77	161007.56	75564.00	8.84	0.48	0.52
2009	68931.48	186017.43	75828.00	8.96	0.47	0.53
2010	76263.13	215163.30	76105.00	9.08	0.45	0.55
2011	83535.92	247299.66	76420.00	9.19	0.45	0.55
2012	90098.72	282870.13	76704.00	9.31	0.46	0.54
2013	97088.25	322649.63	76977.00	9.42	0.46	0.54
2014	104173.43	364429.12	77253.00	9.54	0.47	0.53
2015	111361.61	407924.98	77451.00	9.66	0.48	0.52
2016	118844.08	452688.02	77603.00	9.77	0.47	0.53
2017	126992.40	499092.12	77640.00	9.89	0.48	0.52
2018	135373.90	547004.97	77586.00	10.02	0.52	0.48

第七章　主程序代码

'设置参数估计终止点(格式为 YYYYqS,年度模型为 YYYY)

'(注:由于虚拟变量取值在样本期间不能完全一致,否则完全多重共线性估计无法估计,所以估计终止点不可早于 2013q4)

'如果要突破这个限制,需要在对应方程中移除相应的虚拟变量

```
'虚拟变量取值为 1 的区间如下:
'dum_tax:1994q1 及以后;dum_wto:2002q1 及以后;dum_cris07:2008q1 及以后;dum_reform13:2013q4 及以后
%para_est_endpoint = "2019q1"
%para_est_endpoint_year = "2017"


'设置季度模拟终止点(格式为 YYYYqS),如果修改,请在执行程序前确认 workfile 各个 page 的 sample 是否小于模拟终点,若是,手动扩大之,否则会出错
%simu_endpoint = "2022q1"
'设置年度模拟终止点(格式为 YYYY),如果修改,请在执行程序前确认 workfile 各个 page 的 sample 是否小于模拟终点,若是,手动扩大之,否则会出错
%simu_endpoint_year = "2025"


'设置预测起点
'------------------------------
'(预测起始点自动设置为下一时刻)
if @right(%para_est_endpoint,1) =4 then
%simu_startpoint = @str(@val(@left(%para_est_endpoint,4)) +1) + "q1"
else
%simu_startpoint = @left(%para_est_endpoint,4) + "q" + @str(@val(@right(%para_est_endpoint,1)) +1)
endif
%simu_startpoint_year = @str(@val(%para_est_endpoint_year) +1)
'要设置预测起始点为估计终点的去年同期(某些情况可能提高第一年的预测精度),取消注释下面两行
'%simu_startpoint = @str(@val(@left(%para_est_endpoint,4)) -1) + @right(%para_est_endpoint,2)
'%simu_startpoint_year = @str(@val(@left(%simu_startpoint,4)) -1)
'要手动设置预测起始点,取消注释下两行,并输入自定义的预测起点
'%simu_startpoint = "2017q1"
'%simu_startpoint_year = "2017"
'------------------------------
'设置是否显示详细的预测结果:"1" = 显示,"0" = 不显示(注意要有双引号;无论是否显示结果,结果都会保存)
'详细结果保存在 ans_q、ans_y、ans_all 的名为[变量名]_[q 或 y]_[sys 或 ans]的 group 中,可按需查看
```

```
%detail_q = "1"
%detail_y = "1"
%detail_yp = "1"
%detail_ans = "1"
'--------------------------------

'设置季度模型结果组合的加权方式
'--------------------------------
pageselectans_q '选择 ans_q 页面
'设置加权方式(0 = 绝对数加权,计算增速;1 = 增速加权,倒推绝对数)
scalar w_opt = 1
'设置主观权重类型(0 = 等权,1 = 基于绝对数的模型 model_r_q 常数权重,基于增速的模型 model_n_q_yoy 和 model_n_q_cyc 和 model_n_q_dlog 权重随时间指数衰减)
scalar w_typ = 1
pageselectmodel_q '还原到 model_q 页面
'--------------------------------

'设置年度模型结果组合的加权方式
'--------------------------------
pageselectans_y '选择 ans_q 页面
'设置加权方式(0 = 绝对数加权,计算增速;1 = 增速加权,倒推绝对数)
scalar w_opt = 1
'设置主观权重类型(0 = 等权,1 = 基于绝对数的模型 model_r_y 常数权重,基于增速(包括对数增速)的其他 4 个模型 model_n_yoy 和 model_n_dlog、model_r_yoy 和 model_r_dlog 权重随时间指数衰减)
scalar w_typ = 1
pageselectmodel_q '还原到 model_q 页面
'--------------------------------

'这一步要手动!!(eviews help 里面没找到自动生成全部 object 列表的方法)
'如果新添加、重命名和删除了任何 object,注意及时更新 objlist 表,否则可能更新不全
'workfile 的 model_q、model_y 页面点 freeze 再保存为 objlist 即可(先删除现有)
'--------------------------------
'选择季度模型页面
pageselectmodel_q
'对变量做季节调整(消费、投资、进口、出口、GDP、5 个价格指数)
cons_r_q. x13(save = "d10 d11")   @x11()
```

```
inv_r_q.x13(save = "d10 d11")   @x11()
im_r_q.x13(save = "d10 d11")   @x11()
ex_r_q.x13(save = "d10 d11")   @x11()
gdp_r_q.x13(save = "d10 d11")   @x11()

cpi_yb_q.x13(save = "d10 d11")   @x11()
faipi_yb_q.x13(save = "d10 d11")   @x11()
expi_yb_q.x13(save = "d10 d11")   @x11()
impi_yb_q.x13(save = "d10 d11")   @x11()
gdpdef_yb_q.x13(save = "d10 d11")   @x11()
'm2_n_s.x13(save = "d10 d11")   @x11()

'遍历objlist,根据新的参数估计区间,重新估计所有的equation、VAR、SSpace,并刷新所有模型
'对单方程的名称搜索,注意更新顺序,长期方程(long)一定要比短期误差调整方程(dyn)先更新
'所以连续执行2次即可确保
for !j = 1 to 2
    for !i = 2 to objlist.@rows
        %objname = objlist(!i,1)
        %objtype = objlist(!i,2)
        if @isobject(%objname) = 1 then
            if %objtype = "equation" then
                '修改估计区间,重新估计
                %sample = {%objname}.@smpl
                %sample = @left(%sample,7) + %para_est_endpoint
                %cmd = {%objname}.@command
                smpl %sample
                {%objname}.{%cmd}
            endif
        endif
    next
next
'对VAR的搜索更新
for !i = 2 to objlist.@rows
    %objname = objlist(!i,1)
    %objtype = objlist(!i,2)
    if @isobject(%objname) = 1 then
```

```
            if %objtype = "var" then
                '修改估计区间,重新估计
                %sample = {%objname}.@smpl
                %sample = @left(%sample,7) + %para_est_endpoint
                %cmd = {%objname}.@command
                smpl %sample
                {%objname}.{%cmd}
            endif
        endif
    next
    '对状态空间搜索更新
    '最终使用的模型中没有用到任何 sspace,为保证运行速度,这部分先注释掉
    '可按需启用
    'for !i = 2 to objlist.@rows
    '    %objname = objlist(!i,1)
    '    %objtype = objlist(!i,2)
    '    if @isobject(%objname) = 1 then
    '        if %objtype = "sspace" then
    ''               修改估计区间,重新估计
    '               %sample = {%objname}.@smpl
    '               %sample = @left(%sample,7) + %para_est_endpoint
    '               %cmd = {%objname}.@command
    '               smpl %sample
    '               {%objname}.{%cmd}
    '               '提取状态变量
    '               {%objname}.makestates(t = pred,n = tmpgroup) *
    '               delete tmpgroup
    '        endif
    '    endif
    'next
    '刷新模型连接
    for !i = 2 to objlist.@rows
        %objname = objlist(!i,1)
        %objtype = objlist(!i,2)
        if @isobject(%objname) = 1 then
            if %objtype = "model" then
```

```
            {%objname}.update
        endif
    endif
next
'---------------------------
'复制实际值到 ans_q 和 ans_all 页面
'指定要复制的序列名
for %ser_namegdp_r_qgdp_n_qcons_n_qinv_n_qim_n_qex_n_qcpi_yb_qgdpdef_yb_q
    copy(link) model_q\{%ser_name} ans_q\{%ser_name}
    copy(link) model_q\{%ser_name} ans_all\{%ser_name}
next
'首先对各模型进行静态(一步向前)预测,计算各序列残差的标准差倒数,作为模型精度的度量
for %model_namemodel_r_qmodel_n_q_yoymodel_n_q_cycmodel_n_q_dlog
    pageselectmodel_q '选择 model_q 页面
    '更改样本区间为 2000q1 到参数估计终止点区间
    smpl 2000q1 %para_est_endpoint
    '模拟
    pageselectmodel_q '选择 model_q 页面
    {%model_name}.update
    {%model_name}.msg
    {%model_name}.solve(d=s) '静态预测
'计算各个序列的静态预测精度
    pageselectans_q '选择 ans_q 页面
    if w_opt=0 then '绝对值加权,精度按绝对数计算
        pageselectmodel_q '选择 model_q 页面
        for %ser_namegdp_r_qgdp_n_qcons_n_qinv_n_qim_n_qex_n_qcpi_yb_qgdpdef_yb_q
            %a_dest_name=@left("a"+%model_name+%ser_name,24)
            scalar {%a_dest_name} =1/@stdev({%ser_name} - {%ser_name}_0)
            copy(overwrite) model_q\{%a_dest_name} ans_q\{%a_dest_name}
            delete {%a_dest_name}
        next
    endif

    pageselectans_q '选择 ans_q 页面
    if w_opt=1 then '增速加权,精度按增速计算
        pageselectmodel_q '选择 model_q 页面
```

```
        for %ser_namegdp_r_qgdp_n_qcons_n_qinv_n_qim_n_qex_n_q   '绝对数序列,先转换成增
速再计算
            series temp = @pchy({%ser_name}) - @pchy({%ser_name}_0)
            %a_dest_name = @left("a" + %model_name + %ser_name,24)
            scalar {%a_dest_name} = 1/@stdev(temp)
            copy(overwrite) model_q\{%a_dest_name} ans_q\{%a_dest_name}
            delete {%a_dest_name}
            delete temp
        next
        for %ser_namecpi_yb_qgdpdef_yb_q'相对数序列(如 CPI 等价格指数),直接运算,等同于
绝对值加权
            %a_dest_name = @left("a" + %model_name + %ser_name,24)
            scalar {%a_dest_name} = 1/@stdev({%ser_name} - {%ser_name}_0)
            copy(overwrite) model_q\{%a_dest_name} ans_q\{%a_dest_name}
            delete {%a_dest_name}
        next
    endif

    '还原样本区间
    smpl @first %simu_endpoint
next

' -------------------------- 模型模拟(外推)预测,保存结果 ------------------
for %model_namemodel_r_qmodel_n_q_yoymodel_n_q_cycmodel_n_q_dlog
    pageselectmodel_q '选择 model_q 页面
    '更改样本区间为预测区间
    smpl %simu_startpoint %simu_endpoint
    '模拟
    {%model_name}.update
    {%model_name}.msg
    {%model_name}.solve(d = d) '动态预测
    '还原样本区间
    smpl @first %simu_endpoint
    '复制预测结果序列到 ans_q 页面
    for %ser_namegdp_r_qgdp_n_qcons_n_qinv_n_qim_n_qex_n_qcpi_yb_qgdpdef_yb_q
        %ser_copy = %ser_name + "_0"
```

```
        %ser_dest = @left(%ser_name + "_" + %model_name,24)
        copy(overwrite) model_q\{%ser_copy} ans_q\{%ser_dest}
    next
next

'生成模型输出的权重序列(由静态预测精度和人工指定的权重序列合成)
pageselectans_q '选择 ans_q 页面

'重置权重求和序列(用于权重归一化)为0
for %ser_namegdp_r_qgdp_n_qcons_n_qinv_n_qim_n_qex_n_qcpi_yb_qgdpdef_yb_q
    series w_sum_{%ser_name} =0
next

for %model_namemodel_r_qmodel_n_q_yoymodel_n_q_cycmodel_n_q_dlog
    pageselectans_q '选择 ans_q 页面
    smpl @all '计算时选择所有样本
    if w_typ =0 then '等权
        series w_{%model_name} =1
    endif
    if w_typ =1 then '动态权重
        if (@instr(%model_name,"yoy") = "0" and @instr(%model_name,"cyc") =0 and @instr
(%model_name,"dlog") = "0") then '模型名没有 yoy、cyc 和 dlog,为绝对值模型
        series w_{%model_name} =1 '恒定权重
    endif
    if (@instr(%model_name,"cyc") < > "0" or @instr(%model_name,"dlog") < > "0")
then '模型名为 cyc 和 dlog. 为环比增速模型
        series w_{%model_name} =exp( -0.25 * @trend(%simu_startpoint)) 'exp( -0.5)动态权重
        w_{%model_name} =@recode(w_{%model_name} < =1,w_{%model_name},1)'非预测
区间权重重置为1
    endif
    if (@instr(%model_name,"yoy") < > "0" ) then '模型名有 yoy. 为同比增速模型
        series w_{%model_name} =exp( -0.25 * @trend(%simu_startpoint)) 'exp( -0.25)动态
权重
        w_{%model_name} =@recode(w_{%model_name} < =1,w_{%model_name},1)'非预测
区间权重重置为1
    endif
```

```
        endif

    next

    for %model_namemodel_r_qmodel_n_q_yoymodel_n_q_cycmodel_n_q_dlog
        for %ser_namegdp_r_qgdp_n_qcons_n_qinv_n_qim_n_qex_n_qcpi_yb_qgdpdef_yb_q
            %a_dest_name = @left("a" + %model_name + %ser_name,24)
            series w_sum_{%ser_name} = w_sum_{%ser_name} + w_{%model_name} * {%a_dest_
name}
        next
    next

    '初始化初步结果序列(以_ans1 结尾),全部重置为0
    pageselectans_q '还原到 ans_q 页面
    for %ser_namegdp_r_qgdp_n_qcons_n_qinv_n_qim_n_qex_n_qcpi_yb_qgdpdef_yb_q
        series {%ser_name}_ans1 =0
    next

    '模型初步输出(_ans1)的加权运算
    '根据选项不同,_ans1 中存储的可能是增速(增速加权时),也可能是绝对数(绝对值加权时)
    '后续需要再转化为绝对数(_0 序列)
    pageselectans_q '还原到 ans_q 页面
    for %model_namemodel_r_qmodel_n_q_yoymodel_n_q_cycmodel_n_q_dlog
        if w_opt =0 then '绝对值加权
            for %ser_namegdp_r_qgdp_n_qcons_n_qinv_n_qim_n_qex_n_qcpi_yb_qgdpdef_yb_q
                %a_dest_name = @left("a" + %model_name + %ser_name,24)
                %ser_dest = @left(%ser_name + "_" + %model_name,24)
                series {%ser_name}_ans1 = {%ser_name}_ans1 + w_{%model_name} * {%a_dest_
name} * {%ser_dest}/w_sum_{%ser_name}
            next
        endif

        if w_opt =1 then '增速加权
            '对于绝对值序列,先转换为增速加权,再倒导出绝对值
            for %ser_namegdp_r_qgdp_n_qcons_n_qinv_n_qim_n_qex_n_q
                %a_dest_name = @left("a" + %model_name + %ser_name,24)
```

```
%ser_dest = @left(%ser_name + "_" + %model_name,24)
series {%ser_name}_ans1 = {%ser_name}_ans1 + w_{%model_name} * {%a_dest_
name} * @pchy({%ser_dest})/w_sum_{%ser_name}
next

'对于相对值序列(比如 CPI 等价格指数),直接加权(与绝对值加权相同)
for %ser_namecpi_yb_qgdpdef_yb_q
%a_dest_name = @left("a" + %model_name + %ser_name,24)
%ser_dest = @left(%ser_name + "_" + %model_name,24)
series {%ser_name}_ans1 = {%ser_name}_ans1 + w_{%model_name} * {%a_dest_
name} * {%ser_dest}/w_sum_{%ser_name}
next

endif
next

'第二步运算,利用 model object 求解来完成倒推的链式计算,结果存储在以_0 结尾的序列(模型的
baseline 预测)

if w_opt = 0 then '绝对值加权
pageselectans_q '还原到 ans_q 页面
model tmp_model '建立临时模型
'绝对值加权,无实质性运算,直接添加恒等式
for %ser_namegdp_r_qgdp_n_qcons_n_qinv_n_qim_n_qex_n_qcpi_yb_qgdpdef_yb_q
tmp_model.append {%ser_name} = {%ser_name}_ans1
next
'改变样本区间,求解模型,得到绝对值序列,改回样本区间,删除模型
smpl %simu_startpoint %simu_endpoint
tmp_model.update
tmp_model.msg
tmp_model.solve(d = d) '动态预测
smpl @first %simu_endpoint
'delete tmp_model
endif

if w_opt = 1 then '增速加权
```

```
        pageselectans_q '还原到 ans_q 页面
        model tmp_model '建立临时模型
        '增速加权,对于绝对数序列,需要做还原
        for %ser_namegdp_r_qgdp_n_qcons_n_qinv_n_qim_n_qex_n_q
            '给模型添加还原方程
            tmp_model.append {%ser_name} = {%ser_name}(-4)*(1+{%ser_name}_ans1)
        next
        '对于相对值序列(比如 CPI 等价格指数),直接加权(与绝对值加权相同)
        for %ser_namecpi_yb_qgdpdef_yb_q
            tmp_model.append {%ser_name} = {%ser_name}_ans1
        next
        '改变样本区间,求解模型,得到绝对值序列,改回样本区间,删除模型
        smpl %simu_startpoint %simu_endpoint
        tmp_model.update
        tmp_model.msg
        tmp_model.solve(d=d) '动态预测
        smpl @first %simu_endpoint
        'delete tmp_model
    endif

    pageselectmodel_q '还原到 model_q 页面

    '打开结果对比序列(if %detail=1)
    '选择季度模型结果页面
    pageselectans_q
    '还原样本区间
    smpl @first %simu_endpoint

    '根据%detail_q 的取值是否显示详细结果
    if %detail_q = "1" then
        '可能的变量列表(用于复制粘贴)
        'cons ex gdpim  invfisexpfisinc  tax m1 m2 loan loanlongcpifaipi impi expigdpdefrmbexc
        for %var cons  gdpgdp_n  inv  cpiim ex gdpdef
            for %type sys_qsys_s
                %group_name = "group_" + %var + "_" + %type
                if @isobject(%group_name) = 1 then
```

```
                if {%group_name}.@type = "GROUP" then
                    {%group_name}.line
                endif
            endif
        next
    next
endif

'如果不显示细节,则关闭已打开的模型
if %detail_q = "0" then
    for %page model_qans_q
        pageselect {%page}
    for %model_namemodel_r_qmodel_n_q_yoymodel_n_q_cycmodel_n_q_dlogtmp_model
        if @isobject(%model_name) = 1 then
            close {%model_name}
        endif
    next
    next
endif

' ---- 季度模型代码到此结束,结果存储在 ans_q 页面的 ans_q 中,查看 dated data table 即可 ----
' ---- 以下是年度模型代码 ---

'选择季度模型页面
pageselectmodel_y
'遍历 objlist,根据新的参数估计区间,重新估计所有的 equation、VAR,并刷新所有模型
'对单方程的名称搜索,注意更新顺序,长期方程(long)一定要比短期误差调整方程(dyn)先更新
'所以连续执行 2 次即可确保
for !j = 1 to 2
    for !i = 2 to objlist.@rows
        %objname = objlist(!i,1)
            %objtype = objlist(!i,2)
            if @isobject(%objname) = 1 then
            if %objtype = "equation" then
                '修改估计区间,重新估计
                %sample = {%objname}.@smpl
```

```
                %sample = @left(%sample,5) + %para_est_endpoint
                %cmd = {%objname}.@command
                smpl %sample
                {%objname}.{%cmd}
            endif
        endif
    next
next
'对 VAR 的搜索更新
for !i=2 to objlist.@rows
    %objname = objlist(!i,1)
    %objtype = objlist(!i,2)
    if @isobject(%objname) =1 then
        if %objtype = "var" then
            '修改估计区间,重新估计
            %sample = {%objname}.@smpl
            %sample = @left(%sample,5) + %para_est_endpoint
            %cmd = {%objname}.@command
            smpl %sample
            {%objname}.{%cmd}
        endif
    endif
next
'对状态空间搜索更新
'最终使用的模型中没有用到任何 sspace,为保证运行速度,这部分先注释掉
'可按需启用
'for !i=2 to objlist.@rows
    '%objname = objlist(!i,1)
    '%objtype = objlist(!i,2)
    'if @isobject(%objname) =1 then
        'if %objtype = "sspace" then
            ''修改估计区间,重新估计
            '%sample = {%objname}.@smpl
            '%sample = @left(%sample,5) + %para_est_endpoint
            '%cmd = {%objname}.@command
            'smpl %sample
```

```
            '{%objname}.{%cmd}
            ''提取状态变量
            '{%objname}.makestates(t=pred,n=tmpgroup) *
            'delete tmpgroup
        'endif
    'endif
'next
'刷新模型连接
for !i=2 to objlist.@rows
    %objname=objlist(!i,1)
    %objtype=objlist(!i,2)
    if @isobject(%objname)=1 then
        if %objtype="model" then
            {%objname}.update
        endif
    endif
next
'---------------------------
'复制实际值到 ans_y 和 ans_all 页面
pageselectmodel_y
'指定要复制的序列名
for %ser_namegdp_rgdp_ncons_ninv_nim_n_usdex_n_usdcpi_ybgdpdef_yb
    copy(link) model_y\{%ser_name} ans_y\{%ser_name}
    copy(link) model_y\{%ser_name} ans_all\{%ser_name}
next

'首先对各模型进行静态(一步向前)预测,计算各序列残差的标准差倒数,作为模型精度的度量
for %model_namemodel_r_ymodel_r_dlogmodel_r_yoymodel_n_yoymodel_n_dlog
    pageselectmodel_y '选择 model_y 页面
    '更改样本区间为 2000 到参数估计终止点区间
    smpl 2000 %para_est_endpoint_year
    '模拟
    pageselectmodel_y '选择 model_y 页面
    {%model_name}.update
    {%model_name}.msg
    {%model_name}.solve(d=s)'静态预测
```

```
'计算各个序列的静态预测精度
pageselectans_y '选择 ans_y 页面
if  w_opt =0 then '绝对值加权,精度按绝对数计算
    pageselectmodel_y '选择 model_y 页面
    for %ser_namegdp_rgdp_ncons_ninv_nim_n_usdex_n_usdcpi_ybgdpdef_yb
        scalar a{%model_name}{%ser_name} =1/@stdev({%ser_name} -{%ser_name}_0)
        copy(overwrite) model_y\a{%model_name}{%ser_name} ans_y\a{%model_name}
{%ser_name}
        delete a{%model_name}{%ser_name}
    next
endif

pageselectans_y '选择 ans_y 页面
if  w_opt =1 then '增速加权,精度按增速计算
    pageselectmodel_y '选择 model_q 页面
    for %ser_namegdp_rgdp_ncons_ninv_nim_n_usdex_n_usd  '绝对数序列,先转换成增速再
计算
        series temp =@pchy({%ser_name}) -@pchy({%ser_name}_0)
        scalar a{%model_name}{%ser_name} =1/@stdev(temp)
        copy(overwrite) model_y\a{%model_name}{%ser_name} ans_y\a{%model_name}
{%ser_name}
        delete a{%model_name}{%ser_name}
        delete temp
    next
    for %ser_namecpi_ybgdpdef_yb'相对数序列(如 CPI 等价格指数),直接运算,等同于绝对
值加权
        scalar a{%model_name}{%ser_name} =1/@stdev({%ser_name} -{%ser_name}_0)
        copy(overwrite) model_y\a{%model_name}{%ser_name} ans_y\a{%model_name}
{%ser_name}
        delete a{%model_name}{%ser_name}
    next
endif

'还原样本区间
smpl @first %simu_endpoint_year
next
```

```
'---------------------------模型模拟(外推)预测,保存结果---------------------
for %model_namemodel_r_ymodel_r_dlogmodel_r_yoymodel_n_yoymodel_n_dlog
    pageselectmodel_y '选择 model_y 页面
    '更改样本区间为预测区间
    smpl %simu_startpoint_year %simu_endpoint_year
    '模拟
    {%model_name}.update
    {%model_name}.msg
    {%model_name}.solve(d=d) '动态预测
    '还原样本区间
    smpl @first %simu_endpoint_year
    '复制预测结果序列到 ans_y 页面
    for %ser_namegdp_rgdp_ncons_ninv_nim_n_usdex_n_usdcpi_ybgdpdef_yb
        %ser_copy = %ser_name + "_0"
        %ser_dest = %ser_name + "_" + %model_name
        copy(overwrite) model_y\{%ser_copy} ans_y\{%ser_dest}
    next
next

'生成模型输出的权重序列(由静态预测精度和人工指定的权重序列合成)
pageselectans_y '选择 ans_y 页面

'重置权重求和序列(用于权重归一化)为0
for %ser_namegdp_rgdp_ncons_ninv_nim_n_usdex_n_usdcpi_ybgdpdef_yb
    series w_sum_{%ser_name} =0
next

for %model_namemodel_r_ymodel_r_dlogmodel_r_yoymodel_n_yoymodel_n_dlog
    pageselectans_y '选择 ans_y 页面
    smpl @all '计算时选择所有样本
    if w_typ =0 then '等权
        series w_{%model_name} =1
    endif
    if w_typ =1 then '动态权重
        if (@instr(%model_name,"yoy") = "0" and @instr(%model_name,"dlog") = "0") then
```

```
'模型名没有 yoy 和 dlog,为绝对值模型
            series w_{%model_name} =1 '恒定权重
        endif
        if @instr(%model_name,"yoy") <> "0" then '模型名有 yoy,为百分比增速模型
            series w_{%model_name} = exp( -0.5 * @trend(%simu_startpoint)) 'exp( -0.5)动态权重
            w_{%model_name} =@recode(w_{%model_name} <=1,w_{%model_name},1) '非预测区间权重重置为1
        endif
        if @instr(%model_name,"dlog") <> "0" then '模型名有 dlog,为对数增速模型
            series w_{%model_name} = exp( -0.25 * @trend(%simu_startpoint)) 'exp( -0.25)动态权重
            w_{%model_name} =@recode(w_{%model_name} <=1,w_{%model_name},1) '非预测区间权重重置为1
        endif
    endif
next

for %model_namemodel_r_ymodel_r_dlogmodel_r_yoymodel_n_yoymodel_n_dlog
    for %ser_namegdp_rgdp_ncons_ninv_nim_n_usdex_n_usdcpi_ybgdpdef_yb
        series w_sum_{%ser_name} = w_sum_{%ser_name} + w_{%model_name} * a{%model_name}{%ser_name}
    next
next

'初始化初步结果序列(以_ans1 结尾),全部重置为0
pageselectans_y '还原到 ans_y 页面
for %ser_namegdp_rgdp_ncons_ninv_nim_n_usdex_n_usdcpi_ybgdpdef_yb
    series {%ser_name}_ans1 =0
next

'模型初步输出(_ans1)的加权运算
'根据选项不同,_ans1 中存储的可能是增速(增速加权时),也可能是绝对数(绝对值加权时)
'后续需要再转化为绝对数(_0 序列)
pageselectans_y '还原到 ans_y 页面
for %model_namemodel_r_ymodel_r_dlogmodel_r_yoymodel_n_yoymodel_n_dlog
```

```
if w_opt = 0 then '绝对值加权
    for %ser_namegdp_rgdp_ncons_ninv_nim_n_usdex_n_usdcpi_ybgdpdef_yb
        series {%ser_name}_ans1 = {%ser_name}_ans1 + w_{%model_name} * a{%model_name}{%ser_name} * {%ser_name}_{%model_name}/w_sum_{%ser_name}
    next
endif

if w_opt = 1 then '增速加权
    '对于绝对值序列,先转换为增速加权,再倒推出绝对值
    for %ser_namegdp_rgdp_ncons_ninv_nim_n_usdex_n_usd
        series {%ser_name}_ans1 = {%ser_name}_ans1 + w_{%model_name} * a{%model_name}{%ser_name} * @pchy({%ser_name}_{%model_name})/w_sum_{%ser_name}
    next

    '对于相对值序列(比如 CPI 等价格指数),直接加权(与绝对值加权相同)
    for %ser_namecpi_ybgdpdef_yb
        series {%ser_name}_ans1 = {%ser_name}_ans1 + w_{%model_name} * a{%model_name}{%ser_name} * {%ser_name}_{%model_name}/w_sum_{%ser_name}
    next

endif
next

'第二步运算,利用 model object 求解来完成倒推的链式计算,结果存储在以_0 结尾的序列(模型的baseline 预测)

if w_opt = 0 then '绝对值加权
    pageselectans_y '还原到 ans_y 页面
    model tmp_model '建立临时模型
    '绝对值加权,无实质性运算,直接添加恒等式
    for %ser_namegdp_rgdp_ncons_ninv_nim_n_usdex_n_usdcpi_ybgdpdef_yb
        tmp_model. append {%ser_name} = {%ser_name}_ans1
    next
    '改变样本区间,求解模型,得到绝对值序列,改回样本区间,删除模型
    smpl %simu_startpoint_year %simu_endpoint_year
    tmp_model. update
```

```
    tmp_model. msg
    tmp_model. solve(d = d) '动态预测
    smpl @ first %simu_endpoint_year
    'delete tmp_model
endif

if w_opt = 1 then '增速加权
    pageselectans_y '还原到 ans_y 页面
    model tmp_model '建立临时模型
    '增速加权,对于绝对数序列,需要做还原
    for %ser_namegdp_rgdp_ncons_ninv_nim_n_usdex_n_usd
        '给模型添加还原方程
        tmp_model. append {%ser_name} = {%ser_name}(-1) * (1 + {%ser_name}_ans1)
    next
    '对于相对值序列(比如 CPI 等价格指数),直接加权(与绝对值加权相同)
    for %ser_namecpi_ybgdpdef_yb
        tmp_model. append {%ser_name} = {%ser_name}_ans1
    next
    '改变样本区间,求解模型,得到绝对值序列,改回样本区间,删除模型
    smpl %simu_startpoint_year %simu_endpoint_year
    tmp_model. update
    tmp_model. msg
    tmp_model. solve(d = d) '动态预测
    smpl @ first %simu_endpoint_year
    'delete tmp_model
endif

pageselectmodel_y '还原到 model_y 页面

'打开结果对比序列(if %detail = 1)
'选择季度模型结果页面
pageselectans_y
'还原样本区间
smpl @ first %simu_endpoint_year

'根据%detail_y 的取值是否显示详细结果
```

```
if %detail_y = "1" then
    '可能的变量列表(用于复制粘贴)
    'cons ex gdpim  invfisexpfisinc  tax m1 m2 loan loanlongcpifaipi impi expigdpdefrmbexc
    for %var cons  gdpgdp_n  inv  cpiim ex gdpdef
        for %type sys
            %group_name = "group_" + %var + "_" + %type
            if @isobject(%group_name) =1 then
                if {%group_name}. @type = "GROUP" then
                    {%group_name}. line
                endif
            endif
        next
    next
endif

'如果不显示细节,则关闭已打开的模型
if %detail_y = "0" then
    for %page model_yans_y
        pageselect {%page}
    for %model_namemodel_r_ymodel_r_dlogmodel_r_yoymodel_n_yoymodel_n_dlogtmp_model
            if @isobject(%model_name) =1 then
                close {%model_name}
            endif
        next
    next
endif
' ---- 年度模型代码到此结束,结果存储在 ans_y 页面的 ans_y 中,查看 dated data table 即可 ----
' ---- 以下是潜在产出模型代码 ---
'PO_PFA 页面的 range 起点必须是 1952,不可更改,否则程序出错。
pageselect PO_PFA
smpl @all
'对就业人口平均受教育年限方程做静态预测,得到拟合序列 hf,hf 作为就业人口平均受教育年限的趋势值
eq_h. fit(e, g) hf
'对 hf 做 hp 滤波
hf. hpf(lambda =6. 25) hf_hp
```

```
'以资本存量序列 k1 为基准,寻找参数估计终止点
for !i = 1978 to 2030
    if @isna(@elem(k1,@str(!i))) = 1 then
        %est_end = @str(!i - 1)
        exitloop
    endif
next
smpl @all
'对估计 CD 生产函数中 α 的 sspace(或 eq)在新的样本区间进行重新估计,并得到新的 α 预测序列
'sspace 法
smpl 1978 %est_end
for %objname ss_pf1 ss_pf2 ss_pf3
    '修改区间,重新估计
    %cmd = {%objname}.@command
    smpl 1978 %est_end
    {%objname}.{%cmd}
    '提取动态 α 序列
    {%objname}.makestates(t = filt,n = tmpgroup) *
    delete tmpgroup
next
'方程法
'smpl @all
'%cmd = eq_pf1.@command
'eq_pf1.{%cmd}
'series alpha1 = eq_pf1.@coef(3)
'
'%cmd = eq_pf2.@command
'eq_pf2.{%cmd}
'series alpha2 = eq_pf2.@coef(3)
'
'%cmd = eq_pf3.@command
'eq_pf3.{%cmd}
'series alpha3 = eq_pf3.@coef(3)

'按照 sspace 中状态变量 α = α(-1)的定义,填充 α 序列到 2030 年,为 α_f 序列
smpl @all
```

```
for %objname alpha1 alpha2 alpha3
    !last = @elem({%objname}, @str(@val(%est_end)))
    {%objname} = @nan({%objname}, !last)
next

for %objname alpha1 alpha2 alpha3
    for !i = 1 to 26
        {%objname}(!i) = NA '1978 年前还原为 NA
    next
next

'则 tfp1,tfp2,tfp3 中自动计算出了 tfp 的估计值(截止样本区间)
'对 TFP 的预测方程、投资的动态方程做重估计
smpl @all
for %objname eq_tfp1 eq_tfp2 eq_tfp3 eq_i
    %cmd = {%objname}.@command
    {%objname}.{%cmd}
next
'则 tfp1f,tfp2f,tfp3f 中使用上述 TFP 方程的系数,以及 reform 变量,h 变量的预测(平滑值)自动计算出了 tfp 的平滑值(历史和未来都有)
tfp1f.hpf(lambda=6.25) tfp1f_hp
tfp2f.hpf(lambda=6.25) tfp2f_hp
tfp3f.hpf(lambda=6.25) tfp3f_hp
'开始计算潜在产出 yp1、yp2、yp3
series yp1 = NA
series yp2 = NA
series yp3 = NA
'把 k1,k2,k3 资本存量序列复制一份
series k1f = k1
series k2f = k2
series k3f = k3
'把实际资本形成 i 复制一份
series i_f = i
for !i = 27 to 74 '27 为 1978 年,74 为 2025 年
    if @isna(k1f(!i)) = 0 then '如果 k1 有实际值,则直接用
        yp1(!i) = tfp1f_hp(!i) * ((k1f(!i))^(alpha1(!i))) * (lf(!i) * hf_hp(!i))^(1 - alpha1
```

```
(!i))
    endif
        if @ isna(k1f(!i)) =1 then '如果 k1 无实际值,则先推算出资本存量 k1,再计算潜在产出
        i_f(!i) = exp(eq_i. @ coef(1) * log(i_f(!i-1)) + eq_i. @ coef(2) * log(yp1(!i-1)) + eq_i.
@ coef(3) * (log(yp1(!i-1)) - log(yp1(!i-2))) + eq_i. @ coef(4))
            k1f(!i) = (1 -0.06) * k1f(!i-1) + i_f(!i)
            yp1(!i) = tfp1f_hp(!i) * ((k1f(!i))^(alpha1(!i))) * (lf(!i) * hf_hp(!i))^(1 - alpha1(!i))
        endif

        if @ isna(k2f(!i)) =0 then '如果 k2 有实际值,则直接用
            yp2(!i) = tfp2f_hp(!i) * ((k2f(!i))^(alpha2(!i))) * (lf(!i) * hf_hp(!i))^(1 - alpha2
(!i))
        endif
        if @ isna(k2f(!i)) =1 then '如果 k2 无实际值,则先推算出资本存量 k2,再计算潜在产出
        i_f(!i) = exp(eq_i. @ coef(1) * log(i_f(!i-1)) + eq_i. @ coef(2) * log(yp2(!i-1)) + eq_i.
@ coef(3) * (log(yp2(!i-1)) - log(yp2(!i-2))) + eq_i. @ coef(4))
            k2f(!i) = (1 -0.06) * k2f(!i-1) + i_f(!i)
            yp2(!i) = tfp2f_hp(!i) * ((k2f(!i))^(alpha2(!i))) * (lf(!i) * hf_hp(!i))^(1 - alpha2
(!i))
        endif

        if @ isna(k3f(!i)) =0 then '如果 k3 有实际值,则直接用
            yp3(!i) = tfp3f_hp(!i) * ((k3f(!i))^(alpha3(!i))) * (lf(!i) * hf_hp(!i))^(1 - alpha3
(!i))
        endif
        if @ isna(k3f(!i)) =1 then '如果 k3 无实际值,则先推算出资本存量 k3,再计算潜在产出
        i_f(!i) = exp(eq_i. @ coef(1) * log(i_f(!i-1)) + eq_i. @ coef(2) * log(yp3(!i-1)) + eq_i.
@ coef(3) * (log(yp3(!i-1)) - log(yp3(!i-2))) + eq_i. @ coef(4))
            k3f(!i) = (1 -0.06) * k3f(!i-1) + i_f(!i)
            yp3(!i) = tfp3f_hp(!i) * ((k3f(!i))^(alpha3(!i))) * (lf(!i) * hf_hp(!i))^(1 - alpha3
(!i))
        endif
  next
  '用回归法合成三种潜在产出值,其合成值即为最终潜在产出预测值(yp)
  %cmd = eq_ans. @ command
  eq_ans. {%cmd}
```

```
eq_ans.fit(e, g) yp

for !i = 1 to 26
    yp(!i) = NA '1978 年前还原为 NA
next
'是否显示估计详情
if %detail_yp = "1" then
    group_ans.line
endif
smpl 1978 2025

' ---- 以下是预测结果展示代码 ---
'复制相应的年度和季度预测序列到 ans_all 页面
pageselectans_all
for %ser_namegdp_rgdp_ncons_ninv_nim_n_usdex_n_usdcpi_ybgdpdef_yb
    copy(link) ans_y\{%ser_name}_0 ans_all\{%ser_name}_0
next
for %ser_namegdp_r_qgdp_n_qcons_n_qinv_n_qim_n_qex_n_qcpi_yb_qgdpdef_yb_q
    copy(link) ans_q\{%ser_name}_0 ans_all\{%ser_name}_0
next
copy(link) po_pfa\ypans_all\yp

'显示结果对比
'根据%detail_ans 的取值是否显示详细结果
if %detail_ans = "1" then
    for %var cons  gdp  inv  cpiim ex
        for %type ans
            %group_name = "group_" + %var + "_" + %type
            if @isobject(%group_name) = 1 then
                if {%group_name}.@type = "GROUP" then
                    {%group_name}.line
                endif
            endif
        next
    next
endif
```